D1677949

La planification fiscale et patrimoniale

Olivier Baudat
Werner A. Räber

La planification fiscale et patrimoniale

Comment développer et sécuriser mon patrimoine

Editeur
Jean Winkler & Partners

Jean Winkler & Partners SA

Société totalement indépendante, créée en 1994, basée à Genève, spécialisée dans la planification patrimoniale, traite toutes les questions relevant de la maîtrise des risques financiers, de l'expertise fiscale, de la prévoyance, des placements et de la succession.

Résolument orientés vers la mise en place de solutions performantes en matière de gestion de patrimoine, de choix de stratégies financières et de prévoyance, de planification successorale et d'optimisation fiscale, Jean Winkler & Partners a décidé de collaborer à la réalisation de cet ouvrage.

Tous droits réservés

© 2006 by Editions Cosmos SA, 3074 Muri/Berne
Graphisme: Atelier G. Noltkämper, 3076 Worb
Impression: Schlaefli & Maurer SA, 3800 Interlaken
Reliure: Schumacher SA, 3185 Schmitten

ISBN-10: 2-8296-0033-9
ISBN-13: 978-2-8296-0033-3

www.cosmosverlag.ch

Avant-propos

Les changements dans les domaines légaux, professionnels et sociaux ont désormais atteint un rythme difficile à suivre. Tout indique que cette tendance va se poursuivre. Les turbulences sur les marchés financiers mondiaux y ajoutent une incertitude supplémentaire, de sorte qu'il est de plus en plus difficile de se faire une idée quant à l'évolution à long terme de ses avoirs financiers.

Que faire? On se pose des questions. On demande conseil à son banquier, à son gérant de fortune, à son expert-comptable, à son assureur, à ses amis. Chacun émet un avis, fait des recommandations, plus ou moins intéressées. Ces experts, aussi qualifiés soient-ils, ignorent généralement la situation spécifique, l'ensemble des actifs, la fiscalité, les objectifs à long terme de la personne en question qui souvent ne sait pas que faire de tous ces «bons conseils» ou qui pourrait prendre des décisions hâtives, donc souvent erronées.

La planification fiscale et patrimoniale est une démarche qui permet de construire, de restructurer, de coordonner, de développer le patrimoine et la prévoyance ainsi que de préparer à temps sa succession de manière optimale, en prenant en compte tous les aspects fiscaux y relatifs. Tel est notre credo.

Le présent ouvrage est un manuel de référence en langue française qui répond aux questions essentielles dans les domaines de la gestion de patrimoine, de la fiscalité, de la prévoyance et de la succession. Il montre comment des personnes physiques, des indépendants, des salariés, des retraités et futurs pré-retraités, fortunés et disposant de revenus substantiels peuvent diminuer leurs charges fiscales de façon durable, tout en augmentant leur patrimoine et en améliorant leur prévoyance.

Ce livre s'adresse aussi bien aux privés qu'aux professionnels intéressés par les questions fiscales, la prévoyance ainsi que la gestion et le transfert d'avoirs financiers. Son but est de sensibiliser le lecteur quant aux avantages d'élaborer à temps une planification fiscale et patrimoniale. Il n'est jamais trop tôt, mais hélas souvent trop tard.

Je tiens à remercier Mme Laurence Baudat pour sa précieuse relecture du manuscrit, M. Nicolas-Jon Coudret pour la réalisation des tableaux et des graphiques ainsi que les Editions Cosmos, Muri/Berne, en particulier M. Reto Aeberli, pour sa patience et son soutien, sans qui cet ouvrage n'aurait pas pu paraître.

Jean Winkler

Table des matières

PARTIE 1

Les bases de la planification fiscale et patrimoniale 1

1. Un environnement en perpétuelle évolution 3
   A. Loi sur la prévoyance professionnelle 3
   B. Loi sur les fusions 4
   C. Fiscalité de l'épargne de l'UE: impact en Suisse 4
   D. Projets et modifications en cours 5

2. La planification fiscale et patrimoniale, luxe ou nécessité? 6
   A. Qu'entend-on par planification financière personnalisée? 6
   B. Les avantages d'une planification patrimoniale 6
   C. Les gains directement retirés d'une planification patrimoniale. 7

3. Quelques principes pour bâtir sa fortune et sa prévoyance 8
   A. Les bases de la prévoyance 8
   B. Les principes de base de l'investissement 10
   C. Des objectifs fiscaux oui, mais lesquels ? 12
   D. Les effets des mesures fiscales et de prévoyance 17

4. L'influence de la fiscalité – L'appétit du fisc 19
   A. L'imposition du revenu 19
   B. L'imposition de la fortune 23
   C. La charge totale des impôts sur le revenu et sur la fortune 25
   D. Le rendement après impôts de différents types de placement 25
   E. Les effets des économies d'impôts sur la prévoyance retraite 26
   F. La pyramide de la prévoyance 27

PARTIE 2

Bâtir sa prévoyance en plaçant sa fortune 31

1. Liquidités, avoirs bancaires et métaux précieux 33

   A. Liquidités 33
   B. Un oreiller de paresse financière 33
   C. Or, argent et aspects émotionnels 34

2. Titres: seul compte le revenu après impôts ! 35
   A. Obligations, oui mais.. 35
   B. Les actions: à long terme, l'investissement le plus rentable ! 39

C. La fiscalité du revenu des actions. 40
D. La fiscalité des fonds de placement 48
E. La fiscalité des produits financiers dérivés. 52
F. Imposition des plans de participations salariaux (stock options). 52
G. Les revenus des clubs d'investissement 53
H. Les sociétés de gestion de fortune 54
I. Les sociétés de gestion de fortune off shore. 55
J. Fondations et trusts 56
K. Le risque de qualification au titre de gestion professionnelle. 57
L. Récupération de l'impôt anticipé 58

3. La prévoyance professionnelle ou comment économiser légalement des impôts. 60
A. Les caisses de pensions obligatoires et surobligatoires. 60
B. Les assurances de cadres 61
C. Le traitement fiscal des cotisations LPP. 64
D. Le cercle des bénéficiaires 70
E. L'imposition des prestations de prévoyance 73
F. Rente ou capital? 80

4. Le pilier 3a, un cadeau du fisc 85
A. L'assuré 85
B. Les versements au pilier 3a 86
C. Banque ou assurance? 87
D. Les plans d'épargne 88
E. Le versement des prestations 3a 89
F. Fiscalité des prestations et optimisation fiscale 91
G. Le pilier 3a et le droit du divorce. 92
H. Pilier 3a et droit de la succession 93
I. Le cercle des bénéficiaires 93

5. Les assurances-vie: sûres, fiscalement favorables, rentables et flexibles . 94
A. Quelques notions de base sur l'assurance-vie 94
B. Les assurances décès 98
C. Les assurances mixtes 99
D. Les rentes viagères 100
E. La fiscalité des assurances-vie 103

6. Immobilier: optimisation fiscale de l'achat, de la gestion et de la vente d'un bien immobilier 105
A. Le propriétaire face au fisc 105
B. Achat ou location: avantages et inconvénients. 106
C. Où acheter sa propriété ? 109
D. Financer son propre logement 113
E. Les déductions 120
F. Amortir ou augmenter son hypothèque? 132

G. Résidences secondaires: l'immobilier de loisir 135
H. Vendre un bien immobilier: l'Etat encaisse 140
I. Les droits de mutation sur les transactions immobilières 152
J. Biens privés et commerciaux: optimisation fiscale 154
K. Les problèmes fiscaux liés aux transactions immobilières
   à titre professionnel 156
L. Une villa au bord de la Méditerranée : une aubaine pour le fisc! 159
M. Transférer son domicile à l'étranger 162

PARTIE 3

Impôts et planification patrimoniale en pratique 167

1. Fiscalité et planification patrimoniale des cadres dirigeants 169
A. Les revenus imposables 169
B. Les frais généraux ou frais d'acquisition du revenu 173
C. Optimisation fiscale 173

2. Fiscalité et planification patrimoniale des dirigeants de PME 178
A. Généralités 178
B. La forme juridique fiscalement idéale 179
C. Une implantation fiscalement avantageuse 188
D. Optimiser le financement 191
E. L'optimisation fiscale dans les SA et les SàRL familiales 195
F. L'optimisation fiscale lors du bouclement annuel 207

3. Préparer sa retraite anticipée 211
A. Les conséquences financières d'une retraite anticipée 211
B. Comment financer la lacune de revenus de la préretraite 214
C. Versements anticipés des rentes AVS et LPP 217
D. Retraite anticipée : ne pas oublier de cotiser à l'AVS 220
E. Travail à temps partiel après la retraite anticipée 222

4. Divorce et séparation 223
A. La fiscalité du couple marié 223
B. Fiscalité des époux séparés 224
C. Fiscalité des prestations des époux légalement séparés 224
D. Répartition des prestations de prévoyance 226
E. Le bonus d'éducation AVS 227
F. Fiscalité des biens immobiliers 227
G. Droit de la succession 228
H. Déductions sociales 228
I. Planification fiscale 228

5. Fiscalité et planification patrimoniale dans le concubinat ... 231
- A. Le désavantage fiscal des couples non mariés. ... 231
- B. Quid du partenaire financièrement le plus faible ? ... 234
- C. Optimisation fiscale ... 237
- D. Achat d'immeubles par les concubins ... 241
- E. Contrat de concubinage ... 242

6. La planification successorale ... 245
- A. Généralités ... 245
- B. Planification à long terme de la succession de son entreprise ... 246
- C. Succession dans le cercle familial ... 248

7. Vendre son entreprise: mode d'emploi ... 260
- A. Vente aux cadres: le management buy-out ... 260
- B. MBO et fiscalité ... 260
- C. Vente de l'entreprise à des tiers ... 261
- D. Eviter les pièges liés à la vente d'une entreprise ... 265
- E. Participation incluse dans la fortune commerciale du vendeur ... 267
- F. Vente de sociétés immobilières ... 267
- G. Cession du cadre juridique ... 268
- H. Distributions cachées de bénéfices ... 269
- I. Planification fiscale pour le vendeur ... 269

8. Léguer d'abord, mourir ensuite ... 277
- A. Régime matrimonial et règles de succession ... 277
- B. Dispositions particulières du régime matrimonial et successoral ... 279
- C. Les dispositions en cas de décès ... 286
- D. De l'ouverture du testament au partage ... 289
- E. Considérations fiscales ... 293
- F. Impôt sur le revenu, impôt anticipé et AVS ... 300
- G. Une planification fiscale optimale ... 301
- H. Optimisation fiscale des biens immobiliers ... 306
- I. L'assurance-vie, une faveur successorale ... 310

PARTIE 4

La déclaration d'impôt ... 315

1. Période fiscale et période d'imposition ... 317
- A. Assujettissement annuel ... 317
- B. Assujettissement en cas de changement de canton ... 318
- C. Imposition en cas de changement de commune ... 319

2. Les déductions ... 320

3. Pour éviter les questions 330

4. Du droit de réclamation 330

PARTIE 5

Renseignements pratiques 331

1. Documentation de l'administration fédérale des contributions ... 333

2. Circulaires de la Conférence suisse des impôts 333

3. Circulaires et matériel d'information des administrations fiscales cantonales 333

4. AVS: Circulaires et formulaires 335

5. TVA 335

6. Bibliographie 336

7. Tableaux & Check list 337

8. Index 339

Partie I

Les bases de la planification fiscale et patrimoniale

1. Un environnement en perpétuelle évolution

Ces dernières années, la cadence des changements légaux, professionnels et sociaux a été infernale. Et cette tendance va se poursuivre. Cette évolution ne constitue bien sûr pas le thème de cet ouvrage. Mais ces changements ont une influence directe sur la planification fiscale et patrimoniale de chacun. De ce fait, il est plus difficile aujourd'hui d'obtenir une représentation à long terme de ses ressources financières.

A l'avenir, initiative privée et responsabilité individuelle constitueront, à n'en pas douter, deux notions qui prendront toujours plus d'importance. En effet, le financement de l'Assurance Vieillesse et Survivants (AVS/1er pilier) sera remis en question à moyen terme. Par ailleurs, la faible croissance de notre économie et une espérance de vie en constante augmentation créeront des problèmes pour le financement de la prévoyance professionnelle (2e pilier). Enfin, la pression fiscale devrait rester forte. Dès lors, une bonne connaissance de la législation fiscale et de son évolution représente un préalable essentiel à toute planification fiscale et patrimoniale.

A. Loi sur la prévoyance professionnelle

La législation sur la prévoyance professionnelle (2e pilier) a fait l'objet d'une révision échelonnée sur 3 ans, les dernières modifications entrant en vigueur au 1er janvier 2006. On relèvera les modifications suivantes:
- Abaissement du seuil d'entrée à 19.350 francs de salaire, lequel peut être réalisé auprès de plusieurs employeurs. Le minimum assuré est de 3.225 francs et le maximum de 54.825 francs.
- Abaissement graduel sur 10 ans du taux de conversion des capitaux d'épargne en rente de 7.2% à 6.8%.
- Les taux de bonification d'épargne pour les hommes restent inchangés et sont applicables pour les femmes.
- La détermination du taux de rendement minimal reste de la compétence du Conseil fédéral et sera ajusté en principe tous les 2 ans en fonction de l'évolution de la rémunération sur les marchés des capitaux.
- Le maximum assurable selon un plan de prévoyance est de 10 fois le maximum AVS, soit 774.000 francs.
- Limitation des possibilités de rachat dans le cas de retraits en capital effectués au préalable, délai de blocage de 3 ans entre un rachat et un retrait en capital, nécessité de verser les prestations de libre-passage provenant des comptes bloqués avant d'effectuer un rachat...
- Suppression des limitations introduites en 2001 quant au montant maximum possible pour un rachat.
- Le départ à la retraite anticipée a été fixé à 58 ans au minimum.
- Une institution de prévoyance peut offrir 3 plans de prévoyance différents, dont les critères d'affiliation doivent respecter les principes d'égalité entre assurés. Les accords bilatéraux conclus avec les 25 pays membres de l'UE et applicables

également aux pays de l'AELE prévoient que les résidents de ces états ne pourront, à compter du 1er juin 2007, plus prélever en espèces que la part surobligatoire de leur prestation de libre-passage s'il existe un rapport de prévoyance obligatoire fondé sur le droit européen.

B. Loi sur les fusions

Les concentrations, scissions, réorganisations d'entreprises sont régies depuis le 1er juillet 2004 par la loi sur les fusions. Cette loi est applicable à tous les types d'entreprises. Ceci engendre des incidences fiscales, précisées dans la circulaire No 5 du 1er juin 2004, provoquant des contraintes supplémentaires mais offrant également des chances à saisir pour les entrepreneurs, notamment en matière de traitement du goodwill. Les conditions permettant de réaliser une opération en franchise d'impôt sont clairement exposées.
L'introduction de cette loi génère néanmoins de nombreuses questions quant aux détails pratiques liés à la planification de certaines opérations.

C. Fiscalité de l'épargne de l'UE: impact en Suisse

En juin 2003, le Conseil des ministres européens des finances a arrêté le principe d'une Directive en matière de fiscalité de l'épargne. Cette Directive vise à imposer les paiements transfrontaliers d'intérêts. Dès 2005, la plupart des Etats membres exploitent un système d'échange automatique d'informations. Certains pays ont introduit à la place le principe d'une retenue à la source de 15%.
La Suisse est concernée en ce sens qu'elle a signé avec l'UE un accord qui introduit un système de retenue à la source sur le même principe que ce qui a été convenu pour l'Autriche, le Luxembourg et la Belgique. Ainsi, selon ce texte, les personnes physiques clientes des banques suisses ont le choix entre l'échange d'informations ou une retenue fiscale à la source de 15%. Ce taux sera porté à 20% dès le 1er janvier 2008 et à 35% dès le 1er janvier 2011.
Ne sont pas concernés par cet accord les résidents suisses recevant des intérêts d'une banque suisse, les personnes physiques au bénéfice d'un «forfait» fiscal en Suisse, celles qui ont leur résidence dans un pays non membre de l'UE et les personnes morales. Sont par contre concernées par cet accord, c'est-à-dire soumises à choisir entre la retenue à la source sur les produits d'intérêts et l'échange d'information, toutes les personnes physiques résidentes dans un pays de l'UE et clientes d'une banque suisse. Cela signifie, par exemple, qu'un Suisse résident dans un pays de l'UE, sera soumis à cet accord.
Les revenus concernés par le principe de la retenue d'impôts UE sont ceux résultant des produits portant intérêt sous toutes leurs formes, c'est-à-dire courus ou capitalisés. Il s'agit ainsi des obligations, des placements fiduciaires, des autres titres de créance, des revenus de fonds de placement investis en titres de créance. Le pays d'émission et la monnaie de l'instrument financier n'ont aucune incidence sur l'assujettissement des revenus de l'épargne.

D. Projets et modifications en cours

Le canton de Nidwald a accepté à fin 2005 une modification de sa législation cantonale, prévoyant une réduction du taux d'imposition pour les hauts revenus. Le canton de Vaud réfléchit à la possibilité d'introduire une imposition à la source des contribuables salariés. Au niveau fédéral, il est question de s'attaquer au problème de la double imposition que subissent les bénéfices de sociétés lors de leur distribution.

Le mode d'imposition des familles et des couples mariés devrait en outre être prochainement modifié au niveau de la Confédération. Par ailleurs, le Tribunal fédéral a décidé fin 2005 que les familles monoparentales doivent bénéficier du même mode d'imposition que les familles traditionnelles. Ceci contraint certains cantons à modifier leur pratique avec effet immédiat. Pour le canton de Vaud, par exemple, cela se traduit par l'ajustement à la hausse du quotient familial et par un impact sur les déductions pour frais de garde et pour contribuable modeste.

Il est par ailleurs toujours question d'introduire le nouveau certificat de salaire, cette fois avec effet au 1er janvier 2007. Ainsi, la chasse sera faite aux avantages dont bénéficient les salariés. L'administration fiscale teste actuellement ce certificat quant à son aspect pratique et les détails applicables seront connus ultérieurement.

Le canton de Genève vient de préciser sa pratique générale en matière de frais de représentation. A compter du 1er janvier 2006, seuls pourront bénéficier de frais forfaitaires les salariés avec un fort devoir de représentation et réalisant un salaire d'au moins 150.000 francs, après approbation du fisc. Jusqu'à un salaire de 250.000 francs, les frais seront limités à 5% du salaire brut. Pour la tranche au-delà, les frais pourront être de 10%. Toutefois, un plafond de 100.000 francs de frais est fixé.

Le refus par le peuple de la 11e révision de l'AVS n'a pas supprimé les problèmes de financement à long terme pour autant. Ainsi, la question du relèvement de l'âge de la retraite, à tout le moins pour les femmes, reviendra tôt ou tard sur le devant de la scène. De même, la diminution du taux de conversion pour le 2e pilier de 7.2% à 6.8% ne constitue vraisemblablement qu'une étape. Il est question en effet de réduire encore ce taux, pour le ramener à 6.4%.

2. La planification fiscale et patrimoniale, luxe ou nécessité?

Planification financière privée, planification globale, planification personnalisée, planification fiscale et patrimoniale... Autant de termes qui correspondent à des idées précises et répondent à des objectifs donnés. Qui a besoin d'une telle planification, à quelles conditions et que peut-il (elle) en attendre? Cette planification a-t-elle une signification concrète? Est-elle finalement utile? Autant de questions auxquelles cet ouvrage veut essayer d'apporter une réponse.

A. Qu'entend-on par planification financière personnalisée?

La planification financière personnalisée est une démarche qui permet de construire, ou de structurer, les éléments personnels constitutifs de sa fortune, de son endettement, de sa prévoyance retraite et décès en tenant compte de leur aspect fiscal. Le but est ici de développer sa fortune en arrivant à augmenter le rendement de ses placements. L'objectif est aussi de diminuer le risque sur ses placements, d'optimiser ses perspectives en matière de prévoyance retraite et décès. Enfin, de chercher à diminuer durablement sa charge fiscale.

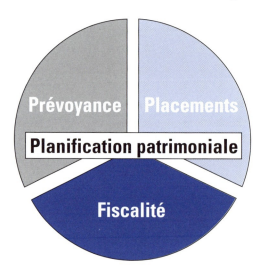

Une planification financière personnalisée permet de coordonner sa planification fiscale tout en optimisant sa prévoyance retraite et décès et le rendement des placements de sa fortune.

B. Les avantages d'une planification patrimoniale

Ces avantages sont de plusieurs ordres:
- dans bien des cas, la charge fiscale peut baisser sensiblement et durablement;
- les risques induits par la structure de la fortune peuvent diminuer;

- les lacunes de prévoyance peuvent être comblées;
- la fortune peut systématiquement augmenter;
- on peut anticiper d'éventuels problèmes financiers;
- il est possible de planifier des objectifs financiers et les atteindre de manière ordonnée;
- du fait des économies fiscales réalisées, la fortune augmente rapidement et génère des rendements plus élevés;
- le train de vie peut être maintenu après la disparition du ou de la partenaire grâce à une prévoyance décès conclue en fonction de ses besoins et en tenant compte du régime matrimonial adopté et du droit des successions;
- le train de vie peut être maintenu après le départ à la retraite grâce à un revenu adapté à ces nouvelles conditions;
- on peut optimiser à long terme la transmission de la fortune aux enfants en tenant compte des aspects fiscaux et personnels;
- les questions fiscales et financières liées à la succession professionnelle d'un chef d'entreprise peuvent être réglées et optimisées à temps.

C. Les gains directement retirés d'une planification patrimoniale

La planification patrimoniale permet d'effectuer certaines constatations qui étaient peut-être restées ignorées jusqu'alors.
Il s'agit, par exemple:
- d'une proportion trop élevée de charges par rapport aux revenus;
- d'un endettement trop élevé entraînant une trop forte dépendance vis-à-vis des banques;
- d'une structure financière inadaptée à la situation personnelle (par exemple, un montant d'hypothèques trop bas et partant, des impôts sur le revenu trop élevés);
- d'une fortune structurée trop sommairement (par exemple, avec une composante purement immobilière, pas assez d'avoirs investis en actions, trop peu d'avoirs de prévoyance, etc. ...);
- d'une structure de revenus fiscalement inadaptée (par exemple, avec trop de revenus de fortune fiscalisés et trop peu d'avoirs de prévoyance non imposables);
- d'une charge fiscale sur le revenu et sur la fortune trop élevée par rapport aux revenus;
- de risques sur la personne trop peu assurés (par exemple, avec une couverture d'assurance insuffisante des risques d'arrêt de travail pour cause de maladie ou d'accident);
- d'une prévoyance décès insuffisante, c'est-à-dire de trop peu de revenus garantis au (à la) partenaire survivant(e);
- d'une prévoyance retraite insuffisante, pouvant avoir pour conséquence l'impossibilité de maintenir le train de vie préalable au départ à la retraite;
- d'une prévoyance insuffisante pour faire face à un départ à la retraite anticipée;
- d'une augmentation trop faible de la fortune du fait d'impôts trop élevés;
- d'une diminution trop élevée de la fortune après le départ à la retraite.

3. Quelques principes pour bâtir sa fortune et sa prévoyance

A. Les bases de la prévoyance

1. Il n'est jamais trop tôt pour commencer

Selon une enquête de la Winterthur Assurances, les cadres supérieurs devraient disposer d'environ 70% de leur dernier salaire avant leur départ à la retraite pour pouvoir maintenir ensuite leur train de vie habituel. Ainsi, celui qui gagnait 200.000 francs avant de prendre sa retraite devrait, par la suite, disposer d'un revenu annuel d'environ 140.000 francs pour maintenir son train de vie préalable.

La rente AVS de couple et la rente sur la partie obligatoire de la prévoyance professionnelle procurent un revenu annuel cumulé d'environ 75.000 francs. La lacune annuelle de revenu est donc d'environ 65.000 francs. Cette lacune devrait être financée au moyen d'une police d'assurance complémentaire et avec un programme financier de prévoyance retraite englobant des revenus provenant de titres financiers, de biens immobiliers, d'assurances de capitaux, etc.

> Plus on commencera tôt sa prévoyance retraite, plus celle-ci permettra d'atteindre rapidement les objectifs financiers que l'on s'est fixés. Cela va certes de soi; mais l'effet des rendements composés permettra aussi d'accélérer l'accroissement de sa fortune.

En général, force est de reconnaître que les cadres supérieurs parviennent rarement à épargner suffisamment pour bâtir une fortune conséquente. Pour maintenir son train de vie, il faudrait en effet avoir accumulé, avant l'âge de 65 ans, des avoirs supérieurs au million de francs. Sans compter ceux dévolus à sa prévoyance retraite.

Quelles en sont les raisons? De fait, un revenu élevé entraîne quasi automatiquement des dépenses en proportion (maintien d'un certain statut social, loisirs coûteux, voyages lointains, frais occasionnés par l'emploi de personnel de maison, frais élevés pour l'éducation des enfants, standing immobilier, etc.). De plus et surtout, la progression marginale de sa charge fiscale empêche d'accumuler une épargne personnelle. Ajoutés aux retenues de l'AVS, les impôts engloutissent en effet de 45% à 55% de toute nouvelle hausse du revenu.

2. Du sur mesure pour sa prévoyance

Une prévoyance bâtie sur mesure signifie qu'elle est judicieusement adaptée aux risques spécifiques de chacun. Ainsi, le point de départ de chaque démarche de prévoyance financière personnalisée consiste en une analyse de risques qui comprendra les points suivants:

- estimation des frais de santé à la suite d'une maladie ou d'un accident;
- estimation d'une perte de gain suite au manque de revenus salariaux consécutif à une maladie ou à un accident;
- évaluation des risques découlant de la responsabilité civile professionnelle;
- évaluation des risques issus de la responsabilité civile en tant que personne privée (propriétaire immobilier, propriétaire d'un animal de compagnie, conduite de la voiture d'un tiers, mandat d'administrateur d'une société ou de membre d'un conseil de fondation, etc.);
- évaluation du risque de dommage à sa propriété par le feu ou l'inondation;
- estimation des conséquences du risque décès et par conséquent de la disparition de revenus professionnels;
- adaptation de son train de vie à une prévoyance retraite donnée.

3. L'importance du cycle de vie

Les risques évoluent avec la vie. Ils peuvent augmenter ou diminuer. Certains peuvent disparaître. De nouveaux, au contraire, peuvent apparaître. Il est donc nécessaire d'adapter en permanence la couverture d'assurances de certains risques.

Les risques en perpétuelle augmentation sont par exemple:
- la responsabilité financière familiale et ses effets économiques apparaissant avec le mariage;
- un médecin assistant qui ouvre son cabinet et est subitement confronté à des risques élevés de responsabilité professionnelle;
- une femme mariée qui abandonne son emploi pour élever un enfant et ne peut plus s'assurer contre une perte de salaire;
- celui qui se met à son compte et emprunte des fonds, créant ainsi des risques et une situation de dépendance; en cas de décès subit, sa famille peut devoir faire face à un endettement élevé ne pouvant pas être couvert par une fortune suffisante;
- un cadre supérieur qui prend une retraite anticipée et ne peut plus être assuré contre une perte de gain;
- un jeune couple qui contracte un crédit hypothécaire trop élevé pour compenser un manque de fonds propres;
- un entrepreneur qui devient membre du conseil d'administration d'une société active dans internet, laquelle désire s'introduire en bourse;
- un cadre supérieur qui prend une année de congé sabbatique pour traverser l'Atlantique seul et en bateau à voile;
- un responsable financier qui accède au conseil d'administration de son entreprise;
- un chef d'entreprise qui obtient un brevet de pilote d'avions.

A contrario, certains risques peuvent diminuer. Par exemple:
- un chef d'entreprise qui rembourse systématiquement ses dettes;
- les enfants qui quittent le domicile parental pour prendre leur propre appartement;

- un héritage important;
- une rente de retraite qui commence à être versée et rend inutile de s'assurer contre une perte de gain;
- un entrepreneur dont la profession comporte de nombreux risques en responsabilité et qui cesse son activité ou devient salarié;
- un entrepreneur qui vend ou liquide son affaire;
- la fortune qui augmente, ce qui permet de supporter un éventuel dommage consécutif à une perte de revenu, à un vol ou encore à un problème physique.

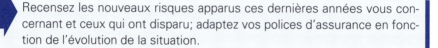

Recensez les nouveaux risques apparus ces dernières années vous concernant et ceux qui ont disparu; adaptez vos polices d'assurance en fonction de l'évolution de la situation.

B. Les principes de base de l'investissement

1. Avoir assez de réserves

Les liquidités, c'est-à-dire les moyens financiers directement disponibles, devraient être en général suffisamment élevées pour pouvoir en permanence faire face à la plus grosse dépense annuelle de son budget. La plupart du temps, il s'agit des bordereaux d'impôts. Mais il peut aussi s'agir de l'achat d'une voiture ou d'un voyage lointain.

La plupart des gens conservent des réserves financières trop importantes déposées sur des livrets d'épargne, des comptes bancaires ou à terme fixe. Après déduction de l'effet fiscal et de l'inflation, cette forme d'épargne ne permet absolument pas de faire croître une fortune. Sa seule utilité est d'être disponible en tout temps pour faire face à des dépenses importantes.

Les moyens financiers supérieurs à cette réserve de base devraient donc être mieux investis. Comment? Par exemple, dans des parts de fonds de placement, dans un programme de rachat d'années de prévoyance ou dans des plans d'épargne personnels ou au profit de ses enfants.

Pour couvrir des besoins de liquidités prévisibles à moyen terme, les fonds de placement investis en obligations sont particulièrement bien adaptés. Il s'agit pourtant de veiller au coût effectif global de ces véhicules d'investissement.

2. Eviter la dépendance financière

Ce qui est valable pour les entreprises l'est aussi pour les personnes privées. Il faut en permanence être capable d'honorer ses factures. Dans les faits, cela revient à se comporter de telle manière que l'on ne soit jamais trop dépendant d'une banque.

On peut tout d'abord devenir dépendant financièrement parce que certains composants de la fortune ont été achetés avec trop peu de fonds propres. C'est ainsi le cas d'un bien immobilier acquis avec une charge hypothécaire trop lourde. C'est aussi le cas d'un portefeuille de titres boursiers acheté grâce à un crédit lombard, ou encore d'une prise de participation financée par un crédit bancaire, etc.

Outre le fait de financer de manière conservatrice les diverses composantes de sa fortune, il faut aussi toujours en conserver une partie en liquide ou en moyens facilement réalisables. Les actions cotées ou les obligations sont ainsi des outils de placement facilement négociables même s'il faut garder à l'esprit que, lors de leur vente, on peut devoir supporter des pertes conséquentes. En général, les différents comptes bancaires proposés sont aussi très liquides. Par contre, ce n'est pas le cas des obligations de caisse, dont la dénomination peut prêter à confusion.

3. Diversifier pour diminuer les risques

Chacun connaît le vieil adage selon lequel il ne faut pas mettre tous ses œufs dans le même panier. Aujourd'hui, on parle plutôt de diversification. Dans le domaine de l'investissement financier, cela revient à dire que les différentes composantes du placement d'une fortune évoluent différemment selon leur nature économique, monétaire, géographique et sectorielle.

La diversification comporte en effet quatre aspects:
- elle peut venir du type d'instruments de placement utilisé (immobilier, obligations, actions, assurances-vie, avoirs de prévoyance, gestion alternative, etc.);
- elle peut être géographique (Suisse, Europe, Etats-Unis, zone Asie Pacifique, pays émergents, etc.);
- elle peut être monétaire (franc suisse, Euro, Livre sterling, US Dollar, Yen, Dollar australien, etc.);
- elle peut être sectorielle et, dans ce cas, les investissements en actions seront répartis selon des secteurs tels que l'industrie, la finance, l'alimentation, la pharmacie, la biotechnologie, l'industrie high-tech, les télécommunications, etc.

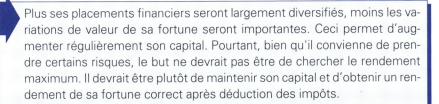

Plus ses placements financiers seront largement diversifiés, moins les variations de valeur de sa fortune seront importantes. Ceci permet d'augmenter régulièrement son capital. Pourtant, bien qu'il convienne de prendre certains risques, le but ne devrait pas être de chercher le rendement maximum. Il devrait être plutôt de maintenir son capital et d'obtenir un rendement de sa fortune correct après déduction des impôts.

4. Une bonne diversification monétaire

Afin de parvenir à une bonne diversification monétaire de ses avoirs financiers, il s'agit au préalable d'identifier sa monnaie de référence. Celle-ci est la monnaie dans laquelle un investisseur raisonne et effectue la plupart de ses dépenses. Pour un résident suisse, la monnaie de référence est donc logiquement le franc suisse.

Un investisseur suisse devrait conserver en règle générale de 30% à 40% de sa fortune en francs suisses, investir de 20% à 30% en Euros, de 10% à 20% en

US Dollar et le reste en Yen ou dans une autre devise, pour autant que l'on accepte d'investir dans des devises faibles.

Si l'on ne dispose que d'une fortune modeste qui servira un jour à compléter sa retraite, la part en francs suisses sera plus importante. Si, par contre, on est à la tête d'une fortune plus conséquente, la part en francs suisses pourra être inférieure aux proportions susmentionnées.

5. Attention à l'inflation!

Ces vingt dernières années, le taux moyen d'inflation a été de 2% par an. Depuis 1925, il a été de 2,25% par an. Si cette dernière tendance se poursuit, cela signifie que la valeur d'un franc d'aujourd'hui sera diminuée de moitié d'ici 30 ans. Même pour un îlot de stabilité des prix comme la Suisse, cette donnée prête à réflexion.

C. Des objectifs fiscaux oui, mais lesquels?

Les objectifs fiscaux à atteindre dans le cadre d'une planification patrimoniale sont multiples. Il est donc important de bien les fixer avant de prendre des mesures concrètes en ce qui concerne la planification de sa prévoyance et de sa fiscalité. La fameuse règle des 80/20, découverte au 19ᵉ siècle par le commerçant vénitien Vilfredo Pareto, peut être judicieusement appliquée dans ce domaine également. Grâce à elle, on sait que l'application judicieuse de quelques principes bien ciblés assurera 80% du succès de sa planification.

> Des actions ponctuelles, comme réussir un coup isolé en bourse ou des économies fiscales de bout de chandelle, seront moins efficaces qu'une stratégie bien réfléchie pour construire une fortune et une épargne de prévoyance fiscalement attractives.

1. Réduire à long terme la charge fiscale sur son revenu et sa fortune

Le but essentiel de la planification fiscale doit être de réduire de façon conséquente et durable, à savoir sur de nombreuses années, la charge fiscale sur son revenu et sa fortune. Cette stratégie doit primer sur toute décision fiscalement optimale qui peut concerner un acte économique précis (par exemple, une transformation d'entreprise, le financement d'un bien immobilier, un héritage, etc.).

La priorité sera donnée à la diminution de l'impôt sur le revenu dans la mesure où, surtout pour des fortunes peu importantes, la charge fiscale sur la fortune est moindre. En effet, l'impôt sur le revenu peut atteindre, voire dépasser, 40% du revenu imposable alors qu'en moyenne, la charge fiscale sur la fortune représente en Suisse environ 0,6% de la fortune imposable.

Bien qu'il s'agisse d'un objectif ambitieux qui ne pourra pas se réaliser dans tous les cas, on visera cependant une réduction de 25% à 50% de la charge fiscale grevant ses revenus.

2. Eviter les revenus de titres trop imposables

Les revenus de titres, c'est-à-dire les coupons sur obligations et les dividendes sur actions, sont imposés à des taux de 30% à 45%. Il ne faudrait donc pas constituer de positions trop importantes en obligations. Plus particulièrement, les rendements des obligations étrangères peuvent être soumis à un taux d'imposition plus élevé que ceux des obligations suisses, de par les impôts à la source étrangers qui ne sont pas tous récupérables en totalité. De ce fait, le rendement net des obligations étrangères n'est en général plus suffisant pour couvrir le risque lié à un placement en devises.

Dans certains cantons (BE, SG, GR, ZH), il peut être opportun de détenir des obligations sous la forme de gestion collective de type SICAV. En effet, dans ces cantons, les gains liés à ces véhicules de placement ne sont pas soumis à l'impôt. Par ailleurs, on peut détenir des obligations libellées en monnaies étrangères au travers de polices d'assurances de capitaux à prime unique liées à des fonds de placement en actions et en obligations. Dans certains cas, les revenus des obligations des fonds de placement liés à une assurance de capitaux ne sont en effet pas imposables.

3. Eviter les revenus immobiliers trop fiscalisés

A l'évidence, il faudrait d'abord chercher à réaliser des revenus de biens immobiliers sis dans des cantons où leur taux d'imposition est bas. Sinon, une trop grande part de ces revenus revient à l'Etat. Un autre moyen d'éviter une fiscalité trop forte sur ses biens immobiliers consiste à planifier leur entretien régulier. En effet, les frais correspondant à un entretien qui permet de maintenir la valeur des immeubles peuvent être déduits des revenus de location.

Etude de cas

Hormis le choix du lieu de domicile, de celui de l'achat d'un bien immobilier ou de la localisation du siège d'une entreprise, le facteur le plus important quant à la charge fiscale consiste en la structure de sa fortune. Les effets de cette structuration, combinés à ceux du choix du domicile fiscal, peuvent être illustrés par l'exemple suivant.

M. François Vert a une fortune de 5 millions de francs qu'il a investie en immeubles et en obligations. Ces placements lui procurent un rendement net annuel moyen d'environ 5% avant impôt. Pour simplifier, assimilons les déductions sociales à la charge fiscale et considérons que son revenu imposable, généré par sa fortune, se monte à 250.000 francs.

Dans les villes et les communes citées dans le tableau suivant, ces revenus entraînent les impôts fédéraux, cantonaux et communaux suivants (pour des raisons pratiques, nous avons considéré que le domicile personnel et la localisation des immeubles sont identiques):

Charge fiscale de M. François Vert avant restructuration de sa fortune, en fonction du for d'imposition:

Lieu de domicile / Immeubles	Impôts sur le revenu (CHF)	Impôts sur fortune (CHF)	Impôts totaux (CHF)	% du revenu
Genève	76 200	44 500	120 700	48,3
Sion	75 000	32 500	107 500	43,0
Neuchâtel	82 300	34 200	116 500	46,6
Lausanne	77 600	38 400	116 000	46,4
Schwyz	52 800	15 000	67 800	27,1

Suivant les recommandations de son conseiller fiscal, François Vert décide de restructurer complètement sa fortune. Il envisageait de toute façon depuis longtemps de vendre ses immeubles pour ne plus être continuellement en conflit avec ses locataires. Ceci fait, il investit toute sa fortune en actions, en fonds de placement en actions et dans des assurances de capitaux exemptes d'impôts pour remplacer les obligations.

Considérons qu'il lui reste encore 1%, soit 50.000 francs, en revenus imposables de sa fortune. Le solde des revenus de sa fortune représente des gains en capital nets d'impôt ou des revenus non imposables sur les assurances de capitaux.

Comme le montre le tableau ci-dessous, la charge fiscale de M. François Vert diminue considérablement même si, pour des raisons de simplification, nous sommes partis du principe que l'impôt sur la fortune restait identique alors que, du fait de la cession des immeubles, il devrait légèrement augmenter.

Charge fiscale calculée de M. François Vert apres restructuration de sa fortune, en fonction du for d'imposition:

Lieu de domicile / Immeubles	Impôts sur le revenu (CHF)	Impôts sur fortune (CHF)	Impôts totaux (CHF)	% du revenu
Genève	1 800	44 500	46 300	18,5
Sion	4 200	32 500	36 700	14,7
Neuchâtel	3 800	34 200	38 000	15,2
Lausanne	5 000	38 400	43 400	17,4
Schwyz	3 300	15 000	18 300	7,3

L'économie en terme de charge fiscale représente 60 à 75%. Entre les deux extrêmes de Genève et de Schwyz et en combinant un changement de domicile fiscal à la restructuration de sa fortune, François Vert devrait réaliser une économie fiscale de 102.400 francs. Sur des revenus totaux de sa fortune de 250.000 francs, c'est appréciable.

4. Eviter les impôts sur les futurs bénéfices de liquidation

Que ce soit dans le cas d'une société simple, d'une société en nom collectif, en commandite, d'une société anonyme ou d'une SàRL, chaque activité commerciale comporte un risque. A savoir celui d'une imposition du bénéfice de liquidation au moment de remettre ou de liquider une affaire commerciale. Ces bénéfices sont également souvent soumis à l'AVS. Un bénéfice de liquidation peut même être imposable lors de la réalisation des actions d'une SA ou d'une SàRL par les personnes physiques qui les détiennent. En effet, dans certains cas, les gains en capital réalisés ainsi sont imposés, par exemple dans le cadre d'une liquidation partielle indirecte ou d'une transposition.

Pour les contribuables qui sont aussi entrepreneurs, la planification fiscale doit permettre de structurer leur activité commerciale sous la forme juridique la mieux appropriée pour éviter, si possible, une imposition des bénéfices futurs de liquidation. La planification fiscale de sa prévoyance comporte donc une composante orientée vers l'avenir, tant dans la perspective de céder une activité, de la vendre à un tiers, de se retirer de son activité professionnelle de manière anticipée ou de la transmettre à ses enfants.

5. Eviter la double imposition des bénéfices

Selon la forme juridique adoptée pour mener son activité commerciale, on peut subir une double voire une triple imposition de ses bénéfices. Pour éviter cela, il convient de choisir à temps les structures fiscales les mieux adaptées. Car, pouvoir réaliser des économies fiscales à court terme entraîne souvent, mais pas nécessairement, une aggravation de la charge fiscale à plus long terme.

Ainsi, si une SA familiale ne distribue pas de bénéfices, son actionnaire ne sera bien sûr pas imposé sur ce type de revenus. Mais le risque existe, selon la variante adoptée, de subir tout de même une imposition à titre privé.

Dans ces conditions, des modèles de calcul intégrant l'influence des taux d'intérêt peuvent permettre de répondre à la question de savoir s'il est intéressant de profiter des avantages fiscaux à court terme. Il faut cependant être conscient que l'incertitude liée à la prise de décision peut être importante. En effet, les conditions de l'environnement économique comme celles particulières à l'entreprise concernée peuvent varier. Sans parler bien sûr d'une modification, toujours possible, des lois fiscales.

6. Eviter des cotisations AVS trop élevées

Bien que les cotisations AVS soient perçues sans limite supérieure sur leurs éléments constitutifs (salaires, bénéfice d'une raison individuelle, etc.), la rente versée au titre du 1er pilier est, elle, plafonnée. Ainsi, les revenus soumis supérieurs à 77.400 francs cotisent à l'AVS sans pour autant procurer une rente supérieure au bénéficiaire. Dans ce cas, les cotisations versées auront bénéficié à d'autres rentiers.

En ce qui concerne l'AVS, les possibilités d'optimaliser les charges sociales sont cependant très différentes selon que l'on est chef d'entreprise ou salarié. Dans ce dernier cas, ceci se limitera à l'utilisation de frais forfaitaires non soumis à l'AVS ou à d'autres prestations en nature (véhicule de fonction, cotisations à des clubs, etc.).

En Suisse, pour les salaires élevés, la cotisation AVS représente un caractère purement fiscal. En effet, il n'y a pas de limite salariale supérieure au calcul des cotisations AVS. De ce fait, la fixation du salaire AVS déterminant devrait toujours être incluse dans une réflexion portant sur les choix à adopter en matière de planification fiscale.

A ce propos, on prête souvent très peu d'attention aux inconvénients qui peuvent toucher une épouse ne cotisant pas à l'AVS ou n'ayant pas un revenu salarial atteignant le montant de 77.400 francs qui donne droit à une rente maximale. Le plus grave de ces inconvénients concerne la réduction de la rente d'invalidité, de vieillesse ou de veuve. Cette rente est en effet calculée sur la base du salaire soumis à cotisation. Un autre inconvénient concerne, selon les cas, le montant de la rente AVS après un divorce.

7. Coordonner la fiscalité, la prévoyance et le placement de la fortune

Dans la réalité, la fiscalité, le placement de la fortune et la prévoyance sont rarement coordonnés et optimalisés. Un conseiller à la clientèle auprès d'une banque donnera son avis sur l'achat d'actions et d'obligations sans nécessairement tenir compte de la situation fiscale de son client. De son côté, le conseiller en assurances proposera des produits d'assurance-vie ou d'assurance capital liée au 2e et au 3e pilier sans connaître les objectifs financiers de son client. Enfin, un conseiller fiscal donnera son avis sans évaluer les possibilités de placement ou les risques induits par les produits bancaires ou d'assurance.

Sans coordination, l'examen de la situation d'une personne du point de vue fiscal, de sa fortune et de sa prévoyance aboutit à coup sûr à une charge fiscale plus élevée. En effet, les rendements du placement de la fortune après impôts seront insuffisants et la prévoyance sera inadaptée aux besoins en cas de perte de gain et quant à sa prévoyance retraite ou décès.

Comment parvenir à réaliser cette coordination? L'idéal serait que le conseiller à la clientèle, l'assureur ainsi que le conseiller fiscal analysent en commun la situation de départ de leur client et formulent des propositions cohérentes. Mais ces professionnels sont concurrents. Chacun aimerait que le client lui donne une partie de sa fortune à investir dans ses produits. Quant au conseiller fiscal, on peut même dire que, parfois, ce professionnel ne connaît pas – ou pas assez – les possibilités de combiner fiscalité et prévoyance. Or, c'est seulement grâce à la coordination entre situation fiscale et prévoyance que l'on prendra les mesures les mieux adaptées à sa situation financière.

D. Les effets des mesures fiscales et de prévoyance

Les effets des mesures prises pour diminuer la charge fiscale et pour optimiser les revenus de prévoyance en cas de perte de revenu, de vieillesse et de décès sont très différents. C'est en tenant compte de celles qui améliorent la prévoyance tout en faisant baisser la charge fiscale que l'on parviendra aux meilleurs résultats.

Le tableau 1 (page 18) donne un aperçu des principales mesures à caractère fiscal et de prévoyance ainsi que leurs effets sur la charge fiscale et sur la prévoyance.

Tableau 1: Effet des mesures fiscales et de prévoyance

Mesures:	Charge fiscale	Rendement	Risque	Prév. perte de revenu	Capital retraite	Prév. décès	Evaluation
1. Réduction des avoirs bancaires liquides et …							
Achat d'obligations/fonds d'obligations	---	+	++				+
Achat d'actions/fonds d'actions	++	+++	--		+++		+++
Achat d'une police à prime unique classique	+++	+	+++		++	++	++
Achat d'une police à prime unique liée à un fonds de placement	+++	+++	--		+++	+++	+++
Rachat d'années de caisse de pensions	+++	+	+++	++	+++	+++	+++
2. Restructuration du portefeuille:							
Vente d'obligations et achat d'actions	+++	++	---		++		++
Vente d'actions et achat d'obligations	---	---	+++		---		---
Vente d'obligations et achat de fonds d'oblig.			++				++
Vente d'actions et achat de fonds en actions			++				++
3. Placement d'excédents financiers							
Carnet d'épargne	--	--	++		---		---
Amortissement d'une hypothèque	---	+	+++		++		--
Plan d'épargne en fonds obligataires	---	+	++		+		
Plan d'épargne en fonds mixtes	-	++	+		++		++
Plan d'épargne en fonds en actions	++	+++	--		+++		+++
Pilier 3a bancaire, taux légal	+++	+	+++		++		++
Pilier 3a bancaire, fonds mixtes	+++	++	++		+++		+++
Pilier 3a assurance classique	+++	+	+++		+	+	+
Pilier 3a assurance, fonds de placement	+++	++	+		++	+	++
Pilier 3a avec assurance perte de revenu, classique	+++		+++	+++	+		+
4. Hypothèque							
Amortissement direct	---	---	+++		++		-
Amortissement indirect	+++	++	++		+++		++
Augmentation de l'hypothèque et achat de fonds en obligations	--		-				---
Augmentation de l'hypothèque et achat de fonds en actions	+++	+++	---		++		+++
Augmentation de l'hypothèque et achat d'une prime unique classique	+++	+	-		+		++
Augmentation de l'hypothèque et achat d'une prime unique liée à des fonds	+++	++	--		++		+++
Augmentation de l'hypothèque et rachat d'années de caisse de pensions	+++	++	-		++	++	+++
5. Caisse de pensions							
Rachat d'années de cotisation manquantes	+++		++		+++	+++	+++
Retrait du capital, achat de fonds en actions	+++	++	---		++	--	+++
Retrait du capital	++	+++	--	---	+++	--	++
Rentes	---	---	+++		---	---	--
6. Assurances							
Prime unique classique	+++	+	++		++		++
Prime unique liée à des fonds	+++	++	+		+++		+++
Assurance-vie classique à prime annuelle	++	-	++		+		+
Assurance-vie à prime annuelle investie en fonds	++	+	+		++		++
Police d'assurance risque décès						+++	-
Rente viagère à prime unique	---	---	+++				--
Prêt sur police et versement à la caisse de pensions	+++	++	+++	++	+		+++
Prêt sur police et achat d'actions	+++	+++	--		++		+++
7. Succession							
Donations avant héritage	+++				---		+
Prêts sans intérêts aux enfants	++				---		+
Salaire au concubin	+++						++
Paiement de primes d'assurance pour le concubin			+		-	+++	++

Source: Dr. Thomas Fischer & Partner AG

4. L'influence de la fiscalité – L'appétit du fisc

A. L'imposition du revenu

1. Imposition globale et imposition marginale

Chaque contribuable suisse, se trouvant dans une tranche d'imposition élevée devrait savoir, au moins subjectivement, qu'une part disproportionnée de ses revenus disparaît en impôts et en charges sociales. Mais dans quelle proportion? Y a-t-il des différences entre les cantons? Comment la charge fiscale progresse-t-elle quand, par exemple, le revenu imposable passe de 80.000 à 90.000 francs?

De fait, l'impôt payé sur chaque franc supplémentaire de revenu est nettement plus élevé que ce que la plupart des contribuables supposent. En effet, alors que la charge fiscale globale cantonale moyenne sur un revenu imposable de 150.000 francs se situe aux alentours de 22% (pour une personne mariée, sans enfant, de religion réformée et y compris l'impôt fédéral), la charge marginale pour ce même revenu se situe à 39% environ en moyenne nationale.

La charge marginale représente l'impôt prélevé sur chaque franc supplémentaire de revenu. Elle montre au contribuable ce qui reste d'une amélioration de son revenu. Il faut donc être conscient, dans le cas de décisions concernant le fait d'effectuer des heures supplémentaires, le travail de l'épouse ou encore l'application de mesures de planification fiscale, que cette charge fiscale marginale est en général plus importante que la charge fiscale moyenne.

Etude de cas

Emile Cornu, résident lausannois, travaille comme employé de commerce auprès d'une compagnie d'assurances. Marié et père de deux enfants, il réalise un revenu net de 80.000 francs. Il ne possède pas de fortune hormis son mobilier de ménage et n'a pas de dettes. Sa charge fiscale s'élève à 9.800 francs, soit 12% de son revenu net.

Suite au décès accidentel de ses parents, il hérite, après paiement des impôts de succession, d'une fortune de 2.500.000 francs. D'un naturel prudent, Emile Cornu décide d'investir ce montant dans l'immobilier.

Sur conseil d'un ami courtier, il acquiert des immeubles pour 10.000.000 francs, qu'il finance à hauteur de 7.500.000 francs par emprunts hypothécaires. Le rendement net des immeubles s'élève à 5%, lequel sert à financer les intérêts hypothécaires au taux de 3% et l'amortissement de la dette à raison de 1.5% par année. Parallèlement, Emile conserve son emploi. Son revenu imposable se détermine dès lors comme suit:

Salaire net	80 000
Revenu net des immeubles	500 000
Intérêts hypothécaires	(225 000)
Revenus nets totaux	**355 000**

Sa fortune imposable, quant à elle, se monte à 500.000, Emile bénéficiant d'une taxation avantageuse de ses immeubles.

Emile Cornu découvre avec stupeur son avis de taxation pour l'année suivante, qui fait état d'un total d'impôts à payer de 125.700 francs, soit 111.000 francs au titre de l'impôt sur le revenu et 2700 francs sur la fortune, auxquels viennent s'ajouter des impôts fonciers pour 12.000 francs. Ses revenus nets sont par conséquent imputés des impôts pour 125.700 francs et de l'amortissement hypothécaire pour 112.500 francs. Il lui reste donc 116.800 francs à disposition, contre 70.200 francs auparavant, ce malgré l'amélioration notable de sa situation financière.

Emile n'ose plus regarder son avis d'imposition. Au bout de quelques jours, il calcule que ses impôts sur le revenu représentent maintenant 31% de ses revenus nets. Son taxateur lui explique par ailleurs que tout revenu supérieur sera imposé au taux de 44%. Ainsi, dans la tranche d'imposition marginale où se situe son revenu, Emile Cornu paiera 44 francs pour chaque augmentation de 100 francs de revenu imposable.

Selon les tableaux 2 et 3 (pages 21 et 22), les différences de charges fiscales sont importantes entre les cantons, tant pour les petits que pour les grands revenus. Dans les cantons aux taux de fiscalité les plus élevés, les revenus sont deux fois plus ponctionnés que dans les cantons aux taux les plus bas.
Dans une perspective de planification fiscale, les différences de charges fiscales marginales sont donc particulièrement importantes. Ainsi, un contribuable domicilié dans un canton fiscalement inattractif paie en impôts et charges sociales, pour un revenu compris entre 150.000 et 200.000 francs, jusqu'à 55% de chaque franc supplémentaire gagné.

Tableau 2: Charge fiscale pour un revenu brut annuel de 200.000 francs réalisé par un couple marié avec deux salaires et deux enfants, de religion catholique (impôt fédéral direct, cantonal, communal et paroissial) – en CHF et %.

Communes	Revenu brut	Revenu net	Revenu imposable (conf.)	Revenu imposable (canton)	Impôt féd.	Impôt cant.	Impôt com.	Impôt parois.	Charge fiscale totale	% du revenu
Aarau	200 000	176 220	148 200	153 500	7 440	12 293	10 784	1 617	32 134	16,1%
Altdorf	200 000	176 220	148 200	151 400	7 440	18 092	6 813	1 286	33 631	16,8%
Appenzell	200 000	176 220	148 200	151 700	7 440	9 225	9 123	1 435	27 223	13,6%
Bâle	200 000	176 220	148 200	150 800	7 440	29 883		2 390	39 713	19,9%
Bellinzone	200 000	176 220	148 200	133 400	7 440	11 747	10 918		30 105	15,1%
Berne	200 000	176 220	148 200	134 400	7 440	18 363	9 241	1 104	36 148	18,1%
Coire	200 000	176 220	148 200	150 100	7 440	13 832	11 856	1 778	34 906	17,5%
Delémont	200 000	176 220	148 200	151 400	7 440	18 769	12 842	1 520	40 571	28,3%
Frauenfeld	200 000	176 220	148 200	149 100	7 440	13 166	12 857	1 184	32 647	16,3%
Fribourg	200 000	176 220	148 200	151 300	7 440	15 921	13 533	1 592	38 486	19,2%
Genève	200 000	176 180	148 100	156 200	7 427	21 828	7 593		36 848	18,4%
Glaris	200 000	176 220	148 200	150 700	7 440	21 083	4 708	1 712	34 943	17,5%
Herisau	200 000	176 220	148 200	156 000	7 440	11 732	14 413	1 676	35 201	17,6%
Lausanne	200 000	176 220	148 200	162 900	7 440	18 401	10 081		35 922	18,0%
Liestal	200 000	176 220	148 200	162 420	7 440	17 988	12 052	893	38 373	19,2%
Lucerne	200 000	176 220	148 200	149 700	7 440	12 064	13 129	1 774	34 407	17,2%
Neuchâtel	200 000	176 220	148 200	156 600	7 440	23 824	11 362		42 626	21,3%
Sarnen	200 000	176 220	148 200	142 200	7 440	9 820	12 345	1 683	31 288	15,6%
Schwyz	200 000	176 220	148 200	138 200	7 440	5 681	10 270	1 398	24 789	12,4%
Sion	200 000	176 220	148 200	150 200	7 440	16 445	12 138	364	36 387	18,2%
Stans	200 000	176 220	148 200	154 400	7 440	9 742	10 472	1 096	28 750	14,4%
Saint-Gall	200 000	176 220	148 200	152 900	7 440	11 867	16 408	2 580	38 295	19,1%
Schaffhouse	200 000	176 220	148 200	144 200	7 440	13 591	13 224	1 591	35 846	17,9%
Soleure	200 000	176 220	148 200	153 634	7 440	13 259	15 549	1 926	38 176	19,1%
Zoug	200 000	176 220	148 200	129 900	7 440	6 840	5 672	792	20 744	10,4%
Zurich	200 000	176 220	148 200	147 900	7 440	9 563	11 666	956	29 625	14,8%

Source: Dr. Thomas Fischer & Partner AG

Commentaires:
Le revenu net de 176.220 francs de ce couple (176.180 pour Genève) est calculé sur la base d'un revenu brut de 100.000 francs pour le mari et l'épouse dont on déduit les charges sociales. Il est tout d'abord intéressant de remarquer les premières différences entre les cantons au niveau du revenu imposable. Malgré l'harmonisation fiscale fédérale, les déductions autorisées sont encore très différentes selon les cantons. Ainsi, la différence de revenu imposable entre Lausanne et Zoug est de 33.000 francs. Une conclusion s'impose: les barèmes fiscaux ne sont pas seuls déterminants.

Tableau 3: Déductions sociales pour un revenu brut de 200.000 francs

Communes	Revenu net	Assurances accident	Frais professionnels	Double revenu	Déduction enfants	Déductions sociales	Total déductions	Revenu imposable
Aarau	176 220	-4 000	-5 286	-600	-12 800	–	-22 686	153 500
Altdorf	176 220	-4 500	-5 286	–	-8 000	-7 000	-24 786	151 400
Appenzell	176 220	-6 000	-10 000	-500	-8 000	–	-24 500	151 700
Bâle	176 220	-1 100	-3 000	-1 100	-13 600	-6 600	-25 400	150 800
Bellinzone	176 220	-9 800	-4 800	-7 200	-21 000	–	-42 800	133 400
Berne	176 220	-5 600	-14 000	-3 524	-8 800	-9 800	-41 724	134 400
Coire	176 220	-9 360	-5 200	-2 500	-6 400	-2 600	-26 060	150 100
Delémont	176 220	-6 220	-7 200	-2 400	-9 000	–	-24 820	151 400
Frauenfeld	176 220	-7 800	-5 286	–	-14 000	–	-27 086	149 100
Fribourg	176 220	-8 060	-5 286	-500	-11 000	–	-24 846	151 300
Genève	176 180	-16 772	-3 200	–	–	–	-19 972	156 200
Glaris	176 220	-5 200	-5 286	-5 000	-10 000	–	-25 486	150 700
Herisau	176 220	-5 000	-4 800	-2 400	-8 000	–	-20 200	156 000
Lausanne	176 220	-6 400	-5 286	-1 600	–	–	-13 286	162 900
Liestal	176 220	-2 800	-1 000	–	-10 000	–	-13 800	162 420
Lucerne	176 220	-5 600	-5 286	-4 200	-11 400	–	-26 486	149 700
Neuchâtel	176 220	-6 400	-5 286	-1 200	-6 700	–	-19 586	156 600
Sarnen	176 220	-4 580	-8 200	-3 340	-7 900	-9 980	-34 000	142 200
Schwyz	176 220	-6 800	-13 200	-2 000	-10 000	-6 000	-38 000	138 200
Sion	176 220	-4 650	-5 286	-5 700	-10 360	–	-25 996	150 200
Stans	176 220	-4 500	-8 811	-1 000	-7 500	–	-21 811	154 400
Saint-Gall	176 220	-6 000	-4 800	-500	-12 000	–	-23 300	152 900
Schaffhouse	176 220	-3 600	-6 086	-2 800	-12 000	-7 500	-31 986	144 200
Soleure	176 220	-4 300	-5 286	-1 000	-12 000	–	-22 586	153 634
Zoug	176 220	-8 000	-5 286	-4 000	-16 000	-13 000	-46 286	129 900
Zurich	176 220	-7 000	-5 286	-5 200	-10 800	–	-28 286	147 900

Source: Dr. Thomas Fischer & Partner AG

Commentaires:
Malgré la loi fédérale sur l'harmonisation fiscale, les déductions autorisées sont très différentes selon les cantons. Ainsi, la différence quant au revenu imposable entre Lausanne et Zoug est encore de 33.000 francs. Il faut noter à propos de ce tableau que le maximum autorisé de certaines déductions a été pris. Ainsi, le point de départ de ce calcul est un revenu net pour l'époux et pour l'épouse de 88.110 francs chacun.

B. L'imposition de la fortune

1. Généralités

La Suisse est l'un des rares pays où existe encore une imposition de la fortune. Cet impôt est généralement suranné. Il tire son origine d'une époque où la fiscalité sur le revenu n'existait pas encore et où il fallait donc imposer la fortune. Or, la fiscalité moderne part du principe que l'impôt doit être prélevé en priorité sur le revenu et donc sur la capacité à consommer.

Cet impôt a un caractère confiscatoire, comme le montre l'étude de cas ci-après (voir en page 24). Mais, dans la plupart des cantons où a été agendé une révision de la loi fiscale cantonale, cet impôt n'a jamais été un thème de discussion. L'harmonisation fiscale fédérale prescrit aux cantons de prélever un impôt sur la fortune. C'est injuste, car cet impôt frappe un élément qui, en général, a déjà été soumis à l'impôt sur le revenu.

> Lorsque l'on place sa fortune en titres de certaines sociétés familiales, l'impôt sur la fortune entraîne une diminution de sa fortune. En effet, le revenu généré par ce type de placements ne suffit pas à compenser la charge fiscale.
>
> Par ailleurs, l'impôt sur la fortune constitue, encore plus que l'impôt fédéral direct, un impôt sur la richesse. En effet, 10% des contribuables génèrent environ 90% du produit de cet impôt. Et plus de la moitié des contribuables ne paient aucun impôt sur la fortune.

La confédération ne prélève aucun impôt sur la fortune. Ce dernier est donc un privilège cantonal. La charge qu'il représente au niveau des cantons, des communes et de l'impôt paroissial est illustrée dans le tableau 4 (page 24). On y voit notamment qu'entre les cantons les plus favorisés et ceux qui le sont le moins, il peut y avoir un différentiel de un à quatre.

Traditionnellement, Nidwald est le canton le plus favorable en matière d'impôt sur la fortune. Par sa nouvelle loi fiscale entrée en vigueur le 1er janvier 2001, ce canton est devenu encore plus attractif. Dans sa capitale, à Stans, le taux de l'impôt sur la fortune se monte à 1,82 pour mille. Pour certaines fortunes qui se composent de participations d'au moins 5% dans des entreprises, ce taux baisse même jusqu'à 1,05 pour mille.

Par expérience, le canton de Nidwald sait que, pour les grandes fortunes, la question de l'impôt sur la fortune est plus importante que celle de l'impôt sur le revenu. Il a donc fait un pas dans cette direction. Le canton de Schwyz a aussi diminué sa fiscalité sur la fortune. A Freienbach/SZ, le taux de l'impôt sur la fortune se monte au maximum à 1,56 pour mille. Cette commune a pris la première place en Suisse dans ce domaine.

Tableau 4: Fiscalité sur la fortune en 2004 pour un couple de religion réformée (¹) (charge fiscale en pour mille de la fortune imposable)

(¹) La franchise d'impôt varie fortement d'un canton à l'autre.

Communes	Fortune nette CHF 100 000	Fortune nette CHF 500 000	Fortune nette CHF 1 000 000	Fortune nette CHF 10 000 000
Aarau	0,37	2,61	3,82	5,50
Altdorf	1,35	2,98	4,47	6,63
Appenzell	1,49	2,38	2,67	2,91
Bâle	2,25	3,60	5,15	7,91
Bellinzone	-	2,89	4,05	5,91
Berne	2,90	3,85	4,87	6,84
Coire	1,84	3,08	4,10	4,98
Delémont	2,95	3,99	5,09	7,14
Frauenfeld	1,64	2,63	3,56	4,69
Fribourg	5,13	5,74	6,97	7,18
Genève	1,70	3,85	5,45	8,89
Glaris	1,91	3,06	3,44	3,75
Herisau	2,24	3,81	4,48	4,88
Lausanne	3,37	5,40	6,60	7,68
Liestal	0,69	3,68	6,53	7,94
Lucerne	2,47	4,10	5,05	5,59
Neuchâtel	3,11	5,18	6,84	6,84
Sarnen	2,87	3,44	3,63	3,79
Schwyz	0,77	2,16	2,62	3,00
Sion	3,32	4,42	5,24	6,50
Stans	1,20	1,59	1,72	1,82
Saint-Gall	1,50	4,20	5,10	5,82
Schaffhouse	1,17	3,28	5,62	6,42
Soleure	1,63	4,23	5,36	6,27
Zoug	0,16	0,91	2,15	3,62
Zurich	0,37	1,22	2,15	5,30

Etude de cas

Pierre Oberson est domicilié à Lausanne. Il a prudemment investi sa fortune de 10 millions de francs en immeubles et en obligations. Il en tire un revenu annuel moyen de 5%, c'est-à-dire de 500.000 francs. Laissons de côté les diverses déductions et partons du principe que son revenu imposable est du même montant. Au niveau de l'impôt fédéral, cantonal et communal, sa charge fiscale sur le revenu s'élève à 204.700 francs, ce qui représente 40,94% de ses revenus, la charge fiscale marginale atteignant même parfois 49,5%. De plus, Pierre Oberson doit payer un impôt sur la fortune de 78.150 francs, au taux de 7,82 pour mille. Il reste donc à Pierre Oberson 217.150 francs par an sur son revenu annuel d'un demi million après avoir payé tous ses impôts. Autrement dit, 56,57% du revenu de sa fortune part dans les caisses de l'Etat. Voilà qui montre à l'évidence le caractère confiscatoire de l'impôt sur la fortune.

2. L'impôt sur la fortune immobilière

Dans la majorité des cantons, la propriété immobilière n'est pas seulement soumise à l'impôt sur la fortune ou sur le capital mais aussi à un impôt foncier distinct annuel. Cet impôt est la plupart du temps une affaire communale. Là où il est prélevé par le canton, les communes en touchent généralement une partie. Il n'y a aucun impôt de ce genre dans les cantons de Zurich, Schwyz, Glaris, Bâle Campagne et Soleure.

C. La charge totale des impôts sur le revenu et sur la fortune

Au moment de réaliser une planification fiscale, la charge fiscale marginale constitue un critère déterminant. Il s'agit donc de la calculer pour un revenu précis dans la commune de domicile du contribuable. Avec ce calcul on peut avoir une image précise de sa charge fiscale. Car, dans un même canton, les différences de charge marginale peuvent être importantes.

Avant toute décision quant au choix de son domicile fiscal, il faut prendre en considération la fiscalité sur la fortune. D'expérience, on sait en effet que l'impôt sur les grosses fortunes a beaucoup plus d'influence que l'impôt sur le revenu. Il faut donc pouvoir calculer la charge globale individuelle de l'impôt sur le revenu et de celui sur la fortune pour se décider.

D. Le rendement après impôts de différents types de placement

> L'impôt diminue les revenus du travail et de la fortune. Il faut donc toujours prendre en compte cette donnée quand il s'agit de se prononcer sur le rendement des véhicules de placement. Seul leur rendement après impôts est déterminant. Et, donc, la charge marginale qui en découle.

Le tableau 5 (page 26) permet de comparer les rendements avant et après impôts de différents types de placement. La charge fiscale marginale a été fixée au taux de 40%. Pour calculer la fortune accumulée après 25 ans, on part d'un montant initial de 100.000 francs. L'impôt sur la fortune est calculé à un taux de 5 pour mille.

Après 25 ans, les différences s'expliquent notamment par les effets de la charge fiscale. En effet, sur une longue période, même de petites différences au niveau du rendement net après impôts des véhicules de placement peuvent devenir importantes par le simple jeu des intérêts composés.

Tableau 5: Comparaison des rendements de différents types de placement avant et après impôts

	Livret d'épargne/ compte courant	Obligations	Emprunt à options	Immobilier	Assurance de capitaux classique	Assurance de capitaux liée à un fonds	Actions / fonds en actions
Investissement de départ (CHF)	100 000	100 000	100 000	100 000	100 000	100 000	100 000
Rendement brut	**2,0%**	**3,5%**	**3,0%**	**5,0%**	**4,0%**	**7,0%**	**8,0%**
Rendement imposable	2,0%	3,5%	1,5%	5,0%	keine	keine	1,0%
./. Impôt sur la fortune 0,5%	–0,5%	–0,5%	–0,5%	–0,5%	–0,5%	–0,5%	–0,5%
./. Impôt sur le revenu 40%	–0,8%	–1,4%	–0,6%	–2,0%	keine	keine	–0,4%
Rendement net après impôts	**0,7%**	**1,6%**	**1,9%**	**2,5%**	**3,5%**	**6,5%**	**7,1%**
Fortune après 25 ans	119 000	149 000	160 000	185 000	236 000	483 000	555 000

E. Les effets des économies d'impôts sur la prévoyance retraite

Après leur départ à la retraite, la plupart des gens ont besoin d'environ 70% des revenus qu'ils avaient auparavant. Plus une personne dispose de revenus élevés aujourd'hui, plus elle devra donc épargner de moyens financiers, grâce à une planification financière systématique de sa retraite, pour maintenir son train de vie. La fortune accumulée lui permettra alors de couler des jours heureux après son départ à la retraite.

L'expérience montre cependant que les rentes ou le capital issu des 1er et 2e pilier de la prévoyance ne suffisent pas à maintenir le train de vie souhaité. Il n'est donc pas innocent que le système de prévoyance retraite que nous connaissons en Suisse soit basé sur le principe des trois piliers. A côté de la prévoyance officielle (AVS, ou 1er pilier) et de la prévoyance professionnelle (LPP, ou 2e pilier), chacun devrait ainsi contribuer, grâce à son épargne privée, à sécuriser ses revenus pour la retraite, que ce soit au moyen d'une prévoyance liée (pilier 3a) ou au moyen d'une prévoyance libre (pilier 3b).

Il n'est donc jamais assez tôt pour commencer à bâtir sa fortune. D'ailleurs, l'épargne est intéressante aussi en ce sens que, plus on met de moyens financiers de côté, plus la fortune grandit. Tout le mérite en revient à l'effet des intérêts composés que la plupart des gens sous-estiment malheureusement. Celui qui investit en effet aujourd'hui 100.000 francs dans un portefeuille de fonds de placement dégageant un intérêt de 8% verra dans dix ans sa fortune avoir plus que doublé pour atteindre 216.000 francs…

> **Millionnaire à 35 ans!**
> Celui qui investit mensuellement à la naissance d'un enfant un montant de 500 francs sur un compte de fonds de placement avec un rendement moyen net de 8% aura déjà économisé son premier million à l'âge de 34 ans. Que le bénéficiaire laisse les choses continuer ainsi, et à 50 ans, il aura accumulé 3,9 millions. A 65 ans, le montant de ses avoirs sera de 13 millions et, à 80 ans, il sera à la tête d'un pactole de 38 millions.

Hormis l'effet des intérêts composés, l'éventuel avantage fiscal joue un rôle cumulatif dans l'accroissement du capital. Il est donc essentiel de tenir compte de la charge fiscale correspondant à chaque type de placement quand on prend une décision d'investissement.

F. La pyramide de la prévoyance

La pyramide de la prévoyance illustrée ci-dessous montre comment une fortune et les avoirs de prévoyance peuvent être constitués pas à pas pendant toute une vie. L'objectif est d'arriver à équilibrer la structure de la fortune et celle de la prévoyance. D'un côté, il faut en effet pouvoir se prémunir contre les coups du sort. D'un autre côté, il s'agit d'accumuler petit à petit des avoirs en profitant des excédents de revenus, du produit de la fortune et des gains en capital.

Tableau 6: La pyramide de la prévoyance

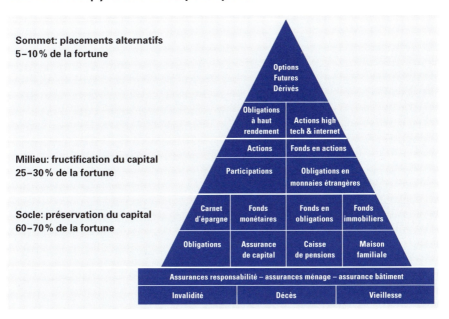

1. La base de la pyramide: s'assurer contre les risques primaires

Des assurances de base permettent de se prémunir contre les effets financiers des risques primaires. En pareil cas, les assurances contractées déploient leurs effets et la fortune n'est pas touchée.

2. Le socle: la préservation du capital

Le socle est constitué de quelques solides pierres comme un compte en banque, un portefeuille obligataire, des avoirs de prévoyance, une maison, des assurances-vie, etc. Elles servent à conserver le capital. On investit donc de manière résolument conservatrice. Les risques étant très limités sur cette partie de la fortune investie, les rendements le sont aussi. Dans la phase de départ de la constitution de sa fortune, les moyens financiers devraient être concentrés dans cette partie de la pyramide qui constitue 60% à 70% de son montant total.

3. Partie médiane: la fructification du capital

Lorsque le socle est suffisamment solide, on peut penser à construire la partie supérieure médiane de la pyramide de prévoyance. Dans cette partie, on investit surtout en actions et en fonds de placement en actions. Le rendement dégagé est élevé sur le long terme, c'est-à-dire sur un horizon temps d'au moins dix ans, au cours desquels il faut ne pas avoir à disposer de ce capital. Durant ce laps de temps, il faudra compter avec des variations de cours sur ses placements.

4. Sommet: les placements alternatifs

Lorsque la partie médiane est assez importante, on peut alors penser à des placements plus spéculatifs ou alternatifs (options, actions d'entreprises nouvelles ou non cotées, obligations à haut rendement ou risquées, etc.). Les probabilités de gains sont très élevées avec de tels investissements. Mais les pertes peuvent l'être aussi. Ces investissements ne peuvent être réalisés que par des professionnels avertis. En bref, cette partie de la pyramide est constituée d'avoirs financiers que l'on peut se permettre de perdre.

5. Les fautes les plus courantes lorsque l'on bâtit sa fortune

a) Une base en capital trop fragile
Dans ce cas, la fortune est investie en placements spéculatifs, dans l'immobilier, dans des participations risquées ou dans des sociétés en phase de démarrage. Il n'y a pas de base solide en capital avec des comptes bancaires, des obligations, des polices d'assurances-vie, un pilier 3a ou des avoirs de prévoyance. On veut en effet devenir riche rapidement. Parfois, cela marche. Mais on peut aussi perdre beaucoup de cette façon. Celui qui pense à construire systématiquement sa pyramide de prévoyance évitera d'investir ainsi.

b) Trop d'avoirs bancaires

Il est étonnant de constater combien de gens ne trouvent rien de mieux à faire que de déposer leurs excédents de revenus ou les profits réalisés sur une opération financière sur un compte d'épargne. Après déduction des impôts sur le revenu et sur la fortune et après prise en compte de l'inflation, le rendement devient négatif. Amortir une hypothèque serait ainsi plus judicieux que de placer des fonds sur un carnet d'épargne. Cette réflexion signifie en effet que l'on cherche à disposer de grandes réserves en liquide. Le besoin de sécurité est ici prioritaire à toute autre réflexion quant à la rentabilité des investissements.

c) Trop d'obligations par rapport aux actions

La plupart des investisseurs qui ne se sont jamais intéressés auparavant aux actions pensent que ce type de placement s'avère plus risqué que les obligations. Ceci est vrai dans une perspective de placement à très court terme. Celui qui spécule sur des actions pour essayer de profiter à court terme des variations de cours en essayant d'acheter au plus bas pour vendre au plus haut court effectivement un risque très élevé: il est en effet impossible de trouver le meilleur moment pour acheter ou pour vendre. Personne ne peut encore présager de ce que sera le futur. Ceci vaut aussi pour les actions. Ce qui figure un jour dans un journal ou dans une newsletter boursière a déjà été largement anticipé dans les cours. De plus, les professionnels des marchés boursiers ont accès à une information bien meilleure et plus actuelle que l'investisseur moyen.

d) Trop d'immobilier

La composante immobilière d'une fortune est trop souvent constituée d'un ramassis d'objets en tous genres (villa familiale, résidence secondaire, immeubles commerciaux ou de rapport, parcelles de terrain constructible ou non, forêts, parts de hoiries, participations immobilières de tous genres, etc.), loués ou non, qui peuvent constituer jusqu'à 60% du total d'une fortune type en Suisse. Dans pareil cas, on constate que les investissements immobiliers ont été réalisés sans stratégie claire quant au but poursuivi.

e) Trop de fonds empruntés

Il est possible de s'enrichir rapidement au moyen de fonds empruntés et d'un peu de chance. Tant que les actifs financés par la dette voient leur valeur progresser et leur rendement être supérieur au service de la dette, tout va pour le mieux. Cet état de fait est périodiquement le cas pour l'immobilier. Cependant, au début des années 90, lors de la hausse des taux d'intérêt, on a assisté à la baisse de la valeur des biens associée à l'augmentation du coût du crédit. De nombreux investisseurs, et particulièrement les spéculateurs, ont fait la cruelle expérience du resserrement de ce ciseau. Il en est résulté de nombreuses faillites commerciales et personnelles suivies de réalisations forcées.

L'utilisation de fonds empruntés pour financer en partie ses investissements est fondamentalement saine. Tout est question de mesure. Financer un achat immobilier à hauteur de 80% avec une hypothèque relève d'une optique de spéculation, même si la plupart du temps tout se déroule bien. De même, financer l'achat d'une entreprise avec des fonds étrangers pour moitié est aussi hasardeux. Dans ce dernier cas, bien plus qu'un bien immobilier, la valeur intrinsèque d'une entreprise est liée à de nombreux facteurs exogènes.

> Une personne salariée ne devrait jamais s'endetter au-delà de 60% de sa fortune. C'est une règle d'or. Même si être endetté, associé à des économies fiscales liées, par exemple, à la possibilité d'effectuer des amortissements, peut être intéressant. Pouvoir honorer ses engagements et garder son indépendance par rapport à ses engagements bancaires sont des valeurs bien plus importantes à respecter qu'une économie fiscale ou un levier de financement poussés au maximum.

f) Trop peu de fonds empruntés

A l'instar de certaines entreprises, de nombreux Suisses sont fiers de ne pas être endettés. On considère dans ce cas qu'il ne faut jamais dépendre des banques. C'est un sentiment intéressant qu'on peut, chez les privés, considérer comme relevant d'une réflexion liée à la qualité de vie. Le revers de la médaille consiste en des impôts élevés sur les revenus, car aucun intérêt débiteur ne peut être par exemple déduit du revenu, pour le cas où ce dernier relève d'un gain en capital.

Reste que celui qui est peu ou pas du tout endetté devrait réfléchir au risque personnel à supporter s'il met en partie sa fortune en gage pour financer des investissements plus rémunérateurs. Il faut certes veiller au maintien à long terme de la valeur réelle de sa fortune. Toutefois, on examinera attentivement le risque lié au financement d'actions par fonds étrangers, qui permet d'associer économie fiscale et effet de levier. On gardera en effet à l'esprit le risque accru d'être considéré comme commerçant en titres sur le plan fiscal.

Partie II

Bâtir sa prévoyance en plaçant sa fortune

1. Liquidités, avoirs bancaires et métaux précieux

A. Liquidités

Contrairement à une idée parfois répandue, les liquidités n'ont rien à voir avec l'argent liquide dont on dispose. Les liquidités comprennent tous les moyens financiers qui sont (ou peuvent être) investis à très court terme, c'est-à-dire à un horizon de trois mois. Pour un particulier, il peut ainsi s'agir de ce qui est déposé sur un compte salaire ou un compte d'épargne. Pour une entreprise, il peut s'agir de sa trésorerie. Dans les deux cas de figure, la question qui se pose est la suivante: doit-on conserver ces liquidités en l'état, c'est-à-dire faire en sorte qu'elles soient disponibles en permanence ou doit-on les transformer en biens durables, c'est-à-dire les investir en obligations, en actions ou en actifs immobiliers?

B. Un oreiller de paresse financière

Est-ce du fait d'un besoin aigu de sécurité financière, par manque de meilleurs moyens de placement ou seulement par peur de ces moyens? Le fait est que la fortune des Suisses compte une part très élevée en liquidités. Certes, la proportion de liquidités financières nécessaires dépend beaucoup des circonstances et des besoins individuels. Mais elles ne devraient en aucun cas dépasser les montants annuels nécessaires pour supporter les charges de fonctionnement du ménage. Dans la plupart des cas, un niveau de liquidités largement inférieur est même tout à fait suffisant.

> En général, le pouvoir d'achat d'un compte d'épargne est moins élevé en fin d'année qu'au début. En effet, actuellement, à un taux d'intérêt créditeur à 1,5%, il faut imputer un taux d'inflation d'environ 1% et un taux marginal d'imposition d'au moins 40%. De ce fait, avoir trop de liquidités équivaut à se reposer sur un oreiller de paresse financière coûteux ou fort peu rentable.

Quand un salaire, une rente ou des revenus immobiliers sont régulièrement encaissés, il suffit en général de détenir en avoirs liquides un montant équivalent à celui des impôts annuels. Et, si l'on veut planifier ses besoins en liquidités, il faut être conscient du fait que la plupart des investissements peuvent être facilement et rapidement réalisés, soit en vendant des titres en bourse, soit en contractant un prêt sur une police d'assurance-vie ou encore, en gageant un bien immobilier. De fait, ce type de réserves sera intégré dans la planification de ses besoins en liquidités.

C. Or, argent et aspects émotionnels

Les investissements en métaux précieux, comme l'or physique par exemple, ont perdu de leur sens ces dernières décennies. Ceci s'explique sans doute par la longue et forte tendance baissière observée sur le cours de l'or même si, ces dernières années, on a assisté à une remontée sensible des cours. En effet, depuis que les cours de changes ne sont plus indexés sur celui de l'or et que plusieurs banques centrales ont vendu une partie de leurs réserves de métal jaune, les investisseurs ont changé d'attitude face aux métaux précieux. Bien que le cours de l'or conserve une certaine corrélation négative avec le dollar US, les métaux précieux sont de plus en plus appréhendés par les opérateurs comme des matières premières.

Mais beaucoup d'investisseurs restent viscéralement et émotionnellement attachés à leurs avoirs en métal jaune. En effet, l'or physique suggère une valeur réelle alors que cette dernière a en réalité fortement diminué. Ce phénomène ressemble beaucoup à celui que l'on observe avec l'investissement immobilier: une chute de valeur des biens immobiliers n'est jamais ressentie émotionnellement de façon aussi intense que celle du marché des actions.

De ce fait, nos émotions ne devraient jamais nous guider dans nos choix d'investissement. Au pire, elles devraient jouer un rôle mineur: personne ne peut empêcher quelqu'un d'acheter des actions d'une société locale de remontées mécaniques ou de son club de football préféré. Il reste à espérer que ce genre d'investissement reste complètement marginal.

2. Titres: seul compte le revenu après impôts!

A. Obligations, oui mais…

On dit que, pour bien dormir, il faut investir en obligations. Certes, celui qui procède ainsi est (presque) sûr d'en encaisser les intérêts et d'être remboursé à l'échéance. Cela rassure.

> Mais… les obligations ne sont pas toujours aussi sûres qu'on pourrait le croire. Si, par exemple, une grande entreprises émettrice fait faillite, les actionnaires ne sont pas seuls à sortir bredouilles de l'aventure. La plus grande partie des créanciers obligataires sont dans le même cas de figure. En Suisse, les exemples de Biber et de Swissair sont les plus connus. Compter sur des revenus fixes d'intérêts ne va donc pas de soi.

Mais qu'est-ce qu'une obligation? C'est un titre de créance. A savoir une reconnaissance de dette, émise par un débiteur, qui précise le montant et la date de remboursement ainsi que les intérêts que ce dernier verse chaque année au créancier. Le débiteur est en règle générale un Etat souverain ou un groupe d'Etats (par exemple, l'Union européenne), une organisation internationale, une collectivité publique ou, comme cela se fait toujours plus fréquemment, une entreprise.

Chaque titre de créance, chaque obligation, ne représente qu'une partie de l'emprunt émis par le débiteur. Elle se constitue d'un «principal», à savoir le montant qui doit être remboursé, et du «coupon» qui représente l'intérêt annuel dû jusqu'à l'échéance de l'emprunt, à savoir à son remboursement. L'intérêt est fixe. Jusqu'à son échéance, une obligation peut être négociée en bourse, c'est-à-dire achetée ou vendue à un cours inférieur ou supérieur au nominal en fonction des conditions du marché, notamment en fonction de la qualité du débiteur et de la situation qui règne en terme de taux.

1. Les obligations ordinaires (en francs suisses)

Classiquement, avec ces émissions d'emprunts, la Confédération, les cantons, les communes et les entreprises privées s'assurent des apports de capitaux à long terme. En achetant une obligation de ce genre, l'investisseur effectue un quasi-prêt à l'émetteur, en rémunération duquel il encaisse un intérêt annuel (le coupon) dont le taux est fixé lors de l'émission de l'emprunt. En terme de rendement, le risque du porteur obligataire est généralement limité. Ceci a pour corollaire que ses chances de rendement sont limitées.

Quand le prix d'émission de l'obligation correspond exactement à la valeur nominale de l'emprunt, on parle d'émission «au pair». Mais les titres obligataires sont souvent émis soit au-dessus, soit au-dessous du pair. Par ce biais, le rendement peut être exactement en phase avec les conditions du marché au moment de l'émission.

Généralement, les emprunts sont proposés aux investisseurs en différentes tranches. Par ailleurs, l'émetteur se réserve souvent le droit de pouvoir dénoncer un emprunt avant son échéance. Ce sera ainsi le cas si un emprunt est levé dans un environnement de taux d'intérêts très élevés, pour permettre à l'emprunteur de revenir sur le marché à un moment où les taux sont à nouveau très bas.

Sur le marché obligataire suisse, les emprunts sont en général libellés en francs suisses. Pour l'investisseur, ceci a pour avantage qu'il n'a pas à craindre des variations de cours de change. Ceci étant, beaucoup d'investisseurs ne sont pas conscients du fait que le cours des obligations peut fluctuer. Cela ne gênera pas ceux qui ont acheté des obligations pour les conserver en attendant leur remboursement à l'échéance. Mais celui qui est amené à vendre ses titres obligataires pour faire face à une mauvaise passe financière peut avoir des surprises désagréables en certaines circonstances.

Il faut donc savoir que le cours des obligations obéit à une règle simple: il recule lorsque le niveau des taux d'intérêt augmente et, au contraire, monte lorsque les taux baissent.

Mais la variation des taux d'intérêt n'est pas le seul élément qui peut faire varier le cours des titres obligataires. Un changement dans l'évaluation de la solvabilité de l'émetteur peut avoir le même résultat. Par exemple, si une entreprise émettrice entre dans une zone de turbulences économiques et financières, le cours de ses obligations va automatiquement chuter. Cela peut cependant représenter aussi une opportunité d'acheter des titres obligataires bien en dessous de leur valeur d'émission. Il suffit alors d'espérer qu'à l'échéance de l'emprunt, on puisse réaliser un gain en capital net de tout impôt.

2. Les obligations ordinaires (en monnaie étrangère)

La plupart du temps, les obligations libellées en monnaies étrangères paient un coupon (un intérêt) nettement plus élevé que celles qui sont libellées en francs suisses.

Mais il faut rester prudent avec ces obligations. En effet:

> Pour les investisseurs suisses, les titres obligataires libellés en monnaies étrangères peuvent receler un inconvénient majeur. En certaines circonstances, la solvabilité des émetteurs étrangers est plus difficile à évaluer que pour un emprunteur suisse. Par ailleurs, le risque de change est élevé. Or, le franc suisse étant en général une monnaie forte, il faut donc plus sûrement s'attendre à une perte qu'à un gain de change. Pourtant en cas de gains de change, ceux-ci seront considérés par le fisc comme gains en capital et seront donc francs d'impôts.

3. Les obligations de caisse

Malgré le nom «obligation», l'obligation de caisse diffère sur bien des points d'une obligation ordinaire. Il s'agit d'un titre à taux fixe émis par une banque. Il représente une dette que cette dernière a contractée auprès d'un investisseur. En règle générale, l'obligation de caisse est mieux rémunérée qu'un compte d'épargne. Mais son détenteur ne peut réaliser son investissement qu'au terme d'un délai généralement compris entre deux et huit ans.

Le principal avantage de l'obligation de caisse réside dans la sécurité de placement qu'elle offre et dans la stabilité du revenu d'intérêt. Son inconvénient tient au fait que l'investisseur ne peut pas la revendre lorsque les taux d'intérêt montent sur le marché alors que son détenteur cherchera à réaliser de meilleurs gains par d'autres moyens. Certes, on peut en principe vendre une obligation de caisse avant l'échéance pour faire face à des besoins financiers pressants. Mais il n'existe pas de marché ouvert pour négocier ces titres. Face à une telle éventualité, il faudra donc accepter les conditions fixées par la banque émettrice.

4. Imposition des revenus obligataires

a) Généralités

Les intérêts servis par les titres obligataires et les obligations de caisse constituent des revenus imposables. Cette règle vaut également si l'émetteur, c'est-à-dire le débiteur obligataire, a son siège à l'étranger. En certaines circonstances, un impôt à la source sera prélevé à l'étranger. Il pourra être récupéré partiellement ou totalement auprès du fisc suisse si les revenus du contribuable concerné sont déclarés et imposés en Suisse et s'il existe une convention de double imposition conclue avec la Suisse.

Si le débiteur obligataire est domicilié en Suisse, l'impôt anticipé de 35% sera récupéré par le créancier, et la totalité du coupon imposée. Pour le fisc, il n'est pas déterminant que le coupon servi soit fixe ou variable. Si cet intérêt est servi en monnaie étrangère, il sera converti en francs suisses au taux de change en vigueur au jour de l'échéance. Si l'émission obligataire est dénoncée avant l'échéance et que les obligations sont remboursées à une valeur supérieure à leur valeur nominale, cet agio de remboursement sera soumis à l'impôt sur le revenu, pour autant que cela soit inclus dans les conditions d'émission. Mais si cet agio de remboursement n'avait pas été prévu lors de l'émission de l'emprunt, le fisc considèrera qu'il s'agit d'un dédommagement pour remboursement anticipé: dans ce cas, l'agio ne sera pas imposé.

Les coupons échus des obligations à intérêts périodiques doivent être déclarés si les titres ont été acquis peu avant le paiement du coupon. En effet, l'intérêt couru depuis la dernière échéance du coupon est inclus dans le prix d'achat. La question se pose alors de savoir si celui qui vend l'obligation ne devrait pas déclarer l'intérêt couru inclus dans le prix de vente. En pratique, la confédération et les cantons se dispensent d'imposer les intérêts courus pour les vendeurs d'obligations. La totalité du coupon sera par conséquent imposée chez l'acquéreur du titre.

b) Obligations à coupon zéro de type «discount» et de type intérêt global

Les obligations à coupon zéro de type «discount» sont émises avec un abattement important sur le montant nominal («discount») et sont remboursées au pair à l'échéance. Les obligations à coupon zéro de type intérêt global sont émises au pair et sont, à l'échéance, remboursées en un montant comprenant le capital investi et les intérêts. Dans les deux cas, il s'agit d'obligations dites à intérêt unique prédominant (IUP).

Ces deux types d'obligations ont plusieurs avantages pour les émetteurs. Tout d'abord, leur trésorerie est préservée jusqu'à l'échéance de l'émission. Ensuite, le coupon est souvent réduit car les investisseurs bénéficient d'avantages fiscaux et parce que le risque de réinvestissement des intérêts courus est moins élevé, surtout en période de baisse des taux.

Comme le versement du coupon intervient en une seule fois à l'échéance, seule la différence entre le prix d'émission et la valeur de remboursement (l'escompte) est taxé sur le revenu. De ce fait, le contribuable bénéficie d'un intérêt sur le report d'impôts du fait que la taxation de l'intérêt unique prédominant est repoussée à l'échéance de l'obligation. Par contre, le taux d'imposition du contribuable progressera puisque les revenus d'intérêts seront cumulés sur une seule année de taxation.

5. Planification fiscale du traitement des obligations

En ce qui concerne la fiscalisation des placements en obligations, on peut formuler les conseils suivants:
- en période de taux d'intérêt élevés, acheter des obligations à faible taux et dont le cours est bas, par exemple des obligations à option ex option;
- acheter des obligations peu après le dernier paiement de coupon et les revendre peu avant le prochain paiement de coupon dans la mesure où les conditions boursières et les frais de transaction le permettent; cependant, si on procède systématiquement de la sorte, cela peut être considéré comme de l'évasion fiscale;
- éviter en général les investissements qui offrent des distributions élevées comme cela est le cas avec certaines obligations; et, si l'on choisit tout de même ce type d'investissement, diminuer alors les effets de cette allocation en adoptant des véhicules de placement tels que des assurances de capitaux fiscalement privilégiées, c'est-à-dire à prime unique, conventionnelle ou liées à des fonds de placement;
- si possible, ne pas acheter d'obligations soumises à des prélèvements d'impôts à la source à l'étranger;
- éviter les obligations de caisse qui n'offrent que des désavantages, tels qu'une imposition totale des revenus d'intérêts, aucune hausse de cours, pas de possibilité de revente avant l'échéance et un risque réel de solvabilité selon les banques;
- acheter des emprunts optionnels à faible taux d'intérêt et d'émetteurs de première classe.

B. Les actions: à long terme, l'investissement le plus rentable!

Contrairement aux obligations, les actions sont des titres de propriété. Elles représentent en effet une portion du capital qui a été émis par une entreprise lors de sa création ou à l'occasion de l'augmentation de ce dernier. L'actionnaire détient ainsi un droit, généralement proportionnel à la quantité d'actions détenues, qui est identique à celui des autres actionnaires.
Ce droit est d'abord «social»: il permet de voter aux assemblées générales et d'être élu au Conseil d'administration. Ce droit est aussi «patrimonial», à savoir qu'il donne le droit à l'actionnaire de participer aux bénéfices, en recevant un dividende, en ayant un droit préférentiel d'acquérir de nouvelles actions et en recevant une part du produit de liquidation de l'entreprise.
Une action peut être «au porteur»: elle représente alors un titre qui appartient à celui qui la détient. Une action peut être aussi «nominative» quand elle est émise au nom de son propriétaire, lequel figure ainsi au registre des actionnaires de l'entreprise. Les actions ont une valeur nominale, fixée lors de leur émission et une valeur boursière. Cette dernière varie en fonction de l'offre et de la demande ainsi que des perspectives bénéficiaires de l'entreprise émettrice et des conditions régnant sur les marchés boursiers.
Le rendement d'une action est donc constitué principalement du dividende escompté que rapportera le titre d'une part et, d'autre part, de la performance de son cours en bourse.

Lorsqu'on compare le rendement des placements en actions à ceux d'autres investissements, on remarquera que l'horizon de placement est la notion la plus importante pour les placements en actions. A la fin des années nonante, ceux qui ont voulu faire de gros bénéfices en investissant à court terme y sont parvenus durant un certain temps. Parfois même, ils ont été très chanceux. Mais les chutes massives de cours durant les années 2000 à 2002 les ont étranglés: pour certaines valeurs des secteurs high-tech ou internet, les corrections de cours ont souvent atteint 90%! On peut néanmoins retirer du positif de ces phases baissières brutales. Parmi certains cercles d'investisseurs, les années de l'euphorie boursière de la fin de la décennie précédente ont en effet répandu une idée selon laquelle une année est à considérer comme mauvaise lorsque le rendement dégagé est inférieur à 30%. Or, chaque investisseur avisé doit être conscient du fait que de tels rendements de rêve ne peuvent absolument pas se répéter continuellement.

> Il faut rester réaliste: des rendements annuels moyens de 8% à 10% sont à considérer comme bons. Ils permettent, année après année, d'accumuler une petite fortune.

L'horizon d'un placement en actions devrait toujours s'élever à au moins dix ans, pour lisser les fluctuations boursières. Si les montants investis devaient devenir disponibles avant ce terme, il s'agirait alors d'investir prudemment l'argent ainsi récupéré dans des véhicules de placement de type conservateur.

C. La fiscalité du revenu des actions

1. Généralités

La Confédération et les cantons n'imposent pas les gains en capital, les gains de change et les cours boursiers réalisés dans le cadre de la fortune mobilière privée. Par contre, ceux réalisés dans la fortune commerciale sont imposés. De ce fait, il est essentiel de savoir opérer la distinction entre fortune commerciale et fortune privée. Or, il est parfois difficile de savoir si les titres boursiers font partie de l'une ou l'autre fortune du propriétaire d'une société simple ou de personnes.
Pour motiver sa décision, le fisc prend en considération les critères déterminants suivants:
- les titres sont inscrits au bilan d'une entreprise;
- en cas de chute des cours, les corrections de valeurs sont prises en compte dans les livres de la société;
- les revenus des titres vendus sont réinvestis;
- les valeurs financières font partie de la fortune commerciale;
- les titres boursiers sont achetés avec la trésorerie de l'entreprise;
- les titres servent de caution à des emprunts commerciaux.

Si l'on veut éviter que des titres boursiers soient inclus fiscalement dans la fortune commerciale, les fonds employés pour les acheter devront être versés sur un compte privé libellé au nom du propriétaire de l'entreprise et les ordres d'achat ou de vente débités ou crédités sur ce compte. Par ailleurs, les titres ne devront ni être portés au bilan d'une entreprise, ni amortis. Leur nantissement est aussi interdit. Enfin, aucune cotisation AVS-AI ne devra être prélevée sur le revenu des intérêts et des gains en capital provenant de la fortune privée. Par contre, le traitement sera différent s'il s'agit de gains mobiliers découlant de la fortune commerciale.

Pour le fisc suisse, le produit de la fortune est un revenu imposable. Mais les gains en capital, de change et boursiers réalisés sur la fortune mobilière privée sont francs d'impôt. Pourtant, la distinction fiscale entre produit de la fortune et gain en capital donne souvent sujet à interprétation. Dès lors, l'adage selon lequel une planification judicieuse représente déjà la moitié de la réussite prend ici tout son sens.

> La Confédération et les cantons n'imposent pas les gains en capital. Une planification financière et fiscale judicieuse permettra donc de faire en sorte que les revenus des actions soient intégralement traités comme gains en capital. Mais cet objectif est difficile à atteindre lorsqu'on ne connaît pas toutes les subtilités du droit fiscal, notamment en ce qui concerne les fonds de placement en actions et les produits dérivés.

Un gain en capital est fiscalement réalisé lors de la vente d'actions. Il représente simplement la différence entre le prix d'achat et le prix de vente des titres. Un gain en capital ne fait aucun doute quand il est réalisé lors d'une vente à un tiers sur les marchés boursiers. Par contre, la question peut se poser s'il s'agit d'une vente ou d'une restitution des actions à leur émetteur.

Le revenu d'actions constitué de dividendes versés et de dividendes de liquidation, s'ils excèdent la part en capital, est un revenu soumis à l'impôt par la confédération, les cantons et les communes. Par ailleurs, la distribution d'actions gratuites est aussi soumise à l'impôt sur le revenu par la Confédération et certains cantons alémaniques.

De plus, un impôt à la source est souvent prélevé sur les dividendes des actions. Pour les sociétés cotées domiciliées en Suisse, il s'agit de l'impôt anticipé de 35% qui peut être récupéré sur demande par les contribuables concernés. Les impôts à la source prélevés à l'étranger ne sont souvent récupérables que partiellement et, dans certains cas, pas du tout.

> L'investisseur qui surmonte avec succès les obstacles évoqués ci-dessus peut néanmoins courir le risque d'être considéré par l'autorité fiscale comme commerçant en titres. Le fisc considère parfois les achats et ventes de valeurs mobilières comme étant réalisés à titre professionnel et impose ainsi des gains en capital qui ne le seraient pas autrement.

2. La vente d'actions: cas particuliers

En principe, le produit de la vente des titres d'une SA ou d'une SàRL n'est pas soumis à l'impôt, car il s'agit d'un gain en capital pour le cas où ce revenu fait partie de la fortune privée. Cependant, le vendeur peut avoir des surprises désagréables et supporter une note fiscale plutôt salée dans certains cas. De ce fait, la cession d'une entreprise devrait toujours être conclue avec l'aide d'un conseiller fiscal compétent.

a) Fortune privée et fortune commerciale: où commence la différence?

Comme nous l'avons déjà vu: selon le droit fiscal en vigueur, les gains en capital réalisés sur des éléments de la fortune privée ne sont pas imposés par la confédération et les cantons.

Normalement, cette règle vaut aussi pour les gains réalisés lorsqu'un contribuable cède les actions ou la part du capital qu'il possède dans sa propre SA ou sa SàRL. Il est cependant difficile de déterminer dans ce cas si ces titres font ou non partie de la fortune privée ou de la fortune commerciale du contribuable. Or, si le fisc estime que ces titres font partie de la fortune commerciale, le bénéfice réalisé sur leur vente sera soumis à l'impôt sur le revenu et à l'AVS.

Par exemple, l'administration fiscale considère qu'il s'agit de fortune commerciale si elle estime que le contribuable est un commerçant en titres. Il en est de même si les éléments de la fortune concernés sont enregistrés dans les livres d'une société simple ou d'une société de personnes.

Pourtant, même si une participation n'est pas inscrite au bilan d'une société, on peut tomber dans un piège fiscal souvent ignoré. Pour le fisc en effet, les titres d'un contribuable qui est propriétaire d'une raison individuelle liée à sa SA ou à sa SàRL font partie de la fortune commerciale de cette société.

Cette situation est fréquente. En effet, une activité commerciale commence souvent par la création d'une raison individuelle. Cette dernière est transformée par la suite en SA sans pour autant être entièrement reprise dans la SA. Il peut aussi arriver que le propriétaire d'une raison individuelle profite d'une occasion pour prendre une participation dans une SA à l'occasion de la signature d'un contrat d'entreprise commune (joint-venture).

Or, même si les fonds utilisés pour cet achat proviennent de la fortune privée du contribuable, le fisc estime parfois qu'il s'agit de la fortune commerciale de la raison individuelle, surtout s'il y a un lien d'affaires évident entre les deux entités juridiques.

Par ailleurs, dans le contexte d'une planification financière, le contribuable maintient souvent l'existence d'une raison individuelle en parallèle à une SA. C'est le cas, par exemple, lorsque la charge fiscale est plus basse au domicile fiscal du siège de l'entreprise qu'au domicile privé. C'est d'autant plus vrai que les revenus salariés doivent être imposés au domicile privé d'un contribuable alors que les bénéfices d'une société le seront entièrement au siège de l'entreprise.

Dans ce cas et si le fisc est d'accord, on peut effectivement diminuer un peu l'impôt. Mais cette construction peut être fiscalement lourde de conséquences si, comme on l'a vu, la société est vendue ou qu'elle entre en bourse.

Etude de cas

Une mauvaise surprise!

Trois jeunes entrepreneurs audacieux fondent en 1988 une SA active dans le secteur informatique. Pour ne pas surcharger inutilement cette dernière en pleine phase de croissance avec leurs salaires, ils ne sont pas employés par leur société. Selon les besoins, ils travaillent sur contrat avec leur propre société simple qui facture ces prestations à leur SA. Dans leur déclaration d'impôt, les trois entrepreneurs déclarent leurs parts respectives à la SA dans leur fortune privée sans que cela soulève la moindre objection. Ces participations n'apparaissent d'ailleurs jamais dans le bilan de la société simple.

Deux ans plus tard, une entreprise plus importante du secteur souhaite reprendre la société Informatique SA. Les trois jeunes propriétaires n'hésitent pas longtemps et vendent leur paquet d'actions pour 2 millions de francs. Chacun d'eux se réjouit d'avoir réalisé un gain d'environ 660.000 francs.

L'année suivante, chacun déclare normalement au fisc (une fois à Schwyz et deux autres fois à Zurich) cette vente d'actions en étant persuadé que le gain en capital ne sera pas imposé puisqu'il a été réalisé sur un élément de leur fortune privée. Pour deux d'entre eux au niveau cantonal, cette vente d'actions est effectivement rapidement considérée comme un gain en capital libre d'impôt. La commission zurichoise des impôts leur réserve cependant une mauvaise surprise: au titre de l'impôt fédéral direct, elle signifie au troisième jeune entrepreneur son désaccord.

> Selon le fisc en effet, leur société simple a fait pratiquement exclusivement des affaires avec la SA vendue dont le contribuable concerné était membre du conseil d'administration. Il y avait donc un lien étroit et prouvé entre les deux entités juridiques. De ce fait, le produit de la vente des actions devait être considéré comme un produit de la fortune commerciale de la société simple.
> Le fisc soutenait aussi que le fait d'avoir toujours inscrit les actions dans la fortune privée et non commerciale du contribuable ne changeait rien à cette opinion. Et il ne se posait pas de question de savoir si les deux autres entrepreneurs devaient être traités différemment.
> Au bout du compte, le produit de la vente des actions a été imputé au revenu commercial de la société simple et rajouté au revenu imposable des jeunes entrepreneurs. Le niveau de leur taxation a alors atteint son maximum, soit quelque 40% pour la Confédération et les cantons/communes. De plus, il a fallu s'acquitter d'une cotisation à l'AVS de 9,5%.
> Le fisc a ainsi récupéré près de la moitié du produit de cette vente.

Cet exemple montre qu'il faut toujours prêter une attention particulière à la composante fiscale lorsqu'on veut planifier la vente d'une société. Ainsi, s'il existe une raison individuelle ou une société simple, il faut la séparer à temps de la SA. Si elle n'est pas liquidée, il s'agit d'en transférer les valeurs dans sa fortune privée, ce qui implique une valorisation des réserves latentes.

Ceci reste cependant une solution coûteuse. Le mieux est donc de transformer la société simple en SA et de la fusionner avec celle qui existe déjà. Ou d'amener cette société comme apport en nature à la SA dans le cadre d'une augmentation de capital. Dans la pratique actuelle, ceci suppose cependant d'être en possession de tous les droits de participation. De plus, entre les différentes étapes de la transformation/fusion/augmentation de capital et la vente ultérieure de la SA, il faut laisser passer au moins cinq ans pour que les réserves latentes de la société simple ne soient pas fiscalisées a posteriori.

Pour toutes ces raisons, il faut effectuer une planification à temps et en fixer les modalités avec l'administration fiscale. Car ce délai de cinq ans est inapplicable dans le cas d'actions transférées dans la fortune privée suite à la radiation d'une société de personnes économiquement liquidée au préalable. Dans la pratique, le contribuable convient avec l'administration fiscale de la contre-valeur des actions transférées. Mais si ces actions sont revendues après un court délai (par exemple, six mois) suivant leur transfert dans la fortune privée, l'administration fiscale cherchera certainement à taxer la différence entre la valeur de cession des actions et leur valeur de transfert. Comme il n'existe aucun délai légal pour ce faire, elle tentera pour arriver à ses fins de reprocher au contribuable une évasion fiscale.

> Evitez donc de maintenir une raison individuelle et une SA côte à côte. Si un contribuable détient une raison individuelle et est aussi associé à une SA ou une SàRL active dans le même secteur d'activité, cette participation sera en règle générale considérée fiscalement comme faisant partie de la fortune commerciale de la raison individuelle. De ce fait, la vente des actions est soumise à l'impôt sur le revenu et à l'AVS. Dans certains cas, ceci peut amputer fiscalement le bénéfice issus de la vente d'une imposition pouvant s'élever à 55%.

b) Rachat par l'entreprise de ses propres actions

Les dispositions prévues par le nouveau droit des sociétés anonymes ont amené l'Administration fédérale des contributions à revoir sa position sur le traitement fiscal du rachat des propres actions par l'entreprise. Elle a ainsi décidé d'assouplir sa pratique et de renoncer à imposer la vente des propres actions si la société concernée par cette opération revend ces actions dans un délai de deux ans. Il n'est pas important dans ce cas de savoir si les actions sont cotées et si la société entretient un marché de ses titres.

Pour vérifier que le délai de deux ans est respecté, on se base sur le bilan de la société. Si les propres actions ne sont inscrites qu'une fois au bilan, cela signifie qu'elles n'ont été en possession de la société que pour une courte durée. Par contre, si elles sont inscrites au bilan de la société pendant plus de deux exercices, il faut alors vérifier si elles ont été conservées plus de deux ans.

Dans les sociétés cotées, les propres actions détenues plusieurs années apparaissent dans un poste spécifique au bilan. On peut alors facilement qualifier le rachat des propres actions de liquidation partielle dans la mesure où l'annexe aux comptes permet de prouver qu'un vrai gain a alors été réalisé. Dans le cas où une société cotée rachète ses propres actions en vue de réduire son capital, cette opération est considérée fiscalement comme une liquidation partielle.

Pour l'actionnaire dont les actions font partie de la fortune privée, une liquidation partielle par rachat des propres actions l'obligera à déclarer au fisc la différence entre la valeur nominale des titres et leur prix de vente. Dans ce cas, le fisc considère que l'actionnaire récupère une partie des réserves et cette transaction financière est de ce fait soumise à l'impôt anticipé de 35%.

Si ces actions sont comprises dans la fortune commerciale de l'actionnaire parce que, par exemple, elles ont été inscrites au bilan d'une société simple ou parce que celui-là est considéré comme un négociant à titre professionnel, la différence entre la valeur de vente et la valeur comptable est soumise à l'impôt sur le revenu.

> Pour une personne physique, il n'est pas du tout intéressant de répondre à une offre de rachat de ses propres actions par une entreprise. Même si le prix de rachat s'avère supérieur au cours de bourse, il sera nettement plus avantageux de négocier les titres en bourse. Dans ce cas en effet, il n'y a plus de liquidation partielle au sens fiscal. Ce qui importe, c'est de réaliser un gain en capital franc d'impôt à condition bien sûr que les titres en question figurent dans la fortune privée et non dans la fortune commerciale du contribuable.

c) La liquidation partielle indirecte

Une liquidation partielle, lors de la vente des actions, est qualifiée d'indirecte lorsque, au lieu de liquider partiellement une société, le contribuable cède ses titres à un acheteur qui utilisera les actifs de la société reprise pour en payer le prix. Le cas se produit lorsque, par exemple, les actions sont vendues à un acquéreur obligé de tenir une comptabilité ou si la société dont les actions sont vendues doit distribuer tout ou partie de ses réserves pour financer l'opération.

d) Transposition

Dans ce cas, le contribuable transfère des actions qui lui appartiennent à une autre société qu'il contrôle (au moins 50% des parts) et ce, à une valeur supérieure à la valeur nominale des titres. Il s'agit alors d'une exception à la règle de base voulant que les gains en capital soient exonérés d'impôt.

e) La cession du cadre juridique (manteau d'actions)

Dans la pratique, il arrive que le capital-actions d'une société économiquement liquidée soit cédé à un repreneur au lieu de liquider la société. Le bilan de telles sociétés est généralement composé à l'actif de liquidités, voire d'une créance contre l'actionnaire et au passif du capital-actions et du résultat reporté. L'administration fiscale considère dans ce cas que l'on assiste à la liquidation de la société suivie de la constitution d'une nouvelle. Dès lors, l'impôt sur le revenu frappera le prix de cession des actions qui excède la valeur nominale de ces dernières. De plus, l'impôt anticipé frappera les réserves libres et latentes non distribuées préalablement à la vente. En outre, si le capital-actions est supérieur à 250.000 francs, le droit de timbre d'émission sera calculé, au taux de 1%. Enfin, il ne sera pas non plus possible d'espérer compenser des pertes accumulées préalablement à la vente avec des bénéfices futurs. Dans ce cas, l'administration fiscale exigera que la perte au bilan soit débitée à l'actionnaire. Ainsi, avant la cession d'un cadre juridique, il sera nécessaire de distribuer les réserves de la société ou de débiter les pertes accumulées, sous peine de subir des reprises fiscales pénalisantes.

f) Vente des actions pendant le délai de grâce de la transformation en SA

Lorsqu'une raison individuelle, une société simple ou de personnes est transformée en une SA ou en SàRL, le fisc renonce parfois à imposer les réserves latentes. Une des conditions posées est, qu'après transformation, le capital-actions ne soit pas revendu pendant une période de cinq ans. Si ce délai n'est pas respecté, les réserves latentes seront fiscalisées et soumises à l'AVS.

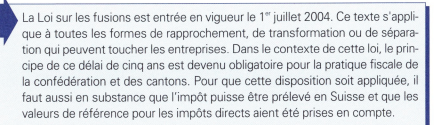

La Loi sur les fusions est entrée en vigueur le 1er juillet 2004. Ce texte s'applique à toutes les formes de rapprochement, de transformation ou de séparation qui peuvent toucher les entreprises. Dans le contexte de cette loi, le principe de ce délai de cinq ans est devenu obligatoire pour la pratique fiscale de la confédération et des cantons. Pour que cette disposition soit appliquée, il faut aussi en substance que l'impôt puisse être prélevé en Suisse et que les valeurs de référence pour les impôts directs aient été prises en compte.

g) Vente d'une participation majoritaire dans une société immobilière

Les propriétaires de biens immobiliers ne se représentent pas toujours à priori quelle sera la charge fiscale d'une opération immobilière menée par le biais d'une société immobilière (SI). Par rapport à la détention de biens immobiliers en propre, l'emploi d'une SI conduira à s'acquitter généralement de l'impôt sur le capital imposable de la société et d'un impôt complémentaire sur immeuble si les biens ne sont pas utilisés pour l'exploitation de l'entreprise. De plus, les bénéfices accumulés seront taxés une seconde fois chez l'actionnaire lors du versement de dividendes ou d'un excédent de liquidation.

> Au final, l'option SI risque de s'avérer plus coûteuse fiscalement qu'une détention en propre. Néanmoins, on rompra une lance en faveur de la société immobilière en constatant que l'emploi d'une telle structure permet de différer en partie l'impôt sur le bénéfice par la constitution d'amortissements sur immeubles et, dans certains cantons dont Genève, la constitution de provisions pour gros travaux. Les impôts ainsi différés permettront un remboursement plus rapide d'une hypothèque, voire d'effectuer de nouveaux investissements.

Au niveau fédéral, la vente d'une SI appartenant à la fortune privée n'est pas imposée car la Confédération ne taxe pas les bénéfices issus de la vente de biens immobiliers privés. Par contre, les cantons s'intéressent aux changements de propriétaires, notamment si les actifs immobiliers représentent plus de la moitié du bilan d'une entreprise et s'ils n'ont pas de liens directs avec son activité. Par contre, si les biens immobiliers concernés sont aussi le lieu de production ou le siège de l'exploitation d'une entreprise, le fisc considère qu'il ne s'agit pas d'une SI et la vente de ses actions représente un gain en capital non imposable.
En cas de vente des actions d'une SI incluse dans la fortune commerciale, le produit de la vente sera taxé à titre de bénéfice commercial. Selon les cantons, il y aura une taxation immobilière séparée.

3. Le rendement des droits de participation

a) Les dividendes

Les dividendes sont soumis à l'impôt à la date à laquelle ils sont versés, sur leur montant brut avant déduction de l'impôt anticipé ou d'un éventuel impôt à la source étranger. Si une action est achetée peu avant la distribution de son dividende, son prix d'achat sera nettement plus élevé. L'investisseur devra de plus déclarer au fisc ce dividende comme rendement de la fortune au moment où il sera versé. Si ce même investisseur vend son titre peu avant le paiement du dividende en misant sur l'effet du dividende à verser sur le cours de l'action, il réalisera un gain en capital non imposable. Et ce sera à l'acheteur de l'action de déclarer le dividende comme revenu.

b) Vente des droits préférentiels de souscription et des options gratuites

Les droits préférentiels de souscription permettent à un actionnaire de souscrire, lors d'une augmentation de capital, à un nombre d'actions proportionnel à celles qu'il possède. Lorsque ces actions sont émises pour une valeur inférieure à celle des actions déjà en sa possession, ces droits préférentiels ont une valeur. En cas de réalisation des droits, le produit de cette cession n'est pas imposable, car il s'agit d'un dédommagement pour la dilution de capital subie au moment de l'émission de nouvelles actions.

Les options gratuites peuvent être comparées aux droits préférentiels. Mais, dans ce cas, le délai d'exercice est plus long. Lors d'une augmentation de capital, les options gratuites protègent également les actionnaires contre sa dilution. Les options gratuites sont donc considérées comme un dédommagement et ne sont pas imposables. Mais attention, les options gratuites ne sont pas des actions gratuites, lesquelles sont imposables par la Confédération et dans la plupart des cantons.

c) Actions gratuites et augmentations gratuites de la valeur nominale

La jurisprudence du Tribunal fédéral considère que la distribution d'actions gratuites et de bons de participation gratuits ou encore l'augmentation gratuite de la valeur nominale des actions correspond à une distribution imposable des bénéfices. Cela est aussi le cas lorsque les actionnaires, à l'occasion d'une précédente opération d'assainissement d'une entreprise, ont réduit la valeur nominale des actions ou que le capital a été augmenté par incorporation des réserves ouvertes. Le montant de la valeur nominale des nouvelles actions sera alors imposable. La valeur boursière n'entre pas en considération pour le fisc.

Depuis le 1er janvier 1995, la confédération impose la distribution d'actions gratuites ou de bons de participation gratuits. Les cantons sont libres de le faire et, actuellement, les actions gratuites ne sont pas imposées dans dix cantons alémaniques (AI, AR, BL et BS, GR, SZ, SG, UR et ZH; pour OW, l'exonération est accordée pour les actions gratuites inclues dans la fortune privée).

d) Bons de jouissance gratuits

Les statuts d'une SA peuvent prévoir la création de bons de jouissance au profit de personnes qui participent ainsi aux fonds propres de l'entreprise soit parce qu'elles en sont actionnaires, créancières ou collaborateurs. Parfois, la remise de tels avantages sert à récompenser ces personnes pour des services importants fournis à l'entreprise. Les bons de jouissance leur permettent de participer au bénéfice, au produit de la liquidation de l'entreprise ou à la distribution de nouvelles actions.

Selon le nouveau droit des sociétés anonymes en vigueur depuis 1992, les bons de jouissance n'ont aucune valeur nominale. Ce ne sont pas des droits de participation et ils ne sont pas remis en contrepartie d'un apport financier.

Comme il n'existe aucun capital bon de jouissance dans une entreprise, la distribution gratuite de bons de jouissance sans valeur nominale n'a aucune conséquence fiscale pour le bénéficiaire. Mais si ces titres sans valeur nominale procurent un bénéfice, ce dernier sera imposable. Il en sera de même du produit de leur vente si la société qui les a émis les rachète.

D. La fiscalité des fonds de placement

A l'instar de la fiscalité des produits financiers dérivés (voir ci-après, paragraphe E page 52), celle des fonds de placement présente quelques aspects intéressants. Selon les produits et les cantons, il existe des différences marquantes car la forme juridique de ces produits joue un rôle important. De fait, tout ce qui se présente sous le label «fonds de placement» ne répond pas nécessairement exactement à la définition précise d'un tel produit.

Pour le fisc, il existe en effet de grandes différences entre un fonds de placement de droit suisse, une SICAV (Société d'Investissement à Capital Variable) de droit luxembourgeois, une entité juridique selon le droit d'une place financière off-shore (Iles Vierges britanniques ou les Iles Cayman, par exemple), ou encore une société d'investissement de droit suisse.

Selon la forme juridique de ces produits, le traitement fiscal de leurs revenus non distribués varie. Le traitement fiscal du produit de la revente des parts de fonds peut être aussi différent.

Afin de mieux comprendre ces différences, ces divers instruments sont d'abord brièvement présentés dans les paragraphes suivants avant de décrire leur traitement fiscal.

1. Les fonds de placement de droit suisse

Au sens de la Loi fédérale sur les fonds de placement (LFP), un fonds de placement est constitué par des apports des investisseurs (porteurs de parts), effectués à la suite d'un appel au public en vue d'un placement collectif. Selon la LFP, le porteur de parts détient, de par le versement effectué, un droit contre la direction du fonds de placement à participer à la distribution des bénéfices et de la fortune du fonds.

Le contrat de placement collectif oblige la direction de fonds à faire participer le porteur de part au fonds de placement, à concurrence de son apport. Selon la loi et le règlement du fonds, elle est tenue de l'administrer dans l'intérêt et au bénéfice des porteurs de parts. Selon la LFP, un fonds de placement n'est donc pas une personne morale inscrite au registre du commerce.

> Selon la loi, le porteur de part peut dénoncer le contrat de placement collectif en tout temps. Ses parts doivent alors être rachetées par la direction de fonds en débitant la fortune de ce dernier. Le produit de cette vente est versé en liquide à l'investisseur. Les fonds de placement immobiliers connaissent des règles juridiques spécifiques.

2. Les produits similaires aux fonds de placement

D'autres véhicules de placement présentent des similitudes avec les fonds de placement de droit suisse. En règle générale, les placements collectifs peuvent être effectués sous deux formes. D'une part, sous la forme d'un contrat collectif et d'autre part, sous la forme de sociétés de placement. La plupart des pays connaissent les deux formes. Les fonds de placement de droit suisse sont soumis à la LFP uniquement s'ils se présentent sous la forme d'un contrat de placement collectif. Cela signifie que la relation entre le porteur de parts et la direction de fonds est de nature contractuelle.

> Les formes de placement collectif de type sociétés d'investissement, comme les sociétés BBBiotech, sont légales. Elles ne sont pas soumises à la LFP mais au droit des sociétés anonymes. Elles ne peuvent donc pas utiliser les appellations de «fonds de placement» ou de «fonds d'investissement», ce qui peut prêter à confusion.

A l'étranger, les fonds de placement sous la forme de sociétés sont très répandus. Les plus connues de ces formes sont les SICAV au Luxembourg et en France. Il faut aussi évoquer dans ce contexte les véhicules de placement étrangers structurés de type off-shore soumis à diverses législations. Leur traitement fiscal dépendra de leur forme juridique.

3. Généralités sur la fiscalité des fonds de placement

Fiscalement, le porteur de parts d'un fonds de placement soumis à la LFP sera traité comme s'il détenait directement une partie de la fortune de ce fonds. Dès lors, le fonds de placement n'est pas sujet fiscal: le porteur de part sera imposé directement pour sa quote-part à la fortune du fonds et à ses bénéfices. De ce fait, tous les revenus de la fortune du fonds provenant des parts de fonds de placement sont imposés au niveau des revenus des porteurs de parts.
D'un autre côté, les bénéfices en capital réalisés par un fonds de placement ne sont pas imposables si les parts font partie de la fortune privée du contribuable et si ces bénéfices sont distribués séparément. Pour le fisc, l'essentiel est de savoir s'il s'agit d'un fonds de distribution ou d'un fonds de capitalisation. Les fonds de placement immobiliers sont traités séparément. En tout état de cause, le porteur de parts reçoit chaque année de la direction de fonds, respectivement de la banque dépositaire, les informations lui permettant de déclarer correctement les revenus découlant des fonds de placement auxquels il participe.

4. Imposition des fonds de distribution

On parle de fonds de distribution lorsqu'au moins 80% du bénéfice net du fonds de placement est redistribué aux porteurs de parts. Dans ce cas, on peut déduire les règles d'application suivantes:
- Les bénéfices redistribués sont imposés directement chez l'investisseur.
- On peut éviter la taxation en revendant ses parts peu avant l'échéance de la distribution, pour autant que l'autorité fiscale ne considère pas cela comme un contournement de sa pratique.

Les gains en capital sont imposables s'ils ne sont pas distribués par le biais de coupons ou lorsque les parts de fonds de placement se trouvent dans la fortune commerciale de l'investisseur. L'impôt anticipé est prélevé sur le montant de la distribution mais pas sur le gain en capital distribué.

La revente des parts à la direction de fonds, la vente à des tiers sur le marché boursier ou autre, ou encore la liquidation du fonds de distribution n'a aucune conséquence fiscale pour le porteur de parts. Dans tous les cas, pour la confédération et pour tous les cantons, il réalise un gain en capital d'ordre privé.

5. Imposition des fonds de capitalisation

Les fonds dits de capitalisation distribuent, selon leurs règlements, moins de 80% de leurs bénéfices aux porteurs de parts. Selon la pratique de l'Administration fédérale des contributions, reprise par tous les cantons, les montants non distribués constituent des revenus non encaissés par les porteurs de parts. Ces derniers seront donc imposés lors du bouclement annuel du fonds. Le montant des revenus à déclarer par rapport aux bénéfices réalisés par le fonds est publié chaque année par l'AFC dans une liste spéciale.

La revente des parts du fonds à la direction de fonds, la vente à des tiers sur le marché boursier ou la liquidation du fonds de capitalisation n'a pas de conséquence fiscale pour le porteur de parts. Si celles-ci sont comptabilisées dans la fortune commerciale du porteur de parts, la différence entre la valeur de liquidation et la valeur comptable des parts sera imposable.

Pour les investisseurs suisses, les revenus non distribués sont certes imposés mais, en l'absence de distribution, ils ne sont pas soumis à l'impôt anticipé. Ceci rend ce type de fonds particulièrement intéressant pour les investisseurs suisses domiciliés à l'étranger.

6. Imposition des fonds immobiliers

Les fonds de placement immobilier ont un traitement fiscal particulier. Ces fonds sont en effet des sujets fiscaux. Leurs revenus sont imposés auprès des fonds et les porteurs de parts ne sont pas imposés. Cette disposition n'est cependant valable que pour les fonds de placement immobiliers qui détiennent en direct leurs propriétés.

Si ce n'est pas le cas, comme dans la plupart des fonds immobiliers, les revenus qui ne sont pas issus de placements immobiliers directs sont imposés comme s'il s'agissait de ceux d'un fonds de distribution ou de capitalisation. Une liste de cours publiée chaque année par l'AFC permet de savoir quels sont les revenus imposables.

7. Imposition des fonds de droit luxembourgeois (SICAV)

Largement répandues auprès des investisseurs, les SICAV de droit luxembourgeois sont en général des fonds de placement de capitalisation conçus comme des sociétés. Au contraire des sociétés d'investissement de droit suisse, la direction d'un tel fonds doit racheter les parts qui lui sont présentées en tout temps et à leur valeur nette d'inventaire.

En Suisse, le traitement fiscal des SICAV diffère selon les cas. La confédération et la plupart des cantons considèrent que les revenus des SICAV de droit luxembourgeois sont analogues à ceux des fonds de placement de droit suisse. Par analogie, selon la Circulaire n° 2 du 23 novembre 1989, la part des bénéfices non distribuée n'est pas considérée comme un gain en capital et doit être déclarée par le porteur de parts.

> Trois cantons (BE, GR et ZH) traitaient les SICAV de droit luxembourgeois à capitalisation comme des sociétés suisses. Ils ne taxaient pas ce qu'ils considéraient être des revenus fictifs. Par contre, tous les revenus distribués étaient taxés comme des dividendes. Dés l'année fiscale 2005 pour ZH et 2006 pour BE et GR, ces titres sont désormais imposés de façon identique à celle de la Confédération et des autres cantons. Par ailleurs, ces titres ne sont pas soumis à l'impôt anticipé car les SICAV n'ont pas leur siège légal en Suisse.

Si les parts de SICAV sont incluses dans la fortune commerciale d'un contribuable, la différence entre leur valeur de revente ou de liquidation et leur valeur comptable est soumise à l'impôt sur le revenu dans tous les cantons. Si elle n'est pas déclarée spontanément, il s'agit d'inclure cette valeur dans les revenus imposables.

8. Comment récupérer l'impôt anticipé

Les porteurs de parts peuvent récupérer l'impôt anticipé prélevé sur les revenus distribués par les fonds de placement au moyen de leur déclaration d'impôts, s'ils avaient à l'échéance du revenu leur domicile en Suisse.

Tableau 7: Le devoir fiscal du porteur de parts de fonds de placement domiciliés en Suisse

	Distribution	Distribution fictive	Date de la déclaration	Distribution des gains en capital	Remboursement des parts	Cession en bourse ou vente à des tiers
Fonds de distribution de droit suisse	Imposable	Pas d'impôt	Date de la distribution	Pas d'impôt si coupon séparé	Pas d'impôt	Pas d'impôt
Fonds de capitalisation de droit suisse	Pas de distribution	Imposable	Clôture annuelle	–	Pas d'impôt	Pas d'impôt
Fonds immobilier de droit suisse	Pas d'impôt si propriété directe	Pas d'impôt si vrai fonds immobilier	–	Pas d'impôt	Pas d'impôt	Pas d'impôt
SICAV Lux. (conf. et maj. des cantons)	Imposable si distribution	Imposable	Clôture annuelle	Pas d'impôt	Pas d'impôt	Pas d'impôt
SICAV Lux (BE, GR)	Imposable si distribution	Pas d'impôt	Date de la distribution	Imposable	Imposable	Pas d'impôt
SA	Imposable	–	Date de la distribution	Imposable	Imposable	Pas d'impôt
Société off-shore	Imposable	–	Date de la distribution	Imposable	Imposable	Pas d'impôt

Source: Dr. Thomas Fischer & Partners SA

E. La fiscalité des produits financiers dérivés

Chaque jour, la presse publie des annonces pour des produits financiers aux noms exotiques qui ne peuvent être comparés aux véhicules de placement traditionnels et qui sont donc à considérer comme des produits financiers dérivés. Les plus classiques d'entre eux sont les futures, les options et les produits à terme. En principe, leur prix et leurs perspectives de rendement sont fonction du comportement de l'actif sur lequel ils sont basés – le sous-jacent – que ce soit une action, un indice sur actions, une devise ou des matières premières.

Pour un néophyte, il est difficile de classer ces produits. Il en est de même pour leur traitement fiscal. Pour les professionnels, le traitement fiscal des instruments financiers dérivés est également complexe. A preuve, la Circulaire n° 4 d'avril 1999 de l'AFC, un document d'une vingtaine de pages, disponible sur internet (*www.estv.admin.ch*), qui recense les pratiques fiscales pour chaque sorte de produits financiers dérivés.

Pour l'autorité fiscale, il faut d'abord déterminer si un tel produit est transparent ou non. Pour cela, le fisc distingue entre ceux dont le revenu provient d'une opération de placement (opérations sur les marchés monétaires ou investissement obligataire) et ceux dont l'origine des revenus est spéculative (par exemple, les produits optionnels). Le fait que la plupart de ces produits combinent une composante placement et une composante spéculative ne facilite pas les choses. Pour l'impôt sur le revenu, le principe de base est d'y soumettre les revenus provenant d'opérations de placement. Les revenus qui découlent d'opérations spéculatives sont considérés comme des gains en capital et ne sont pas imposables. Cette distinction est valable tant que l'émetteur d'un produit financier dérivé distingue clairement entre les deux composantes de revenus et rend donc le produit transparent.

Les certificats indiciels et les paniers d'actions sont très populaires mais ils constituent un cas spécial. Avec ces produits, les investisseurs courent en effet les mêmes chances et les mêmes risques que s'ils investissaient directement dans les actions sous-jacentes. Les bénéfices réalisés avec les certificats ne sont donc pas imposés au titre du revenu. Ce sont des gains en capital non imposables. Par contre, les dividendes non versés et distribués sous forme de réduction du prix d'émission (disagio) sont des revenus imposables.

F. Imposition des plans de participations salariaux (stock options)

La participation des cadres moyens et supérieurs au capital de leur entreprise se heurte souvent au fait qu'ils n'ont pas nécessairement les moyens financiers pour prendre une participation conséquente. Par ailleurs, dans les entreprises cotées, le risque de cours est réel. Dans les entreprises non cotées, le risque s'apparente à la différence entre la valeur intrinsèque du titre par rapport à la valeur d'achat prévalant alors.

La distribution de stock options aux cadres dirigeants d'une entreprise est un moyen facile et fiscalement intéressant pour contourner ces problèmes. Cette catégorie de titres, originaire des Etats-Unis, est devenue très populaire ces dernières années dans les entreprises cotées en bourse.

La Circulaire n° 5 de l'AFC du 30 avril 1997, qui remplace un précédent texte datant de 1990, énumère les principes de base pour l'imposition des actions et des stocks options réservées aux collaborateurs d'une entreprise. Ce texte impose un changement radical dans la pratique du fisc. Auparavant en effet, ces droits de participation étaient imposés au moment de leur exercice. Désormais, ils le sont au moment de leur attribution. Toutefois, des cas particuliers se font jour lors de périodes de blocage particulièrement longues (plus de 10 ans).

G. Les revenus des clubs d'investissement

Dans un club d'investissement, quelques investisseurs mettent leurs moyens financiers en commun pour gérer un portefeuille d'actifs financiers. La plupart du temps, chaque membre participe activement à l'administration du portefeuille et à sa politique d'investissement. Pour le fisc, quand il y a plus de 20 membres, il s'agit d'une pratique analogue à de la gestion de fortune au sens de la loi sur l'impôt anticipé.

Dès lors, les revenus de chaque membre doivent être soumis à l'impôt anticipé. Et la question ne se pose pas de savoir si ces revenus sont thésaurisés, c'est-à-dire réinvestis. La récupération de l'impôt anticipé prélevé sur les revenus du produit de la fortune des membres peut être faite par le club d'investissement dès qu'il compte 20 membres. S'il y en a moins, l'administration fiscale doit donner son accord.

Le club d'investissement en tant que tel, considéré comme une société simple, n'est pas un sujet fiscal. Ses membres doivent donc déclarer leur participation à la fortune du club ainsi que les revenus qui en découlent. Dès lors, ils doivent se baser sur les comptes annuels du club d'investissement où les revenus imposables (dividendes, revenus d'intérêts, etc.) et les gains en capital non imposables sont comptabilisés séparément.

> Si le club d'investissement est régi par des statuts selon l'article 60 ss du Code civil, il s'agit alors d'une association avec une personnalité juridique propre. En conséquence, il est imposé en tant que tel. A ce titre, le club doit payer des impôts sur les gains en capital car ces derniers sont imposables s'ils concernent la fortune commerciale d'une personne morale.

Le fisc peut intervenir dans le cas de clubs d'investissement très actifs, c'est-à-dire, par exemple, chez ceux qui font tourner leurs portefeuilles plusieurs fois par année ou qui utilisent des instruments financiers dérivés. Dans ce cas, le fisc pourrait être tenté de décider que leur activité s'apparente à de la gestion de fortune à titre professionnel. Dans ce cas, les gains en capital, de change et de cours des membres du club devront être soumis à l'impôt sur le revenu et à l'AVS en tant que gains accessoires.

H. Les sociétés de gestion de fortune

1. Généralités

Une société de gestion de fortune n'est rien d'autre qu'une société de capitaux (une SA ou une SàRL) dont le but est la gestion d'actifs financiers. Ces actifs peuvent être des titres financiers, boursiers ou autres, des titres de participation dans d'autres entreprises ou des actifs immobiliers. Si une société de gestion de fortune a pour seul objet la gestion de participations, c'est une société holding qui bénéficie de privilèges fiscaux (voir page 206). Si les actifs sont principalement immobiliers, il s'agit d'une société immobilière (SI) pour laquelle il existe des règles fiscales particulières (voir page 145ss). La société de gestion de fortune normale est soumise à un régime fiscal habituel tant que ses actifs boursiers ne dépassent pas une certaine taille qui lui permettrait alors d'être traitée fiscalement comme une société holding.

2. Avantages et inconvénients

L'avantage d'une société de gestion de fortune réside dans le fait qu'elle peut agréger les différentes valeurs financières gérées. Ceci peut être utile dans une perspective de planification financière. Par ailleurs, elle peut comptabiliser ses charges de gestion comme dépenses et ainsi diminuer la charge fiscale. La même démarche vaut pour les pertes subies dans le cadre de la gestion de la fortune. Elles permettent aussi de baisser la charge fiscale.

> Une société de gestion de fortune a pour but la réalisation de revenus sous la forme de gains en capital. De ce fait et fiscalement parlant, c'est une construction extrêmement défavorable. En effet, les gains en capital sont comptabilisés dans la fortune commerciale et sont donc soumis à l'impôt sur le revenu, contrairement aux gains en capital encaissés à titre privé.

Les revenus d'intérêts et les dividendes encaissés dans le cadre de la gestion de la fortune constituent des revenus imposables pour la société de gestion. Ils seront également imposables dans la fortune privée en tant que revenus, les revenus réalisés – y compris les gains en capital – subissant encore la double imposition.
Cette double imposition signifie que la société de gestion de fortune, qui est aussi un sujet fiscal en tant que société de capital, doit déclarer les revenus et les gains en capital réalisés au titre de l'impôt sur le bénéfice, à un taux d'environ 20–25% sur Vaud et Genève. Lorsque ces bénéfices sont reversés à l'actionnaire, ils sont à nouveau imposés chez ce dernier au titre de revenu par la confédération et la plupart des cantons.
De ce fait, il n'est pas rare que, sur un bénéfice de 100 francs, 55 soient prélevés par le fisc lors des deux phases d'imposition et qu'il ne reste que 45 francs à l'actionnaire. A ce jour, seuls trois cantons (AI, OW et SH) pratiquent cette

double imposition à un régime allégé. Dans ces cantons et sous certaines conditions, les distributions de ces dividendes aux actionnaires sont en effet imposées à hauteur de 50% (voir page 195).

I. Les sociétés de gestion de fortune off-shore

1. Généralités

Une société de gestion de fortune off-shore se différencie de celle décrite précédemment par le fait que son siège se trouve en général dans un paradis fiscal off-shore. Il ne s'agit pas seulement du Liechtenstein, des Iles anglo-normandes, de l'Ile de Man ou de Gibraltar. Ces paradis sont aussi dans les Caraïbes (Iles Vierges britanniques, Iles Cayman, Antilles néerlandaises) et dans certains pays des mers du sud. La différence essentielle entre les sociétés de gestion off-shore et leurs homologues de droit suisse est qu'en général, hormis une taxe annuelle de quelque 1000 francs, il n'y a aucune autre forme d'impôt.

2. Avantages et inconvénients

Le fait de payer aussi peu d'impôt est certainement l'avantage principal de ces sociétés de gestion off-shore. De ce fait, ce genre de société est souvent utilisé pour dissimuler au fisc des actifs financiers. Par ailleurs, un certain anonymat de l'ayant droit réel de ces sociétés est garanti, car il ne peut être que difficilement identifié.

Ce type de société présente aussi des désavantages. D'une part, des frais sont liés au maintien d'une telle société. Outre les frais de création, il y a des frais de gestion annuelle et des honoraires pour les membres du conseil d'administration. En effet, puisque l'ayant-droit économique veut en général rester anonyme, il évitera de siéger dans les organes de la société.

Si le fisc découvre l'existence de ces structures juridiques, il existe un réel danger qu'il ne les reconnaisse pas et que leurs revenus soient imputés à l'actionnaire suisse. Ainsi, quand une telle société n'a pas d'existence économique propre, l'autorité fiscale la considère comme une entité créée dans le but de contourner l'impôt.

> Pour qu'une société de gestion off-shore soit reconnue, elle doit avoir une activité réelle. Dans l'idéal, elle devra donc avoir ses propres locaux et employer du personnel. S'il s'agit d'une société boîte aux lettres dirigée dans les faits depuis la Suisse, le fisc part du principe que son siège réel est en Suisse. De ce fait, elle sera imposée comme une société suisse, ou ses bénéfices seront ajoutés aux revenus de l'actionnaire suisse.

Un autre désavantage certain de ce type de société réside dans le fait que tous les impôts à la source prélevés sur les bénéfices de ces sociétés ne peuvent pas être récupérés. Très peu de paradis fiscaux ont en effet conclu des accords de double imposition avec la Suisse. Ainsi, une société de gestion de fortune du Vanuatu qui a investi des avoirs dans des actions de grande capitalisation suisses ne peut pas récupérer l'impôt anticipé de 35%.

J. Fondations et trusts

1. Les fondations suisses

Les fondations de droit suisse, au sens de l'article 80 du Code civil, sont inadaptées lorsque leur but est de se consacrer exclusivement à la gestion de la fortune familiale. Dans ce cas, créer une fondation familiale comme cela est possible dans le droit liechtensteinois est impossible en Suisse. En effet, la loi stipule qu'une fondation familiale suisse doit consacrer ses activités à supporter les coûts de l'éducation et de la formation des bénéficiaires ou à aider financièrement les membres de la famille dans le besoin. Une fondation familiale n'est pas reconnue d'utilité publique. Elle est un sujet fiscal en soi et doit donc déclarer ses revenus selon les règles en vigueur. Il est ainsi impossible de ne pas déclarer les gains en capital sur les titres boursiers. Ceux qui bénéficient des subventions de la fondation doivent en général les déclarer comme des revenus. Comme dans le cas des SA et des SàRL, on se trouve alors en présence d'une double imposition.

2. Les fondations étrangères

Les fondations étrangères (par exemple, liechtensteinoises ou panaméennes) ont un avantage certain. Selon la définition de leur but, leur emploi est très souple et, hormis un impôt de base annuel minimum de l'ordre de quelques centaines de francs, leurs revenus sont totalement libres d'impôts. Mais leurs distributions aux bénéficiaires sont soumises, comme dans les fondations de droit suisse, à l'impôt sur le revenu.

> Ces fondations ont pour principal désavantage que la transmission de la fortune à la fondation est considérée en général comme un don à une personne tierce. De ce fait, dans le pire des cas et selon son importance financière, cette opération est soumise au taux le plus élevé d'imposition des dons qui varie, selon les cantons, entre 30% et 50%.
>
> De ce fait, créer une fondation dans un but de planification successorale ne représente pas une solution intéressante. Si un contribuable souhaite malgré tout créer une telle fondation, il cherchera alors à la domicilier là où il n'y a pas d'impôt sur les donations, par exemple dans le canton de Schwyz ou, à l'étranger, dans la Principauté de Monaco.

3. Les trusts

Les trusts sont d'un usage plus complexe que les fondations. Un trust est une institution de droit anglo-saxon apparentée au système de la fiducie. Dans le droit suisse et dans la plupart des régimes juridiques continentaux, ce système n'est pas prévu pour constituer une entité juridique propre. En Suisse, les contrats de trusts sont reconnus dans certaines circonstances, notamment s'ils sont constitués sous un droit étranger et que les conditions contractuelles ne contredisent pas les règles du droit suisse. Cependant, si le fondateur du trust (le «Settlor») se réserve certaines possibilités d'action sur le trust, les autorités fiscales suisses peuvent alors ne pas le reconnaître comme une entité juridique et entreprendre ainsi des démarches radicales.

K. Le risque de qualification au titre de gestion professionnelle

La problématique de la qualification au titre de gestion professionnelle représente une épée de Damoclès pour certains investisseurs. Elle peut être illustrée par l'exemple suivant.

Etude de cas

De par les revenus professionnels tirés de son emploi comme salarié d'une entreprise de services, Paul Rouge a accumulé certaines économies qu'il a investies en bourse. Cet investisseur actif et responsable prend lui-même ses décisions de placement. Au cours d'une année normale, il procède souvent à des opérations de vente ou d'achat de titres, parfois même d'options. Il a aussi contracté un crédit lombard pour mieux profiter des phases de conjoncture favorable des marchés.

En 2003, il a joué avec succès la reprise des marchés financiers et réalisé certains profits. Mais la lecture d'articles dans la presse quotidienne et spécialisée l'a troublé. En effet, on y évoque l'énorme volatilité des Bourses et la problématique de la gestion professionnelle des papiers valeur. Paul Rouge se demande donc si, lors de sa prochaine taxation, il ne va pas être considéré comme gérant à titre professionnel. Dans ce cas, il serait pour la première fois soumis à l'AVS sur les revenus de ses titres et devrait supporter une charge fiscale sur ses revenus beaucoup plus élevée.

1. La pratique de l'Administration fédérale des contributions

Désormais, un examen préalable permet d'exclure l'existence d'un commerce préalable de titres, lorsque les critères suivants sont satisfaits cumulativement:
- les titres vendus ont été détenus durant une année au moins;
- le volume total des transactions (achats + ventes) ne dépasse pas cinq fois par année le montant des titres et avoirs au début de la période fiscale;

- les gains sur titres ne remplacent pas les revenus servant à assurer le train de vie du contribuable, à savoir sont inférieurs à la moitié des revenus imposables d'une période;
- les placements sont accessibles à tous les investisseurs et ne nécessitent pas de connaissances acquises en vertu d'une profession particulière;
- les placements ne sont pas financés par emprunt ou, dans l'affirmative, les rendements imposables provenant des titres (intérêts, dividendes, ...) sont supérieurs aux intérêts passifs en rapport;
- les produits dérivés sont utilisés à des fins de couverture.

Pour le cas où ces critères ne sont pas cumulativement satisfaits, la qualification du commerce professionnel de titres se fondera alors sur divers indices, dont font partie:
- une manière d'agir systématique ou planifiée;
- une fréquence élevée des transactions, associée à une courte durée de possession;
- un rapport étroit entre les transactions et l'activité professionnelle du contribuable, de même que l'utilisation de connaissances spéciales;
- un recours à d'importants fonds étrangers pour financer les transactions;
- un réinvestissement des bénéfices réalisés dans des éléments de fortune similaires.

La qualification de commerce professionnel intervient lors de l'aliénation de titres. En ce cas, la totalité des intérêts passifs attribuables au commerce de titres peut être déduite, sans souci de la limite du rendement de la fortune augmenté d'un montant de 50.000 francs applicable à la fortune privée.

L. Récupération de l'impôt anticipé

L'impôt anticipé de 35% peut être récupéré sous certaines conditions et pour autant que les placements concernés soient imposés en Suisse ou en vertu d'une convention de double imposition. L'impôt anticipé n'est pas seulement prélevé sur les intérêts créditeurs des comptes courants bancaires mais aussi sur d'autres revenus du capital (dividendes, coupons obligataires, etc.) et sur les revenus de loteries. La perception et la récupération de cet impôt sont identiques à ce qui se fait dans le cas de l'impôt prélevé sur les intérêts servis sur les comptes bancaires. L'impôt anticipé est aussi prélevé sur certaines prestations d'assurance mais, dans ce cas, la perception et la récupération de l'impôt sont différentes, même si le caractère de l'impôt reste le même.

Les contribuables domiciliés en Suisse peuvent réclamer la restitution de cet impôt en établissant leur déclaration d'impôt. Pour les personnes morales domiciliées en Suisse, un formulaire spécifique est à disposition.

Pour les contribuables domiciliés à l'étranger, la récupération de cet impôt anticipé dépend de l'existence d'une convention de double imposition conclue entre leur état de domicile et la Suisse. La plupart de ces conventions ne prévoient cependant pas un remboursement intégral de l'impôt anticipé. Pour qu'ils soient récupérables, les revenus soumis doivent être imposables dans le pays de domicile.

Checklist

La planification fiscale des titres

Types de placement à favoriser:

- acheter des titres boursiers à fort potentiel d'accroissement de valeur et à faible distribution de revenus;
- en période de taux d'intérêt élevés, acheter des obligations à faible coupon et à un cours au-dessous du pair, en particulier des obligations ex-options;
- acheter des obligations peu après la dernière distribution de coupons et les revendre peu avant la suivante pour autant que les conditions de cours le permettent. La même méthode vaut pour les actions distribuant des dividendes élevés. Attention cependant à ne pas être suspecté d'évasion fiscale si l'opération est répétée systématiquement;
- acheter via son entreprise, en raison individuelle ou dont on est l'unique actionnaire, des actions ou des titres de participation à fort potentiel de risque pour éventuellement en déclarer les pertes au fisc; mais ne pas oublier que d'éventuels gains en capital, de cours et de devises seront alors imposés au titre du bénéfice.

Types de placement à éviter:

- éviter en général les placements distribuant des bénéfices importants mais avec un faible accroissement de leur valeur (par exemple, les obligations);
- éviter si possible les titres (obligations, actions, etc.) soumis à une imposition à la source;
- éviter les obligations de caisse qui n'ont que des inconvénients (imposition totale du rendement, pas d'espérance de variations de cours, pas de disponibilité jusqu'au remboursement); acheter au contraire des emprunts à options et à faible coupon émis par des emprunteurs de premier ordre;
- éviter d'effectuer des transactions à trop grande fréquence sur les titres boursiers et les instruments financiers dérivés afin de ne pas être considéré comme commerçant de titres; dans ce cas en effet, les bénéfices réalisés sont imposés et, de plus, soumis à l'AVS;
- éviter d'acheter des actions directement auprès de l'entreprise qui les émet; préférer, si la société est cotée, les acquérir sur le marché ou auprès d'une tierce personne.

3. La prévoyance professionnelle ou comment économiser légalement des impôts

A. Les caisses de pensions obligatoires et surobligatoires

1. La prévoyance obligatoire

La loi fédérale sur la prévoyance professionnelle (LPP) est entrée en vigueur le 1er janvier 1985. Depuis, les salariés gagnant plus de 19.350 francs par an (état 2006) y sont soumis. Dès le 1er janvier suivant leur 17e anniversaire, respectivement dès le 1er janvier suivant leur 24e anniversaire, ils doivent cotiser à l'assurance risque décès et invalidité, respectivement à la prévoyance professionnelle. Le salaire soumis à cette assurance représente le salaire dit coordonné dont le montant varie entre un minimum de 3.225 francs et un maximum de 54.825 francs (état 2006) en fonction du salaire AVS.

2. Les prestations surobligatoires

Les caisses de pensions se différencient entre celles qui garantissent le respect des conditions minimum de la LPP et celles qui couvrent des risques de prévoyance allant au-delà de ce minimum. Dans ce dernier cas, on parle de caisses de pensions «enveloppantes». Les caisses de pensions de ce type assurent en général l'intégralité du salaire, déduction faite du montant de coordination, et fixent une barrière maximum à leurs prestations.
Hormis ces deux types de caisses de pensions, certaines institutions de prévoyance sont autorisées à ne couvrir que la partie surobligatoire de la prévoyance. Ces caisses de pensions sont en général conçues sur mesure pour les cadres supérieurs ou dirigeants. On les appelle aussi caisses «bel étage». Elles sont décrites plus en détail au chapitre suivant.
Dans le paysage de la prévoyance professionnelle suisse, on compte encore les fondations patronales qui, comme leur nom l'indique, sont financées par les employeurs. En règle générale, ces fondations ont pour objectif de soutenir les assurés des institutions de prévoyance, ou leurs descendants, qui se trouveraient dans une situation de précarité pour cause de maladie, d'accident, d'invalidité, de chômage.

A compter du 1er janvier 2006, une institution de prévoyance peut offrir jusqu'à trois plans de prévoyance différents, applicables à diverses collectivités d'assurés délimitées selon des critères objectifs, au titre desquelles comptent par exemple l'âge, le nombre d'années de service, la fonction exercée, la position hiérarchique ou le niveau du salaire.

B. Les assurances de cadres

1. Les principes de l'exonération fiscale

Les caisses de pensions surobligatoires présentent un intérêt particulier dans un contexte de la planification financière et fiscale. Elles recèlent en effet un potentiel élevé d'économies fiscales.

Les institutions de prévoyance soumises à la LPP sont défiscalisées. Elles ne paient ni l'impôt direct ni celui sur les successions ou sur les donations, mais doivent s'acquitter de l'impôt sur les gains immobiliers, sauf en cas de fusion ou de scission. Le caractère défiscalisé des caisses de pensions, et donc les possibilités de déduction des cotisations des employeurs et des salariés qui en découlent, dépend cependant de certaines conditions.

Ainsi, une institution de prévoyance ne doit pas avoir d'autres buts que celui de la prévoyance professionnelle. Par exemple, elle ne peut pas financer des institutions d'utilité publique ou culturelle ni exploiter des installations sportives ou de restauration collective au profit des salariés. Elle ne pourra également pas détenir le capital-actions de sa fondatrice.

> En pratique, les principales caractéristiques d'une caisse de pensions concernent le caractère collectif de la prévoyance, l'adéquation des plans de prévoyance et le traitement équitable de tous les assurés. Ces critères jouent un rôle fiscal important dans la conception des assurances de cadres, des caisses de pensions pour les entreprises familiales et pour les travailleurs indépendants. Si l'un de ces critères n'est pas rempli, la caisse de pensions devient un sujet fiscal et est imposée sur son capital et ses bénéfices. De plus, les cotisations des salariés et des employeurs ne sont alors plus déductibles.

2. Les assurances de cadres salariés

Dès le 1er janvier 2006, les institutions de prévoyance professionnelle (et par voie de conséquence également les entreprises affiliées) ne peuvent offrir que 3 plans de prévoyance à leurs assurés au maximum. La différenciation entre catégories d'assurés permettant l'affiliation à l'un ou l'autre plan doit s'effectuer sur une base objective et applicable à l'ensemble du personnel (âge, niveau de salaire, position hiérarchique…). Le sexe, la religion ou la nationalité ne constituent pas des critères objectifs. Le règlement de la caisse pour les cadres doit inventorier précisément et objectivement les critères d'admission. Ceux-ci doivent être également neutres et correspondre aux conditions spécifiques de l'entreprise. Il ne serait ainsi pas possible de créer des catégories de sous-directeurs, directeurs et chefs de département si elles n'existent pas en réalité. De ce fait, les entreprises dont la structure d'organisation est très plate peuvent rencontrer des problèmes pour créer de tels types de caisses «bel étage». Mais même dans ce cas, il peut être possible de contourner ce problème en fondant sa réflexion sur les différentes catégories salariales.

La répartition en plusieurs catégories d'assurés nécessite que les critères de choix ne s'appliquent pas, a priori, à une seule personne. Plus on combine de critères de choix entre eux pour répartir les personnes concernées dans les plans de prévoyance qui leur sont adaptés, moins on court le risque que le fisc considère que le principe de l'égalité de traitement a été violé.

Les plans de prévoyance doivent être adéquats, à savoir que les prestations fournies ne dépassent pas 70% du dernier salaire AVS de l'assuré ou que le total des cotisations paritaires destinées à la couverture vieillesse ne dépassent pas 25% du total des salaires AVS assurables (maximum de 774.000 francs pour 2006). Les rentes du 1er et 2e pilier cumulées ne devront pas dépasser 85% du salaire AVS de l'assuré.

En outre, le plan de prévoyance offrant les prestations les plus basses doit prévoir des cotisations paritaires au moins égales aux $^2/_3$ de celles du plan qui offre les prestations les plus élevées. Le 6% des cotisations au moins doit par ailleurs être affecté à la couverture des risques décès et invalidité.

Ces dispositions restreignent de façon plus importante les possibilités de planification fiscale offertes aux entrepreneurs et aux cadres salariés que par le passé. Nul doute qu'avec l'application de ces nouveaux principes les discussions avec les autorités fiscales quant à l'admissibilité de tel ou tel plan de prévoyance bel étage vont se raréfier. Il s'agira dans de nombreux cas de modifier les règlements des caisses de pensions afin de rééquilibrer le mode de couverture des risques entre les divers plans, en particulier si un plan de base offrait une couverture risques généreuse et un bel étage plus axé sur l'épargne vieillesse.

3. Les assurances de cadres pour indépendants/directeurs actionnaires

Dans ce cas, il ne s'agit pas d'une assurance de cadres classique. Mais les problèmes à résoudre sont identiques surtout si le cadre indépendant exerce son activité comme directeur actionnaire d'une SA. Il est alors très limité dans le choix des possibilités de prévoyance. Il ne peut être en effet assuré que dans le cadre de l'institution de prévoyance du personnel de son entreprise, de celle de son association professionnelle ou auprès de l'institution supplétive. Ces contraintes ont été étendues aux actionnaires directeurs par un Arrêt du Tribunal fédéral du 14 juillet 1994.
Comment les indépendants ou les directeurs actionnaires peuvent-ils alors s'assurer quand ils n'ont qu'un personnel très réduit? C'est souvent le cas pour les bureaux d'avocats, d'ingénieurs, les fiduciaires, les consultants ou les artistes, ces derniers n'ayant en général pas de cadres du tout sous leurs ordres.

> Le propriétaire d'une entreprise ne peut participer à un plan de prévoyance surobligatoire qu'avec son personnel ou, s'il est indépendant, également dans le cadre d'une institution de prévoyance de sa branche professionnelle.

Si un cadre dirigeant indépendant s'assure dans le cadre de l'institution de prévoyance de ses salariés, cela peut se faire dans le cadre d'un plan de prévoyance de type enveloppant. Fiscalement, c'est acceptable à une condition: être le seul dont le salaire soit supérieur à la limite maximale du plan de prévoyance.

Une autre possibilité serait de s'affilier à l'institution de prévoyance de sa branche professionnelle. Dans ce cas, le cadre dirigeant indépendant pourra créer une fondation collective avec ses confrères et ses salaires coordonné et surobligatoire seront assurés dans cette institution. Dans ce cas aussi, ce cadre indépendant pourra opter pour un plan de prévoyance qui diffère grandement de celui de son personnel.

4. Inclusion du conjoint travaillant dans l'entreprise

Pour adhérer à une institution de prévoyance du 2e pilier ou à toute autre forme de prévoyance liée (pilier 3a), le preneur d'assurance doit être soumis à l'AVS. Selon la loi sur l'AVS (LAVS), recevoir un salaire en espèces conditionne l'obligation de payer des cotisations à l'AVS. Par ailleurs et selon les nouvelles dispositions du Code civil, le conjoint qui collabore à l'exercice de la profession ou à l'entreprise de son partenaire, dans une mesure nettement supérieure à ce qu'exige sa contribution à l'entretien de la famille, a droit à une indemnité équitable (art. 165 CCS).

Du point de vue des assurances sociales, cette indemnité est considérée comme un salaire en espèces qui doit être soumis à l'AVS. Dès lors, les conditions sont remplies pour que le conjoint concerné puisse être assuré au titre du 2e pilier ou du pilier 3a de la prévoyance liée.

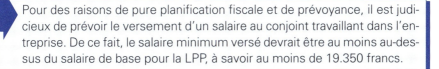

Pour des raisons de pure planification fiscale et de prévoyance, il est judicieux de prévoir le versement d'un salaire au conjoint travaillant dans l'entreprise. De ce fait, le salaire minimum versé devrait être au moins au-dessus du salaire de base pour la LPP, à savoir au moins de 19.350 francs.

Les avantages d'une telle considération sont les suivants:
- les cotisations à la prévoyance professionnelle permettent de bénéficier des prestations de la caisse de pensions en cas d'invalidité, de vieillesse et de décès;
- la déclaration d'un revenu AVS donne le droit à une rente d'invalidité en cas de perte de gain;
- le versement d'un salaire pour l'épouse travaillant dans l'entreprise de son mari contribue à diminuer ses droits à une indemnité en cas de divorce;
- avec la déclaration d'un salaire à l'AVS, des versements au pilier 3a de la prévoyance liée peuvent être effectués, ce qui contribue aussi à diminuer la charge d'impôts et à améliorer la prévoyance retraite.

Lorsque l'époux est un entrepreneur en raison individuelle et que sa conjointe contribue activement par son travail au succès de l'entreprise, il peut être judicieux d'envisager la fondation d'une société en nom collectif commune aux époux. Ce peut être, par exemple, le cas si l'épouse a une situation identique à celle de son époux dans l'entreprise et si elle participe activement par ses connaissances à la réussite de l'entreprise et à ses risques.

Ainsi, l'épouse peut effectuer des versements sur un plan de prévoyance liée du type 3a à concurrence d'un montant annuel de 30.960 francs (état 2006) ou participer librement avec son époux à un plan de prévoyance professionnelle du 2e pilier. Dans ce dernier cas, les époux peuvent verser à leur plan de prévoyance professionnelle des primes correspondant à environ 20% de leur part de bénéfice, en franchise d'impôts, pour autant que le règlement le prévoie et que cela respecte les principes de base de la prévoyance énumérés plus haut. Il faudra donc que d'autres salariés de l'entreprise soient affiliés au plan de prévoyance professionnelle de l'entreprise. Enfin, les époux peuvent aussi dans ce cas faire des versements dans le cadre d'un pilier 3a.

C. Le traitement fiscal des cotisations LPP

1. Généralités

Pour la Confédération et tous les cantons, les cotisations des employeurs et des salariés aux institutions de prévoyance représentent des charges de l'entreprise. Les versements des personnes salariées ou des travailleurs indépendants à des institutions de prévoyance sont, selon la loi, les statuts et le règlement, déductibles des revenus en matière d'impôt direct. Le corollaire de cette déductibilité totale est dans le fait que toutes les prestations des institutions de prévoyance sont imposées, même si elles le sont de manière réduite pour les prestations en capital. Mais le traitement fiscal des cotisations est différent selon qu'il s'agit de cotisations ordinaires ou exceptionnelles.

2. Les cotisations ordinaires de l'employeur et du salarié

a) Déduction des cotisations du salarié

Les cotisations pour le minimum LPP obligatoire ne sont pas les seules à être déductibles. Celles versées pour un plan surobligatoire d'assurance de cadres le sont également. Mais les seuls montants entrant en considération pour leur déduction fiscale sont ceux qui sont soumis à l'AVS/AI et qui sont totalement assurés. Le caractère déductible de ces cotisations au 2e pilier est conditionné par l'exercice d'une activité salariée soumise à l'AVS/AI. Les revenus doivent être imposables en Suisse. Enfin, le revenu assuré est plafonné dès le 1er janvier 2006 à 10 fois la limite supérieure du salaire coordonné, à savoir 774.000 francs pour l'année 2006.

b) Déduction des cotisations de l'employeur

Il faut distinguer dans ce cas entre les cotisations ordinaires et celles qui ne le sont pas. Parmi ces cotisations extraordinaires, il y a les versements libres et ceux qui sont faits sur le compte de réserves de contributions de l'employeur. En principe, tous ces versements sont déductibles fiscalement avec les réserves décrites ci-après.

3. Adaptations de cotisations et rachat d'années d'assurance

a) Adaptations de cotisations

On peut ranger dans cette catégorie tous les versements exceptionnels motivés par une augmentation de salaire ou l'adaptation d'un plan de prévoyance à de meilleures conditions pour tous les salariés d'une même catégorie d'assurés. Il peut en être ainsi dans le cas d'une caisse à primauté de prestations où le salaire assuré passe de 60% à 80%, ce qui nécessite des cotisations de rattrapage. Des cotisations de rattrapage peuvent aussi s'avérer nécessaires quand, à l'occasion d'une adaptation des salaires au renchérissement, il faut assurer les augmentations de salaires. Si elles sont conformes aux dispositions réglementaires, elles seront déductibles.

b) Rachats d'années d'assurance

Généralités

Le rachat d'années d'assurance permet de reporter fictivement la date d'entrée dans une institution de prévoyance. Dans les faits, il s'agit de racheter les montants qui manquent à un assuré pour assurer une prévoyance complète jusqu'à l'âge AVS. Contrairement aux cotisations ordinaires, ces rachats ne sont pas planifiés. Pour pouvoir les effectuer, ils doivent être prévus par les dispositions réglementaires et être raisonnables.

Ces rachats permettent, par exemple, à un salarié nouvellement assuré d'avoir la garantie que les prestations de sa nouvelle caisse de pensions seront entièrement remplies selon le plan de prévoyance. Le caractère volontaire de ces rachats permet de reporter dans le futur des revenus actuels selon des solutions fiscalement adaptées à chaque cas individuel. Mais les rachats d'années d'assurance sont soumis à certaines conditions.

Celui qui veut racheter des années d'assurance ne peut le faire que s'il n'a pas atteint le niveau maximal des prestations réglementaires. Dans une caisse à primauté de prestations, ceci est réalisé si, au moment de son entrée dans la caisse, le salarié n'a pas entièrement racheté les années de cotisations auxquelles il a droit. Dans les caisses à primauté de cotisations, le rachat d'années d'assurance est possible seulement si l'avoir de prévoyance accumulé est inférieur au montant total des cotisations qui aurait été accumulé depuis l'âge minimum de 25 ans. De plus, ces rachats doivent être prévus par les prescriptions réglementaires en matière de prestations. Dans les caisses à primauté de prestations, ceci dépend en général de la définition du salaire assuré et des prestations de vieillesse. Dans les caisses à primauté de cotisations, les situations sont variables, car bien des règlements devront encore être adaptés aux exigences légales.

Un rachat améliore toujours l'avoir de prévoyance et donc le niveau de la rente de vieillesse. Mais il ne change parfois pas la protection contre les risques, c'est-à-dire les rentes invalidité, de veuve et d'orphelin. Pour cette raison, certaines caisses séparent la couverture du risque du montant de l'avoir de prévoyance. Cependant, chaque cas sera traité individuellement. Pour se décider, l'assuré devra examiner son certificat de prévoyance et, en cas de doute, ne pas hésiter à se renseigner auprès de sa caisse de pensions.

> Il n'est pas nécessaire d'assurer le financement du rachat d'années d'assurance manquantes avec ses revenus courants. Cela peut être fait avec des avoirs d'épargne ou un crédit hypothécaire. Dans la plupart des cas, une telle opération se justifie financièrement. Il en résulte en effet une économie fiscale et l'argent ainsi placé rapporte des intérêts.

Le rachat d'années d'assurance sera avant tout financé par ses avoirs de libre-passage. Quand un salarié change d'employeur et fait transférer sa prestation de libre-passage à sa nouvelle caisse de pensions, ce qui est obligatoire, cette somme ne peut pas être à nouveau déduite de son revenu. Si le montant de l'avoir de libre-passage transféré est supérieur au montant nécessaire au rachat d'années d'assurance dans la nouvelle caisse, le surplus ne pourra pas être utilisé pour financer les cotisations de l'employé. La caisse de pensions devra alors impérativement utiliser cet avoir de libre-passage pour le rachat d'années d'assurance et bloquer le surplus sur un compte de libre-passage.

Evasion fiscale
Indépendamment des limites fiscales fixées au rachat d'années manquantes de prévoyance, la plupart des administrations fiscales se sont penchés sur certains cas de rachat. Elles les ont considérés comme des exemples d'évasion fiscale et ont pris des mesures pour ne pas en autoriser la déduction.

Limites fiscales des rachats d'assurance dans la LPP
Désormais, un rachat n'est possible dès le 1er janvier 2006 que si les conditions suivantes sont remplies:
- les prestations résultant d'un rachat ne peuvent être versées sous forme de capital par les institutions de prévoyance avant l'échéance d'un délai de trois ans (un rachat avant 2006 n'est pas concerné);
- les retraits effectués dans le cadre de l'encouragement à la propriété du logement devront avoir été remboursés au préalable. Relevons que le remboursement des retraits donne droit à la restitution par le fisc des impôts perçus alors, mais sans intérêts;
- le montant du rachat possible doit tenir compte des polices, comptes ou avoirs de libre-passage détenus par l'assuré auprès d'autres institutions, ainsi que de la part de 3e pilier d'un indépendant dépassant celle possible pour un salarié;
- les personnes en provenance de l'étranger, qui n'ont jamais été affiliées au titre du 2e pilier, ne peuvent effectuer des rachats qu'à hauteur de 20% du salaire assuré et ce pendant les cinq premières années de cotisations.

A relever que le délai de trois ans ne s'applique pas à un rachat effectué à la suite d'un divorce, rachat qui demeure, lui, toujours possible.

Les anciennes limitations entrées en vigueur en 2001 sont en principe supprimées. La pratique montrera toutefois quelles conditions seront applicables, cas échéant, aux rachats.

Tableau 8: Montants limites supérieures LPP et montants pilier 3a

Année	Limites supérieures LPP (Fr.)	Pilier 3a (Fr.)
1985	49.680	3.974
1986	51.840	4.147
1987	51.840	4.147
1988	54.000	4.320
1989	54.000	4.320
1990	57.600	4.608
1991	57.600	4.608
1992	64.800	5.184
1993	57.680	5.414
1994	67.680	5.414
1995	69.840	5.587
1996	69.840	5.587
1997	71.640	5.731
1998	71.640	5.731
1999	72.360	5.789
2000	72.360	5.789
2001	74.160	5.933
2002	74.160	5.933
2003	75.960	6.077
2004	75.960	6.077
2005	77.400	6.192
2006	77.400	6.192

(**Source**: OFAS)

4. Versements aux réserves de contributions de l'employeur

Ces versements représentent les paiements anticipés de contributions LPP dont une entreprise devra s'acquitter dans le futur. Ils doivent figurer de manière distincte dans les comptes de l'institution de prévoyance et ne pas avoir d'autre affectation. En principe, il est interdit d'accumuler dans les réserves de contributions de l'employeur des montants qui ne pourront pas être utilisés dans un court délai.

Les cantons admettent que ces montants représentent trois à cinq fois le volume annuel des contributions de prévoyance de l'employeur. Le fait de procéder au versement de ces montants aux réserves de contributions ne doit pas être en premier lieu de lisser les bénéfices mais surtout de créer une réserve pour les temps difficiles.

5. Versements de l'employeur aux réserves libres

Des versements volontaires d'un employeur aux réserves libres de l'institution de prévoyance sont également déductibles. Par rapport aux versements effectués aux réserves de contributions, les moyens accumulés dans ces réserves libres, également nommées réserves spéciales de prévoyance, ne sont pas destinés à être seulement utilisés pour financer les contributions courantes de l'employeur à la prévoyance de ses salariés.
L'objectif de ces réserves est beaucoup plus de permettre d'améliorer la prévoyance des assurés en général et de renforcer les capitaux de couverture. Les versements volontaires sont déductibles fiscalement si leurs montants sont appropriés et ne servent pas à accumuler des moyens dans une réserve libre qui ne pourrait pas être raisonnablement employée dans un futur proche pour des buts de prévoyance. Il n'y a cependant pas de règles pour des montants maxima de versements.
Si l'objectif de ces réserves est d'améliorer les conditions de la prévoyance et de couvrir les risques éventuels, les critères pour en utiliser les montants doivent être objectivement en faveur des bénéficiaires assurés. Les deux critères les plus importants sont donc ceux de l'égalité de traitement des assurés et celui de l'interdiction d'une surassurance.
Le principe de l'égalité de traitement postule en particulier de fixer une clé de répartition de ces réserves ne favorisant pas outre mesure les actionnaires de l'entreprise concernée. Dans une SA, par exemple, on parlerait dans pareil cas de distribution cachée de bénéfices.
Il faut tenir compte de critères objectifs pour procéder à de telles attributions comme la situation financière de l'institution de prévoyance, la durée de cotisation, l'âge, la fonction dans l'entreprise, les catégories d'assurés, ainsi que le niveau du salaire. Une clé de répartition des montants des réserves libres est aussi objective quand elle favorise fortement les salariés d'une entreprise. Dans ce cas, on ne peut alors pas parler de distribution cachée de bénéfices.

6. Cotisations des indépendants

Pour leur prévoyance professionnelle, les indépendants disposent de plusieurs possibilités. Ils peuvent s'affilier à la caisse de pensions de leur entreprise, à la fondation de prévoyance de leur branche professionnelle, si elle en a une, ou auprès de l'institution supplétive de la confédération qui les assurera seulement pour le minimum LPP.
Pour eux, comme dans le cas des salariés, la limite supérieure au salaire assuré dans le cadre de la prévoyance professionnelle s'élève à 10 fois le salaire maximum AVS, soit 774.000 francs pour l'année 2006. Le revenu soumis aux cotisations ne doit, en règle générale, pas être supérieur au revenu réel de l'activité lucrative des indépendants. Il correspond en fait au bénéfice net de l'activité lucrative indépendante diminué des cotisations AVS/AI.
Le niveau du salaire assurable est cependant un sujet de discussion quand un indépendant, ayant jusqu'ici cotisé au pilier 3a, décide de s'affilier librement à la

caisse de pensions de son entreprise. Selon la pratique des cantons, on acceptera comme revenu assurable celui qui correspond à la moyenne des bénéfices nets réalisés dans le passé. Cette moyenne est calculée sur la base des résultats nets annuels de l'activité pendant les cinq voire, au maximum, les dix dernières années.

Pour un indépendant, le montant approprié des cotisations correspond au maximum à 20% du revenu de l'année pendant laquelle elles sont versées. Si les revenus varient fortement, les cotisations doivent alors correspondre à 20% de la moyenne des revenus nets annuels des cinq dernières années d'activité.

Il faudra faire attention à ce que le calcul des cotisations d'un indépendant ne varie pas trop fortement par rapport à celui de ses employés. Sinon, le principe de l'égalité de traitement sera considéré comme étant violé. Par ailleurs, un indépendant ne devra pas être mieux traité que son personnel en ce qui concerne le rapport entre les cotisations et les prestations de prévoyance.

Etude de cas

Le consultant Jean Muller exerce son activité dans une société où il emploie deux secrétaires de 26 et 45 ans. La caisse de pensions de son personnel, de type enveloppante, assure les salaires (60.000 et 90.000 francs) complets de ses secrétaires, sans déduction de coordination. Les montants de bonification pour ses employées sont calculés selon les taux suivants (en pour cent des salaires): pour un salarié jusqu'à 30 ans, 5%, de 30 à 40 ans, 10%; de 40 à 50 ans, 15%; au-delà de 50 ans, 20%.

Ces dernières années, Jean Muller a réalisé des bénéfices annuels compris entre 300.000 et 700.000 francs. Cette année, il aura 50 ans. Il pourra donc déduire de son revenu assurable de 500.000 francs une bonification équivalente à 20% de ce revenu, soit 100.000 francs pour l'année. Les primes pour les bonifications vieillesse sont assumées aux deux tiers par l'employeur et, pour le solde, par le salarié alors que les primes de risque sont payées en totalité par l'employeur.

Pourtant, sous un pur angle fiscal et bien que les cotisations des deux secrétaires et de leur patron soient très différentes, ce plan de prévoyance est acceptable. En effet, selon la pratique légale du fisc fédéral et de la plupart des cantons, les indépendants peuvent bénéficier d'une prévoyance professionnelle propre s'ils en imputent les montants des cotisations à charge de leur part au bénéfice de l'entreprise.

D. Le cercle des bénéficiaires

Le cercle des bénéficiaires de la prévoyance professionnelle est ainsi défini par la loi:
– en cas de vie, il s'agit du bénéficiaire de la prévoyance;
– après son décès, ce seront les personnes suivantes dans l'ordre:
- le conjoint survivant;
- le survivant direct ainsi que les personnes que le bénéficiaire de la prévoyance a soutenues substantiellement;
- les parents;
- les frères et sœurs;
- les autres héritiers.

Par ailleurs, le bénéficiaire de la prévoyance a le droit de modifier l'ordre des priorités entre les parents, les frères et sœurs et les autres héritiers. Les règles de succession sont impératives pour le conjoint survivant et le survivant direct. Mais pour les autres, il a le droit d'aviser par écrit sa caisse de pensions quelles sont les personnes qui font partie du cercle des bénéficiaires et dans quel ordre, si le règlement le permet.

1. La position de la femme divorcée

En cas de décès, la LPP prévoit que la femme divorcée a droit à une rente de veuve. Elle peut, en cas de décès de son ancien conjoint, la réclamer à sa caisse de pensions. Pour cela, il faut que le jugement de divorce ait accordé à l'ancienne conjointe une rente ou un versement en capital au lieu d'une rente à vie, qu'elle ait au moins 45 ans ou qu'elle ait un enfant mineur à charge et que l'union conjugale ait duré au moins dix ans.
Le nouveau droit du divorce ne change rien au droit à une rente de veuve.

2. Le concubin peut-il être dans le cercle des bénéficiaires?

Le ou la partenaire concubine est considéré comme faisant partie du cercle des bénéficiaires dans le contexte du 2e pilier si, et seulement si, il (elle) a été soutenu(e) totalement.
L'office fédéral des assurances sociales (OFAS) a établi une règle pour les situations de concubinage:
- l'assuré doit avoir effectivement soutenu la personne concernée en ce sens qu'il doit avoir contribué à son entretien pour plus de la moitié des montants nécessaires. Le (la) concubin(e) doit donc être économiquement dépendant(e) de l'assuré après la mort duquel il (elle) doit être menacé sérieusement dans le maintien de son train de vie. Enfin, le concubinat doit avoir duré au moins cinq ans.

La personne concernée, en l'occurrence le ou la concubin(e) doit apporter la preuve que ces critères sont remplis.
Si le ou la partenaire ne devait pas, sur la base de ces critères, avoir droit aux prestations de la caisse de pensions de l'assuré, parce que, par exemple, il (elle)

travaillait à plein temps et n'était pas dépendante de son (sa) partenaire, il faudrait alors que les deux concubins réfléchissent d'une autre manière au risque décès et à comment inclure le (la) partenaire dans le cercle des bénéficiaires.

Un moyen pourrait être, outre les enfants ou les parents qui sont les bénéficiaires directs légaux, d'attribuer au partenaire survivant la quotité disponible sur héritage, c'est-à-dire l'entier de la fortune s'il n'y a pas d'enfants et de parents survivants. Mais, dans la plupart des cantons, le fisc intervient en général dans ce cas avec un taux très élevé d'impôt sur la succession.

De ce fait, une solution fiscalement intéressante pourrait être de souscrire une police d'assurance décès. Depuis l'entrée en vigueur de la loi fédérale sur l'harmonisation fiscale le 1er janvier 2001, ce type d'assurance a un taux d'imposition privilégié sur le revenu dans tous les cantons et n'est plus soumis à un taux élevé d'impôt sur la succession entre concubins.

3. Insaisissabilité

Il est impossible de saisir les prestations LPP avant leur échéance. Elles sont par contre saisissables dès le moment où elles commencent à être versées sous forme de capital ou de rentes. A noter aussi que la date d'échéance correspond aussi à celle du départ définitif de l'assuré à l'étranger, c'est-à-dire quand il peut encaisser son capital de libre-passage.

Lors d'une faillite, la loi prévoit que les créanciers sont classés dans un certain ordre. Depuis l'entrée en vigueur de la nouvelle loi fédérale sur les poursuites et faillites le 1er janvier 1997, le nombre de classes de créanciers a été réduit de cinq à trois. Les prétentions des assurés des régimes obligatoires et surobligatoires de la prévoyance professionnelle à l'égard des employeurs font partie de la première classe des créanciers.

4. Droits au paiement des prestations

Dans la plupart des cas, le droit au paiement des prestations correspond à ce qui existe dans le cadre du pilier 3a de la prévoyance liée. Il concerne aussi les cas où l'assuré fait une demande d'accession à la propriété, quand il devient indépendant ou s'il quitte définitivement la Suisse. Pour les couples, l'autorisation écrite du conjoint est obligatoire.

a) Age réglementaire de départ à la retraite

Atteindre l'âge réglementaire de départ à la retraite est le moyen le plus normal et le plus simple d'avoir droit au paiement des prestations de la prévoyance professionnelle. Si, à ce moment, l'assuré cesse toute activité professionnelle, son droit aux prestations de la caisse de pensions démarrera. Selon le règlement, il aura droit au versement d'un capital ou à celui d'une rente.

En général, le versement des rentes est prévu pour la partie obligatoire du plan de retraite. Certains règlements prévoient qu'un versement en capital peut remplacer celui des rentes. Mais l'assuré doit en faire obligatoirement la demande par écrit.

La loi ne prescrit pas aux caisses de pensions de prévoir dans leurs règlements un versement en capital. Beaucoup de ces règlements stipulent d'ailleurs que la demande d'un versement en capital soit faite par écrit au plus tard trois ans avant l'âge de la retraite. Si cette demande est faite, beaucoup de caisses de pensions refusent alors que le preneur d'assurance revienne sur sa décision. Il lui faut donc bien y réfléchir. Il convient de relever que, désormais, les prestations résultant d'un rachat ne peuvent être versées en capital avant un délai de trois ans.

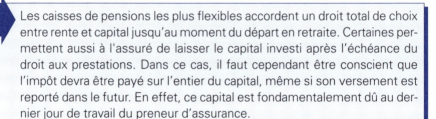

Les caisses de pensions les plus flexibles accordent un droit total de choix entre rente et capital jusqu'au moment du départ en retraite. Certaines permettent aussi à l'assuré de laisser le capital investi après l'échéance du droit aux prestations. Dans ce cas, il faut cependant être conscient que l'impôt devra être payé sur l'entier du capital, même si son versement est reporté dans le futur. En effet, ce capital est fondamentalement dû au dernier jour de travail du preneur d'assurance.

b) Accession à la propriété

Les retraits anticipés du capital de prévoyance pour financer l'accès à la propriété (amortissements d'hypothèques, financement d'investissement pour améliorer la valeur du bien immobilier ou achat d'un bien immobilier) permettent de briser efficacement la progression de l'impôt.

La question du rachat d'années après un retrait pour l'accession à la propriété a été définitivement réglée. En effet, depuis le 1er janvier 2006, il est nécessaire de rembourser la totalité des retraits effectués avant de pouvoir procéder à un rachat. Dans ce cas, le remboursement donne droit pour le contribuable à la restitution sans intérêts des impôts perçus lors du retrait. Cette disposition est aussi valable pour les retraits effectués avant 2006.

c) Début d'une activité indépendante

L'activité indépendante doit être durable. Elle doit être soumise à l'AVS/AI et à l'impôt. Pour cela, l'entrepreneur doit accepter les risques, être présent sur le marché, avoir plusieurs clients et avoir créé une infrastructure propre. Selon ces critères, un programmeur informatique indépendant qui travaillerait pour un seul groupe d'entreprises, par exemple, ne serait pas considéré comme indépendant. Il en serait de même pour un cadre supérieur indépendant qui dirigerait une entreprise mais n'aurait aucun autre mandat.

Une caisse de pensions ne peut verser le capital de prévoyance que lorsque le statut d'indépendant est clarifié et accepté. Le changement d'un type d'activité indépendante à un autre est aussi un motif de versement du capital de prévoyance. On peut enfin faire verser ce capital sur un compte de libre-passage et le retirer ultérieurement.

Pour respecter ces prescriptions, sera considéré comme indépendant celui qui fonde sa propre raison individuelle, une société simple, en nom collectif, en commandite ou qui est à la tête d'une entreprise de ce type. Par contre, le propriétaire d'une SA ou d'une SàRL n'est pas considéré comme entrepreneur indépendant.

d) Départ définitif à l'étranger

Faire le tour du monde n'est pas considéré comme partir définitivement à l'étranger et changer son domicile. De même, aller faire des études à l'étranger ou partir suivre un cours de langues pendant deux ans n'entre pas dans cette catégorie. Pour respecter cette condition, il faut prévoir d'installer durablement son domicile à l'étranger.

e) Partage des droits en cas de divorce

En vigueur depuis le 1er janvier 2000, le nouveau droit du divorce accorde au conjoint, indépendamment des biens matrimoniaux, un droit à prétendre aux prestations du 2e pilier. Celles-ci sont constituées par les avoirs de prévoyance accumulés pendant la durée du mariage. Pour calculer le montant exact de ces prétentions, il faut connaître le montant des avoirs de prévoyance au début du mariage.

Si ce montant n'est pas connu, ce qui arrive dans la majorité des cas, il doit être déterminé par estimation. Les avoirs respectifs des deux époux sont additionnés et chacun a droit à la moitié de la somme qui en résulte. Finalement, seule la différence est payée. Mais ce paiement doit rester dans le circuit financier du 2e pilier. De ce fait, si l'épouse divorcée n'est pas active, le montant sera viré sur un compte dans une fondation de libre-passage.

Un régime matrimonial en séparation de biens ne protège pas contre des prétentions sur les avoirs de prévoyance. Le droit à obtenir la moitié des prestations du 2e pilier accumulées pendant le mariage est indépendant du régime matrimonial. Mais le conjoint débiteur peut obtenir de sa caisse de pensions le droit de racheter la prestation de sortie transférée à son ex-conjoint indépendamment de toute limite fiscale.

E. L'imposition des prestations de prévoyance

1. Retrait des avoirs de prévoyance

Depuis le 1er janvier 2002, toutes les rentes échues au moment du départ à la retraite, et donc de la cessation de l'activité salariée, sont imposées au titre du revenu. Ceci signifie que les rentes sont additionnées à tous les autres revenus ordinaires du contribuable.

Pour les rentes dont la date d'échéance était antérieure au 31 décembre 2001, la Confédération et la plupart des cantons ont admis le principe d'une règle transitoire. Selon cette règle, ces rentes sont imposées à vie mais seulement à 80%. Si un contribuable au bénéfice de cette exception déménage dans un canton qui ne l'applique pas, sa rente sera alors imposée entièrement.

Le versement du capital de prévoyance fait l'objet d'une imposition unique. Les revenus qui sont générés par le solde de ce capital après impôts sont imposés au régime ordinaire sur les revenus tandis que le capital l'est sur la fortune.

Cependant, si le capital de prévoyance reste sur un compte de libre-passage, l'imposition de son versement sera différée et les intérêts encaissés ne seront pas imposés sur le revenu. De même, le capital n'entre pas dans le calcul de l'impôt sur la fortune jusqu'à son versement.

Si le contribuable estime qu'il peut mieux gérer son capital de prévoyance et le placer dans son entreprise, en actions ou en biens immobiliers, il doit songer à le retirer. A l'heure de l'échéance, il ne sera plus possible de toucher le capital de prévoyance en liquide ou de le transférer sur un compte de libre-passage.

> L'imposition du capital de prévoyance au moment de son versement varie selon les cantons. Le taux va de quelques pour cent jusqu'à plus de 20% selon les cantons et le montant sous forme de capital de l'avoir de prévoyance. Il est donc recommandé de calculer à l'avance le montant de l'impôt qui devra être payé.
>
> Si l'on doit toucher un capital de prévoyance très élevé, on peut dès lors, et selon les circonstances, être avisé de changer de domicile avant le paiement. En effet, dans le cas du versement d'un capital de 2 millions de francs, une différence du taux d'imposition de 10% aboutit à une économie de 200.000 francs!

Partie II / Chapitre 3   La prévoyance professionelle   75

Tableau 9: L'imposition du versement du capital de prévoyance du 2ᵉ pilier selon les cantons (taux valables aussi pour le pilier 3a)[1]

Domicile	Capital versé 100'000		Capital versé 200'000		Capital versé 500'000		Capital versé 1'000'000		Capital versé 2'000'000	
Zoug	3 354	3,35%	10 147	5,07%	34 008	6,80%	71 675	7,17%	145 715	7,29%
Schaffhouse	4 067	4,07%	11 730	5,87%	37 440	7,49%	72 987	7,30%	124 535	6,23%
Soleure	4 983	4,98%	14 779	7,39%	47 138	9,43%	98 075	9,81%	196 150	9,81%
Stans	5 351	5,35%	14 764	7,38%	42 449	8,49%	86 360	8,64%	172 720	8,64%
Sarnen	7 001	7,00%	16 838	8,42%	46 670	9,33%	95 537	9,55%	191 977	9,60%
Schwyz	1 947	1,95%	7 924	3,96%	38 195	7,64%	100 200	10,02%	200 400	10,02%
Genève	5 143	5,14%	13 377	6,69%	40 327	8,07%	85 797	8,58%	175 782	8,79%
Neuchâtel	5 233	5,23%	15 057	7,53%	45 291	9,06%	91 875	9,19%	183 750	9,19%
Bâle	5 319	5,32%	15 803	7,90%	47 603	9,52%	99 750	9,98%	202 750	10,14%
Lucerne	5 800	5,80%	15 884	7,94%	48 219	9,64%	97 733	9,77%	195 466	9,77%
Glaris	6 944	6,94%	15 803	7,90%	42 728	8,55%	116 075	11,61%	352 638	17,63%
Altdorf	7 188	7,19%	19 459	9,73%	56 953	11,39%	115 200	11,52%	230 400	11,52%
Aarau	5 451	5,45%	17 627	8,81%	57 523	11,50%	124 374	12,44%	257 294	12,86%
Lausanne	7 683	7,69%	20 617	10,31%	64 446	12,89%	137 172	13,72%	281 331	14,07%
Coire	3 659	3,66%	9 233	4,62%	35 804	7,16%	130 120	13,01%	260 240	13,01%
Fribourg	6 521	6,52%	19 565	9,78%	61 925	12,39%	131 672	13,17%	269 872	13,49%
Bellinzone	4 505	4,51%	10 926	5,46%	30 535	6,11%	107 457	10,75%	366 695	18,33%
Herisau	7 209	7,21%	16 333	8,17%	51 896	10,38%	138 426	13,84%	328 186	16,41%
Liestal	4 459	4,46%	10 833	5,42%	41 018	8,20%	142 051	14,21%	398 663	19,93%
Sion	4 938	4,94%	13 817	6,91%	60 189	12,04%	159 036	15,90%	318 072	15,90%
Zurich	5 229	5,23%	12 373	6,19%	49 554	9,91%	147 119	14,71%	390 747	19,54%
Appenzell	6 509	6,51%	14 933	7,47%	52 215	10,44%	146 666	14,67%	345 397	17,27%
Berne	6 262	6,26%	17 262	8,63%	63 142	12,63%	163 650	16,37%	408 843	20,44%
Saint-Gall	6 168	6,17%	15 271	7,64%	54 976	11,00%	158 306	15,83%	401 505	20,07%
Frauenfeld	6 549	6,55%	15 013	7,51%	61 090	12,22%	162 487	16,25%	416 461	20,82%
Delémont	5 553	5,55%	14 516	7,26%	41 754	8,75%	86 297	8,63%	174 089	8,70%

[1] Tarif pour un rentier marié, de religion réformée, y compris IFD, base fiscale 2004

Si l'on prévoit de passer sa retraite à l'étranger, on peut avoir avantage à y établir son domicile avant d'encaisser son capital de prévoyance. Dans ce cas, la Confédération et les cantons prélèvent un impôt à la source qui est sensiblement inférieur au taux d'imposition usuel. Dès le 1er juin 2007, les résidants européens (UE et AELE) ne pourront prélever en espèces que leur part de libre-passage afférante à leur prévoyance surobligatoire. La part obligatoire ne pourra pas être prélevée en espèces s'il existe un rapport de prévoyance obligatoire fondé sur le droit européen.

Pour éviter toute discussion avec le fisc, il faudrait avoir une attestation d'établissement du nouveau domicile et la faire parvenir à l'administration fiscale avant la date d'échéance des prestations de la caisse de pensions. Il faut alors savoir que le taux d'imposition à la source appliqué ne sera pas celui du domicile précédent. Ce sera celui du siège de la caisse de prévoyance, respectivement du siège de la fondation de libre-passage, où est comptabilisé l'avoir de prévoyance (voir d'autres explications et les tableaux des taux d'imposition à la source en page 80).

La date d'échéance des avoirs de prévoyance n'est pas celle où ils sont versés mais celle où prend naissance le droit à leur versement. Cette date est donc, en règle générale, le dernier jour de travail salarié. De ce fait, un changement de domicile devrait avoir eu lieu environ deux mois avant cette date. Dans ce contexte, il ne faut pas exclure que l'administration fiscale essaie d'imposer normalement ce versement au prétexte qu'il s'agit d'évasion fiscale.

> Le taux d'imposition à la source le plus bas en Suisse est celui du canton de Schwyz avec 2,5%. Si un versement en capital est fait par une fondation qui a son siège dans ce canton, la charge fiscale à la source sera donc au maximum de 4,8%, y compris la charge fiscale fédérale.

Celui qui touche à l'étranger une rente de prévoyance est également taxé à la source. Certains cantons se passent cependant de cet impôt à la source si le pays de résidence a conclu une convention de double imposition avec la Suisse ou en vertu des accords bilatéraux conclus avec l'UE.

2. Imposition privilégiée des versements en capital

Comme le tableau 9 en page 75 le montre, les versements en capital des institutions de prévoyance sont imposés par la Confédération et par tous les cantons à un taux annuel privilégié. Pour la Confédération, ce taux correspond au $1/5^e$ des taux figurant dans les barèmes habituels pour les personnes mariées, respectivement seules. Ceci signifie que les versements en capital sont imposés par la confédération à un taux maximum de 2,3%.

Une allocation en capital doit avoir un caractère de prévoyance professionnelle pour être imposée à un taux préférentiel. Sinon, elle sera soumise au taux habituel de l'impôt sur les revenus. Le caractère de prévoyance est déterminé en fonction des circonstances de chacun. Si par exemple, un assuré encaisse, en sus d'une rente normale LPP et de son assurance surobligatoire pour cadres supérieurs, un versement supplémentaire en capital, ce dernier ne constituera pas une prestation de prévoyance professionnelle. La réflexion sera la même pour tous les montants versés à bien plaire: ils représentent un revenu supplémentaire et sont soumis à l'impôt sur le revenu.

Les prestations de prévoyance sont imposables à leur échéance, laquelle survient en général en fonction de l'âge, d'un cas d'invalidité ou du décès de l'assuré. Exceptionnellement, cela peut aussi arriver à d'autres moments, sous réserve de la réalisation d'une des conditions légales (départ définitif à l'étranger, par exemple) et d'une demande expresse de l'assuré.

Le droit aux prestations est normalement lié selon l'AVS à l'âge de l'assuré. Mais des dérogations réglementaires peuvent prévoir que le droit aux prestations commencera seulement lorsque l'activité lucrative cessera. A ce propos, la loi sur la prévoyance professionnelle ne prévoit pas d'âge maximum pour cotiser au 2e pilier et donc profiter de déductions fiscales afférentes. Ce qui compte, c'est de savoir si l'assuré a encore une activité rémunérée.

3. Versements de plusieurs prestations de prévoyance

Quand plusieurs prestations de prévoyance sont payées au même assuré, ou à lui-même et à son conjoint non séparé, elles sont en règle générale additionnées et imposées globalement. C'est le cas lorsque les prestations de prévoyance sont versées au titre des 2e et 3e pilier a pendant une même période de taxation.

Du point de vue de la planification fiscale, il faudrait donc éviter un paiement des avoirs du pilier 3a dans la même période de taxation pendant laquelle sont versées des prestations en capital de la prévoyance professionnelle.

4. Possibilités de planification fiscale en cas de versement du capital

- Des retraits échelonnés permettent de ralentir la progression fiscale et donc la charge fiscale globale.
- Un changement de domicile en Suisse permet de baisser la charge fiscale à concurrence de $3/4$ dans le meilleur des cas.
- En cas de déménagement définitif à l'étranger, un impôt à la source auprès du siège de la fondation de prévoyance sera prélevé: dans certains cas, ce sera plus favorable que le taux fiscal ordinaire. Il s'agira de veiller aux nouvelles dispositions introduites par les accords bilatéraux concernant les résidants des 25 pays membres de l'UE et de l'AELE, limitant le prélèvement en espèces à la part de prévoyance surobligatoire pour le cas où il existe un rapport de prévoyance obligatoire fondé sur le droit européen.

L'échelonnement des retraits d'un capital de prévoyance est possible pour amortir indirectement un prêt hypothécaire sur le domicile propre ou un investissement pour le mettre en valeur. Le montant maximal qu'il est possible de retirer à partir de 50 ans correspond à la moitié de l'avoir de prévoyance, respectivement à la moitié du capital accumulé jusqu'à l'âge de 50 ans. Un retrait est possible jusqu'à trois ans avant l'âge réglementaire de la retraite. Un retrait anticipé permet de répartir la charge fiscale entre ce qui concernera ce retrait et ce qui sera le montant résiduel du capital prévoyance au moment de la retraite.

Un versement anticipé de la totalité du capital de prévoyance est possible en cas de déplacement définitif ou prolongé du domicile à l'étranger. Le domicile légal de la fondation de prévoyance concernée déterminera le taux de fiscalité appliqué, respectivement celui de l'impôt à la source. A ce sujet, il convient de relever que les accords bilatéraux conclus avec l'Union européenne et applicables également aux pays de l'AELE limitent dès le 1er juin 2007 le versement des prestations de libre-passage à la prévoyance surobligatoire pour les résidents européens affiliés à un régime de retraite européen obligatoire. Ces dispositions ne s'appliquent évidemment pas aux résidents d'autres pays.

Un retrait anticipé du capital de prévoyance est aussi possible en cas de démarrage d'une activité professionnelle indépendante. Mais cette activité sera reconnue fiscalement et donc soumise à l'AVS lorsque la preuve sera faite qu'elle concerne au moins trois ou cinq clients différents et que l'indépendant supporte un risque d'entreprise. En cas de retraite anticipée, le capital ou une rente peuvent être versés à la seule condition que le règlement de l'institution de prévoyance prévoie la possibilité d'une retraite anticipée à un âge plus jeune que celui de l'AVS.

5. Imposition à la source en cas de domicile à l'étranger

a) Imposition à la source des versements en capital

Les prestations de prévoyance sont imposées au domicile du bénéficiaire dès leur échéance tant du point de vue cantonal que dans une perspective internationale. Si un assuré établit son domicile à l'étranger peu de temps avant de partir à la retraite, l'impôt annuel ne peut donc plus être prélevé dans sa totalité en Suisse car la compétence fiscale n'y existe plus en raison du changement de domicile.

Par contre, si un contribuable établit son domicile à l'étranger peu de temps après être parti à la retraite, cela ne lui sert fiscalement à rien. L'imposition du versement en capital est en effet faite à l'endroit de son dernier domicile en Suisse. Il ne sert à rien également d'avoir un domicile apparent à l'étranger car il est absolument nécessaire de transférer à l'étranger le lieu de ses intérêts. Dans le cas contraire, le domicile fiscal reste en Suisse.

Enfin, un domicile à l'étranger doit être conservé pendant au moins deux ans. Sinon, l'autorité fiscale suisse pourra estimer qu'il s'agit d'un cas d'évasion fiscale et imposer à posteriori le capital de prévoyance.

Pour maintenir la perte de substance fiscale dans des limites raisonnables dans ces cas, la confédération et les cantons (depuis le 1er janvier 2001) ont introduit le principe de l'imposition à la source pour les bénéficiaires de prestations de prévoyance en capital qui ont établi leur domicile à l'étranger.

En règle générale, le taux de cet impôt à la source sur les prestations en capital importantes est inférieur au taux de l'imposition normale. Mais il est important de savoir que le taux d'imposition appliqué n'est pas celui du dernier domicile fiscal du bénéficiaire suisse mais celui du domicile fiscal de la fondation de prévoyance.

Si l'assuré réside dans un pays qui a conclu avec la Suisse une convention de double imposition, l'impôt à la source devra être restitué. Mais dans ce cas, l'assuré devra aussi apporter la preuve que cette prestation de prévoyance en capital sera normalement imposée sur le revenu dans son pays de résidence.

Comment profiter du fait que les cantons ont des taux d'imposition à la source différents?

De la manière suivante:

- le preneur d'assurance annonce normalement la fin de ses rapports de travail avec son employeur en prévision de l'âge réglementaire de départ à la retraite;
- pour réduire le taux d'imposition à la source en Suisse, il demande à sa caisse de pension de verser son avoir de prévoyance sur un compte de libre-passage dans une banque, en général cantonale, dont le canton a un taux d'imposition à la source favorable;
- à la date qui lui convient, il transfère son domicile légal à l'étranger;
- puis il fait virer le solde de son compte de libre-passage sur un compte bancaire en Suisse ou à l'étranger.

Dans ce cas, le taux d'imposition à la source auprès du siège légal de la fondation de libre-passage pour l'impôt fédéral direct sera d'au maximum 2,3%. Actuellement, le taux d'imposition à la source le plus bas est celui du canton de Schwyz avec 2,5%. La seule fondation de libre-passage établie dans ce canton, la PensFree, a été fondée en 2001 par la Banque Reichmuth & Co à Lucerne (plus de renseignements sur *www.pensfree.ch*).

Pourtant, le «truc» de la fondation de libre-passage ne marche pas toujours. Le Tribunal fédéral a en effet décidé qu'un versement sur un compte de libre-passage n'est plus possible si l'âge réglementaire de départ à la retraite, ou à la retraite anticipée, est déjà atteint.

Lors d'un départ normal à la retraite, le versement du capital de prévoyance sur un compte de libre-passage est donc exclu. De ce fait et dans une perspective de planification fiscale, il ne reste plus que la possibilité de changer de domicile en Suisse avant de prendre sa retraite.

b) Imposition à la source des rentes

Les rentes versées aux bénéficiaires établis à l'étranger par les caisses de prévoyance sont soumises à l'impôt à la source. Le taux au niveau fédéral est de 1% sur le montant brut. En ce qui concerne les cantons romands et Schwyz, le tableau 10 page 80 montre qu'il est très variable.

Tableau 10: Taux d'imposition à la source des rentes

Canton	Prestations en capital [2]			Rentes [3]	Rentes	
	Taux max. du canton	Taux max. confédération	Total	Canton	Confédération	Total
FR	14,60%	2,30%	16,90%	9,00%	1,00%	10,00%
GE	6,45%	2,30%	8,75%	9,00%	1,00%	10,00%
JU	7,50%	2,30%	9,80%	10,00%	1,00%	11,00%
NE	9,32%	2,30%	11,62%	10,00%	1,00%	11,00%
SZ	2,50%	2,30%	4,80%	5,00%	1,00%	6,00%
VD	13,16%	2,30%	15,46%	10,00%	1,00%	11,00%
VS	15,80%	2,30%	18,10%	10,00%	1,00%	11,00%

1) Les accords bilatéraux conclus avec les 25 pays membres de l'UE et les pays de l'AELE prévoient qu'au terme d'une période transitoire prenant fin le 31 mai 2007, un résident européen ne pourra plus prélever en espèces sa prestation de libre-passage résultant de l'assurance obligatoire s'il existe un rapport de prévoyance obligatoire fondé sur le droit européen. Le versement de la part surobligatoire demeurera toujours possible.
2) Les retraits en capitaux sont toujours soumis à l'impôt à la source mais les possibilités de restitution de l'impôt existent s'il y a une convention de double imposition et si l'état étranger est au courant des prestations de prévoyance.
3) Pour les rentes, l'impôt à la source n'est en règle générale pas prélevé s'il existe une convention de double imposition et qu'un certificat de domicile a été présenté à l'autorité fiscale.

F. Rente ou capital?

1. Généralités

Dans la perspective du départ à la retraite, la question la plus fréquente qu'un assuré se pose est de savoir s'il faut prendre son avoir de prévoyance sous forme de rente ou de capital.

La réponse dépend de la situation de chacun. En effet, les possibilités de se décider sont multiples, comme celle, par exemple, de pouvoir dans certaines circonstances disposer de son avoir avant le départ à la retraite.

Mais quatre variantes, dont chacune a ses avantages et ses inconvénients, s'imposent généralement:

- a. Versement d'une rente par la caisse de pensions.
- b. Encaissement du capital et achat d'une rente viagère privée.
- c. Encaissement du capital et placement en titres.
- d. Partage de l'avoir entre rente et capital.

2. Avantages et inconvénients de la rente

Les rentes versées directement par les institutions de prévoyance présentent les avantages suivants:

- **Confiance:** on reste auprès d'une institution connue; il n'y a pas de dépenses supplémentaires de planification financière; tout fonctionne normalement et comme d'habitude.
- **Garantie:** le paiement de la rente est garanti à vie.
- **Protection:** si la rente est indexée partiellement ou totalement, le revenu futur qu'elle représente est protégé contre les effets de l'inflation.

- **Durée:** si l'épouse est plus jeune que le bénéficiaire de la rente, son versement à titre de rente de veuve durera certainement sur une longue période ce qui constitue un avantage financier appréciable.
- **Longévité:** si le bénéficiaire de la rente a une excellente santé et que ses aïeux ont toujours vécu longtemps, il peut lui aussi compter sur une longue vieillesse et, donc, sur une rente versée durant de nombreuses années.

Par contre, le choix de la rente présente aussi des désavantages parfois potentiellement graves:
- **Pénalisation:** dans beaucoup de caisses de pensions, le règlement ne prévoit pas de bonnes conditions de transfert de la rente au conjoint survivant; en règle générale, ce dernier n'obtient pas plus que 60% de la rente qui était servie à son bénéficiaire principal.
- **Santé:** si le bénéficiaire de la rente est malade ou s'il a déjà eu de sévères atteintes dans sa santé (crise cardiaque, attaque cérébrale, etc.), il devrait de préférence privilégier un versement en capital de son avoir de prévoyance.
- **Concubinage:** si le preneur d'assurance vit en concubinage, son partenaire n'a droit à aucune rente de veuve; il n'a également droit à aucune rente de prévoyance s'il est aussi salarié; dans ce cas, le choix du versement du capital s'impose aussi.
- **Perte de capital:** lors du décès des deux époux, les descendants n'ont droit à aucune contribution; le capital de vieillesse non consommé reste en effet à la caisse de pensions.
- **Absence de flexibilité:** une fois que la rente commence à être distribuée, il devient impossible de la diminuer ou de se faire verser le capital qui n'est pas encore distribué; l'adaptation du niveau de la rente aux besoins individuels est impossible; or, dans beaucoup de cas, le rentier dispose d'un montant régulier qui est supérieur à ce dont il a besoin pour couvrir ses besoins quotidiens.
- **Fiscalité:** la confédération et les cantons imposent à 100% les rentes versées; il n'y a donc plus aucun avantage fiscal; au contraire, les désavantages fiscaux augmentent avec la progression du taux d'impôt; si le rentier dispose en effet de revenus accessoires (sur le placement de titres ou des revenus immobiliers), les rentes s'ajoutent à ces revenus; dans le contexte de taux marginaux élevés, il faudrait donc choisir l'option du versement de capital et de son placement à des conditions fiscales privilégiées.
- **Pouvoir d'achat:** les caisses de pensions qui prévoient réglementairement une indexation automatique des rentes à l'inflation sont rarissimes; dans la plupart, la diminution régulière du revenu réel est donc la norme.
- **Insolvabilité:** ces dernières années, certaines caisses de pensions ont dû se déclarer insolvables pour cause de mauvaise gestion ou de pratiques douteuses de l'employeur; si l'on choisit la variante rente, il faudrait donc être certain que l'institution de prévoyance peut effectivement remplir ses obligations pendant les 15 à 25 années à venir…

3. Avantages et inconvénients de la rente viagère privée

Une rente viagère privée convient surtout à celui qui préfère recevoir à vie un revenu garanti et régulier, comme une compagnie d'assurances peut le lui assurer. L'avantage déterminant d'une rente viagère privée réside dans le fait qu'un revenu régulier est versé chaque mois ou tous les trimestres. Il n'y a donc aucun souci à se faire pour la surveillance de la fortune et il n'y a pas de soucis liés au comportement des marchés financiers et boursiers.

En cas d'achat d'une police de rente viagère privée, le besoin de sécurité doit prédominer. Celui qui cherche aussi du rendement ou qui se préoccupe des considérations fiscales ne devrait pas choisir cette solution, même si certains conseillers affirment le contraire.

a) Rendement

Un célibataire de 73 ans, né en 1929, achète en 2002 une rente viagère avec un versement unique de 512.500 francs (y compris le timbre fédéral de 2,5%). L'assurance lui promet une rente annuelle de 37.786 francs y compris les excédents. Si ce célibataire décède en 2017, à l'âge de 90 ans, le capital investi sera actuairement épuisé et ses héritiers ne toucheront rien.

Le rendement brut du capital investi est estimé à 1,98% sur 17 ans, à condition que les prévisions d'excédent se réalisent. Ce rendement ne tient pas compte de la fiscalité.

Il est intéressant cependant de remarquer que la rente viagère est très rentable si la date de décès statistique est dépassée. Ainsi, si cet homme décède à l'âge de 95 ans, le rendement sera alors de 4,1% et même de 5,2% à 100 ans…

b) Fiscalité

Hormis un rendement médiocre, la rente viagère présente des inconvénients fiscaux. En effet, outre l'imposition du capital au moment de son retrait de la caisse de pensions, il faut encore déclarer 40% de la rente au titre du revenu. Si, par exemple, une rente de 10.000 francs est régulièrement versée, son bénéficiaire doit en déclarer 4000 francs comme revenu imposable.

> Du simple point de vue fiscal, il n'est généralement pas intéressant de demander à sa caisse de pensions que le capital de vieillesse soit versé, ce qui entraîne un taux d'imposition allant jusqu'à 20% selon les cantons, puis de l'investir dans une rente viagère privée.
>
> Dans ce contexte, la pratique fiscale a créé ces dernières années tellement d'obstacles que cette forme d'investissement, hier intéressante, est devenue une bombe fiscale.

En règle générale, les rentes viagères comportent une clause de restitution. Cela signifie que le capital qui n'a pas encore été utilisé sera restitué aux héritiers en cas de décès du bénéficiaire de la rente.

Par le passé, il ne fallait pas déclarer dans la fortune le capital en viager dès lors que les rentes avaient commencé à être versées. Malheureusement, cela n'est plus vrai dans certains cantons (voir le tableau 11 ci-dessous). De ce fait, le cadeau fiscal qui consistait à réduire l'imposition sur le revenu pour les rentes viagères a été souvent largement compensé.

Dans certains cantons, comme ceux de Bâle ville ou de Genève, le taux d'imposition sur la fortune avoisine même 1%, ce qui réduit encore plus le type de rendement comme celui qui a été évoqué au paragraphe précédent.

Tableau 11: Imposition sur la fortune du capital de rente viagère

OUI	AI, AR, FR, GE, GL, GR, LU, NW, SG, SH, TG, TI, VD
NON	AG, BE, BL, BS, JU, NE, SO, SZ, OW, UR, VS, ZG, ZH

c) Rachat

Certains scénarios réalistes peuvent amener une personne à devoir racheter une police de rente viagère. Dans ce cas et avec le soutien du législateur, le fisc frappe durement car il impose ce rachat au titre du revenu. Cette pratique a commencé en 1988 quand la Confédération a soumis un contribuable qui avait racheté sa rente viagère à l'impôt sur le revenu. Ceci a été avalisé dix ans plus tard par le Tribunal fédéral.

La justification découlant de l'arrêt du Tribunal fédéral a été reprise dans la loi fédérale sur l'harmonisation fiscale et donc dans les lois fiscales cantonales. Les cantons imposent donc aussi au titre du revenu les rachats de rentes viagères. Mais l'art et la manière dont cette imposition est réalisée sont chaotiques. La Confédération et la plupart des cantons considèrent ce rachat de manière identique à ce qui se pratique pour le 2e pilier et le pilier 3a. Le canton de Saint-Gall, de son côté, estime qu'il faut imposer le capital racheté à 40% en même temps que les autres revenus.

d) Restitution

Si le bénéficiaire de la rente viagère décède, le capital de restitution est reversé à ses héritiers. Ce devrait donc être un héritage soumis à l'impôt sur les successions. Le fisc n'est pas de cet avis. Il estime que le capital restitué doit être frappé au taux de l'impôt sur le revenu.

Cette pratique du fisc fédéral s'est étendue aux cantons à travers la loi fédérale sur l'harmonisation fiscale. Là encore, le chaos règne en ce qui concerne la pratique des administrations fiscales. Mais l'espoir subsiste que le capital de restitution transmis aux héritiers soit considéré comme un héritage et traité fiscalement ainsi au niveau des cantons.

Autrement, il s'agirait d'une injustice évidente. En effet, si un contribuable hérite directement de son père un capital de 500.000 francs, il ne paiera aucun impôt sur la succession dans la plupart des cantons. Si, par contre, il s'agit d'un capital de restitution d'une rente viagère, il devra le déclarer et payer un impôt sur le revenu.

4. Avantages et inconvénients des placements

Une fois le capital de prévoyance perçu, s'il est placé en titres, les avantages résident tout d'abord dans le fait qu'il peut générer de meilleurs rendements. Par rapport à une rente viagère, le placement de la fortune a des avantages fiscaux évidents. Ainsi, plus la part en actions est élevée, moins le revenu imposable le sera. Par ailleurs, on peut toujours investir cette fortune en assurances de capitaux fiscalement privilégiées.

Les désavantages des placements résident dans le fait qu'il faut supporter soi-même le risque, que s'occuper de sa fortune demande du temps et, si cela est confié à un tiers, que cela coûte en frais de gestion.

5. Résumé

En résumé, dans certains cas, le retrait du capital de prévoyance représente une alternative préférable à la rente. Le principal avantage de l'option capital vient de ce que les héritiers en profitent en cas de décès du bénéficiaire. Par ailleurs, il faut savoir que la rente de veuve ne représente que 60% de la rente entière. Et, après le décès des deux conjoints, le capital résiduel est perdu pour les héritiers si le bénéficiaire avait choisi la formule de la rente.

Se décider entre la perception d'une rente ou le versement du capital est une décision qui dépend des conditions de chacun. La situation familiale est ainsi un élément important à prendre en ligne de compte, tout comme la situation de santé des bénéficiaires, leurs sources de revenus et leur situation personnelle en terme de fortune.

> Celui qui ne dispose que d'une rente AVS et qui n'a, en terme de LPP, qu'un capital épargne inférieur à un demi million de francs, doit donner la priorité à la rente pour des raisons de sécurité.

4. Le pilier 3a, un cadeau du fisc

En vigueur depuis 1985, le pilier 3a constitue la troisième composante du système de prévoyance suisse dit des trois piliers. Il représente la partie dite «libre» de ce système, c'est-à-dire la composante d'épargne laissée au libre arbitre de chacun. Mais cette composante est aussi partiellement défiscalisée.

A. L'assuré

1. Contribuables soumis à l'AVS

Pour pouvoir cotiser au pilier 3a, il faut être salarié en Suisse, y payer l'AVS et y être redevable de l'impôt sur le revenu et la fortune. Les Suisses de l'étranger, qui ne sont pas soumis en Suisse à l'AVS ou à l'impôt, ne peuvent donc pas cotiser à un plan de pilier 3a.

Il existe cependant des exceptions à ce principe de base. En cas d'interruption passagère de l'activité salariée, par exemple causée par le service militaire, le chômage ou encore une maladie, un pilier 3a peut être souscrit.

D'autres exceptions sont faites pour les travailleurs frontaliers qui habitent à l'étranger mais travaillent en Suisse ou pour les contribuables suisses qui travaillent pour une entreprise à l'étranger. Par ailleurs, les diplomates suisses, domiciliés à l'étranger mais affiliés à l'AVS et soumis à l'impôt suisse, peuvent cotiser au pilier 3a.

L'activité professionnelle se définit par le fait qu'elle est soumise à l'AVS. Elle peut être salariée ou indépendante. Les revenus découlant d'un investissement en titres ou de la gestion de biens immobiliers n'entrent pas dans ce champ, à moins qu'ils résultent d'une activité de gestion de titres ou de biens immobiliers effectuée à titre professionnel, laquelle serait soumise à l'AVS. Les honoraires de mandats d'administrateurs étant soumis à l'AVS, leurs bénéficiaires peuvent donc s'affilier à un plan de prévoyance au titre du pilier 3a.

2. Invalides et chômeurs

Les invalides et les chômeurs peuvent aussi avoir un pilier 3a si l'interruption de leur activité lucrative est passagère. Mais si leur condition s'inscrit dans la durée, ils ne pourront plus profiter de cette possibilité.

3. Les couples mariés et les partenaires

Les conjoints actifs dans le ménage commun n'ont pas une activité qui leur permet d'être affiliés à l'AVS. Ils ne sont pas non plus soumis à l'impôt en cette qualité. De ce fait, ils ne peuvent pas profiter du pilier 3a. Par contre, le ou la partenaire qui touche un revenu en nature ou en espèces peut le soumettre à l'AVS et ainsi bénéficier d'un pilier 3a.

Lorsque le conjoint ou le (la) partenaire travaille dans la société de son époux, respectivement de son partenaire, et que cette activité est soumise à l'AVS, il (elle) peut cotiser à un pilier 3a. L'obligation d'être soumis à l'AVS naît dès qu'il existe entre les deux partenaires une relation de travail ou une relation contractuelle donnant lieu au versement d'un salaire ou d'une participation au bénéfice sur lesquels une cotisation AVS doit être perçue.

Lorsque deux conjoints, ou deux partenaires, exploitent en commun une entreprise, il peut être judicieux de modifier la raison individuelle existante en une société de personnes, simple ou en nom collectif. En effet, tant que chacun des partenaires supporte personnellement la responsabilité de l'entreprise et participe de la même façon aux profits et aux risques, il peut être considéré comme indépendant. Dès lors, chacun peut conclure un grand pilier 3a, c'est-à-dire un pilier 3a permettant des cotisations de 30.960 francs (état 2006).

B. Les versements au pilier 3a

1. Principes

Contrairement aux versements sur un 2e pilier, ceux du pilier 3a sont limités. Mais le montant des versements déductibles dépend de ce que l'assuré cotise déjà ou non à un 2e pilier (LPP). Dans un couple, par exemple, si les deux conjoints sont salariés ou ont une activité soumise à l'AVS, ils peuvent chacun avoir leur propre pilier 3a et en déduire les versements de leurs revenus. Un assuré peut ouvrir plusieurs comptes de prévoyance ou souscrire plusieurs polices 3a de prévoyance liée. Mais le fisc ne tolèrera pas que la totalité des cotisations excède le maximum déductible. Pourtant, disposer de plusieurs comptes de prévoyance libre de type 3a peut avoir un avantage fiscal lors des retraits, lorsque ceux-ci s'échelonnent sur plusieurs années, car permettant une certaine réduction du taux d'imposition. A retenir enfin que les versements au pilier 3a sont considérés comme une utilisation de revenus et qu'à ce titre, les contributions d'un indépendant seront déduites dans son chapitre privé, ce qui exclut leur déduction pour le calcul des cotisations AVS.

2. Assuré avec un 2e pilier

Dans le cas d'un conjoint travaillant à temps partiel et affilié librement au 2e pilier, il se peut que la déduction pour la prévoyance libre 3a soit plus élevée que son revenu net. Dans ce cas, la déduction effective pourrait en théorie être limitée au montant de ce revenu net. Mais l'Ordonnance sur la prévoyance professionnelle stipule au contraire que, et à condition que le contribuable dans cette situation soit aussi affilié au 2e pilier, indépendamment de la hauteur du revenu, le montant maximum peut toujours être versé.

3. Assuré sans 2e pilier

L'assuré qui n'est pas affilié au 2e pilier LPP parce qu'il est indépendant ou parce que son revenu annuel est inférieur aux 19.350 francs au-delà desquels il faut cotiser à un plan de prévoyance professionnelle, peut verser sur un pilier 3a l'équivalent de 20% de ses revenus ou, au maximum, le montant annuel maximum de 30.960 francs (état 2006), c'est-à-dire le grand pilier 3a.

De ce fait, si un indépendant veut verser sur un pilier 3a ce montant maximum, il doit pouvoir prouver des revenus soumis à l'AVS d'environ 150.000 francs car ces 30.960 francs correspondent environ à 20% de cette somme.

> Lorsqu'un indépendant a des revenus actuels et prévisibles supérieurs à 120.000 francs annuels, il doit réfléchir à s'affilier librement à un 2e pilier LPP. Dans ce cas, il peut en effet déduire jusqu'à 20% au maximum de ses revenus. Si ceux-ci sont, par exemple, de 300.000 francs, il peut selon les plans de prévoyance LPP déduire jusqu'à 60.000 francs par an de ses impôts et les verser à sa prévoyance professionnelle. Avec des revenus de 120.000 francs, la déduction peut être au maximum de 24.000 francs. Le contribuable peut par ailleurs encore verser environ 6000 francs sur un pilier 3a.

Lorsqu'une personne bénéficie de prestations du 2e pilier, elle n'est pas considérée pour autant comme affiliée à une institution de prévoyance professionnelle. Dans ce cas, si cette personne est indépendante, elle pourra faire des versements à un grand pilier 3a.

Un indépendant qui ne cotise pas à une institution de prévoyance du 2e pilier mais qui exerce une activité accessoire lui permettant d'être affilié à un plan LPP, par exemple comme membre du conseil d'administration d'une entreprise, peut alors faire des versements à un petit pilier 3a.

C. Banque ou assurance?

Une question fréquente à propos du pilier 3a est de savoir s'il faut en choisir un auprès d'une banque ou d'une assurance. Les besoins de chacun en matière de prévoyance étant très différents, une réponse générale est impossible. Cependant, il peut être utile de prendre en considération les facteurs suivants.

1. Protection contre le risque

Si un assuré souhaite, en concluant un pilier 3a, se protéger contre les risques de perte de revenu ou de décès, parce qu'il n'est pas couvert contre eux, dans l'idée de profiter de tarifs plus avantageux et, en même temps, de pouvoir déduire les primes de ses revenus imposables, une solution via les assurances s'impose. Mais de plus en plus de banques proposent aussi cette possibilité et assurent les risques, en permettant par exemple d'être libéré du paiement de la prime en cas de perte de revenus.

Les indépendants ont particulièrement besoin de se protéger contre les risques. En règle générale, ils n'ont en effet pas de caisse de pensions. Avec une prime maximale possible de 30.960 francs sur un pilier 3a, les risques de perte de revenus et de décès peuvent être assurés tout en en laissant une part sur l'épargne de prévoyance, y compris avec l'alternative d'une libération du paiement de la prime en cas de perte de revenus.

2. Les différences de rendement

L'époque est définitivement révolue où les fondations d'investissement bancaires pouvaient encore faire des offres alléchantes avec des taux bloqués allant jusqu'à 7,5%. Aujourd'hui, en 2006, les taux de rendement des piliers 3a oscillent autour de 1,5%. Depuis 1985, les comptes de prévoyance 3a des banques ont cependant réalisé des rendements moyens supérieurs à ceux des assurances. Par ailleurs, on peut atteindre des rendements en moyenne plus élevés à long terme sur des piliers 3a avec des comptes 3a liés à des fonds de placement.

3. Flexibilité

Un inconvénient des solutions pilier 3a offertes par les assurances vient de ce que les primes doivent être payées annuellement faute de quoi la protection contre les risques cesse. Mais il existe aussi des produits d'assurance dans lesquels la partie épargne peut être réduite à un minimum tandis que celle de la protection contre les risques est maintenue. Devoir faire un versement annuel représente cependant une possibilité d'épargne forcée alors que les versements sur les comptes bancaires 3a sont à bien plaire. Dans ce dernier cas, en effet, les versements peuvent varier de rien jusqu'au maximum légal.

D. Les plans d'épargne

La question du choix banque ou assurance résolue, s'en pose une autre: comment seront investies les primes de prévoyance 3a? Dans les banques et les assurances, l'offre varie entre des placements conventionnels à taux minimum garanti ou des programmes d'épargne liés à des fonds de placement complétés ou non d'un capital garanti en cas de vie et/ou de décès.

1. Le compte de prévoyance bancaire

Les comptes bancaires 3a ont un taux de rendement supérieur à celui des comptes d'épargne classiques et sont gérés sans frais. Le taux d'intérêt servi varie selon les établissements. Il est judicieux d'effectuer le versement en janvier pour que l'avoir de prévoyance puisse ainsi profiter toute l'année du taux préférentiel.

2. Les comptes liés à des placements en titres

S'il n'est pas nécessaire de se protéger contre les risques parce que, par exemple, on bénéficie d'excellentes prestations du 2e pilier allant au-delà des obligations légales, les versements au pilier 3a peuvent être faits auprès d'une fondation de prévoyance LPP. Ce type de fondation n'est pas fiscalisée.

Ces établissements sont directement surveillés par l'Office fédéral des assurances sociales. Les primes versées au pilier 3a permettent d'acheter des parts de ces fondations dont les valeurs d'achat et de vente sont publiées quotidiennement dans la presse. Ces fondations ne chargent en général pas de frais de gestion ou de dépôt.

3. Les assurances-vie mixtes

Dans ce type de plan de prévoyance 3a, le capital vie à l'âge AVS est garanti de même que les prestations en cas de survenance du risque, tel un capital décès, parfois une rente en cas de perte de revenus et une libération du paiement de la prime en cas d'invalidité. En plus du capital garanti en cas de décès et de vie, ces plans prévoient aussi la possibilité d'une participation aux excédents. Ceux-ci peuvent fortement varier selon la survenance du risque et l'évolution des taux d'intérêt. Mais en raison des coûts dus aux risques, leur rendement final est faible, c'est-à-dire de l'ordre de 2% à 3%.

4. Les plans d'assurances liés à des fonds de placement

Un plan 3a d'assurance peut aussi être investi dans des fonds de placement par le biais de polices 3a liées à des fonds. Un capital décès est garanti comme dans le cas d'une assurance 3a d'épargne classique. De même et sur demande, l'assuré peut être libéré du paiement des primes en cas de perte de revenus. Selon le type de produit, un capital vie peut être garanti. Cependant, cette garantie diminue le rendement car il sera nécessaire d'investir plus fortement en titres obligataires et les variations de cours des actions devront être couvertes, ce qui entraînera des coûts importants.

5. Séparation des parties épargne et risque

Dans de rares cas, on peut aussi se demander si la meilleure solution pour un assuré ne serait pas de combiner une composante d'épargne investie dans une fondation de prévoyance 3a avec une couverture séparée des risques décès, de perte de revenus et de libération du paiement de la prime.

E. Le versement des prestations 3a

1. Principe général

En principe, les avoirs de prévoyance du pilier 3a peuvent être retirés dès la survenance de l'âge AVS. Des retraits anticipés peuvent être effectués sans raison spéciale au plus tôt cinq ans avant cette échéance.

2. Les exceptions à la règle

Il existe sept exceptions à cette règle de base.
- **Démarrage d'une activité indépendante**
  Cette activité indépendante doit être durable. Elle doit aussi être acceptée par une caisse de compensation AVS et l'autorité fiscale, qui détermineront si les critères requis sont remplis (présence sur le marché, risque, pluralité de la clientèle, infrastructure propre, etc.).
- **Départ définitif à l'étranger**
  Ce départ doit être définitif. Il ne peut être question d'envisager faire un voyage de longue durée ou d'aller suivre, pendant quelques années, des cours de langue ou des études dans une université étrangère.
- **Invalidité permanente**
  La condition absolue est de percevoir une rente AI pleine. Par ailleurs, le risque invalidité ne doit pas être couvert par une assurance privée.
- **Versement d'un montant insignifiant**
- **Rachat dans une caisse de pensions**
  C'est le cas le plus fréquent. Il s'agit alors de pouvoir racheter des cotisations dans la caisse de pensions d'un nouvel employeur pour bénéficier des mêmes prestations que les autres collaborateurs. Il peut aussi s'agir d'utiliser tout ou partie du capital 3a pour racheter des années manquantes de cotisations ou pour faire des versements supplémentaires. Ces transferts sont neutres fiscalement. Par contre, il est impossible de transférer des fonds du 2e au 3e pilier a.
- **Accession à la propriété**
  Dans ce cas, il s'agit de pouvoir financer l'achat d'une maison comme domicile principal, de son propre appartement, d'investir dans ces biens immobiliers, de rembourser une hypothèque et/ou de racheter des parts de coopératives immobilières. L'usage en propre de l'objet immobilier doit être permanent. Une location provisoire est tolérée. Mais ces retraits en capital ne peuvent pas concerner des appartements ou maisons de vacances, des biens immobiliers de rendement, des terrains ou l'assainissement de sa propre maison.

> Contrairement au 2e pilier LPP, les retraits de capital du pilier 3a pour faciliter l'accession à la propriété ne doivent pas être remboursés. En règle générale, la mise en gage des montants du pilier 3a pour des buts immobiliers est meilleur marché qu'un retrait de capital.
> Seule une mise en gage dans ce but est acceptée. Mais une mise en gage ou un retrait du capital 3a investi sous forme de police d'assurance n'est pas conseillé car cela sous-entend de fortes pertes imputées sur le montant prélevé et un arrêt de la couverture des risques.

- **Arrêt d'une activité indépendante et démarrage d'une autre activité indépendante**

En cas de décès, la prestation suit les règles applicables au contrat et au droit des successions.

F. Fiscalité des prestations et optimisation fiscale

1. Déduction des versements

Les versements annuels sur le petit pilier 3a de 6192 francs (état 2006), respectivement de 30.960 francs pour le grand pilier 3a réservé à ceux qui ne cotisent pas au 2e pilier, sont déductibles des revenus imposables. Pour les indépendants, il s'agit là d'une possibilité intéressante d'économie d'impôts. Mais cette économie d'impôts est également intéressante pour tous ceux qui sont imposés sur un double revenu (personnes mariées, par exemple).

2. Imposition durant la période d'épargne

Durant la période de constitution du capital du pilier 3a, c'est-à-dire pendant la phase d'épargne, les intérêts perçus sur le capital ne sont pas imposés par le fisc au titre du revenu. De même, le capital accumulé n'est pas considéré comme faisant partie de la fortune. De ce fait, aucun impôt n'est perçu sur ce capital.

3. Imposition des prestations

- **Prestations payées en Suisse**
  Lors du versement de l'avoir en capital, respectivement du capital provenant de l'assurance, la Confédération et tous les cantons considèrent que l'avoir épargné ainsi que les intérêts, respectivement la valeur des parts en fonds de placement lorsqu'il s'agit d'une épargne liée à ce type de placement, sont imposables au même titre que le versement en capital effectué par une caisse de pensions.
  L'avoir de prévoyance du pilier 3a est donc imposé distinctement des autres revenus imposables habituels. Le taux de cette imposition est progressif: plus le capital épargné est élevé, plus le taux de l'impôt le sera. Selon les cantons, la charge fiscale augmente progressivement. Mais elle sera dans tous les cas inférieure à celle qui frappe les revenus normaux (voir le tableau 9 en page 75). Les fondations pilier 3a communiquent à l'administration fiscale du canton de domicile de l'assuré le versement du capital de prévoyance. Celle-ci lui notifie alors un bordereau de taxation.
- **Prestations payées à l'étranger**
  Si au moment du versement du capital de prévoyance 3a, l'assuré est domicilié à l'étranger, la confédération et tous les cantons prélèvent un impôt à la source (pour le taux de cet impôt à la source, prière de se reporter au tableau 10, page 80).

4. Retraits programmés du pilier 3a et des avoirs de prévoyance

Il faut éviter de retirer un avoir de prévoyance libre de type pilier 3a la même année qu'un capital provenant du 2e pilier. Dans ce cas, en effet, les deux versements sont additionnés, ce qui augmente le taux de l'imposition. Dans le même ordre d'idée, les conjoints ne devraient pas retirer la même année leurs avoirs de prévoyance du pilier 3a.

5. Retraits programmés de plusieurs comptes 3a

Lorsqu'un assuré a ouvert plusieurs comptes 3a, il s'avère généralement judicieux de programmer les retraits des capitaux sur une période de cinq ans avant l'âge de la retraite AVS de sorte qu'un retrait survienne chaque année. Sinon, les retraits étant effectués la même année, les montants s'additionnent.

6. Retraits anticipés pour l'accession à la propriété

La progression du taux d'imposition peut être utilement bloquée au moyen de retraits anticipés dans le but de financer un bien immobilier. Il peut s'agir d'amortir un prêt hypothécaire, d'acheter un logement, ou généralement de financer un investissement immobilier rentrant dans le champ des possibilités offertes par la loi.

7. Amortissement indirect d'une hypothèque

Les comptes 3a peuvent être nantis pour permettre d'amortir indirectement un crédit hypothécaire de 2e rang. On peut donc utiliser ce moyen pour maintenir les intérêts débiteurs à un niveau élevé et contenir de ce fait le revenu imposable. Pour que cette possibilité fiscale intéressante puisse être utilisée, les conjoints doivent apparaître comme propriétaires conjoints du bien par le registre foncier.

G. Le pilier 3a et le droit du divorce

Les avoirs du pilier 3a font partie des biens matrimoniaux. En cas de divorce, chacun des anciens conjoints a ainsi droit à la moitié de son propre avoir et à celle de son ex-partenaire, pour autant que les avoirs ne figurent pas comme biens propres. Les avoirs du pilier 3a des deux conjoints s'additionnent et chacun en reçoit la moitié. Ceci vaut en tout cas pour les régimes en communauté réduite aux acquêts ou en communauté des biens.

> Dans un régime de séparation des biens, les avoirs du pilier 3a ne doivent pas être partagés. Ceci constitue une différence notable par rapport aux avoirs du 2e pilier pour lesquels la loi prévoit, indépendamment du régime matrimonial, que chacun des conjoints puisse prétendre à la moitié des avoirs accumulés durant la durée du mariage.

H. Pilier 3a et droit de la succession

On ne saurait sans autre affirmer qu'en cas de décès, le capital d'un pilier 3a soit inclus dans la masse successorale. Dans le contexte juridique actuel, on distingue entre le capital 3a d'origine bancaire et celui qui provient des assurances.
Dans une solution 3a de type bancaire, le capital accumulé tombe généralement dans la masse successorale. Si le capital provient de plans 3a d'assurance, il sera intégré à la succession comme une «police d'assurance normale» en ce qui concerne le partage des parts.
Le taux de l'impôt sur les capitaux du pilier 3a versés en cas de décès est dans la plupart des cantons bien moins élevé que celui de l'impôt sur les successions prélevé sur un capital décès d'une police d'assurance au bénéfice d'un(e) partenaire. De ce fait, il est plus intéressant de désigner le (la) partenaire comme bénéficiaire dans le contexte du pilier 3a que dans celui du pilier 3b, si l'on réside dans un canton qui connaît encore l'impôt sur les successions en ligne directe ou pour le conjoint.

I. Le cercle des bénéficiaires

Le bénéficiaire prioritaire d'un pilier 3a est l'assuré lui-même. Après son décès, le cercle des bénéficiaires est le suivant:
- le conjoint survivant ou le conjoint légalement séparé;
- les descendants directs, y compris les enfants adoptés ou les personnes que l'assuré a supportées financièrement;
- les parents;
- les frères et sœurs;
- les autres héritiers testamentaires.

Le conjoint survivant est impérativement le premier héritier. Quant aux autres héritiers, l'ordre peut changer entre les parents, les frères et sœurs et les autres héritiers.
Le (la) concubin(e) peut être considéré(e) comme la personne que le bénéficiaire a soutenue financièrement. Selon l'Office fédéral des assurances sociales, il faut pour cela que le défunt ait contribué à son entretien pour au moins la moitié de ses besoins et ait ainsi rempli un rôle réel de prévoyance. Il faut aussi que la vie en commun ait duré au moins cinq ans. Il n'est cependant pas certain que ce délai minimum repose sur une base légale.
Pour que le (la) partenaire soit désigné(e) comme bénéficiaire après le décès de l'assuré, il faut en aviser par écrit la fondation de prévoyance ou la compagnie d'assurances. Par souci de sécurité, il faudrait aussi coucher le (la) partenaire sur le testament ou le (la) faire figurer dans le cercle des bénéficiaires d'un pacte successoral.

5. Les assurances-vie: sûres, fiscalement favorables, rentables et flexibles

A. Quelques notions de base sur l'assurance-vie

1. Définition

Nous espérons tous vivre le plus longtemps possible en bonne santé. Il est néanmoins nécessaire de protéger financièrement sa famille ou ses partenaires en affaires contre les conséquences économiques d'un décès inattendu et prématuré avec une assurance-vie. Dans pareil cas en effet, notre famille doit pouvoir être en mesure de maintenir son train de vie. Ainsi, avec un capital en cas de décès, elle devrait pouvoir rembourser partiellement une hypothèque contractée sur le logement familial.

Concernant les partenaires en affaires, ils doivent pouvoir compenser la perte de bénéfices entraînée par le décès d'un des leurs jusqu'à l'arrivée d'un nouveau partenaire ou rembourser la part des dettes que le défunt devait assumer.

Il existe plusieurs types d'assurances-vie. Ainsi, les assurances de risque décès pur ne versent le capital assuré qu'en cas de décès avant l'échéance du contrat. Par contre, les assurances mixtes versent un capital aussi bien en cas de décès que de vie à la fin du contrat. Le nom de ces assurances mixtes vient de ce que leur prime comprend une part épargne qui est investie jusqu'à la fin du contrat. Un autre cas, celui des assurances en cas de survie, n'est pas courant.

Il existe encore le cas des rentes viagères. Ces assurances versent une rente à vie, ou limitée dans le temps, sur la tête d'une ou de plusieurs personnes. Elles peuvent être conclues la plupart du temps au moyen d'une prime unique.

2. Privilège en cas de poursuite et faillite

Chaque entrepreneur encourt en permanence des risques plus ou moins importants de par son activité. S'il vient à être reconnu responsable à titre personnel d'obligations contractées par son entreprise, sa famille entière risque d'être économiquement (bien que pas juridiquement) menacée. Pour protéger cette dernière contre de tels risques, la loi sur les assurances prévoit des privilèges pour les assurances-vie en cas de poursuite et de faillite.

3. Avantages successoraux

Comme le montre l'énumération ci-dessous, les assurances de capitaux présentent différents avantages successoraux appréciables. Ainsi, les prestations d'assurances peuvent être versées immédiatement en cas de décès et hors des procédures liées à la succession. Ceci constitue donc une variante très intéressante pour les partenaires concubins qui pourront ainsi contourner les dispositions pénalisantes pour eux prévues par le droit des successions.

Dans chaque police d'assurance-vie, les clauses bénéficiaires précisent qui seront les bénéficiaires du versement du capital en cas de vie ou de décès. Les dispositions générales suivantes sont appliquées:
- la clause bénéficiaire de l'assurance prime sur l'ordre successoral mais les réserves successorales légales doivent être respectées. Si ce n'est pas le cas, les héritiers dont la réserve a été entamée peuvent faire reconnaître leurs droits à la reconstitution devant un tribunal;
- la clause bénéficiaire peut être modifiée en tout temps, sauf à ce que la désignation du bénéficiaire soit irrévocable;
- en cas de décès, le capital assuré est immédiatement payé;
- les héritiers défavorisés ne peuvent incorporer dans la fortune du défunt que la valeur de rachat de la police d'assurance au jour de son décès pour déterminer si leur réserve successorale a été lésée;
- une assurance risque pur n'a pas de composante d'épargne; dans ce cas, la somme payée en cas de décès ne peut pas être réclamée de quelque façon que ce soit par les héritiers, sauf à en être les bénéficiaires;
- le capital décès sera payé aux héritiers même s'ils répudient la succession en cas d'insolvabilité; pour cela, il doit s'agir du conjoint, des enfants, petits-enfants, parents, frères et sœurs ou grands-parents; la police d'assurance-vie ne doit pas être gagée en garantie d'un crédit; et surtout, ce versement devra survenir avant que l'insolvabilité soit constatée.

4. Les assurances sont-elles sûres?

Les compagnies d'assurances sur la vie et leurs politiques de placement sont étroitement surveillées par l'Office fédéral des assurances privées (OFAP). La loi prescrit aux compagnies de constituer des provisions au profit des assurés pour que les prestations garanties par contrat puissent être remplies dans tous les cas de figure économiques et financiers. Une compagnie d'assurances doit pouvoir prouver en tout temps et immédiatement que la fortune servant à une telle couverture est disponible. Un inspecteur de l'OFAP peut en tout temps et sans préavis inspecter une assurance. Chaque compagnie doit fournir à l'OFAP un bilan et des comptes de résultat mensuels ainsi qu'un rapport détaillé sur ses comptes.
Les valeurs investies pour le compte des assurés doivent être placées sans risque. Dans ce but, la loi prescrit précisément comment ces avoirs doivent être placés. Elle prévoit des limites minimales et maximales pour les différentes catégories de placement (obligations, immobilier, actions, prêts, etc.).
Les spécialistes en investissement des compagnies d'assurances ne subissent pas de conflits d'intérêt comme cela était encore courant dans le secteur bancaire avant la publication de principes sur la transparence dans l'analyse financière. Ceci étant, le seul objectif des compagnies d'assurances avec le placement des avoirs est de maximiser les profits et de minimiser les risques des placements. Le résultat de cette gestion est distribué chaque année aux assurés sous la forme d'excédents financiers.
Les compagnies d'assurances n'accordent pas de crédits commerciaux, sources de pertes importantes ces dernières années pour les banques commerciales,

cantonales et régionales en raison de l'insolvabilité des débiteurs. Les compagnies d'assurances suisses disposent de réserves plus importantes que les banques. Ainsi, les pertes sur les placements n'entraîneront pas de difficultés financières pour les compagnies.

La plus grande partie des obligations financières d'une compagnie d'assurances réside dans les réserves constituées pour garantir le versement des prestations promises aux assurés. Chaque année, pour ne courir aucun risque, les assureurs vie calculent leurs engagements financiers et adaptent précisément le niveau de leurs réserves en fonction des statistiques sur l'espérance de vie de leurs assurés.

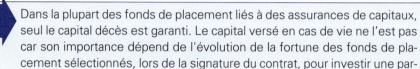

> Dans la plupart des fonds de placement liés à des assurances de capitaux, seul le capital décès est garanti. Le capital versé en cas de vie ne l'est pas car son importance dépend de l'évolution de la fortune des fonds de placement sélectionnés, lors de la signature du contrat, pour investir une partie du montant de la prime annuelle ou unique.
>
> Lorsqu'on choisit de contracter une police d'assurance-vie liée à des fonds de placement, il ne faut donc pas seulement étudier la solvabilité de la compagnie d'assurances émettrice mais aussi celle des fonds de placement sélectionnés. Juridiquement, un placement en fonds est comparable à un dépôt titres.
>
> De ce fait, les fortunes investies dans les fonds de placement n'apparaissent pas à l'actif du bilan des assurances. Dans le cas hautement hypothétique de la faillite d'une compagnie d'assurances, les actifs investis en fonds de placement ne tomberaient ainsi pas dans la masse en faillite de l'assurance et le preneur d'assurance pourrait en réclamer la restitution.

5. Quelle compagnie choisir?

Après s'être décidé pour un produit précis d'assurance-vie et avoir déterminé avec certitude le montant à investir, la durée de la police, le type de prime (annuelle ou unique), le bénéficiaire, la rente viagère sur une ou plusieurs têtes, avec ou sans réversion, différée ou immédiate, la question suivante est celle de savoir auprès de quelle compagnie d'assurances on va souscrire un contrat.

La question est pertinente. En effet, les praticiens constatent sans cesse que les preneurs d'assurance se contentent en général d'une seule offre, dont l'origine est souvent suscitée par une connaissance professionnelle ou familiale. Or, les assurances-vie ne se différencient guère des autres produits et services. Le rapport qualité/prix varie fortement entre les sociétés. Comment donc pouvoir comparer deux offres entre elles?

Les critères suivants permettront au lecteur de se faire une idée de la manière dont on peut, dans l'ordre de leur importance, juger de la qualité d'une compagnie d'assurances.

- **La solvabilité de la compagnie**

  La solvabilité d'une compagnie d'assurances est d'une importance certaine. En effet, comme cela est valable pour les placements en obligations, actions ou autres actifs financiers, l'impact des restructurations que vit actuellement l'économie affecte l'industrie de l'assurance. La dérégulation du marché de l'assurance bouleverse par ailleurs profondément les structures tarifaires des compagnies. Il est à craindre que l'on n'en ait pas encore mesuré tous les effets.

La solvabilité d'une compagnie d'assurances est d'une importance capitale en ce qui concerne les polices à long terme des assurances de capitaux à prime unique et les contrats de rente viagère. Dans les deux cas, le preneur d'assurance finance en effet la prime avec un versement unique fait à la conclusion du contrat.

Il confie donc à l'assureur un avoir pour une très longue période. Il faut donc veiller aux compagnies dont l'histoire est courte car ces dernières n'ont en général pas eu l'occasion de prouver qu'elles sont à même de respecter leurs engagements à très long terme.

- **Les prestations d'assurance garanties**
  Un autre critère d'appréciation important est la prestation garantie. Il s'agit ici d'une obligation contractuelle de la compagnie d'assurances qui doit être remplie sans considération aucune par rapport au développement de sa situation financière, dans le pire des cas même par le biais de son fonds de sûreté. La prestation d'assurance garantie dépend directement du niveau du taux plancher technique. Depuis 2003, ce taux est fixé à 2% par l'OFAP.

- **Les excédents non garantis**
  Le troisième critère à examiner est celui de la participation aux excédents. Ces derniers n'en sont pas vraiment si les produits d'assurance-vie sont liés à des fonds de placement pour lesquels les «excédents» dépendent seulement de leur développement intrinsèque. Les vrais excédents des compagnies d'assurances dépendent du rendement obtenu sur le produit du placement de la fortune de la compagnie et donc aussi de la progression générale des taux d'intérêt, de la maîtrise des coûts et d'autres facteurs comme, par exemple, les risques encourus. Les excédents n'étant en général pas garantis, leur montant n'a qu'un caractère indicatif. On pourrait cependant partir du principe que, plus la durée d'une assurance-vie est courte, plus la probabilité du versement d'un excédent est faible.

- **Les assurances-vie liées à des fonds ou à des indices**
  Les remarques précédentes s'appliquent surtout aux assurances-vie classiques offrant des versements en capital garanti en cas de décès ou de vie. Dans ce type d'assurance, la participation non garantie aux excédents est une composante importante du rendement total du produit.

  Dans le cas des assurances-vie liées à des fonds ou à des indices, la problématique est différente. Pour ces produits, un capital décès est garanti mais en général, cela ne se vérifie pas en cas de vie, ce même pour un montant minimal.

  Il est cependant vrai que, du fait des baisses intervenues sur les marchés financiers au début des années 2000, de plus en plus de produits liés à des fonds de placement apparaissent sur le marché avec une garantie minimale de rendement ou, au moins, avec un capital de départ garanti.

Mais ce rendement en capital minimum dépend exclusivement de l'évolution en bourse des fonds qui composent le produit d'assurance, respectivement de celle des indices sur lesquels les produits sont indexés. Dans ce cas, les frais de gestion et les coûts de lancement des produits sont importants et la politique de l'assurance en matière de distribution des excédents financiers ne joue aucun rôle. Ces coûts peuvent certes faire l'objet d'une comparaison dans le contexte de la mise en parallèle de plusieurs offres. Mais ce qui est surtout déterminant, c'est de comparer les performances des fonds entre eux.

Un aspect essentiel des assurances-vie liées à des fonds de placement réside encore dans la possibilité de choisir entre plusieurs sociétés de direction de fonds de placement ou entre plusieurs fonds de placement. Selon le principe qui veut qu'on ne mette pas tous ses œufs dans le même panier, il ne sert à rien d'investir des primes uniques importantes dans un produit d'assurance-vie qui propose des fonds de placement d'une même direction de fonds, d'un même promoteur ou d'une seule banque.

Il est bien plus judicieux d'investir cette prime unique dans un produit d'assurance-vie permettant de sélectionner soi-même des fonds en obligations, en actions ou sectoriels de différentes directions de fonds et de gérer la répartition de ces fonds, voire dans un produit qui permette d'investir dans un portefeuille standard investi en fonds de placement avec une proportion plus ou moins élevée en actions.

B. Les assurances décès

1. Définition, avantages et inconvénients

Une assurance décès est conclue pour qu'un montant déterminé soit versé au moment de la survenance du risque, c'est-à-dire lors du décès du preneur d'assurance. Ce genre d'assurance permet généralement de garantir une certaine sécurité financière aux proches du preneur d'assurance ou le remboursement d'un prêt bancaire. En effet, en l'absence de garanties suffisantes, certains prêts bancaires ne sont accordés que si le débiteur conclut un contrat d'assurance décès dont le montant couvre à la fois le crédit accordé et les intérêts échus au moment du décès.

Les assurances risque pur sont en principe conclues pour une durée déterminée. Si le contrat se termine sans que le risque soit survenu, en l'occurrence sans que le preneur d'assurance soit décédé, rien ne sera versé à l'échéance. Dans ce cas, les primes versées sont perdues. Certaines compagnies d'assurances paient cependant, à l'échéance du contrat, une participation aux excédents. Dans ce type d'assurance-vie, le principal désavantage est donc de perdre les primes payées en cas de vie du preneur d'assurance. Par ailleurs, ces assurances risque pur ne comprennent aucune composante d'épargne.

Il existe des assurances risque pur avec lesquelles le montant à verser en cas de survenance du risque assuré peut stagner, diminuer ou augmenter selon le degré de développement du risque encouru par la personne assurée. Ainsi, un entrepreneur qui réduit progressivement son niveau d'endettement peut choisir un contrat par lequel la somme d'assurance diminue progressivement. De même, l'amortissement indirect d'une hypothèque de second rang sera couvert par une assurance décès où la somme assurée restera identique jusqu'à la fin de la période d'amortissement.

Enfin, dans le cas de figure des assurances décès, on peut prévoir que les héritiers touchent le capital versé lors du décès sous la forme d'une rente pendant une certaine durée plutôt que sous celle d'un montant unique.

2. Avantages successoraux

Le capital versé au décès de la personne assurée avec un contrat d'assurance risque pur ne tombe jamais dans la masse successorale. De ce fait, la somme d'assurance versée en cas de décès peut être réservée, sans que cela lèse le cercle des bénéficiaires successoraux, à une personne désignée comme telle, par exemple au (à la) partenaire. Une assurance risque pur décès est donc un moyen idéal pour prémunir un(e) partenaire de longue date contre les conséquences économiques de la disparition du défunt lorsqu'il existe des héritiers légaux, par exemple un conjoint et des enfants.

C. Les assurances mixtes

1. Différences par rapport aux assurances risque pur

Par opposition aux assurances risque pur, les assurances mixtes ont une composante d'épargne, d'où leur nom. Leur but n'est pas seulement de couvrir un risque pur, comme celui du décès, mais de permettre la constitution d'un capital d'épargne qui sera disponible à une date ou à un âge convenus d'avance.

Très souvent, dans l'esprit du preneur d'assurance, la composante épargne est plus importante que la composante risque pur. Elle correspond en effet à la prestation en capital qui sera payée au preneur d'assurance à l'échéance du contrat. La prestation garantie, augmentée d'une participation non garantie aux excédents, correspond au montant qui sera versé aux bénéficiaires si le preneur d'assurance décède avant la fin du contrat.

2. La prime annuelle

Pour constituer la composante d'épargne, une assurance mixte exige des primes annuelles nettement plus élevées qu'une assurance normale de risque pur. Cette prime annuelle représente le montant convenu à la conclusion du contrat, qui sera acquitté périodiquement par le preneur d'assurance jusqu'à l'échéance. Selon l'âge, environ 20% de la prime couvrent le risque décès, 10% les frais d'acquisition et de gestion et le solde sera crédité sur un compte d'épargne individuel.

La plupart des compagnies d'assurances peuvent garantir, sur la totalité de la durée du contrat, un taux d'intérêt global de 20% (état 2005) sur cette composante épargne. Si la compagnie atteint un rendement nettement plus élevé que ce qui est garanti, elle verse alors une participation aux excédents qui est créditée chaque année sur le compte de l'assuré à titre de participation aux bénéfices et de bonus.

Si le preneur d'assurance décède avant l'échéance du contrat, la prestation en capital, augmentée des participations précédentes aux excédents, est versée au(x) bénéficiaire(s). L'excédent est composé des gains provenant des composantes taux, risque et frais.

3. La prime unique

La prime unique revient à payer, en une seule fois et au moment de la conclusion du contrat, la totalité de la prime du contrat d'assurance-vie. Cette solution permet des résultats plus rapides, en terme de rendement, qu'avec des primes annuelles car les intérêts dus commencent à être encaissés dès le début du contrat.

Aux investisseurs disposant d'une certaine fortune, on recommandera la solution de la prime unique. Ce sera particulièrement vrai pour ceux qui ne veulent pas se préoccuper des différents types d'investissement, de leurs cycles et des tendances des marchés. Cela l'est aussi pour ceux qui mettent l'accent sur la sécurité et sur le rendement après impôts et veulent aussi disposer d'une bonne couverture décès.

D. Les rentes viagères

1. Utilité de la rente viagère

Comme son nom l'indique, une rente viagère est versée à son bénéficiaire jusqu'au moment de sa mort. Derrière cette idée, il y a aussi des rentes dites «à terme» parce qu'elles sont payées pour une durée fixée et garantie contractuellement. Ce type de rente est en général financé au moyen d'une prime unique.

Une rente viagère n'est pas vraiment un bon moyen de prévoyance. Ce système comporte en effet des inconvénients. En raison du risque pour l'assureur d'une grande longévité du rentier, la couverture de son coût représente une part importante de la prime. Par conséquent, le rendement de la prime est assez bas. En ce moment, il est au maximum de 2%.

Le rendement est également diminué par l'impôt sur le revenu prélevé sur la rente à hauteur de 40%. Enfin, la prime due, la plupart du temps unique, est en général perdue pour les héritiers quand la durée de vie du rentier est inhabituellement longue.

Il existe cependant des cas pour lesquels la rente viagère constitue un bon produit de prévoyance. Ainsi, elle est particulièrement bien adaptée pour les personnes:
- qui ne veulent plus se préoccuper du placement de leur fortune et se soucier de l'évolution des taux d'intérêt, de la bourse, des tendances économiques, de l'inflation, du développement du marché immobilier ou encore contacter régulièrement leur gestionnaire de fortune, etc.

- qui veulent disposer d'un revenu régulier et garanti indépendamment des conditions économiques;
- qui n'ont pas de descendance et ne veulent donc pas laisser derrière eux une fortune;
- qui se soucient de leur sécurité et estiment qu'une rente régulière représente un bon moyen de satisfaire ce besoin;
- qui n'ont aucune expérience dans la gestion de leurs avoirs.

2. Rente immédiate ou différée

Une rente viagère peut être immédiate ou différée. Pour ce cas, le versement peut être repoussé jusqu'au moment où le revenu produit par la rente sera nécessaire. Dans le cas d'une rente différée, les intérêts dus sur la prime unique payée ou sur les primes annuelles seront capitalisés. Une rente immédiate ne peut par contre être financée qu'au moyen d'une prime unique.

3. Avec ou sans restitution

Un contrat de rente viagère peut être souscrit avec ou sans clause de restitution. Quand il n'y a pas de clause de restitution, cela signifie que, lors du décès de la personne assurée, un éventuel solde sur le capital de rente existant ne reviendra pas aux héritiers. Avec une clause de restitution au contraire, le solde de la prestation de rente encore existant au moment du décès sera versé aux héritiers. De ce fait, financée avec une prime identique, une rente viagère sans clause de restitution sera plus élevée que s'il y a une clause de restitution.

4. Rente sur une ou deux têtes

Des contrats de rente viagère peuvent être conclus sur une ou deux têtes, par exemple sur chacun des époux. Cela signifie que, dans ce cas, la rente sera versée aussi longtemps qu'un des deux époux est en vie. En règle générale, la quotité de la rente peut être dans ce cas choisie librement. On peut ainsi vouloir qu'après le décès d'un des époux, le conjoint survivant ne touche que 70% de la rente précédente dans la mesure où le maintien du train de vie diminue. Dans pareil cas, la rente versée aux époux de leur vivant sera plus élevée que la quotité de 100%. Dans le cas de rentes viagères sur deux têtes, il est donc important que le train de vie des deux conjoints soit comparable.

5. Rente avec garantie de durée

Dès le premier versement de la rente, la période de versement des rentes est garantie pour au moins cinq ans. Si la personne assurée décède pendant cette période, la compagnie d'assurances versera les rentes restantes à une personne désignée d'avance. Si le rentier vit plus longtemps que la période de versement garantie, le paiement de la rente sera viager.

6. Rente temporaire

Dans ce cas, la durée de versement de la rente est fixée lors de la conclusion du contrat. En cas de vie, ce type de rente viagère est limité à la durée contractuelle. En cas de décès avant la fin du contrat, le versement de la rente se termine de manière précoce et la question d'une éventuelle restitution joue un rôle important. On peut alors utiliser la rente non versée pour rembourser un crédit bancaire ou pour verser une pension alimentaire. Le solde de la prestation peut aussi être employé, dans le cadre d'une planification financière, pour des paiements échelonnés ou pour constituer un capital de rente pont.

7. La rente à terme

En pratique, il y a un certain flou quant à la différence entre une rente viagère et une rente à terme. La rente à terme repose sur des annuités. De fait, le capital disponible est divisé en tranches annuelles pendant une durée déterminée. La différence essentielle avec la rente viagère, principalement avec la rente viagère temporaire, vient de ce que celle-ci est calculée sur des bases actuarielles. Dans ce cas, il faut donc déterminer quel est l'âge du preneur d'assurance au début du contrat.
Par contre, la rente à terme ne dépend d'aucunes statistiques ni de calculs de probabilités. Le montant du capital initial, les intérêts capitalisés et la durée du contrat en sont les éléments déterminants.
En ce sens, il ne s'agit pas vraiment d'une assurance au sens littéral du mot. De ce fait, fiscalement parlant, ce n'est pas le capital divisé en tranches qui sera soumis à l'impôt sur le revenu mais son rendement. Ceci est bien entendu le cas si le bénéficiaire de cette rente ne profite pas alors des avantages réservés normalement aux contrats d'assurance.

8. Prestations garanties

Chaque rente viagère est couplée à la garantie du versement d'une rente mensuelle, trimestrielle ou annuelle et au versement non garanti d'excédents. Pour éliminer tout risque quant à la rente escomptée, il faudrait souscrire au produit offrant la rente viagère la plus élevée.
Selon les différents produits sur le marché, la participation annuelle non garantie aux excédents peut être fixe ou augmenter. Puisqu'il est certain que l'inflation va perdurer, il est donc préférable de choisir une rente avec des versements indexés pour compenser les effets du renchérissement. D'un autre côté, il ne faut pas non plus perdre de vue qu'avec l'âge, les besoins pour maintenir son train de vie diminuent.

9. Primes uniques ou annuelles

Comme on l'a déjà dit, on peut financer une rente viagère avec une prime unique ou des primes annuelles. La plupart du temps, l'assurance est conclue avec une prime unique dont le montant provient de la vente de titres, de l'augmentation d'une hypothèque, du placement du réinvestissement du produit d'une vente immobilière, etc.

10. Le début des prestations

Il est préférable de commencer à toucher une rente viagère lorsqu'on ne dispose plus de revenus réguliers. En effet, les rentes viagères financées de manière privée sont imposées au titre du revenu à hauteur de 40%. Si le montant d'une rente s'additionne à celui d'un revenu régulier, la rente perçue sera perdue en grande partie du fait de la progression marginale du taux d'imposition.

11. Les alternatives à la rente viagère

En raison des rendements insuffisants des rentes viagères et de leur taux d'imposition sur le revenu à hauteur de 40%, il peut être utile de réfléchir à des alternatives permettant de garantir des revenus réguliers et sûrs.
Une autre solution peut être de constituer un portefeuille de fonds de distribution. Mais les distributions ne seront jamais garanties car elles dépendent de l'évolution des marchés.
Dès lors, il peut être encore plus sûr de conclure une série d'assurances-vie conventionnelles à prime unique dont les échéances s'étalent, par exemple sur des intervalles de deux ans.

E. La fiscalité des assurances-vie

1. Les assurances avec valeur de rachat

- **Primes annuelles**
  Les prestations d'assurances de capitaux financées par des primes annuelles sont exonérées d'impôt indépendamment de la durée du contrat et de l'âge du preneur d'assurance. Dans le cas d'assurances de capitaux liées à des fonds de placement ou à des indices boursiers, cette exonération n'existe que si la durée du contrat excède dix ans.
- **Primes uniques**
  Après de longues discussions entre l'administration fédérale des contributions, les Chambres fédérales et l'Association suisse des assurances privées, la question de la fiscalité des assurances mixtes financées par une prime unique a été clarifiée, tant au niveau de la confédération que des cantons.
  Pour les contrats d'assurances-vie mixtes, les conditions fiscales sont désormais réglées par la loi sur l'harmonisation fiscale en vigueur depuis le 1er janvier 2001. La prestation est exonérée d'impôt si les conditions cumulatives suivantes sont remplies:
  – le contrat doit avoir été conclu avant que l'assuré n'ait atteint son 66e anniversaire;

– la durée contractuelle doit être d'au moins 5 ans et, dans le cas des assurances-vie liées à des fonds de placement, de 10 ans;
– le paiement doit être fait dès 60 ans révolus;
– le preneur d'assurance et la personne assurée doivent être les mêmes.

Ces conditions sont applicables par le fisc fédéral et les percepteurs cantonaux aux contrats conclus depuis le 1er janvier 1999. Des mesures transitoires sont appliquées aux contrats conclus avant le 31 décembre 1998.

2. Les assurances risque décès pur

Les prestations versées après la réalisation d'un risque pur comme le décès, dans le cadre des assurances vie à risque pur, sont imposées distinctement au niveau fédéral des revenus courants. Elles sont imposées au taux de $1/5^e$ des barèmes ordinaires. Dans les cantons, la fiscalité de ces assurances-vie est très différenciée. La plupart du temps, elle est comparable à ce qui s'applique aux prestations du pilier 3a. Parfois, elle est cependant identique à l'imposition ordinaire des revenus.

3. Les rentes viagères

Les rentes viagères sont imposées à hauteur de 40% en même temps que les revenus ordinaires à condition qu'elles aient été financées par le contribuable lui-même. Les prestations des proches du contribuable ainsi que les prestations de tiers sont assimilées à celles du contribuable s'il les a acquises par dévolution d'hérédité, legs ou par donation.

L'imposition à taux réduit est logique car il faut uniquement imposer la composante de revenu d'intérêt contenue dans la prime et non le remboursement de cette dernière. En effet, cette prime a été financée sur des revenus déjà imposés et n'était pas déductible du revenu imposable. Le taux de 40% n'est donc pas un taux privilégié comme on pourrait le penser à première vue.

Une rente différée est taxée, jusqu'au début de son versement, comme un élément de la fortune. C'est la valeur de rachat qui doit être déclarée. A partir du début du versement de la rente, les conditions fiscales diffèrent selon les cantons.

6. Immobilier: optimisation fiscale de l'achat, de la gestion et de la vente d'un bien immobilier

A. Le propriétaire face au fisc

1. Valeur locative et déduction des intérêts de la dette

Le propriétaire d'une maison familiale ou d'un appartement peut déduire de son revenu imposable les intérêts débiteurs perçus sur une hypothèque ainsi que les frais d'entretien. Il peut aussi déduire la dette hypothécaire de sa fortune brute. Le corollaire de cette déduction est l'obligation de déclarer un revenu fictif lié à la propriété immobilière, à savoir la valeur locative. Cette dernière correspond au loyer qui serait payé si l'appartement ou la maison familiale étaient loués. La valeur locative est calculée par l'administration cantonale des contributions.

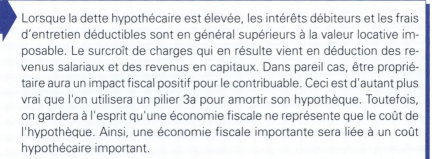

Lorsque la dette hypothécaire est élevée, les intérêts débiteurs et les frais d'entretien déductibles sont en général supérieurs à la valeur locative imposable. Le surcroît de charges qui en résulte vient en déduction des revenus salariaux et des revenus en capitaux. Dans pareil cas, être propriétaire aura un impact fiscal positif pour le contribuable. Ceci est d'autant plus vrai que l'on utilisera un pilier 3a pour amortir son hypothèque. Toutefois, on gardera à l'esprit qu'une économie fiscale ne représente que le coût de l'hypothèque. Ainsi, une économie fiscale importante sera liée à un coût hypothécaire important.

L'impact fiscal est voulu par le législateur. Mais, ces dernières années, les valeurs locatives ont fortement augmenté. Les cantons ont modifié la fiscalité des composantes de la fortune de telle manière que ce stimulus fiscal pour l'accès à la propriété est devenu très relatif.

Il est à relever que la déduction des intérêts passifs est plafonnée au rendement de la fortune brute augmenté d'un montant de 50.000 francs.

La valeur du bien immobilier où habite le contribuable représente un élément de sa fortune. Il est imposé comme tel. Mais la dette hypothécaire peut être déduite de la fortune. La valeur fiscale d'un bien immobilier est en général inférieure à sa valeur vénale. Si la valeur fiscale représente, par exemple, 60% de la valeur vénale et que l'objet est financé à 75% par un crédit bancaire, sa valeur nette sera négative. Elle viendra alors en déduction des autres éléments de la fortune (titres, assurances-vie, etc.). De ce fait, un contribuable propriétaire sans fortune importante en valeurs mobilières n'a souvent pas de fortune imposable du tout.

B. Achat ou location: avantages et inconvénients

1. Généralités

Des éléments financiers tout autant personnels qu'émotionnels entrent en ligne de compte quand on évalue les avantages entre «acheter et louer». Pour savoir comment faire, il faudrait comparer systématiquement les avantages et les désavantages non financiers de l'achat et de la location d'un bien immobilier. La pesée finale des intérêts peut montrer les conséquences financières de l'achat et de la location sur sa situation financière personnelle. Il faut aussi inclure dans la réflexion des critères financiers et personnels en veillant à ne pas se concentrer sur le présent mais en raisonnant aussi à plus long terme.

Ainsi, un couple de 55 ans qui achète une maison pourra constater quelques années plus tard que ce choix n'était pas judicieux: les enfants sont partis, la maison est devenue trop grande, le jardin est d'un entretien trop coûteux et l'environnement n'est plus satisfaisant. De même, un jeune couple sans enfants pourra regretter quelques années plus tard d'avoir acheté une villa de six pièces si les enfants qu'il espérait ne sont pas venus.

> Louer permet plus de flexibilité si l'on s'attend à de grands changements personnels et financiers durant les prochaines années. Quand les choses se seront stabilisées, on pourra repenser à un achat immobilier.

2. Avantages et inconvénients de la location

En réfléchissant aux avantages de la location, il ne faut pas se concentrer seulement sur sa situation actuelle mais essayer aussi de se projeter dans le futur.

Ceci dit, les avantages et les désavantages de la location peuvent se résumer ainsi:

a) Avantages
- **Flexibilité:** la location garantit une flexibilité maximale pour le cas où ses conditions personnelles et financières évoluent; on peut ainsi plus facilement changer de domicile en cas de changement d'emploi, de naissance d'enfants, d'évolution des exigences personnelles, de plus grands revenus, de disparition d'un des revenus du couple ou de modification de sa situation salariale, etc.
- **Souplesse:** l'appartement ou la maison louée peuvent être remis plus facilement en cas de déménagement prolongé à l'étranger.
- **Choix:** on peut tester plusieurs endroits dans un même quartier ou une même ville.
- **Coût:** une location est souvent financièrement plus attrayante que la propriété.

- **Indépendance financière:** on peut utiliser autrement (achat de valeurs mobilières, rachat de 2e pilier, achat d'une assurance-vie, etc.) les fonds propres destinés à financer une partie du bien immobilier.

b) Désavantages
- **Investissements:** les aménagements faits pour améliorer l'objet loué sont perdus au moment du déménagement.
- **Dépendance:** le locataire dépend du propriétaire, surtout en ce qui concerne la résiliation du bail.
- **Voisinage:** il faut prêter attention à ses voisins (remarque valable aussi dans le cas de la propriété par étage (PPE)).
- **Environnement:** dans la plupart des cas, il est impossible de profiter d'un jardin.
- **Locaux communs:** il faut la plupart du temps convenir de règles d'usance des communs (machines à laver) avec les voisins.
- **Fiscalité:** la location n'offre aucun avantage fiscal.

3. Avantages et inconvénients de la propriété

a) Avantages
- **Utilisation:** le bien en propriété peut être utilisé selon ses propres désirs (préférences personnelles d'aménagement, enfants, animaux domestiques, instruments de musique, etc.)
- **Aménagement:** on peut aménager les locaux et les pièces comme on le souhaite.
- Location: on peut louer certaines pièces inutilisées.
- **Investissements:** les investissements réalisés peuvent en général être rentabilisés lors d'une vente du bien par une augmentation correspondante du prix de vente.
- **Qualité:** on peut améliorer la qualité de vie de sa propriété en changeant l'aménagement des pièces ou en en construisant de nouvelles (jardin d'hiver, etc.)
- **Rénovation:** en rénovant certaines pièces, on peut les adapter au dernier niveau de confort voulu ou à ses souhaits en matière de logement.
- **Fiscalité:** bien gérée, une propriété permet des économies fiscales.
- **Inflation:** une propriété protège en général efficacement contre l'inflation; en effet, après 10 ans, elle peut souvent être revendue plus cher que lors de l'achat.
- **Prévoyance:** après une réduction partielle de l'endettement hypothécaire, une propriété peut constituer un élément important de sa prévoyance vieillesse.

b) Désavantages
- **Coût:** la propriété coûte en général plus que la location.
- **Flexibilité:** en cas de changement dans sa vie personnelle ou professionnelle, une propriété peut devoir être vendue à un mauvais moment.
- **Enfants:** après leur départ du domicile familial, on est en général «sur-investi» et certaines pièces ne sont plus utilisées.

- **Charges:** un grand jardin peut, lorsque l'on est âgé et que les enfants sont partis, devenir une charge physique et financière.
- **Frais:** en cas de hausse des frais hypothécaires, des problèmes financiers peuvent surgir.
- **Souplesse:** lors d'une longue absence, il faut trouver quelqu'un pour s'occuper de la maison ou de l'appartement, d'où des coûts et des désagréments possibles.

> Il faut vraiment bien réfléchir entre les solutions acheter ou louer, surtout si les fonds propres nécessaires pour l'achat se situent dans la limite inférieure du montant exigé par la banque. Une charge hypothécaire équivalent à 80% de la valeur du bien entraîne une dépendance vis-à-vis de la banque s'il n'y a pas d'autres réserves (titres, assurance-vie, 2e pilier). Dans ce cas, il est préférable de louer d'abord son logement et d'épargner les fonds propres nécessaires avant de décider d'un achat immobilier. Un legs successoral des parents ou la mise en gage des avoirs du 2e pilier peuvent aider à trouver les fonds nécessaires. Mais il faut aussi songer à ce qui peut arriver si l'épouse doit arrêter de travailler parce qu'elle va avoir un enfant, ou pour une autre raison, et qu'il ne restera alors qu'un seul revenu.

Check list

Achat – Location

Les raisons pour lesquelles il vaut mieux que je loue sont ...
- ☐ Je n'ai pas assez de fonds propres pour acheter la maison dont je rêve.
- ☐ Je peux investir mes fonds propres autrement et obtenir un meilleur rendement qu'en achetant une maison ou un appartement.
- ☐ La pesée des intérêts me montre que la location est moins chère que la propriété.
- ☐ Je veux rester flexible en terme de domicile, car ma situation professionnelle, ou celle de ma femme, peut changer et impliquer un changement de domicile, parce que je suis célibataire, parce que je n'ai pas d'enfants, parce que je veux partir à l'étranger pour quelques années, parce que je veux louer autre chose...
- ☐ Je préfère rester locataire parce que la fiscalité de la propriété va se durcir.
- ☐ La propriété n'amène que des problèmes.
- ☐ Je n'ai aucun plaisir à jardiner et ma femme non plus.
- ☐ Je ne veux en aucun cas devenir dépendant d'une banque.
- ☐ Je ne pourrai pas supporter une charge hypothécaire.
- ☐ Je veux rester locataire jusqu'à ce que j'aie trouvé la maison de mes rêves.
- ☐ Une décision d'achat serait prématurée car je ne sais pas si nous voulons des enfants.
- ☐ Je suis déjà âgé et j'aurais dû acheter une maison plus tôt, quand mes enfants étaient plus jeunes.

- ☐ Je suis âgé et ne veux pas avoir à jardiner.
- ☐ Je suis âgé, ma femme aussi, et nous ne savons pas si l'un ou l'autre devra aller dans un home pour personnes âgées; dans ce cas, une maison ou un appartement deviendrait trop grand.

Les raisons pour lesquelles il vaut mieux que j'achète sont…
- ☐ Je veux être propriétaire pour ne dépendre de personne.
- ☐ Ma femme et moi voulons construire une maison qui réponde exactement à nos besoins actuels et futurs en matière de logement.
- ☐ Mes enfants sont très vivants, donc bruyants, et un appartement loué ne convient pas à une telle situation.
- ☐ Ma femme et moi adorons jardiner.
- ☐ Nous voulons beaucoup d'animaux domestiques.
- ☐ Compte tenu de ma situation fiscale, un achat immobilier n'apporterait que des avantages.
- ☐ Je peux acheter une maison bien en dessous de sa valeur de marché et pense qu'elle prendra de la valeur avec le temps.
- ☐ Je peux acheter une maison que je vais aménager par étapes en fonction de l'évolution de ma situation personnelle et financière.
- ☐ Je crois qu'une maison est un bon élément de prévoyance.
- ☐ Je peux exploiter mon entreprise à la maison et n'ai donc pas besoin de louer des locaux.
- ☐ Posséder une maison fait partie de mon standing.
- ☐ J'ai reçu un héritage de mon beau-père à condition de l'utiliser pour acheter notre propre maison.

C. Où acheter sa propriété?

1. Généralités

Peu de personnes déterminent consciemment à l'avance leur commune de domicile pour y habiter avec leur famille. En général, on trouve une propriété à acheter par hasard ou après avoir fait une recherche systématique. Quand elle nous plaît, c'est parce qu'elle est bien située et qu'elle répond à des critères précis de prix et d'environnement. Les éléments émotionnels jouent donc un rôle essentiel.

> Dès qu'on a trouvé la propriété idéale, il faut analyser systématiquement tous les aspects financiers de son achat. A ce sujet, la charge fiscale de la commune de son domicile potentiel représente un élément important. Il ne s'agit pas cependant de se limiter à estimer la charge d'impôt sur le revenu ou la fortune, mais de tenir compte également des autres impôts.

2. La charge fiscale

Le calcul de la charge d'impôt sur son revenu et sa fortune revient à tirer des enseignements intéressants. En outre, on veillera à distinguer entre sa charge d'impôts totale et sa charge d'impôts marginale. A titre d'exemple, citons un contribuable qui s'acquitte d'un bordereau d'impôts sur le revenu de 20.000 francs pour des revenus imposables de 100.000 francs. Sa charge d'impôts s'élève ainsi à 20% de son revenu. Si son revenu progresse de 10.000 francs pour s'établir à 110.000 francs, il s'acquittera par contre de 3500 francs en plus, soit 35% de revenu supplémentaire. Dans tous les cas, l'imposition marginale est supérieure à l'imposition totale.

Pour comparer la charge fiscale totale et la charge fiscale marginale entre diverses communes, il faut partir du revenu imposable et déterminer la charge fiscale totale. Puis, on calculera le taux de progression de l'impôt en fonction d'un revenu imposable donné. Il s'agit cependant de faire attention à ce que la comparaison de l'assiette fiscale entre les communes n'est possible que pour un même canton. En effet, chaque canton a des critères et des taux propres pour calculer une assiette fiscale. Il est également impossible de comparer le taux d'impôts entre différents cantons.

L'impôt sur les gains immobiliers, sur les successions et donations ou encore l'impôt foncier, que la moitié des cantons environ prélèvent en sus de l'impôt sur la fortune, représentent autant d'impôts à mettre en relation avec les biens immobiliers. Ils ne revêtent cependant pas une importance déterminante. L'impôt sur les gains immobiliers, prélevé lors de la vente d'un bien, n'est pas très significatif dans la mesure où un tel bien est en général vendu longtemps après avoir été acheté et parce qu'il n'est en pareil cas pas très élevé. En cas de détention courte, l'impôt sur les gains immobiliers sera par contre assez élevé.

> Lorsque l'on vend sa maison ou son appartement en raison d'une modification de son statut professionnel impliquant un changement de domicile dans un autre canton, aucun impôt sur les gains immobiliers ne sera prélevé si on rachète, dans la nouvelle commune de domicile, un autre bien. La loi fédérale sur l'harmonisation fiscale postule en effet que l'impôt sur les gains immobiliers ne doit pas être prélevé dans pareil cas ou qu'il doit être reporté. Cela ne vaut pourtant pas pour la vente d'un bien immobilier de rapport, d'une maison ou d'un appartement de vacances.

Le contribuable qui envisage d'acquérir une maison devant au préalable être rénovée devra se demander si la part des rénovations destinée à maintenir la valeur du bien immobilier pourra être déduite des impôts. Dans certains cantons, la «pratique Dumont» est en effet en vigueur. Selon cette pratique, le propriétaire ne peut pas, pendant les cinq années suivant l'achat d'un bien immobilier, déduire de son revenu imposable les éventuelles dépenses de rénovation. Car, selon cette pratique, ces dépenses sont considérées comme des frais d'investissement.

En réalité, depuis un Arrêt du Tribunal fédéral de 1999, les cantons sont plus libéraux avec la «pratique Dumont». Celle-ci ne doit être appliquée que s'il s'agit de rénover un bien totalement laissé à l'abandon. Mais il est préférable de se renseigner au préalable auprès de l'Administration cantonale des contributions pour déterminer si la déduction fiscale de tels frais de rénovation est possible.

Le handicap que représente un prix d'acquisition élevé pour un bien immobilier pourra être compensé par un for fiscal plus avantageux. Ainsi, en partant de l'hypothèse d'un surcoût de 300.000 francs pour un bien identique situé à deux endroits différents, d'une durée de détention de 10 ans et d'un taux de rendement d'un capital de 3%, on devrait pouvoir économiser annuellement quelque 100.000 francs d'impôts sur la commune la plus avantageuse; l'économie cumulée correspondant au capital retiré d'un investissement de 300.000 francs à 5% pendant 10 ans.

3. Choisir le lieu de ses immeubles de rapport

En dehors de toute considération fiscale, il faudrait acheter un bien immobilier de rapport dans une région dont on connaît bien les conditions locales du marché immobilier. Si l'on habite Genève, il ne faut pas s'imaginer que l'on rencontrera les mêmes conditions en achetant un bien dans la région de Neuchâtel. Le marché immobilier y a d'autres règles qu'à Genève et il sera donc difficile de le suivre soi-même correctement depuis son domicile. En bref, il faudrait choisir un bien immobilier dans un environnement que l'on connaît, ou se faire judicieusement conseiller.

> Si l'on acquiert un objet immobilier sis dans un autre canton, il s'agira de déclarer le revenu net de cet objet dans le canton où il est situé. Si l'impôt sur le revenu et la fortune dans ce canton est plus élevé que dans son canton de domicile, la charge fiscale totale augmentera. Par contre, elle diminuera si le taux d'imposition dans le canton où est situé le bien immobilier est inférieur à celui de son canton de domicile. Il faut aussi savoir qu'une déclaration annuelle doit être faite dans le canton de situation du bien immobilier, ce qui augmente le travail administratif.

Pour l'impôt sur les successions et donations, le droit fiscal du canton où se situe l'objet immobilier s'applique. Si l'on habite Genève et que l'on a hérité un immeuble locatif sis à Lausanne, l'impôt sur les successions sera prélevé à Lausanne. Dès lors, si l'on achète un bien immobilier de rapport, il faudrait en choisir un situé dans un canton où l'impôt sur les successions et donations n'est pas élevé, comme cela devient le cas dans la plupart des cantons romands.

Ceci est d'autant plus important si l'on est célibataire et que l'on veut, par exemple, céder un objet à son (sa) partenaire. Dans ce cas, les droits successoraux à payer sont très élevés parce que le ou la partenaire n'est pas considéré comme membre de la famille proche. Mais certains cantons (NW, OW, SZ et ZG) ne connaissent pas de droits sur les successions et donations en ce qui concerne les situations de partenariat ou de concubinage. Pourtant, à l'exception de Schwyz, il faut toujours pouvoir prouver dans ces cantons que la relation a duré au moins cinq ans.

La «pratique Dumont» joue un rôle important en cas de vente programmée d'un bien immobilier de rapport car les biens sont souvent rénovés après leur achat. Avant toute décision, il s'agit donc de se renseigner auprès de l'administration des contributions du canton en question pour clarifier si les travaux de rénovation seront ou non déductibles durant les 5 premières années suivant l'achat.

Checklist
Comment choisir le lieu de sa propriété

- [ ] L'objet convoité couvre-t-il mes besoins actuels et futurs en matière de logement?
- [ ] Cet objet pourra-t-il être financé avec des fonds propres et des fonds empruntés de telle façon que la charge financière soit encore supportable?
- [ ] Comment ma charge fiscale va-t-elle évoluer suite à cet achat immobilier?
- [ ] Cet objet immobilier sera-t-il adapté à mes conditions de vie lorsque je serai âgé?
- [ ] Mon nouveau domicile est-il accessible par les transports publics?
- [ ] Le chemin pour l'école n'est-il pas trop long pour mes enfants?
- [ ] L'école secondaire n'est-elle pas trop éloignée de mon domicile?
- [ ] Y a-t-il une université à proximité?
- [ ] Comment les prix immobiliers ont-ils évolué ces dernières années dans la région?
- [ ] Cette évolution va-t-elle se poursuivre?
- [ ] Combien de temps mettrons-nous, moi et mon épouse, pour nous rendre à notre travail?
- [ ] Y a-t-il des magasins à proximité?
- [ ] Faut-il rénover l'objet immobilier et, dans ce cas, peut-on déduire de ses revenus les frais de rénovation?
- [ ] Le bien que j'envisage d'acquérir est-il situé dans une commune dont la population résidente croît rapidement (pourrai-je vendre ce bien en tout temps)?
- [ ] Peut-on agrandir ou aménager cet objet immobilier?
- [ ] Le jardin demande-t-il beaucoup d'entretien et cela va-t-il coûter cher?

D. Financer son propre logement

Pour acheter un bien immobilier, il faut prévoir des fonds propres de l'ordre de 20% à 30%. Le solde pourra être financé avec un prêt hypothécaire. Les fonds propres représentent en général l'épargne provenant du produit du travail. Plus rarement, ils sont hérités. On peut aussi utiliser les avoirs de sa caisse de pensions, soit en les retirant, ce qui est en général fiscalement plus avantageux, soit en les mettant en gage auprès d'une banque. De la même manière, on peut utiliser ses avoirs du pilier 3a.

1. Le pilier 3a

a) En principe
Les fonds d'épargne de la prévoyance liée (pilier 3a) peuvent être retirés avant l'âge de la retraite. Un retrait est également possible si le capital est utilisé pour l'achat de son propre logement, pour couvrir les frais de sa rénovation ou pour amortir une dette hypothécaire sur un tel objet.

b) La nature du bien
Ce bien peut être une maison familiale, un appartement en propriété ou une partie habitée d'un autre type de bâtiment. L'usage d'une parcelle immobilière ainsi qu'un droit d'habitation ou de superficie sont considérés de manière identique à un bien immobilier détenu en propre.

> Le contribuable qui habite un appartement situé dans son propre immeuble locatif représente un cas spécial. Il pourra utiliser son avoir d'épargne du pilier 3a pour financer un achat ou rembourser son crédit hypothécaire pour la part de l'objet immobilier qu'il occupe. Dans ce cas, la valeur sera calculée proportionnellement à la part de l'immeuble locatif occupée.

La notion de bien immobilier propre est interprétée de manière très restrictive. L'épouse du propriétaire d'un objet immobilier ne peut ainsi pas retirer avant terme son avoir du pilier 3a si elle n'est pas copropriétaire de cet objet. Mais on peut contourner cette condition si l'époux est disposé à céder à sa conjointe une partie du bien immobilier avant le paiement et faire enregistrer cette mutation au registre foncier.

c) Couvrir ses besoins
La propriété acquise doit servir à ses propres besoins. L'acquéreur qui utilise les fonds du pilier 3a doit habiter lui-même le bien immobilier. Cette condition n'est pas remplie s'il s'agit d'un appartement de vacances ou d'une résidence secondaire.

d) L'imposition du retrait avant terme
Les montants d'épargne de la prévoyance liée retirés avant terme pour financer son propre logement doivent être déclarés. Dans tous les cantons, l'imposition

de ces avoirs répond à la même procédure que s'ils avaient été retirés au moment de la retraite. Ces retraits d'actifs sont imposés distinctement des revenus et à un taux réduit. La Confédération les impose distinctement des revenus et à un taux correspondant au cinquième du tarif usuel pour les célibataires, respectivement les couples mariés.

e) Retrait par les deux conjoints
Les conjoints pouvant retirer leurs avoirs de pilier 3a avant terme devraient le faire sur des exercices différents pour limiter la progressivité du taux d'impôt et réduire ainsi la charge fiscale marginale.

2. Le 2ᵉ pilier LPP

a) Bases légales
La Loi fédérale sur l'encouragement à la propriété du logement au moyen de la prévoyance professionnelle et son ordonnance d'application sont entrées en vigueur le 1ᵉʳ janvier 1995. Ces deux textes s'appliquent aux avoirs de libre-passage accumulés dans le cadre de la prévoyance professionnelle et au capital acquis dans le cadre de la prévoyance professionnelle surobligatoire.

Cette loi permet aussi d'utiliser un avoir de libre-passage accumulé au cours d'un précédent emploi et déposé sur un compte bancaire ou auprès d'une compagnie d'assurances. Il est aussi possible de retirer ces avoirs avant terme ou de les mettre en gage aux mêmes conditions.

Un assuré peut, au plus tard trois ans avant la naissance du droit aux prestations de vieillesse, mettre en gage ou retirer au comptant ses avoirs de prévoyance. Pour les hommes, ce retrait anticipé peut avoir lieu jusqu'à l'âge de 62 ans, respectivement de 61 ans pour les femmes. Si une retraite anticipée est possible avant l'âge terme et avec des prestations complètes, le retrait anticipé des avoirs peut avoir lieu au plus tard trois ans avant la date possible de la retraite anticipée.

Le montant qui peut être retiré par anticipation ou mis en gage pour l'accès à la propriété doit être au maximum celui de la prestation de libre-passage, à savoir la totalité des avoirs accumulés. Dès 50 ans, on peut retirer au maximum l'équivalent de la prestation de libre-passage atteinte à l'âge de 50 ans ou, si l'assuré demandeur a dépassé cet âge, à la moitié de la prestation de libre-passage auquel il aurait droit au moment de la demande de retrait ou de mise en gage.

Ce retrait anticipé ou la mise en gage des avoirs de prévoyance professionnelle ne peuvent être faits que dans le cadre de l'achat d'un logement ou d'une habitation pour ses propres besoins. L'assuré demandeur doit donc habiter l'objet qu'il finance ainsi.

La conjointe salariée ne peut faire valoir des droits sur ses avoirs de prévoyance ou les mettre en gage que si elle est, avec son époux ou son partenaire, copropriétaire ou propriétaire unique de la chose achetée. Dans le cas contraire, elle doit prouver la réalité de la copropriété ou de la propriété avant le retrait effectif des fonds ou leur mise en gage.

De même, l'époux habitant la propriété de sa femme ne peut pas faire de retrait anticipé de ses avoirs de prévoyance. Il doit aussi prouver d'abord qu'il est copropriétaire ou propriétaire à part entière. Enfin, une personne mariée ne peut retirer ses avoirs de prévoyance ou les mettre en gage qu'avec le consentement écrit de son (sa) conjoint(e).

b) Réduction des prestations de prévoyance
Le retrait anticipé, ou éventuellement la mise en gage, a pour conséquence une réduction des prestations de prévoyance. Cette réduction est calculée selon le règlement en vigueur et les bases techniques de l'institution de prévoyance concernée. La réduction des prestations en cas de décès et d'invalidité peut être compensée par une assurance complémentaire facultative que l'institution de prévoyance doit proposer à l'assuré. Ce dernier devra cependant supporter les frais de cette assurance complémentaire.

c) Obligation de remboursement
Le montant du retrait anticipé devra être remboursé si le logement en propriété est vendu par la suite ou si des droits équivalents économiquement à une vente sont concédés sur le logement en propriété, tels que des droits d'habitation ou de construction. Il devra aussi y avoir remboursement par les héritiers de l'assuré lorsque ce dernier décède et qu'il n'y a pas de prestations de prévoyance.

d) L'imposition du retrait anticipé
Un retrait anticipé des avoirs de prévoyance pour faciliter l'accès à la propriété a des conséquences fiscales. Selon les cantons et le montant du retrait, un impôt unique est prélevé qui va de quelques pour cent à 15% voire 20% du montant retiré (voir tableau 9 page 75 pour les différents taux selon les cantons).

Si le montant retiré est remboursé par la suite, les impôts payés au moment du retrait seront restitués, comme le remboursement n'est pas déductible des revenus.

e) Avantages et inconvénients du retrait anticipé
Les conséquences d'un retrait anticipé sont les suivantes:
– augmentation des fonds propres investis dans son propre logement;
– diminution des prestations de prévoyance de sa caisse de pensions;
– possibilité de réduire la lacune de prévoyance en cas de décès et d'invalidité de manière simple au moyen d'une assurance complémentaire facultative;
– nécessité de financer les prestations de vieillesse manquantes.

f) Avantages et inconvénients de la mise en gage

On parle beaucoup des avantages du retrait anticipé et, à tort, peu de ceux d'une mise en gage. Or, un assuré peut effectivement utiliser ses avoirs de prévoyance pour les mettre en gage et les utiliser ainsi en lieu et place de fonds propres. En effet, l'objectif de l'encouragement à l'accès à la propriété est de faciliter une acquisition à ceux qui disposent de peu de fonds propres. Un autre objectif est de contribuer à diminuer les charges initiales de la propriété pendant les années qui suivent son achat.

La mise en gage permet d'atteindre ces objectifs. Car une banque prêtera à l'assuré des fonds correspondant au montant des avoirs de prévoyance gagés qui seront alors utilisés comme fonds propres. Dans ce cas, l'avantage vient de ce que la caisse de pensions ne réduira pas ses prestations.

> Une mise en gage est une alternative à privilégier au retrait anticipé pour résoudre des problèmes de financement. Le contrat de gage est en général limité dans le temps. Ceci oblige l'assuré à amortir la mise en gage au cours des années suivantes, pendant lesquelles il verra en général ses revenus augmenter, sans pour autant que ses prestations de prévoyance soient réduites au moment de la mise à la retraite. Cette variante est également intéressante du point de vue fiscal car, au contraire d'un retrait anticipé, aucun impôt ne sera prélevé mais, de plus, les intérêts débiteurs du crédit hypothécaire pourront être déduits des revenus imposables.

3. Les plans d'investissement

Conclure un plan d'investissement lié à des fonds de placement pour constituer l'épargne nécessaire à l'acquisition d'une propriété est une autre manière de concevoir le financement de l'accès à la propriété. Dans ce cas, les surplus de revenus d'un ménage peuvent être investis chaque mois avec un rendement en général adéquat et, en partie, sans subir de conséquence fiscale. L'achat mensuel de parts de fonds de placement permet de réduire les risques d'une entrée sur le marché des actions au mauvais moment. L'investissement mensuel doit correspondre à l'objectif d'épargne. Ce dernier doit être, de son côté, compatible avec le prix d'achat estimé du bien immobilier convoité, en tenant compte du montant du crédit hypothécaire possible et des fonds propres nécessaires.

4. Le legs successoral

Un avancement d'hoirie, ou un legs successoral, représente à l'évidence un moyen élégant de réunir les fonds propres nécessaires à l'achat d'une maison familiale ou d'un appartement. Dans la plupart des cantons, les dons et les transferts de fortune à caractère successoral sont francs d'impôts s'ils ont lieu entre parents et enfants.

S'il y a plusieurs héritiers, le legs devrait être formalisé dans un document qui fera partie de la succession future. Pour pouvoir le prouver, il serait aussi utile que les donations effectuées soient inscrites dans le testament ou dans le pacte successoral des parents donateurs.

5. Fonds propres et hypothèque: la bonne proportion

Déterminer le montant des fonds propres nécessaires à l'acquisition de son logement est une question à ne pas aborder de prime abord sous l'angle fiscal. Il est en effet plus important de savoir si, avec le plan de financement prévu, on sera ou non trop dépendant de sa banque. Ceci sera toujours le cas si le crédit hypothécaire dépasse 60% à 70% du prix d'achat du bien immobilier alors qu'aucun autre actif financier liquide ne reste disponible.

Si les intérêts débiteurs devaient diminuer par la suite, il faudrait réexaminer la question de la proportion entre fonds propres et fonds étrangers. Dans pareil cas, étant donné que les taux hypothécaires sont devenus relativement bon marché, il serait peut-être judicieux d'augmenter son hypothèque. Ainsi, les fonds propres disponibles pourraient être investis ailleurs et bénéficier d'un meilleur rendement, par exemple en actions ou dans une assurance-vie à prime unique liée à des fonds de placement.

> Rester locataire vaut mieux que devenir dépendant d'une banque.

6. L'économie fiscale de l'amortissement indirect

Selon le droit fiscal actuel, personne n'a avantage à amortir complètement son hypothèque. Certes, chaque diminution de la dette hypothécaire entraîne aussi celle des intérêts débiteurs. Mais dans le même temps, on peut déduire moins d'intérêts de ses revenus imposables. Du coup, moins d'intérêts hypothécaires équivaut à plus de charge fiscale!

Beaucoup de propriétaires ont vécu cette expérience douloureuse ces dernières années. Surtout si parallèlement, la valeur locative a massivement augmenté. De fait, les propriétaires qui amortissent consciencieusement leur hypothèque sont ceux qui paient le coût de la hausse de ce revenu fictif qu'est la valeur locative.

L'amortissement indirect permet de sortir de ce cercle vicieux. On épargne de façon élégante et fiscalement attrayante. On peut ainsi surseoir à tout remboursement de la dette hypothécaire pendant une durée fixée par contrat. Les fonds qui auraient servi à cet amortissement sont épargnés autrement. A la fin de la période convenue, ces fonds accumulés servent à amortir d'un seul coup la part d'hypothèque concernée.

Ainsi, l'hypothèque reste stable pendant un certain temps et la charge d'intérêts ne diminue pas année après année comme dans le cas d'un amortissement direct. Parallèlement, les intérêts débiteurs déductibles du revenu imposable restent les mêmes. Du coup, même s'ils ne varient pas, l'économie fiscale reste stable.

> L'amortissement indirect de la dette hypothécaire revient à ouvrir un compte séparé pour y déposer les avoirs qui ne seront pas consacrés à l'amortissement annuel de la dette. Au terme du contrat d'amortissement indirect, on pourra alors utiliser les avoirs accumulés pour, par exemple, amortir le 2e rang hypothécaire d'un seul coup. Il faut cependant veiller à ce que le rendement après impôts des avoirs ainsi épargnés soit plus élevé que l'intérêt débiteur hypothécaire total après impôts.

Un plan d'amortissement indirect peut être conclu de plusieurs manières:
– en concluant une police d'assurance-vie avec prime annuelle;
– avec des versements sur un compte de pilier 3a;
– par une police d'assurance-vie avec prime unique;
– avec un plan d'épargne investissement lié à des fonds de placement;
– par la mise en gage d'un compte de dépôt titres;
– avec des rachats d'années de prévoyance à sa caisse de pensions.

Le succès de l'amortissement indirect dépend des avantages et des économies fiscales attendues. Certaines conditions devront donc être réunies:
– le revenu imposable doit être au moins de 60.000 francs;
– les conditions financières doivent permettre de continuer à payer régulièrement les intérêts hypothécaires débiteurs parallèlement aux versements pour l'amortissement indirect;
– pour parvenir à un bon résultat, il faut consacrer au moins une dizaine d'années à l'amortissement indirect;
– les avantages de l'amortissement indirect seront influencés par le niveau de la charge fiscale cantonale, communale et ecclésiastique; des taux fiscaux élevés correspondront automatiquement à une épargne fiscale plus forte.

7. Comment contracter une hypothèque bon marché

a) Une documentation exhaustive

Aujourd'hui, les banques traitent différemment leurs affaires hypothécaires qu'il y a quelques années. Les décisions de crédit, en particulier celles prises dans les grandes banques et les banques cantonales, le sont par une centrale spécialisée. Le montant de l'hypothèque, la répartition entre le 1er et le 2e rang, les conditions de taux et l'importance de l'amortissement du crédit sont décidés à cet endroit.

Le responsable de la décision d'octroi du crédit hypothécaire ne connaît pas personnellement le client qui a fait la demande. Il est donc essentiel de réunir une documentation exhaustive, car c'est sur cette base que la décision sera prise. Cette documentation complète et professionnelle facilite la prise de décision car elle montre au banquier qu'on ne prend pas cet engagement financier à la légère et qu'on se prépare en conséquence.

La banque doit en effet être certaine que son débiteur hypothécaire se comporte de manière professionnelle en abordant les questions d'argent, qu'il dispose de réserves suffisantes et qu'il a réfléchi à tous les aspects de son achat immobilier.

b) Un prix d'achat adapté
Très souvent, même sans l'avis d'un expert immobilier patenté, la banque se fera d'elle-même une idée de l'objet immobilier convoité par son client. Les critères de décision seront la valeur du terrain, le taux d'occupation du sol, les normes de construction, l'état de la propriété, son emplacement et celui de la commune de situation.

De ce fait, des objets immobiliers particulièrement coûteux peuvent être sanctionnés par des niveaux de crédit plus bas. Il faut donc informer la banque de manière complète et objective sur les caractéristiques de l'objet et son état. Des éléments positifs pour une telle appréciation seront par exemple le nombre de salles d'eau, de garages, le niveau d'habitabilité des caves, des combles aménagées, une isolation particulièrement performante, des investissements dans les techniques d'économies d'énergie (cellules photovoltaïques, sondes, pompes à chaleur, etc.).

c) Des fonds propres suffisants
La plupart des banques réclament des fonds propres à concurrence de 20% du prix d'achat. S'ils ne sont pas disponibles immédiatement en liquide, ils doivent être apportés d'une autre façon, par exemple par un legs parental, une mise en gage ou un retrait des avoirs de sa caisse de pensions, un prêt de sa famille, etc. Pour la banque, il faut que le débiteur hypothécaire puisse prouver qu'il dispose de moyens financiers. Par exemple, il devra prouver qu'une donation parentale de 100.000 francs sera bien disponible ou fournir un certificat de sa caisse de pensions établissant que le montant des fonds propres pourra être retiré par anticipation pour financer l'accès à la propriété.

> Si l'on dispose d'un compte titres ou d'avoirs en dépôt dans une banque, il faut en faire état. Mais il faudrait éviter de mettre ces actifs en gage à moins que ce ne soit absolument nécessaire. Certaines banques ont en effet tendance à vouloir mettre en gage tous les actifs possibles de leurs clients au motif «qu'un tien vaut mieux que deux tu l'auras».

d) Une facture supportable
Aujourd'hui, les banques mettent l'accent sur la capacité financière de leurs clients à supporter leur charge hypothécaire future. Cette attitude découle des

modifications importantes intervenues ces dernières années dans le monde du travail. Cela a trait notamment à une plus grande insécurité en matière d'emploi et à la probabilité plus faible de bénéficier de hausses de salaires. Si, par exemple, ses revenus sont plus élevés que la moyenne de sa branche d'activité, il faudra certainement l'expliquer (spécialisation, bonus élevés, participation aux résultats, etc.)

De manière générale, un dossier de crédit bien documenté et étayé permettra d'obtenir de meilleures conditions de crédit et de taux. Dans tous les cas, il faut arriver à persuader la banque que le dossier qu'elle traite ne représente pas un mauvais risque. Et, bien sûr, il faut que toutes les données financières, aussi bien techniques que personnelles, soient correctes.

e) Choisir le bon produit

Ces dernières années, les banques suisses ont fortement développé leur offre en matière de crédits hypothécaires. A la traditionnelle hypothèque à taux variable ou fixe se sont ajoutés des produits innovants répondant à la demande d'une clientèle de plus en plus avisée. Ainsi, il est possible de panacher son emprunt en plusieurs tranches avec des échéances multiples, d'adosser le taux de son emprunt à l'évolution du taux Libor et, sur demande, de plafonner ce dernier au moyen d'instruments dérivés. Il vaut donc la peine d'examiner ces nouveaux produits en fonction de sa situation, de son profil de risque et de ses convictions en matière d'évolution du marché des taux d'intérêt. Ces dernières années, dans une période de taux bas, de nombreux emprunteurs ont constaté que de bloquer le taux de la totalité de leur emprunt constituait une assurance qui se payait décidément bien cher.

E. Les déductions

1. Généralités

Les propriétaires se demandent toujours quels frais d'entretien et dépenses administratives sont déductibles.

Les règles applicables sont généralement les suivantes. Pour être déductibles, les frais liés à un bien immobilier doivent avoir un lien direct avec l'intention de le maintenir dans son état initial lors de son acquisition. Les frais d'entretien ne doivent ainsi pas augmenter la valeur du bien, donc l'améliorer, mais au contraire compenser une perte de valeur due à l'usage qui en est fait depuis son achat.

> S'ils entraînent une augmentation de la valeur du bien, les frais d'entretien ne peuvent pas être déduits des revenus. Ils font alors partie intégrante des coûts d'investissement et ne pourront être récupérés que lors d'une vente ultérieure bénéficiaire de cet objet.

Les frais liés au bien pourront toujours être déduits des revenus si, du point de vue du propriétaire, ils sont nécessaires et justifiés. Si l'administration fiscale refuse la déduction de certains frais au motif qu'ils auraient pu être évités, le propriétaire devra prouver que cela n'était pas le cas. Dans cet ordre d'idée, le fisc ne peut pas exiger d'un propriétaire qu'il administre lui-même un bâtiment locatif.

2. Les charges de l'immeuble

Les charges de l'immeuble (courant électrique, eau, gaz, fuel, ramonage, centrale d'épuration, poubelles, etc.) doivent être séparés des frais d'entretien et d'administration.

> On ne peut pas déduire les charges de son propre domicile. Par contre, ceux des objets loués pourront l'être s'ils n'ont pas pu être mis à charge des locataires.

3. Frais d'entretien, une définition délicate

a) Généralités

Quant à la déductibilité des frais d'entretien du bien immobilier, il faut distinguer entre ceux qui permettent de maintenir sa valeur, lesquels sont déductibles, et ceux qui l'augmentent. Ces derniers ne sont pas déductibles car ils ont un caractère de plus-value. Dans ce dernier cas, on pense ainsi à la construction d'une halle de jardinage, à la création d'un espace habitable supplémentaire par l'aménagement des combles ou à celle d'un jardin. Pourtant si l'on veut remplacer une moquette par un carrelage en pierre de taille, une partie des frais devrait être considérée comme entretien, le reste représentant une amélioration du bien.

La frontière entre le maintien de la valeur d'un bien immobilier et son amélioration est souvent difficile à apprécier dans la pratique de l'administration fiscale. Pour éviter des discussions sans fin, certaines ont publié des brochures. Celles-ci précisent, sur la base des positions tarifaires SIA, quelle partie des frais d'entretien augmente ou non la valeur du bien, respectivement contribue à la maintenir. Ces brochures précisent aussi quelle proportion des frais peut être déduite dans les cinq ans suivant l'acquisition et quelle partie devra être réalisée plus tard.

En principe, les dépenses permettant de rétablir l'état initial d'un bien représentent des dépenses d'entretien déductibles fiscalement. Il s'agit ainsi du remplacement d'un vieux tapis par un neuf, du remplacement d'une vieille chaudière par une nouvelle, de la démolition de murs, du remplacement de fenêtres, de la peinture d'une façade, etc.

Mais si une rénovation a une composante d'amélioration du confort, l'administration fiscale considèrera certainement une partie de ces frais comme étant des dépenses d'amélioration. Ce sera, par exemple, le cas de l'aménagement d'une nouvelle cuisine dans laquelle de nouveaux appareils seront certainement installés. Il y a aussi amélioration si les travaux de rénovation concernent le remplacement d'un parquet grinçant par des catelles en granit ou si une vieille salle de bains est entièrement rénovée avec un équipement dernier cri.

En cas de doute, le fisc a publié des listes permettant de définir la limite entre rénovation et amélioration. Lors de grands travaux de rénovation, il est utile de consulter ces listes pour déterminer ce qui est attribuable à chaque catégorie. Ceci étant, l'administration fiscale laisse une grande marge de manœuvre et, souvent, il est possible de négocier avec elle une solution raisonnable.

b) La pratique Dumont
Pendant longtemps, le fisc est parti du principe que les travaux de rénovation d'un bien immobilier, acheté moins de cinq ans auparavant, représentaient systématiquement des travaux pour en augmenter la valeur. De ce fait, aucun des coûts liés à ces travaux n'étaient déductibles. Dans ce cas, et selon un Arrêt du Tribunal fédéral rendu dans une cause «Dumont», on parlait de «pratique Dumont».

> Une décision du Tribunal fédéral datant de quelques années stipule que la «pratique Dumont» n'est applicable que si les travaux de rénovation concernent un objet totalement à l'abandon. Dans ce cas en effet, la totalité ou presque des travaux de rénovation consistent à augmenter la valeur de l'objet. Ils ne seront donc pas déductibles.

Pour éliminer tout doute quant au traitement fiscal des travaux de rénovation, il est prudent de contacter l'administration fiscale avant d'entreprendre ces travaux. Sur la base de l'inventaire des travaux prévus, établis selon les normes SIA, on pourra ainsi déterminer quelle partie des coûts sera déductible et ce qui sera considéré comme travaux augmentant la valeur du bien. Cette façon de procéder ne devrait pas seulement s'appliquer aux travaux effectués pendant les cinq années suivant un achat immobilier mais aussi pour toute rénovation d'ampleur.

c) La rénovation de biens hérités
Pour les héritiers d'un objet immobilier, les travaux de remise en état revêtent le même caractère que s'ils avaient été faits par les légateurs. De ce fait, les héritiers peuvent déduire les dépenses effectives pour remettre en état le bien ou en maintenir la valeur, ceci y compris lorsque les travaux sont effectués peu après avoir touché l'héritage. Ceci est possible aux mêmes conditions auxquelles le légateur aurait pu réclamer cette déduction.

Ce privilège est cependant limité lors d'un partage successoral. Il se limite alors à la proportion de l'héritage concernée par la propriété reprise. Dans ce cas, l'héritier verra ses droits à une déduction limitée à sa quote-part d'héritage.

Etude de cas

Pierre et Jean héritent de leur père une part équivalente à un bien immobilier sans aucune valeur. S'ils le font rénover avant le partage successoral, ils pourront déduire les frais de rénovation pour le cas où ceux-ci n'entraînent pas une augmentation de la valeur du bien.

Si Pierre reprend comme seul héritier la propriété dans le cadre du partage et fait faire ces travaux après le partage, il ne pourra par contre déduire ces travaux qu'à concurrence de 50% de leur valeur, c'est-à-dire à concurrence de sa part d'héritage.

4. Les frais d'entretien déductibles

a) Condition préalable

La condition préalable absolue pour que les frais d'entretien soient déductibles est que l'administration fiscale n'ait aucun doute quant à leur caractère et n'estime pas qu'ils servent en partie à augmenter la valeur du bien. Cette part des travaux ne serait pas déductible. En effet, en cas de vente ultérieure du bien, elle permettrait d'augmenter le prix de vente de l'objet.

Il est possible d'établir la liste des frais d'entretien déductibles suivante:
- entretien du jardin (sans compter bien sûr les dépenses pour les plantations et semis divers), même si certaines administrations fiscales ne tolèrent pas cette déduction;
- réparations en tout genre (peinture, tapisserie, plomberie, sanitaires, serrurerie, etc.);
- réparation et remplacement des appareils ménagers (machines à laver le linge ou la vaisselle, réfrigérateur, abonnements d'entretien de ces appareils, etc.);
- gros travaux de rénovation ou de modernisation des pièces d'eaux, des cuisines, remplacement des chaudières, assainissement des façades et des fenêtres (selon la nature de ces travaux, l'administration fiscale pourra considérer qu'une partie représente des travaux d'amélioration non déductibles);
- primes d'assurances incendie, dégâts des eaux, ménage et dégâts de la grêle;
- taxes poubelles ne faisant pas partie du principe du pollueur-payeur;
- assainissement des eaux, éclairage public et entretien de cet éclairage;
- entretien des voies d'accès;
- investissement dans les fonds de rénovation des propriétés par étage si ces frais sont exclusivement consacrés à couvrir des frais d'entretien.

Les frais d'entretien non déductibles comprennent, par exemple, les taxes poubelles usuelles, les taxes d'épuration, les frais d'électricité, de chauffage, de fourniture d'eau, les participations à des frais concernant les trottoirs, les voies d'accès, les canalisations, les taxes de raccordement à des réseaux d'adduction d'eau potable ou usée, des réseaux de chauffage au gaz ou à distance, les taxes pour antennes collectives, etc. Les frais liés au chauffage ou à l'adduction d'eau via des centrales de chauffage ou de fourniture d'eau ne sont pas non plus déductibles. Tout comme ne le sont pas les taxes de livraison d'eau potable.

b) Economies d'énergie et protection de l'environnement
La Confédération et beaucoup de cantons considèrent que certains frais liés aux économies d'énergie peuvent être déduits en plus des forfaits usuels. Il s'agit, par exemple, du remplacement d'un vieux chauffage par une installation économe en énergie, par une pompe à chaleur ou par une sonde à chaleur, d'une installation solaire, de l'isolation d'un bâtiment, du remplacement de fenêtres conventionnelles par des fenêtres à triple vitrage, etc.

Certains cantons distinguent entre dépenses non déductibles, c'est-à-dire à caractère de plus-value, et dépenses déductibles car, au contraire, maintenant la valeur de l'objet immobilier. Le mieux est de se renseigner auprès de l'administration fiscale sur le traitement fiscal des frais liés à de tels investissements.

c) Frais d'entretien des monuments
Les travaux de rénovation de certaines propriétés inscrites à l'inventaire des monuments historiques ou devant être effectués après autorisation spéciale des autorités connaissent un traitement fiscal particulier. Ces travaux sont en effet considérés en partie comme relevant du maintien de la valeur de l'objet et sont donc déductibles. Là aussi, il est préférable de contacter l'autorité fiscale cantonale pour savoir comment elle considèrera ces travaux.

d) Charges permanentes
Parmi ces charges figurent par exemple les charges foncières (selon l'article 782 CC) comme celles concernant l'entretien des routes, des ponts, des canalisations d'eau ou d'égout, des rives, etc. Il y a encore les frais annuels relatifs à certaines servitudes au sens de l'article 730 du Code civil. Le caractère déductible des charges permanentes est généralement admis en Suisse. Mais cette déductibilité ne s'applique pas si elle entraîne une diminution de la fortune.

e) Répartir ses frais d'entretien dans le temps
La répartition des frais d'entretien est fiscalement optimale quand elle se fait sur deux périodes fiscales différentes, par exemple en 2006 et en 2007. Le propriétaire peut ainsi diminuer la progression de sa charge fiscale pendant deux ans.

Combien d'impôts peut-on ainsi économiser? Si les travaux de rénovation et d'entretien se montent, par exemple, à 150.000 francs et que 50.000 francs sont considérés comme non déductibles, on peut donc déduire des revenus 100.000 francs. Si le taux d'imposition marginale est de 35%, ceci représente une économie d'impôt de 35.000 francs.

f) Le traitement fiscal des propres prestations d'entretien

Pour les spécialistes du bâtiment, les propres prestations indépendantes d'un quelconque carnet de commandes constituent toujours des revenus imposables. L'artisan qui équipe un bloc d'habitation pour son propre compte ou qui aménage son magasin doit en comptabiliser le coût de revient comme produit et y calculer la taxe sur la valeur ajoutée. Ces propres prestations des travailleurs indépendants sont en général admises par le fisc sans aucune difficulté. Tout au plus peut-il y avoir discussion quant à la valeur de la propre prestation.

5. Les frais d'administration déductibles

Les frais d'administration d'un bien immobilier peuvent-ils être déduits? Pour répondre à cette question, il faut différencier entre frais concernant le propre logement ou la propre maison familiale et ceux concernant un immeuble de rapport.

a) Biens pour usage personnel

Dans ce cas, les frais d'administration peuvent être déduits. Il ne s'agit pas seulement de ceux qui ont un rapport avec l'administration d'une propriété (par exemple, liés à des travaux de rénovation), mais aussi des frais de port, de téléphone, de transport, etc.

b) Biens de rapport

Dans ce cas, seuls seront déductibles les frais occasionnés par la gestion par des tiers. Les frais occasionnés au propriétaire entrent dans cette catégorie.

6. Autres frais

a) Frais liés à une PPE

Le propriétaire d'un appartement en PPE (propriété par étage) peut déduire tous les frais liés à l'entretien et à la gestion administrative de cet appartement. De même, les montants consacrés à l'entretien, aux réparations et au renouvellement des parties communes de la propriété et du bâtiment sont déductibles.

Ce sera aussi le cas pour les installations et équipements communs, les frais d'administration (y compris la rémunération de l'administrateur et du concierge), la part des copropriétaires aux différentes taxes à payer en commun (consommation d'eau, électricité des installations communes, eau, poubelles, épuration, abonnements d'antennes communes, etc.).

Dans une PPE, les frais de fonctionnement usuels (chauffage, électricité, consommation individuelle d'eau) ne sont pas déductibles. Le traitement fiscal des montants investis dans les fonds de rénovation diffère selon les cantons. On peut les déduire au niveau fédéral et, en général, aussi au niveau cantonal, à condition de ne pas inclure dans cette déduction les montants du fonds de rénovation qui ne sont pas consacrés à des buts de rénovation et d'assainissement.

b) Frais liés à l'usufruit

Fiscalement, l'usufruitier d'une propriété est traité comme s'il en était le propriétaire effectif. Il doit déclarer comme revenu la valeur locative du bien et peut déduire les frais d'entretien. Selon les conditions de l'usufruit, les intérêts débiteurs sont payés soit par le propriétaire soit par l'usufruitier. Celui qui les acquitte pourra les déduire.

c) Frais en cas de droit d'habitation

Celui qui détient le droit d'habitation devra seulement payer l'impôt sur la valeur locative mais pas sur la fortune. Il pourra par conséquent déduire de son revenu imposable les coûts de l'entretien du bien tant que ceux-ci ne sont pas assumés par le propriétaire et à condition qu'il ne s'agisse pas de frais de fonctionnement.

d) Frais liés à l'octroi de droit de superficie

Celui qui octroie un droit de superficie doit déclarer comme revenu la rente qu'il perçoit sur ce droit. Il peut par ailleurs déduire de ses impôts les frais d'entretien qu'il assume lui-même.

7. Frais effectifs ou forfait

a) Généralités

La Confédération et tous les cantons ont la même pratique: le contribuable peut déduire des revenus bruts d'un bien immobilier à usage propre soit les frais effectifs d'entretien et d'administration d'un bien immobilier s'ils ne concernent pas les charges (eau, …), soit déduire un forfait qui, selon l'âge du bâtiment, représente 10% à 20% de sa valeur locative.

Par ailleurs, pour chaque période fiscale, il est permis de choisir entre le forfait et les frais effectifs, si cela est possible pour chaque bien propriété du contribuable ou seulement globalement pour tous ses biens. Ces règles diffèrent d'un canton à l'autre. A relever la tendance actuelle qui vise à n'admettre que les frais d'entretien effectifs pour les immeubles à usage commercial détenus dans la fortune privée.

b) Au niveau fédéral

A ce niveau, un contribuable peut choisir pour chaque période fiscale et pour chaque bien s'il préfère déduire les frais effectifs ou un forfait. Les frais effectifs doivent être documentés de façon exhaustive et les preuves présentées. Quant au forfait, il représente 10% de la valeur locative brute des biens inférieurs à 10 ans d'âge et 20% pour les objets plus vieux.

c) Au niveau cantonal
La plupart des cantons ont repris la pratique fédérale. Il serait cependant utile de vérifier la pratique actuelle réelle du canton de domicile du contribuable (montants maxima admis dans certains cas …).

A relever l'existence d'un traitement fiscal différencié selon les cantons suivant qu'il s'agit d'un bien à usage propre, d'un bien loué utilisé à titre privé ou commercial.

8. Intérêts débiteurs et autres frais financiers

a) Généralités
A quelques exceptions précises près, tous les intérêts débiteurs et les frais financiers liés à la propriété immobilière sont légalement déductibles fiscalement. Il faut cependant faire attention à la limite globale des intérêts débiteurs déductibles. Selon une règle désormais admise, cette limite est fixée à un montant maximum de 50.000 francs en sus du produit de la fortune.

b) Intérêts hypothécaires
Pendant la période de calcul, les intérêts hypothécaires courus et échus sont déductibles. Leur échéance est déterminante et non pas le fait qu'ils aient été effectivement payés. Le contribuable peut donc déduire de son revenu imposable les intérêts débiteurs qu'il n'a pas encore payés. Quant aux intérêts débiteurs dus sur une propriété à l'étranger, la déduction sera proportionnelle à la localisation des actifs bruts.

c) Intérêts sur un crédit de construction
Pour financer la construction ou la rénovation d'un bien, son promoteur contracte un crédit de construction. Une fois les travaux terminés, ce crédit de construction et les intérêts dus sont consolidés. En règle générale, ils sont transformés en crédit hypothécaire. Les intérêts débiteurs du crédit de construction sont traités différemment selon les lois fiscales fédérale et cantonales.

Par des Arrêts datés du 28 octobre 1988 et du 25 juin 1990, le Tribunal fédéral a statué que les intérêts débiteurs d'un crédit de construction dans le chapitre privé d'une personne constituent des dépenses à caractère de plus-value ou d'investissement. Ils ne sont donc pas déductibles fiscalement. Le crédit de construction et le prêt hypothécaire doivent donc être traités différemment.

Le premier, contracté pour financer une nouvelle construction ou sa rénovation, sert en effet à créer ou à améliorer une source de revenu. De son côté, le crédit hypothécaire a pour objet, au contraire, de conserver cette source de revenu. Cette argumentation est peut-être spécieuse, mais il faut vivre avec. En effet, la Confédération, ne percevant aucune recette fiscale sur les gains immobiliers, ne peut donc pas prendre en considération les intérêts sur les crédits de construction d'un point de vue fiscal. Or, sans impôt, il n'y a pas de déduction.

Dans les cantons, le traitement fiscal des intérêts débiteurs des crédits de construction varie. Economiquement parlant, il serait pourtant en général préférable qu'un contribuable déduise de ses revenus les intérêts débiteurs du crédit de construction plutôt que de les faire valoir comme investissement dans la détermination future de l'impôt sur les gains immobiliers.

> S'il est en général plus intéressant de déduire de ses revenus imposables les intérêts débiteurs des crédits de construction, il faut cependant prendre quelques précautions. Là où la déduction n'est pas possible et où ces intérêts sont considérés comme frais d'investissement, il s'agit de consolider très rapidement le crédit de construction au terme des travaux de construction ou de rénovation. Ainsi, dès cet instant, les intérêts débiteurs hypothécaires pourront être normalement déduits du revenu imposable. L'administration fiscale décide cependant souverainement, et ce sans égard pour la date de la consolidation du crédit de construction, à partir de quand un contrat de location démarre ou l'usage d'un bien devient effectif.

d) Rente du droit de superficie
Dans une minorité de cantons, les rentes dues sur un droit de superficie pour les personnes privées sont déductibles fiscalement. Ailleurs et pour la Confédération, ils représentent des frais liés au maintien du train de vie.

e) Autres coûts financiers
Quand une hypothèque est dénoncée par anticipation, par exemple en raison de l'aliénation de la propriété, il faut en général payer une dédite de dénonciation à la banque créancière. Si le crédit n'est pas renouvelé par un nouveau contrat, cette prime de dénonciation ne sera pas déductible fiscalement. Dans ce cas, il faudra essayer de faire valoir cette prime comme un coût d'investissement dans le calcul de l'impôt futur sur le gain immobilier. En effet, le bénéfice sur la vente du bien aura été diminué à concurrence de ce montant. Si, par contre, les conditions du crédit sont reconduites, les dédites de dénonciation seront déductibles fiscalement.

9. Amortissement de l'immobilier commercial

a) Généralités
On peut amortir les biens immobiliers commerciaux. Mais comment définir un bien immobilier commercial? Dans une société (SA ou SàRL), il s'agit d'un élément de la fortune commerciale porté au bilan. Pour une raison individuelle, la si-

tuation est moins claire. Un bien immobilier commercial peut exister même s'il ne figure pas au bilan d'une raison individuelle, d'une société simple ou de personnes.

Ceci est ainsi le cas lorsque l'utilisation principale du bien immobilier est liée à l'entreprise et qu'elle n'est pas privée, selon le principe de la prépondérance. Il en est ainsi d'un artisan, dont l'activité dans le cadre d'une société simple est exercée au rez-de-chaussée d'une villa familiale de deux étages. Si la valeur locative de ses locaux d'exploitation est supérieure à la valeur locative brute des appartements des deux étages de la maison, la propriété immobilière est alors considérée entièrement comme un bien commercial. Et l'artisan pourra l'amortir selon les prescriptions fiscales.

Un bien immobilier peut aussi être qualifié de commercial selon les cas s'il a été acheté avec les fonds d'une société simple ou de personnes ou quand la propriété a servi à garantir des crédits commerciaux.

On pourra certes amortir la valeur d'un bien immobilier considéré comme commercial d'un point de vue fiscal. Mais la vente future de son entreprise pourra alors réserver des situations fiscales désagréables. A ce moment-là, en effet, il se produira un transfert du bien de la fortune commerciale à la fortune privée. Et la différence entre la valeur vénale et la valeur comptable sera imposée tant sur le plan fédéral que cantonal.
Pour l'impôt fédéral direct, cette différence doit être considérée comme revenu imposable et l'AVS sera également perçue. Selon les cantons, la différence entre le prix d'achat initial et la valeur comptable sera soumise à l'impôt sur le revenu et la différence entre le prix d'achat et la valeur vénale du bien, lors de son transfert dans la fortune privée, sera soumise à l'impôt sur les gains immobiliers. L'autre possibilité suivant le canton sera de soumettre à l'impôt sur le revenu la différence entre la valeur comptable et la future valeur vénale du bien (système dualiste).

> Tant qu'on a le choix, il est préférable de garder les biens immobiliers commerciaux dans la fortune privée. Si leur utilisation commerciale est prépondérante, ils feront alors effectivement partie de la fortune commerciale. Mais on pourra les inscrire dès lors au registre foncier au nom de son conjoint ou de son partenaire. Dans ce cas, les biens ne pourront en général pas être qualifiés de commerciaux. Certaines administrations fiscales iront en effet vérifier comment ces biens figurent au registre foncier et les transféreront dans la fortune commerciale du contribuable.
>
> Pour une société de personnes, il sera même possible que les associés créent une société simple distincte, laquelle détiendra le bien commercial et le louera à la société de personnes. Dans ce cas, le maintien dans la fortune privée devrait être garanti.

b) Les principes de l'amortissement

Un actif commercial, par exemple un bien immobilier commercial, peut être amorti dès qu'il perd de la valeur. En règle générale, ce sera toujours le cas pour les bâtiments construits. Mais cela peut aussi l'être pour un terrain. Comme l'ont montré les événements économiques de la décennie 1990, ils peuvent aussi perdre de la valeur. Il reste que la doctrine juridique fiscale et l'administration des contributions sont rarement à l'unisson pour dire qu'il ne faut pas amortir le prix du terrain. Ceci a été à l'origine d'une hausse continuelle et parfois surprenante des prix du terrain dans les années 80.

Les données ci-dessous indiquent les taux d'amortissement schématiques à utiliser pour les biens immobiliers. Le taux est soit linéaire, à savoir qu'il s'applique à la valeur d'acquisition du bien, soit dégressif. Dans ce dernier cas, il s'applique à la valeur résiduelle du bien. Ce système d'amortissement permet de pratiquer des amortissements plus forts les premières années de détention, souvent couplés à un endettement élevé.

> **Attention:** l'amortissement permet de décaler dans le temps l'impôt mais ne le supprime pas. Au moment de la revente du bien immobilier ou de la liquidation de l'entreprise le fisc ne manquera pas de présenter sa facture.

c) Les taux d'amortissement

L'administration fiscale applique des taux d'amortissement qui diffèrent selon la destination des bâtiments. Actuellement, les taux en vigueur sont les suivants:

Taux d'amortissement pour les immobilisations (cantons et confédération), applicables sur la valeur résiduelle:

– **Maisons d'habitation de sociétés immobilières et maisons d'habitation pour le personnel:**
* bâtiment seul   2%
* bâtiment et terrain   1,5%

– **Bâtiments commerciaux, bureaux, banques, grands magasins et cinémas:**
* bâtiment seul   4%
* bâtiment et terrain   3%

– **Hôtels et restaurants:**
* bâtiment seul   6%
* bâtiment et terrain   4%

– **Fabriques, entrepôts et immeubles artisanaux:**
* bâtiment seul   8%
* bâtiment et terrain   7%

Lorsqu'un bien immobilier sert partiellement à des fins commerciales, le taux d'amortissement doit être réduit proportionnellement. S'il est par contre utilisé à de multiples fins commerciales (par exemple, comme bureau et comme atelier), il faut alors appliquer les différents taux de manière adaptée.

Lorsque les taux sont calculés sur la valeur résiduelle d'un bien, ils sont dégressifs. Ceci signifie que chaque année le montant à amortir va diminuer. Si on amortit par contre sur la valeur d'acquisition, les taux ci-dessus sont à diviser par deux. En appliquant cette dernière méthode, les montants à amortir seront les mêmes chaque année.

Le taux d'amortissement plus élevé dans le cas du bâtiment seul ne peut être appliqué que si la valeur résiduelle comptable du bien, respectivement son coût de construction, est activé séparément de celui du terrain. A la signature du contrat d'achat, il est donc préférable d'indiquer séparément le prix d'achat du bien immobilier commercial et celui du terrain et de les activer séparément au bilan.

10. Sous-utilisation du logement

Pour l'impôt fédéral direct et pour quelques cantons, on peut appliquer depuis le 1er janvier 2001 une déduction pour la sous-utilisation d'un bien pour son propre usage. Cette déduction, qui concerne la valeur locative, répond à certaines conditions. Il y a en effet une sous-utilisation du bien lorsque le propriétaire n'utilise plus la totalité de la surface habitable de sa maison ou de son appartement. Ceci peut arriver suite au départ de certains membres de la famille, par exemple les enfants, mais aussi après le décès d'un des époux ou d'un partenaire.

La déduction fiscale pour sous-utilisation n'est cependant accordée que si les pièces concernées sont effectivement et durablement vides. Elles ne doivent donc pas être utilisées, par exemple, pour garder des meubles. Un taux d'utilisation réduit ne donne pas droit à une déduction. Si par exemple, les pièces concernées servent occasionnellement à recevoir des invités, comme pièce de travail ou de jeux, cela ne suffit pas à justifier une sous-utilisation selon l'Administration fédérale des contributions.

Cette dernière ne dit pourtant rien du cas d'un couple sans enfant ou de la personne célibataire qui pourrait faire des déductions en cas de sous-utilisation de l'appartement ou de la maison familiale. Vu qu'aucune réduction du taux d'utilisation du bien n'existe, aucune déduction ne peut être faite.

Pour calculer la valeur locative en cas de sous-utilisation, on part de la valeur locative totale qu'on réduit en proportion du nombre de pièces effectivement utilisées. En règle générale, les cuisines, entrées, salles de bain, toilettes, greniers, cuisines et garages sont assimilables à deux espaces. Les pièces supérieures à 30 mètres carrés comptent pour deux. En corollaire de la diminution de la valeur locative, il faut aussi être conscient que la déduction des frais d'entretien sera réduite en proportion.

Etude de cas

Exemple de calcul d'une sous-utilisation

Maison familiale de 8 pièces (la cuisine n'est pas comprise), d'une valeur locative de 36.000 francs, habitée par les parents dont les trois enfants sont partis du domicile; deux pièces sont vides.

Nouvelle valeur locative sur la base du taux d'utilisation réel:

Fr. 36.000 x 8* / 10 = Fr. 28.800**

* 8 = 6 pièces et deux espaces vides
** 10 = 8 pièces et deux espaces vides

Déduction forfaitaire pour les coûts d'entretien de 20%:
- Avant: Fr. 7.200
- Après: Fr. 5.760

Changement dans le revenu imposable: Fr. 5.760
Economie fiscale avec un taux d'imposition de 35%: **Fr. 2.016 par an**

F. Amortir ou augmenter son hypothèque?

1. Limite à la déduction des intérêts débiteurs

Depuis l'entrée en vigueur de la LHID le 1er janvier 2001, la déduction des intérêts hypothécaires débiteurs des revenus imposables est limitée. La somme déductible est maintenant limitée au rendement brut imposable de la fortune, augmenté d'une somme forfaitaire de 50.000 francs. Seuls les propriétaires fortement endettés ou ceux qui ont pris un crédit hypothécaire au mauvais moment sont concernés par cette limite. Le propriétaire d'une villa familiale standard ne sera en principe pas concerné par cette disposition, ce d'autant plus que les conditions de taux sont actuellement très avantageuses.

En fixant cette limite, le législateur a voulu mettre un terme à toute discussion sur la question d'une éventuelle évasion fiscale. Malheureusement, le fisc, en particulier l'Administration fédérale des contributions (AFC), n'entend pas respecter cette règle sans autre. Dans une circulaire portant sur la période fiscale 2001/2002, l'AFC estime qu'il y a motif à examiner si le refinancement d'une assurance à prime unique ne constitue pas en fait une évasion fiscale.

Certes, ces circulaires ne sont que des avis. Mais, dans la pratique, ils sont souvent considérés par les administrations fiscales cantonales comme ayant force de loi. Le tribunal administratif de Saint-Gall a cependant statué que les intérêts débiteurs sont, en général, déductibles sans qu'il ne puisse y avoir de catégories spécifiques d'intérêts. Malheureusement, tous les cantons ne se sont pas ralliés à cette pratique.

Tableau 12: Exemple de calcul relatif à la nouvelle pratique en matière d'intérêts débiteurs

Rendement brut de la fortune	Exemple 1 : Employé propriétaire de sa maison CHF	Exemple 2 : Entrepreneur (SA et immeuble de rapport) CHF
Produits d'intérêts des liquidités, obligations, etc.	4 000	20 000
Revenus de dividendes sur actions et participations	1 000	60 000
Valeur locative (y. c. maisons de vacances)	25 000	35 000
Revenus locatifs bruts des immeubles de rapport	–	120 000
Franchise légale	50 000	50 000
Revenus de la fortune (total)	**80 000**	**285 000**
./. intérêts débiteurs sur sa propre habitation	30 000	35 000
./. intérêts débiteurs sur les immeubles de rapport	–	45 000
./. autres dettes privées	–	40 000
Intérêts débiteurs (total)	**30 000**	**120 000**
Réserve fiscale sur intérêts débiteurs	**50 000**	**165 000**
Potentiel fiscal d'endettement supplémentaire (taux 3%)	**1 666 666**	**5 500 000**

Source: Thomas Räber

Il est possible de déduire les intérêts débiteurs dans la limite du rendement brut de la fortune augmenté d'un forfait de 50.000 francs. Les éléments de la fortune à prendre en compte sont les intérêts créditeurs, les dividendes, les loyers encaissés ou la valeur locative de la propriété, les produits de liquidation, etc.

2. Quand les intérêts débiteurs diminuent, les impôts augmentent

Lorsque les intérêts débiteurs diminuent suite au remboursement de sa dette hypothécaire, son revenu imposable augmente. Conséquence: la charge fiscale en fait de même. D'un point de vue strictement fiscal, il ne sert donc à rien d'amortir ses dettes.

Il ne suffit cependant pas de raisonner dans une optique fiscale. Tout d'abord, il convient de réduire sa dépendance face à un engagement bancaire, comme cela arrive fréquemment dans le cas d'un immeuble à valeur vénale élevée hypothéqué au maximum. Une diminution de cette valeur vénale, quelle que soit son origine, peut en effet entraîner très rapidement des conséquences financières difficiles. Dans ce cas en effet, la banque demande souvent un apport de fonds propres complémentaire.

3. Amortir son hypothèque, oui mais…

Pour répondre à la question de savoir s'il vaut la peine d'amortir son hypothèque, il faut tout d'abord prendre en considération les autres placements dont on dispose, sous forme, par exemple, d'actions, d'obligations, de comptes d'épargne, de polices d'assurances, etc. Il s'agit ensuite de tenir compte de l'effet fiscal. Prenons le cas d'un contribuable qui envisage d'utiliser 100.000 francs placés sur un compte d'épargne pour rembourser une hypothèque de deuxième rang qui coûte, elle, 4% l'an.

Avec une progression marginale de sa charge fiscale de 30% par exemple, un compte d'épargne lui offrira un rendement net de 0,7%. L'hypothèque au taux de 4% lui coûtera 2,8%, après déduction de l'effet fiscal. La plus-value potentielle sera donc de 2,1% par rapport au placement sur un compte d'épargne. Dans ce cas, l'amortissement de l'hypothèque paraît judicieux, si l'on ne dispose que de l'alternative entre le compte d'épargne ou le remboursement de son hypothèque.

> Faut-il ou non amortir son hypothèque? Il s'agit toujours de tenir compte du rendement après impôts. En principe, il faudrait cependant toujours amortir son hypothèque si l'on prévoit que le revenu du travail disparaîtra dans un avenir proche et par conséquent que son revenu imposable diminuera fortement. Même à la retraite, si l'on dispose de rentes élevées, on peut encore dans une certaine mesure profiter de l'effet fiscal et de l'effet de levier que procure l'endettement.

4. Augmenter son hypothèque

Pour éviter d'être trop dépendant de son organisme de crédit, un emprunt hypothécaire ne devrait pas dépasser 60% de la valeur vénale d'un bien immobilier. Si le prêt est plus élevé parce que, par exemple, lors de l'achat, le propriétaire ne disposait pas d'assez de fonds propres, il faudrait amortir le plus vite possible son hypothèque pour la réduire à un niveau correspondant à cette proportion.

Une hypothèque trop élevée entraîne une dépendance vis-à-vis de la banque créancière. Mais le contraire a pour conséquence une charge fiscale trop élevée. De ce fait, une hypothèque ne devrait pas être inférieure à 50% de la valeur vénale d'un bien immobilier. Si cela est le cas, la question se pose de savoir s'il faut la ramener à ce niveau. En faisant attention, parallèlement, à inclure dans les calculs le rendement prévisible d'autres types de placements.

Le coût d'une hypothèque supplémentaire n'est pas comparable au taux de la première. La charge des intérêts débiteurs sera en effet réduite par l'effet d'une charge fiscale plus basse en raison précisément de la hausse de ces intérêts débiteurs.

> Dans le cas d'une charge fiscale marginale de 35%, les coûts effectifs d'une hypothèque au taux nominal de 3,5% sont à peine de 2,275%.
>
> Avec une hypothèque supplémentaire de 100.000 francs au taux de 3,5%, on s'acquittera de 3500 francs d'intérêts débiteurs supplémentaires par année. Mais parallèlement, on économisera 35% de la note fiscale et la charge fiscale diminuera de 1225 francs par an.
>
> En incluant dans le calcul de l'économie fiscale les intérêts débiteurs supplémentaires, la nouvelle charge fiscale s'élève à un montant net de 2275 francs, soit 2,275% de la nouvelle hypothèque.

Mais la vraie question sera celle de savoir s'il est possible d'investir ces 100.000 francs empruntés pour que, en tenant compte des impôts sur le revenu de ce placement, le rendement qui en résulte soit supérieur à la charge nette de la nouvelle hypothèque.

Un placement obligataire de 100.000 francs, avec un rendement moyen de 3,5%, n'offrirait pas une rentabilité supérieure. Après déduction des impôts au taux de 35% sur les revenus, il ne resterait qu'un produit net de 2275 francs qui couvrirait à peine le surcoût net de l'hypothèque.

Si l'on choisissait comme alternative de placer ce montant dans une police d'assurance à prime unique offrant un rendement de 2,5%, on n'en retirerait aucun avantage en terme de rendement, même si ce placement est exonéré d'impôts.

Si l'on choisissait par ailleurs une police d'assurance-vie à prime unique investie en fonds de placement, constitués pour moitié de fonds en actions et de fonds obligataires, le propriétaire concerné pourrait, sur dix ans et plus, anticiper avec certitude un rendement plus élevé que ce que lui coûterait l'hypothèque. Mais son risque serait nettement plus élevé.

G. Résidences secondaires: l'immobilier de loisir

1. Conséquences fiscales d'un tel achat

a) Déclaration fiscale dans le canton de domicile

L'achat d'une propriété de vacances dans un autre canton constitue un domicile fiscal dans le canton concerné. De ce fait, il y aura un assujettissement fiscal limité pour le canton où est située la résidence secondaire. Le propriétaire devra donc y déclarer ses revenu et fortune totaux et sera imposé sur le rendement du bien immobilier acheté ainsi que sur sa valeur fiscale dans le canton où est sise la résidence secondaire.

En règle générale, il suffit de contresigner la déclaration d'impôts du canton où est située la résidence secondaire et de l'envoyer à l'administration fiscale cantonale avec copie de celle de son canton de domicile.

b) Impôt sur les successions et les donations

On sait peu qu'en cas de succession et de donation, le droit fiscal du canton où est située la résidence secondaire s'appliquera pour ce bien et non celui du canton de domicile du défunt ou du donateur. Cela peut avoir des conséquences désagréables. Comme, par exemple, lorsque aucun impôt n'est perçu sur les successions entre parents et enfants dans le canton de domicile du défunt mais par contre l'est dans celui où est située la résidence secondaire. Ainsi, les enfants d'un propriétaire immobilier domicilié à Zurich, où il n'y a pas d'impôt sur la succession entre parent et enfant, en paieront un pour une propriété sise dans un canton où il faut payer dans ce cas un impôt sur la valeur vénale du bien immobilier.

En matière de succession et donation portant sur des biens immobiliers, le for fiscal sera constitué par le lieu de situation de l'immeuble. L'endettement, quant à lui, se répartira en fonction de la localisation des avoirs bruts, sans considération quant à la destination première du financement.

c) Le devoir fiscal

L'achat ou la vente d'un bien immobilier sis ailleurs que dans son canton de domicile durant une période fiscale entraîne un changement dans la répartition intercantonale de l'impôt. Il n'y a certes plus de taxation intermédiaire. Mais ce changement entraînera un fractionnement de la facture fiscale.

d) Répartition entre le canton de domicile et celui de la résidence secondaire

Dans le canton où est située la résidence secondaire, la valeur locative ou le revenu de location qui en est tiré seront imposés au titre du revenu. Les frais d'entretien effectifs ou forfaitaires seront déduits du revenu. Les intérêts hypothécaires seront déduits au prorata des revenus bruts totaux du contribuable.

C'est en général dans le canton de domicile principal qu'est calculée la répartition de l'impôt. La répartition des intérêts débiteurs est effectuée sur la répartition des actifs bruts du propriétaire entre son canton de domicile et celui de situation de sa résidence secondaire. Elle se fait sur la base de la valeur fiscale des éléments de la fortune. Si, par exemple, la valeur fiscale de la nouvelle résidence secondaire du contribuable représente 10% de la totalité de la valeur fiscale de ses biens, une proportion identique des intérêts débiteurs sera déclarée au fisc du canton où se situe la résidence secondaire. Le reste sera déduit des revenus imposables dans le canton de domicile. La démarche est identique en ce qui concerne les dettes: elles sont réparties entre les cantons selon la situation géographique des actifs.

Fiscalement, que l'acquisition de sa résidence secondaire ait été financée par l'augmentation de l'hypothèque sur son domicile privé ne jouera aucun rôle.

La valeur locative, diminuée des frais d'entretien et des intérêts débiteurs, sera imposée dans le canton de résidence secondaire selon les barèmes fiscaux ordinaires. Le contribuable devra donc déclarer l'intégralité de ses revenus imposables en Suisse et à l'étranger. Le taux de l'imposition dans le canton de résidence secondaire est déterminé sur cette base. Il servira à y calculer l'impôt sur le revenu. Le canton de domicile principal utilisera aussi ce taux. En fonction du canton de domicile principal, ceci peut entraîner une charge fiscale plus ou moins lourde que dans le canton de résidence secondaire.

e) Financer une résidence secondaire

En général, pour financer une résidence secondaire, on paie un taux supérieur de $1/4\%$ à $1/2\%$ à celui d'une hypothèque sur son domicile principal. Il pourra donc être intéressant d'augmenter la part de l'hypothèque déjà amortie sur ce bien ou sur celle d'un bien immobilier de rapport pour financer sa résidence secondaire, avec un apport supplémentaire de fonds propres. Les clients importants des banques obtiennent cependant des conditions souvent identiques à celles d'une hypothèque sur leur résidence principale. Une autre façon de financer une résidence secondaire sera de contracter un crédit lombard adossé à un dépôt-titres. Dans ce cas, la plus extrême prudence sera toutefois de mise surtout s'il s'agit d'actions.

2. Optimiser un héritage ou un legs

L'impôt sur les successions et les donations pour une résidence secondaire sera prélevé dans le canton où celle-ci est située. Par exemple, le canton des Grisons imposera un héritage au taux de 4%, ce en plus de l'impôt communal facultatif sur les successions. Ce canton prélèvera donc un impôt même si le canton de domicile du défunt ou du donateur ne connaît plus ou pas ce type d'impôts.

La base de calcul de cet impôt diffère selon qu'il s'agit d'une succession ou d'une donation. Dans le cas d'une donation de son vivant, la valeur vénale du bien immobilier servira de base, sous déduction de la charge hypothécaire afférente. La différence représentera la valeur du don imposée. Dans certains cantons, comme à Berne, la valeur fiscale du bien, qui est nettement inférieure, est prise en compte.

La procédure sera différente pour le calcul du partage d'une succession et de son imposition. Dans ce cas, toutes les dettes du défunt seront réparties selon la localisation brute de ses actifs. La procédure ressemble à la répartition des actifs qui était faite de son vivant pour calculer celle de l'impôt. Ensuite, on imposera la valeur vénale (ou celle qui sera retenue) des biens sis dans le canton de résidence secondaire, sous déduction des dettes qui seront également réparties.

Une façon différente d'imposer les successions et les donations peut être utilisée à des fins d'économie fiscale. Si, par exemple, le canton de résidence secondaire prélève un impôt sur les successions et les donations au contraire du canton de domicile principal, il serait judicieux, de son vivant, de contracter une dette hypothécaire élevée sur sa résidence secondaire. Dans ce cas, en effet, la différence entre la valeur vénale du bien et celle de l'hypothèque sera finalement imposée. En cas d'héritage portant sur une résidence secondaire, l'impôt sera élevé si la dette en relation est basse et ne peut pas être déduite.

Au contraire, si le défunt avait son domicile principal dans un canton connaissant un régime d'imposition des successions en ligne directe alors que le canton de résidence secondaire n'en connaît pas, il n'aurait pas eu intérêt à grever sa résidence secondaire trop lourdement de son vivant. Tout le processus sera en effet exonéré d'impôt dans le canton de résidence secondaire. Sous certaines conditions, il faut même chercher à ce que, dans une optique de planification, il perdure un endettement élevé, lequel pourra être déduit de la masse successorale dans son canton de domicile principal.

La question d'une donation de biens immobiliers de son vivant, s'ils sont situés dans un autre canton, revêt une importance toute particulière en cas de don ou de transmission par héritage à des partenaires et concubins. Les économies réalisées sont ici nettement entamées par des taux d'imposition pouvant aller jusqu'à 50%. Les partenaires voulant ainsi se prémunir des conséquences du décès, sans que l'Etat n'en profite trop, devraient acheter un bien immobilier de rapport ou une résidence secondaire pour leur propre usage dans un canton qui ne connaît pas ou peu ce genre d'impôt.

3. Quand la résidence secondaire devient principale

Bien des Suisses romands caressent l'idée, le moment de leur retraite venue, de vendre ou de louer leur domicile principal en plaine ou en ville pour aller vivre dans leur résidence secondaire au Tessin, dans les Alpes vaudoises ou valaisannes. Parfois, il en résulte des avantages fiscaux réels, par exemple en ce qui concerne les versements des caisses de pensions. Mais, dans ce cas, un changement de domicile devrait absolument avoir été fait avant la date d'échéance du versement des prestations.

Selon le canton de domicile avant la retraite, le régime fiscal du canton de résidence secondaire pourra être meilleur.

Checklist

Acheter une résidence secondaire

- [ ] Quels sont les vrais motifs qui m'incitent à acheter une résidence secondaire (besoin d'une résidence de vacances pour la famille, aversion des voyages à l'étranger, transformation ultérieure en domicile principal, etc.)?
- [ ] Ai-je calculé l'impact de la valeur locative et de la valeur fiscale de la résidence secondaire sur ma situation fiscale?
- [ ] Me suis-je renseigné sur tous les impôts et les taxes concernant cette résidence secondaire (impôt foncier, taxe poubelles, d'épuration des eaux, taxe de séjour, etc.)?
- [ ] A combien se monteront mes charges annuelles, y compris le loyer de l'hypothèque?
- [ ] Suis-je prêt à passer au moins la moitié de mes vacances dans cette résidence secondaire? Ma famille le veut-elle aussi?
- [ ] Suis-je bien informé de tous les frais liés à cette résidence secondaire?
- [ ] Puis-je organiser l'entretien de cette résidence secondaire pendant mon absence de telle manière que cela ne me cause pas de soucis?
- [ ] Comment évoluera ma charge fiscale totale avec l'achat de cette résidence secondaire?
- [ ] Me suis-je renseigné sur le traitement fiscal lié à la transmission de ce bien?
- [ ] Cela revêt-il un sens, dans la perspective de l'ouverture d'une succession dans le canton de situation de la résidence secondaire, de l'acheter au nom d'un ou de mes enfants?
- [ ] Lequel de mes enfants héritera plus tard de ce bien?
- [ ] Comment optimiser le financement de l'achat de cette résidence secondaire?
- [ ] Louer une résidence secondaire au même endroit constituerait-il une alternative envisageable et, dans ce cas, comment se présente la comparaison en terme de coût entre l'achat et la location?
- [ ] S'il s'agit d'un appartement, qui seront mes voisins?
- [ ] Dans la mesure où cela peut être déterminé, pourrais-je revendre ce bien au moins au prix auquel je l'ai acheté?
- [ ] Puis-je escompter une augmentation de la valeur du bien étant donné sa situation?
- [ ] Ce bien doit-il être rénové? Un spécialiste a-t-il fait l'inventaire de ce qui doit être réalisé?
- [ ] Ma fiduciaire pourra-t-elle aussi établir ma déclaration d'impôts pour le canton de résidence secondaire?
- [ ] Cette résidence secondaire sera-t-elle encore nécessaire quand mes enfants seront partis du domicile familial?

H. Vendre un bien immobilier: l'Etat encaisse

1. Généralités

Un gain immobilier est imposé au moment où la vente d'un immeuble est réalisée. Le bénéfice imposable correspond à la différence entre le prix de vente du bien et son prix de revient. En Suisse, les gains immobiliers sont soumis soit à l'impôt spécial sur les gains immobiliers, soit à l'impôt ordinaire sur les revenus ou sur les bénéfices.

L'impôt spécial a été instauré du fait qu'un gain immobilier est en général unique et qu'il ne peut donc pas faire partie du revenu régulier d'un contribuable. Si ce bénéfice était imposé au même titre que les autres revenus ordinaires, il en résulterait une surcharge fiscale qui pèserait sur tous les revenus imposables. Ceci impliquerait en effet une très forte progression marginale de l'impôt sur le revenu sur la période fiscale concernée. En imposant directement le bénéfice immobilier par un impôt distinct, on évite cette progression.

Mais un contribuable peut aussi réaliser régulièrement des gains immobiliers dans le cadre de son activité professionnelle. Il sera, par exemple, actif sur le marché immobilier de par son métier d'architecte ou d'entrepreneur général dans le bâtiment. Dans ce cas, le gain immobilier représentera un revenu issu d'une activité professionnelle. Il sera donc soumis aux impôts et à l'AVS. Si un gain immobilier est réalisé par une personne morale, il sera déterminé par la différence entre la valeur comptable et le prix de vente de l'immeuble. Il constituera un bénéfice imposable.

Pourtant, ces principes de base sont interprétés diversement par la confédération et les cantons.

2. La fiscalisation des gains immobiliers

La Confédération ne prélève pas d'impôt distinct sur les bénéfices immobiliers. Cela ne signifie pas pour autant qu'elle n'en prélève aucun sur les bénéfices. Elle n'exonère en fait que les gains en capital réalisés par les particuliers lors de l'aliénation d'immeubles faisant partie de la fortune privée.

La plupart des lois fiscales cantonales distinguent entre plusieurs sortes de gains immobiliers. Les uns sont soumis à l'impôt spécial sur les gains immobiliers et les autres, comme on l'a vu, à l'impôt ordinaire sur le revenu et les bénéfices. Il s'agit du «système dualiste». Chez les particuliers, on distingue entre les bénéfices réalisés sur les immeubles faisant partie de la fortune commerciale, y compris ceux effectués dans le cadre de l'activité commerciale, et ceux réalisés sur les biens immobiliers inclus dans la fortune privée. Pour ces derniers, le traitement fiscal et les conditions de l'impôt sont différents.

En ce qui concerne l'impôt sur les gains immobiliers, le système dit «moniste» veut que l'impôt soit prélevé aussi bien sur les bénéfices réalisés au titre de la fortune privée que sur ceux de la fortune commerciale, y compris pour les immeubles détenus par les personnes morales.

Tableau 13: Modes d'imposition des gains immobiliers

Cantons	AI	AG	AR	BE	BL	BS	FR	GE	GL	GR	JU	LU	NE	NW	OW	SG	SH	SO	SZ	TG	TI	UR	VD	VS	ZG	ZH
Système moniste				X	X	X		X			X			X					X	X	X	X				X
Système dualiste	X	X	X				X		X	X		X	X		X	X	X	X					X	X	X	

3. Les immeubles de la fortune commerciale et ceux de la fortune privée

La répartition des biens immobiliers entre fortune privée et fortune commerciale pose une vraie question d'interprétation pour les immeubles en partie à usage commercial et en partie à usage privé. Cette question est importante pour les cantons qui taxent séparément les gains immobiliers réalisés sur les immeubles inclus dans la fortune privée et qui soumettent les gains immobiliers résultant de la fortune commerciale à l'impôt sur les revenus ou sur le bénéfice.

Cette répartition constitue aussi un problème pour les cantons qui imposent distinctement tous les bénéfices immobiliers. Dans ces cantons, les amortissements sur immeubles ont en effet déjà été déduits de l'impôt sur le revenu ou sur le bénéfice. Et ceci, même si le gain immobilier a été soumis à un impôt spécial.

En appliquant le système dit de la prépondérance, la Confédération et les cantons pourront déterminer si, fiscalement parlant, un immeuble vendu a été utilisé à des fins plutôt privées ou plutôt commerciales. Selon cette méthode, les biens immobiliers font partie de la fortune commerciale s'ils ont été utilisés de manière prépondérante pour une activité commerciale. Par exemple, un restaurateur qui utilise pour son activité professionnelle 30% de son immeuble et qui loue le reste sous la forme d'appartements devra, selon le système de la prépondérance, déclarer ce bien comme faisant fiscalement partie de sa fortune privée.

4. Les gains immobiliers issus de la fortune commerciale

Lors de l'aliénation d'immeubles de la fortune commerciale, à savoir faisant partie des actifs d'un indépendant, d'une société ou d'un professionnel de l'immobilier, les gains en capital réalisés seront soumis par la Confédération et par la plupart des cantons (LU, OW, GL, ZG, FR, SO, SH, AR, AI, SG, GR, AG, VD, VS et NE) à l'impôt sur le revenu et le bénéfice. Les indépendants devront au surplus décompter l'AVS.

Certaines exceptions concernent spécifiquement les gains en capital réalisés par les professionnels de l'immobilier agissant à titre privé dans le cadre de leur activité. Ils devront inclure ces gains dans leur bénéfice si cette gestion de leur fortune privée s'effectue avec des achats et des ventes fréquents, l'emploi de fonds empruntés ou de connaissances particulières. Quatre cantons alémaniques (LU, ZG, SO, AI) imposent les bénéfices immobiliers réalisés s'il y a un assujettissement fiscal sur leur territoire constitué par les immeubles aliénés. D'autres (ZH, BE, UR, SZ, NW, BS, BL, TG et TI) et le Jura soumettent ces bénéfices immobiliers à l'impôt spécial. De plus, le Jura est le seul canton à soumettre ces bénéfices à l'impôt sur le revenu ou le bénéfice.

Les bénéfices réalisés à titre professionnel par les professionnels de l'immobilier sont soumis à l'impôt sur le revenu ordinaire dans certains cantons (ZH, UR, SZ, NW, BS et TG) si le prix d'achat augmenté des frais à caractère de plus-value dépassent la charge fiscale sur le revenu. A Berne, les gains immobiliers sont soumis à l'impôt sur le revenu si des travaux à caractère de plus-value, représentant au moins 25% du prix d'achat de l'immeuble, ont été effectués. A Genève, les gains immobiliers sur la fortune commerciale sont d'abord frappés d'un impôt spécifique, puis soumis à l'impôt ordinaire sur le revenu et le bénéfice, le premier de ces impôts pouvant être déduit du second.

Les pratiques cantonales de l'impôt sur les gains immobiliers sont difficilement comparables en raison de leur opacité.

5. Les gains immobiliers issus de la fortune privée

Les bénéfices immobiliers issus de la fortune privée sont exonérés de l'impôt fédéral direct. Par contre, depuis le 1er janvier 2001, ils sont soumis dans tous les cantons à l'impôt sur les gains immobiliers.

L'imposition des gains immobiliers dépend de l'endroit où se trouve l'immeuble, c'est-à-dire du canton ou de la commune où il est situé. Selon la jurisprudence du Tribunal fédéral, cette règle vaut aussi pour les bénéfices immobiliers réalisés par les intermédiaires immobiliers professionnels.

6. Le contribuable

Le débiteur de l'impôt sur les gains immobiliers est la personne qui réalise la vente du bien, de la part de copropriété d'un immeuble ou du droit de superficie ou d'usage inscrit au registre foncier. Certains cantons appliquent des règles spéciales pour des cas précis. A Berne et Neuchâtel, les particuliers qui participent légalement ou contractuellement à un gain immobilier sont traités comme des vendeurs. Dans le canton du Jura, ce sera aussi le cas si la participation au produit de l'aliénation de l'immeuble résulte de dispositions légales.

7. Base de l'imposition

En principe, l'impôt frappe le bénéfice réalisé sur la vente de la totalité ou d'une partie d'un immeuble ainsi que les indemnités uniques perçues au titre des droits de servitude éventuelle grevant un bien immobilier. Trois conditions doivent être réunies pour que l'impôt sur le bénéfice immobilier soit prélevé. Il doit y avoir un gain immobilier, un immeuble doit changer de propriétaire et il doit y avoir un transfert de propriété.

8. Le gain immobilier

Le gain immobilier imposable correspond au bénéfice net réalisé lors du transfert de propriété (aliénation). La base de l'impôt n'est donc jamais constitué par l'accroissement de valeur régulier du bien mais par la plus-value réalisée au moment précis de la vente d'un immeuble.

> Le bénéfice correspond donc à la différence entre le produit de la vente sous déduction de dépenses spécifiques et le prix de revient (valeur d'achat + dépenses à caractère de plus-value) de l'immeuble.

Pour plus de détails, le lecteur pourra se référer aux considérations suivantes:

a) Qu'est-ce qu'un immeuble?
Toutes les administrations cantonales des contributions se fondent sur l'article 655 du Code civil suisse qui définit la notion d'immeuble. Selon cette définition, un immeuble représente donc un bien-fonds (soit les parcelles de terrains délimitées et les constructions fixes et les plantes qui en font partie), les droits distincts et permanents liés aux immeubles et inscrits au Registre foncier, les mines et les parts de copropriété d'immeubles.

b) Qu'est-ce qu'un transfert de propriété?
Le transfert de propriété, ou l'aliénation, constitue la composante principale de l'impôt sur les gains immobiliers. Il représente une opération par laquelle une augmentation de la valeur de l'immeuble est réalisée. Le transfert de propriété est l'acte qui a pour effet de transférer à un tiers le pouvoir réel ou économique de disposer d'un immeuble ou de partager la propriété de cet immeuble.

Selon qu'il s'agit d'un transfert réel de propriété ou du transfert du droit de disposer d'un immeuble, on distinguera entre une transaction de droit privé ou public et une transaction économique. Toutes les transactions créent un assujettissement fiscal dès qu'elles permettent de réaliser, entièrement ou partiellement, un gain immobilier et dès qu'elles ne sont pas exonérées par les lois fiscales.

9. L'aliénation de droit privé et public

a) Les aliénations de droit privé
Ces transferts de propriété reposent sur le droit civil et le Code des obligations. Ils nécessitent un motif juridique valable, par exemple un contrat d'achat, un testament, un acte d'échange ou de donation et une inscription au registre foncier. Parmi ces aliénations, on compte les ventes, les échanges, les donations, les héritages ainsi que les apports d'immeubles dans une société de capitaux ou dans une coopérative.

b) Les aliénations de droit public
Ce type d'aliénation est fondé sur une loi. Le transfert de propriété découle d'un acte administratif comme un jugement ou une décision légale. L'expropriation, l'exécution forcée, le remaniement parcellaire ou un plan de quartier constituent un tel type d'aliénation.

10. L'aliénation économique

a) Généralités
Un transfert de propriété économique représente le transfert durable, au sens économique du terme, de la propriété ou des droits de disposition sur un immeuble. Un transfert économique peut prendre de multiples formes et est assujetti à l'impôt par une clause générale des lois cantonales et de la loi fédérale sur l'harmonisation fiscale. On évite ainsi l'évasion fiscale en traitant juridiquement de manière égale des transactions visant un même but.

L'autorité fiscale a le fardeau de la preuve d'un transfert économique. Elle doit vérifier les obligations contractuelles faites lors de l'aliénation et se forger ainsi une opinion sur la volonté et les objectifs des parties. Certains cantons prévoient dans ce cas une obligation d'annonce, par exemple dans le cas du transfert de la majorité des droits dans une société immobilière.

b) Les opérations en chaîne
Ces opérations constituent les transferts économiques les plus fréquents. Elles concernent la cession du droit d'acquérir un immeuble par un contrat dont l'objet porte sur un bien immobilier (emption, préemption). Selon ce contrat, l'acheteur pourra céder ses droits à un tiers par une clause de substitution. Ce dernier aura par la suite la possibilité de recéder lui-même ses droits à une autre personne.

Cette clause de substitution permet à plusieurs personnes de devenir propriétaires successifs du bien, d'où le nom d'opération en chaîne. Dans ce cas, bien qu'il n'y ait civilement qu'un seul changement de propriétaire, entre le vendeur et le dernier acquéreur inscrit au registre foncier, le fisc imposera chaque transfert de propriété au sens économique du terme.

c) La vente de participations dans des sociétés immobilières

Le but d'une société immobilière est principalement de tirer profit de l'augmentation de valeur des immeubles qu'elle détient ou d'utiliser ces derniers en tant que placement sûr et rentable. Elle poursuit ce but quel que soit le type d'utilisation ou de valorisation des immeubles adopté (vente, location, nouvelle construction, affermage, etc).

> Le transfert économique survient lorsque la totalité ou la majorité des titres participatifs d'une société immobilière sont cédés. De telles transactions sont assujetties à l'impôt sur les gains immobiliers. L'impôt est calculé sur le bénéfice réalisé sur l'ensemble des biens immobiliers de la société. En général, la Confédération ne prélève aucun impôt direct car les gains en capital sont exonérés. Demeure réservé le cas particulier de l'aliénation de biens inclus dans la fortune commerciale.

Dans la plupart des cantons, l'aliénation de parts minoritaires d'une société immobilière n'est pas soumise à l'impôt sur les gains immobiliers. Ce n'est cependant pas le cas si, en particulier, les détenteurs de parts minoritaires sont conscients que l'acquéreur de leurs parts devient ensuite majoritaire et peut dès lors agir comme s'il était propriétaire des immeubles. Les cantons de LU, TI, VD, VS, NE et GE imposent toutefois dans tous les cas les gains réalisés sur des participations minoritaires.

Souvent, il n'est pas évident de déterminer si l'on est en présence d'une société immobilière ou d'une société dont les opérations sont liées à l'immobilier. Dans ce dernier cas, les statuts doivent établir clairement si le but de la société est de commercer, de fabriquer ou de fournir des services. Ils doivent aussi clairement établir si la détention de biens immobiliers constitue l'objet principal ou secondaire de la société.

Une société d'exploitation qui a cessé ses activités, ou qui aliénera ses immeubles peu après avoir cessé ses activités, peut être considérée du point de vue fiscal comme une société immobilière. Son traitement fiscal permettra de déterminer si l'on est en présence ou non d'une société immobilière et si la vente de la majorité de ses parts doit être soumise ou non à l'impôt sur les gains immobiliers.

d) Transfert entre fortune privée et fortune commerciale

Un bien foncier est transféré, respectivement prélevé, de la fortune privée d'un contribuable vers sa fortune commerciale par un apport privé, respectivement un prélèvement. Un apport privé a ceci de particulier que le détenteur de la fortune privée et celui de la fortune commerciale sont une seule et même personne au sens du droit civil. De ce fait, le transfert de l'immeuble est seulement comptable. Les biens immobiliers transférés dans la fortune commerciale sont comptabilisés pour leur valeur vénale au bilan de l'entrepreneur.

Par exemple, Jacques Durand transfère un bien immobilier privé dans sa raison individuelle. Au registre foncier, rien ne changera puisque la propriété civile est identique. De même, si Pierre Blanc reprend dans sa fortune privée un bien immobilier de sa raison individuelle au moment où celle-ci est transformée en SA, le propriétaire restera le même au sens du droit civil.

> Dans les cantons qui imposent distinctement les gains en capital réalisés sur des immeubles de la fortune privée et qui imposent au titre du revenu ou du bénéfice les gains immobiliers de la fortune commerciale, le transfert de biens immobiliers de la fortune privée dans la fortune commerciale est soumis à l'impôt sur les gains immobiliers même sans aliénation au sens strict du terme. A l'inverse, le transfert d'un immeuble de la fortune commerciale vers la fortune privée est soumis à l'impôt sur le revenu et sur le bénéfice. La Confédération impose la différence entre la valeur comptable avant transfert et la valeur du transfert.

Le fisc estime la valeur de transfert car il n'y a pas, dans ce cas, de produit objectif d'une vente. En règle générale, la valeur vénale du bien immobilier est alors estimée. Il est donc utile, avant un tel transfert de sa fortune commerciale vers sa fortune privée, de contacter l'administration des contributions pour clarifier les éventuelles conséquences fiscales. Dans le cas de prélèvements privés de sociétés de personnes ou de sociétés simples, il faudra encore décompter l'AVS s'il s'agit d'une opération imposable au sens de l'impôt fédéral direct.

e) Modifications des rapports de participations dans des sociétés de personnes

Lorsque les rapports de participations dans une société de personnes sont modifiés à titre onéreux et que l'indemnité alors versée est plus élevée que la quote-part du prix de revient applicable à la part du bien aliéné, le gain immobilier qui peut ainsi en résulter sera imposé.

f) Charges de nature réelle et à titre onéreux sur les immeubles

Lorsqu'un droit de propriété, exprimé sous la forme d'une servitude inscrite au registre foncier revêt un aspect important, durable et onéreux, son aliénation sera imposable si l'immeuble concerné est aussi influencé durablement et fortement par cette servitude. Presque tous les cantons prélèvent un émolument unique pour la cession de tels droits de propriété au titre de l'impôt sur les gains immobiliers. Les droits de propriété d'une durée limitée, comme par exemple les droits de superficie limités à moins de 30 ans, ne sont pas concernés. Leur aliénation est soumise à l'impôt sur le revenu. De même, les dédommagements périodiques sont imposés au titre du revenu.

Le canton de Vaud impose au titre du revenu ou du bénéfice les redevances sur les charges réelles des biens immobiliers de la fortune commerciale. S'il s'agit de redevances sur les biens de la fortune privée, uniques ou périodiques et sans limitation dans le temps, les indemnités de dédommagement seront soumises à l'impôt sur les gains immobiliers. En Valais et à Genève, des dispositions légales spécifiques soumettent à l'impôt sur le revenu toutes les indemnités versées pour la concession d'un droit de superficie.

Ailleurs, une clause générale s'applique selon l'application de critères qui permettent de déterminer s'il s'agit ou non d'un transfert économique.

11. Transactions immobilières fiscalement privilégiées

Pour divers motifs, notamment sociaux et économiques, tous les cantons privilégient certains gains immobiliers, les exonèrent ou reportent l'impôt sur le gain réalisé. En cas de report, le gain immobilier n'est pas exonéré mais l'impôt n'est pas immédiatement prélevé. Il est reporté sur la transaction immobilière suivante. Dans certains cantons, les gains minimes sont exonérés.

12. Calcul du gain, de la valeur et de l'impôt

a) Gain immobilier imposable

Le gain immobilier imposable représente la différence entre le produit de la vente et le prix de revient d'un immeuble moins les déductions légalement admises. La valeur se compose du prix d'achat initial, des frais qui y ont été associés et des dépenses à caractère de plus-value (impenses).

b) Le produit de l'aliénation

Le produit de l'aliénation comprend le prix de vente en tant que tel ainsi que toutes les autres prestations que le vendeur réalise avec la cession du bien immobilier. Dans quelques cantons, si le prix de vente est manifestement sous-évalué, le fisc peut établir administrativement le prix de vente pour calculer le gain immobilier. Une obligation particulière sera par exemple portée pour le cas où l'acquéreur s'engage non seulement à régler le prix convenu, mais aussi et en même temps à convenir avec le vendeur d'un contrat de prestation pour la construction d'une maison familiale clefs en main à un prix fixé d'avance.

Sous la rubrique «prestations diverses», on trouve ainsi la prise en charge par l'acheteur de l'impôt sur les gains immobiliers, des dédommagements pour les frais de nettoyage et de déménagement, les indemnisations pour les inconvénients et les pertes financières liés au déménagement, la constitution d'une rente viagère, d'un droit d'habitation ou d'utilisation pour le vendeur, la reprise de certaines dettes, etc.

Dans certains cas, un prix de vente objectif n'existe pas. C'est le cas lors d'un échange ou du transfert dans la fortune privée. Parfois, le prix de vente ne correspond pas à la valeur vénale du bien, comme dans le cas du transfert d'un immeuble à une personne proche. Dans ce cas, on déterminera une valeur de cession de l'immeuble pour pallier au prix inconnu de la transaction. En général, cette estimation se fait à la valeur vénale actuelle, c'est-à-dire à la valeur de marché.

Si l'acheteur doit assumer certaines prestations annuelles et répétitives en faveur du vendeur en plus du prix d'achat comme, par exemple, un droit d'habitation ou un droit d'utilisation, la valeur de ces obligations sera prise en compte dans le calcul du produit de la vente.

c) Le prix de revient

Le prix de revient d'un immeuble correspond avant tout à sa valeur d'achat. Les prestations supplémentaires qui y sont rattachées doivent être décomptées lors de l'achat. Les dessous-de-table ne font pas partie du prix de revient. De plus, une falsification de documents, respectivement une déclaration fallacieuse lors d'un héritage, constituent de graves infractions fiscales.

Lorsque l'achat de l'immeuble est très ancien, il est souvent difficile voire impossible de retrouver le prix d'achat précédent. Pour éviter de surcharger le vendeur et pour assurer une évaluation fiscale réaliste en termes économiques, la plupart des lois fiscales prévoient des dispositions particulières pour calculer un prix d'achat adapté à la situation. Souvent, il s'agira de la valeur fiscale qui est attribuée à l'immeuble à un moment donné.

Si le bien immobilier avait été acquis par échange, la plupart des cantons prévoient de retenir la valeur vénale au moment de l'échange ou, parfois, la valeur d'échange qui avait alors été convenue. Si le bien immobilier est tombé dans les mains du vendeur lors d'une vente forcée et qu'une perte a été enregistrée à ce moment, cette dernière pourra être incluse dans le calcul du prix de revient. Si l'aliénation passée avait été accompagnée d'une mesure d'ordre fiscal pour diverses raisons (héritage, donation, transfert dans la fortune privée, etc.), on se référera à la taxation fiscale datant de la dernière aliénation.

Parfois, on se réfère aussi à la valeur lors du transfert dans la fortune privée, même si (comme à Lucerne) l'impôt a été reporté. Parfois aussi, seul le gain immobilier réalisé à l'occasion d'un héritage ou d'une donation est imposé. Certains cantons tiennent encore compte du renchérissement au moment du calcul du prix de revient et se contentent de n'imposer que la valeur réelle du gain immobilier. Par ailleurs, il faut inclure dans le prix d'achat l'impôt sur les gains immobiliers que l'acheteur a payés à la place du vendeur.

Fiscalement, la forme des droits de propriété au moment de l'achat importe peu. Ainsi, les droits d'utilisation (viager, droits d'habitation et d'utilisation) sont incorporés dans le prix d'achat pour la valeur de leur capital. Si le prix d'achat ne peut pas être fixé dans un cas concret, il sera alors calculé sur la base d'une estimation objective. Selon les cantons, on utilisera pour cela la valeur vénale ou la valeur fiscale cantonale. Dans certains cantons, cette valeur estimée sera même majorée. Ce sera alors au contribuable de prouver que le prix d'achat est trop élevé.

Au chapitre des frais liés à l'achat d'un immeuble, on peut prendre en compte:
– les frais et taxes liés à l'aliénation proprement dite comme les frais du registre

foncier, les frais de notaire, les droits de mutation sur la transaction immobilière, les coûts de marquage, de géomètre, de planification;
- les commissions de courtage et d'intermédiation pour l'achat et la vente du bien immobilier, ce pour un montant raisonnable (une commission d'intermédiation incluse dans la facture mais versée par le contribuable à une personne morale ou physique proche ne sera pas prise en compte, en règle générale);
- les frais de publicité et d'insertion pour la vente du bien;
- les coûts liés aux droits de gage immobilier et pour la rédaction des différents contrats liés à l'aliénation du bien.

Toutes les dépenses liées, pendant la durée de la détention, à une augmentation de la valeur d'un immeuble (en termes techniques, on parle d'impenses) seront ajoutées au prix de revient. La prise en compte de ces coûts est indépendante du fait qu'ils ont été ou non assumés par des tiers. Les prestations propres, qui ont entraîné une augmentation de la valeur de l'immeuble, seront prises en compte en tant que dépenses à caractère de plus-value si elles ont été déclarées par le contribuable. Ce calcul peut aussi être réalisé partiellement pour les prestations propres à caractère de plus-value qui n'ont pas été imposées. Par contre, les prestations reçues au titre d'assurance ou de subventions seront déduites des dépenses à caractère de plus-value.

d) Les déductions
Les coûts directement liés à la réalisation du bénéfice sont déductibles. Il s'agit là surtout des frais liés à l'aliénation et des coûts usuels d'intermédiation. Ces derniers se situent en général à hauteur de 2% à 5% du prix de vente. On pourra essayer de faire valoir une commission élevée si elle est justifiée par des circonstances exceptionnelles et qu'elle a effectivement été payée. La plupart du temps, les commissions de courtage versées à sa propre raison individuelle ou à une de ses sociétés immobilières sont refusées. Enfin, les déductions comprendront aussi les diverses taxes et impôts dont on doit s'acquitter ainsi que les frais d'avocat.

e) La compensation des pertes
Lorsque les gains immobiliers sont imposés au titre du revenu, la compensation des pertes sera en général admise. Mais cela sera impossible si les gains immobiliers sont frappés de l'impôt distinct sur les gains immobiliers, car la réalité économique applicable au vendeur n'est alors pas appréhendée par le fisc. Certains cantons admettent cependant de compenser les pertes avec les gains immobiliers intervenus sur une même année calendaire et, dans certains cas, sur l'année écoulée.

Checklist

La fiscalité des gains immobiliers

De quel genre d'aliénation s'agit-il?
- ☐ Un transfert de propriété au sens du droit civil.
- ☐ Cession de la majorité des parts d'une société immobilière.
- ☐ Cession de la minorité des parts d'une société immobilière.
- ☐ Opération en chaîne.
- ☐ Transfert d'un bien commercial dans la fortune privée
    - à la suite d'une utilisation privée
    - après l'arrêt de l'activité commerciale
    - après la mise en location définitive du bien.
- ☐ Un bien immobilier privé est transféré dans la fortune commerciale
    - à la suite d'une utilisation surtout commerciale
    - suite au transfert volontaire dans la fortune commerciale.
- ☐ Charges réelles d'un bien immobilier.

Est-il possible de différer l'imposition?
- ☐ La vente intervient dans le cadre d'une procédure successorale.
- ☐ La vente est le résultat d'une donation.
- ☐ La vente est le résultat d'un échange à titre gracieux.
- ☐ Achat privé de remplacement d'un bien immobilier à usage propre dans le canton de domicile ou dans un autre canton.
- ☐ Achat de remplacement d'un bien à usage commercial.
- ☐ Achat de remplacement d'un bien immobilier à usage agricole.
- ☐ Transaction consécutive à un acte administratif.
- ☐ Transaction formelle sans changement de valeur des droits de participation dans le cadre d'une transformation de société.
- ☐ Fondation par apport, fusion, rapprochement à caractère de fusion, reprise, réunion/séparation d'entreprises.
- ☐ Transaction résultant d'une expropriation.
- ☐ Transaction résultant d'une vente forcée.

Est-ce
- ☐ un gain immobilier sur un bien privé?
- ☐ un gain immobilier sur un bien commercial?

Quelle est la nature de l'impôt prélevé?
- ☐ Un impôt sur le gain immobilier.
- ☐ L'impôt cantonal sur le revenu, respectivement sur le bénéfice.
- ☐ L'impôt fédéral direct.
- ☐ Les deux sortes d'impôt.
- ☐ L'AVS.

Comment se détermine le prix de revient éventuel?
- ☐ Prix d'achat.
- ☐ Frais de notaire.
- ☐ Droits de mutation.
- ☐ Frais du registre foncier.
- ☐ Frais à caractère de plus-value (s'il ne s'agit pas de frais d'entretien déductibles).

De quoi se compose le montant de la transaction?
- ☐ Prix selon le contrat.
- ☐ Prix augmenté par la prise en charge par l'acheteur de l'impôt sur les gains immobiliers.
- ☐ Commissions d'intermédiaire à déduire.
- ☐ Frais publicitaires à déduire.
- ☐ Frais d'estimation du bien immobilier à déduire.
- ☐ Frais de consultant à déduire.
- ☐ Déduction de la valeur du mobilier incluse dans le prix.

Calcul de l'impôt sur le gain immobilier
- ☐ Quel est le montant du gain immobilier?
- ☐ Les pertes sur d'autres ventes immobilières peuvent-elles être compensées?
- ☐ Peut-on déduire une franchise?
- ☐ Y a-t-il un supplément pour courte durée de possession?
- ☐ Y a-t-il une déduction pour longue durée de possession?

Calcul de l'impôt sur le revenu pour les gains immobiliers à caractère commercial
- ☐ La différence entre la valeur comptable et le prix de vente est-elle imposée sur le plan cantonal au titre du revenu?
- ☐ Si des amortissements ont été effectués, seront-ils imposés au niveau cantonal et l'impôt sur les gains immobiliers sera-t-il prélevé sur la différence entre le coût d'investissement et le prix de vente?
- ☐ Quel sera le montant de l'impôt fédéral direct sur la différence entre la valeur comptable et le prix de vente?
- ☐ Quel sera le montant de l'AVS?

Autres coûts
- ☐ Quel sera le montant des droits de mutation?
- ☐ A combien s'élèvent les frais de notaire et du registre foncier?
- ☐ A combien s'élèvent les frais sur les titres hypothécaires?

I. Les droits de mutation sur les transactions immobilières

a) Généralités

Les transactions immobilières sont frappées d'un impôt spécial. Cet impôt concerne la transmission d'un droit réel sur un immeuble d'une personne à une autre. Il s'agit donc d'une taxe prélevée sur une transaction immobilière en tant que telle.

Les droits de mutation sur les transactions immobilières sont prélevés par les cantons et/ou les communes mais pas par la Confédération. La terminologie employée dans les cantons n'est pas uniformisée. Il s'agit parfois d'un «impôt spécial», d'une «taxe» ou d'une «redevance». Dans tous les cantons (sauf à Glaris et Schaffhouse), cet impôt spécial est prélevé en tant qu'impôt ou en liaison avec une taxe du Registre foncier.

L'objet des droits de mutation sur les transactions immobilières porte, comme dans le cas de l'impôt sur les gains immobiliers, sur les transactions immobilières en tant que telles et sur tous les droits associés. De par la loi, c'est en général l'acheteur qui acquittera cet impôt. Certains cantons le partagent à part égale entre le vendeur et l'acheteur. Les droits de mutation sont prélevés sur le prix de vente.

b) Exemptions

Tous les cantons accordent certaines exemptions. C'est le cas pour les transactions entre époux et entre parents et enfants. Par ailleurs, dans de nombreux cantons, les transactions dans le cadre d'une succession ou d'une donation sont aussi exemptées.

c) Barèmes

Le lecteur trouvera ci-dessous les barèmes applicables aux droits de mutation. Des explications sont apportées en ce qui concerne les cantons romands et Berne. Ce tableau montre de réelles différences entre les cantons sur la base des informations fournies par la Commission intercantonale d'information fiscale. Des différences par rapport à la situation actuelle peuvent apparaître dans la mesure où les données de ces tableaux datent de 2000.

Tableau 14: L'imposition de l'aliénation

Canton	Taux fiscal	Remarques
ZH	10–15 ‰	
BE	18 ‰	Taux normal
	9 ‰	Taux réduit pour les immeubles rachetés par les descendants et/ou le conjoint
	2,5 ‰	Taux spécial pour la création de gages immobiliers
LU	15 ‰	
SZ	10 ‰	
OW	15 ‰	

NW	10 ‰	
ZG	8 ‰	
	4 ‰	
FR	15 ‰	Taux unifié pour tous les transferts immobiliers à titre onéreux
	7,5 ‰	Tarifs pour les gages immobiliers en général
	4 ‰	Tarif réduit sur certains cas particuliers
SO	22 ‰	
	11 ‰	
BS	30 ‰	
	15 ‰	
BL	25 ‰	
AR	20 ‰	
	10 ‰	
AI	10 ‰	
SG	10 ‰	
	5 ‰	
GR	15 ‰	
TG	10 ‰	
	5 ‰	
TI	4–11 ‰	
	10 ‰	
	2–5 ‰	
	1 ‰	
VD	22 ‰	Taux cantonal : les communes peuvent appliquer un taux supplémentaire qui représente jusqu'à 50% de l'impôt cantonal. En cas d'échange, chaque partie paie la moitié de l'impôt; en cas de cession ou de non dédommagement sur le droit d'achat l'impôt est calculé sur la moitié du prix convenu
VS	4–12 ‰	Taux progressif selon la valeur du bien immobilier
NE	33 ‰	Cas normal
	22 ‰	Taux réduit (en cas d'échange d'immeubles dans le canton; pour un bien que l'acheteur va utiliser comme logement principal et si ce logement est le premier que l'acheteur a dans le canton)
GE	30 ‰	Cas normal
	2,1 ‰	En cas de partage successoral
	15 ‰	En cas d'échange
	2 ‰	En cas d'échange de biens ruraux; un taux de 15‰ est appliqué sur la soulte éventuelle
	2,1 ‰	En cas d'exercice du droit de réméré, centimes additionnels compris
	2,1 ‰	Sur les charges foncières, centimes additionnels compris
JU	21 ‰	Taux normal
	11 ‰	Taux réduit pour des biens fonciers repris contractuellement par les descendants ou le conjoint; en cas de succession, si les biens fonciers reviennent aux descendants ou au conjoint survivant; en cas d'achat de biens immobiliers suite à la dissolution du régime matrimonial

J. Biens privés et commerciaux: optimisation fiscale

1. Généralités

Déterminer si un immeuble doit figurer dans sa fortune privée ou sa fortune commerciale est important. En effet, les biens immobiliers privés et commerciaux sont imposés différemment. Des amortissements ne peuvent être pratiqués et procurer un effet fiscal que sur les immeubles commerciaux. Les gains en capital pour les immeubles commerciaux sont soumis à l'impôt sur les gains immobiliers ou à l'impôt cantonal sur le bénéfice et à l'impôt fédéral direct. L'AVS sera aussi calculée sur le bénéfice. L'impôt sur les gains immobiliers sera prélevé sur les gains immobiliers d'ordre privé.

2. L'amortissement des immeubles commerciaux

Un bien immobilier inclus dans la fortune commerciale peut être amorti.
L'objectif visé est le suivant. Le bénéfice imposable est réduit par la comptabilisation d'amortissements sur le bien immobilier. De ce fait, l'imposition est reportée dans le futur. Pourtant, il en résulte un gain important. En effet, la trésorerie dégagée par les impôts différés permet un remboursement plus rapide des emprunts hypothécaires, ou alors permettra d'effectuer de nouveaux investissements. Dans certains cantons, il est même possible sous certaines conditions bien précises, de réduire le bénéfice imposable en anticipant la prise en compte des gros travaux de rénovation d'un immeuble. Ainsi, il est possible de financer en partie l'entretien important d'un bâtiment par le jeu des reports d'impôts. En cas de cession ultérieure du bien cependant, les amortissements constitués ainsi que les réserves pour gros travaux seront réintégrés dans le bénéfice imposable.

En étant conscient de cela, les amortissements pourront être fiscalement optimisés. Il subsistera cependant toujours des cas dans lesquels les liquidités générées par les amortissements auront été consommées sans considération pour la dette fiscale latente. Le jour où le fisc présentera sa note, les moyens manqueront alors pour l'honorer.

Etude de cas

A 60 ans, le garagiste vaudois Charles Pensier se préoccupe de savoir qui pourrait reprendre son entreprise. Dans sa famille, personne n'en veut. Il cherche et trouve un successeur hors du milieu familial. Il lui cède son garage pour 3,5 millions de francs. Les actifs de sa raison individuelle ne peuvent être réalisés que séparément. Du coup, il en résulte fiscalement une liquidation de l'entreprise qui amène quelques surprises désagréables à Charles Pensier.

Pour rester simple, partons du principe que le montant ci-dessus représente la totalité du produit de la vente. Le canton de Vaud impose 2,5 millions, re-

présentant la différence entre le prix de cession et la valeur comptable des biens, composés principalement de biens immobiliers partiellement amortis. Ceci représente un impôt cantonal (communal) de 750.000 francs. La confédération impose également le bénéfice de 2,5 millions, ce qui conduit à un bordereau d'impôt fédéral direct de 287.500 francs. Enfin, le bénéfice est soumis à l'AVS, au taux de 9.5%, soit 237.500 francs.
Au total, les bordereaux d'impôts et d'AVS se montent à 1.275.000 francs.

Dans ce cas, les biens immobiliers étaient grevés d'une dette hypothécaire de 2,7 millions. Le gain net ne suffit donc pas à payer les impôts et l'AVS. Charles Pensier espérait financer sa retraite avec le produit de cette vente: il doit déchanter! En effet, pour faire face à sa facture fiscale, il doit puiser dans sa fortune privée, composée de titres.

3. La double imposition du bénéfice

Lorsqu'une société anonyme cède un immeuble, il faut s'attendre en général à une double imposition. La Confédération et certains cantons imposeront le bénéfice résultant de la différence entre le prix de vente et la valeur comptable du bien immobilier. Dans certains cantons et communes, le bénéfice sera taxé par un impôt distinct sur les gains immobiliers. Si le bénéfice réalisé est distribué aux actionnaires sous forme de dividende ou ultérieurement lors de la liquidation de la SA, les dividendes, respectivement les excédents de liquidation, seront à nouveau imposés comme revenus de la fortune privée de l'actionnaire.

4. Comment procéder pour les immeubles commerciaux

Il s'agit de bien réfléchir aux incidences de la double imposition, comment la réduire ou tirer parti du levier induit par la possibilité d'effectuer des amortissements avant d'acquérir des immeubles de rapport par le biais d'une SA ou d'une SàRL. Pour le cas d'un bien utile à une SA, par exemple un bâtiment d'exploitation ou de bureaux, on peut imaginer le schéma fiscal suivant s'il s'agit de la réalisation d'une nouvelle construction.

L'actionnaire de la SA acquiert le terrain à titre privé et conclut avec sa SA un contrat de droit de superficie portant sur x années. La SA construit ensuite le bâtiment à ses frais. Elle pourra amortir les coûts de la construction et, en règle générale, obtenir le remboursement de la TVA sur les coûts de construction. Pour l'utilisation du droit de superficie, la SA paiera une rente à l'actionnaire. Pour la SA, cette rente sera déductible. Pour l'actionnaire, il s'agira d'un revenu non soumis à l'AVS.

Le contrat constitutif du droit de superficie devra être conçu de telle manière que les rentes dues à l'actionnaire sur le droit de superficie seront le plus élevé possible. On pourra réduire ainsi la double imposition. Pour maximiser cette rente, il s'agira de calculer le premier versement sur la base du prix d'achat du terrain. La rente devra être cependant conforme au prix du marché.

Si la rente sur le droit de superficie est indexée, par exemple au coût de la construction ou au coût de la vie, l'actionnaire disposera ainsi d'un revenu protégé contre le renchérissement. Il existe plusieurs modèles pour adapter la rente des droits de superficie. Les adaptations tiendront compte à la fois de l'indice de référence et du prix du terrain.

La conclusion d'un droit de superficie a ceci d'intéressant qu'en cas de vente des actions de la SA par l'actionnaire, l'immeuble lui restera acquis. Ainsi, il pourra assurer une part importante de sa prévoyance vieillesse. Par ailleurs, le cercle des acquéreurs potentiels de la SA sera plus large car le prix d'achat du bien immobilier sera plus bas.

Il faut cependant veiller à ce que la rente du droit de superficie ne soit pas plus élevée que ce que paierait un tiers. En cas de prix disproportionné, le fisc pourra considérer que l'on est en présence d'une distribution dissimulée de bénéfice, qui sera imposée comme revenu chez la SA et chez l'actionnaire.

> L'octroi d'un droit de superficie par l'actionnaire de la SA, animateur de sa propre entreprise, constitue une possibilité exceptionnelle de diminuer la double imposition exercée sur la SA et l'actionnaire et de lui garantir un revenu à long terme protégé contre le renchérissement.

K. Les problèmes fiscaux liés aux transactions immobilières à titre professionnel

1. Quand y a-t-il transaction immobilière à titre professionnel?

Selon l'administration fiscale, on est en présence de transactions à titre professionnel lorsque des immeubles sont régulièrement et systématiquement acquis pour être revendus avec profit. Le caractère professionnel d'une transaction intervient surtout dans le contexte de l'exercice d'une autre activité professionnelle. Pour les architectes, pour les professionnels du bâtiment ou ceux des métiers proches du bâtiment, on considère en général que chaque transaction est faite à titre professionnel.

Ceci vaut aussi pour une hoirie qui met en valeur une parcelle, la divise et y réalise un projet immobilier pour vendre des appartements. Mais aussi pour toute personne privée qui fait le commerce de biens immobiliers régulièrement et pour son compte. Le caractère professionnel sera alors considéré si les achats sont financés par des emprunts et que la personne privée déploie des compétences professionnelles spécifiques, comme par exemple celles d'une fiduciaire, d'un banquier, d'un gérant de fortune, d'un conseiller financier, etc.

2. AVS et conséquences fiscales

Si les transactions immobilières sont considérées par le fisc comme effectuées à titre professionnel, outre l'impôt distinct sur les gains immobiliers ou l'impôt sur le bénéfice, il faudra acquitter l'impôt fédéral direct et l'AVS.

Lorsqu'un professionnel de l'immobilier cesse son activité, le transfert de ses immeubles commerciaux dans sa fortune privée sera traité spécifiquement par le fisc. Ainsi, la différence entre la valeur comptable fiscale et la valeur vénale des immeubles sera imposée au titre de l'impôt fédéral direct et de l'AVS lors du transfert. Selon les cantons, des conséquences fiscales particulières peuvent se faire jour.

3. Le cas spécial des hoiries

Il arrive fréquemment que les héritiers reçoivent des parcelles de terrain non construites issues de la fortune privée du défunt et se demandent ce qu'ils pourraient en faire. Pour résoudre cette question, plusieurs possibilités existent qui seront traitées différemment en ce qui concerne les impôts et l'AVS.

Dans les exemples qui suivent, on considèrera que les biens immobiliers faisaient partie de la fortune privée du défunt et que ses enfants ont hérité des parcelles.

a) Vente de la parcelle

L'hoirie devra payer l'impôt sur les gains immobiliers calculé sur la différence entre le prix de revient et le prix de vente. Les années de propriété sont décomptées entre la date de l'achat de la parcelle par le défunt et celle de la vente. Chaque héritier devra payer sa part de l'impôt sur les gains immobiliers.

b) Lotissement et vente du tout ou par lots

La mise en lotissement et la vente de tout ou partie des lots ne correspond pas encore en soi à une transaction à caractère professionnel. Il s'agit de l'administration normale de la fortune dans le contexte du règlement de la succession. De ce fait, les conséquences fiscales seront les mêmes qu'en cas de vente en l'état sans mise en lotissement préalable.

c) Lotissement, mise en valeur et vente de tout ou partie des lots

Le lotissement du terrain, avec ou sans planification générale, et sa mise en valeur avec des rues et des canalisations ainsi que la vente à des acheteurs privés ou à un seul acquéreur, par exemple à une entreprise générale, est considérée fiscalement comme étant la recherche systématique d'un profit à caractère professionnel et non pas comme de l'administration normale de la fortune.

De ce fait et selon les cantons, l'impôt distinct sur les gains immobiliers ou ordinaire sur le bénéfice sera prélevé. Par ailleurs, l'impôt fédéral direct au taux de 11,5% maximum et l'AVS au taux de 9,5% seront prélevés aussi. Selon les cantons et le montant du bénéfice, il faudra compter avec une charge fiscale pouvant aller jusqu'à 40%, voire 60% du bénéfice. De ce fait, la question se posera de savoir si les risques économiques encourus sur un tel projet sont encore en rapport avec le bénéfice escompté après impôts et AVS.

d) Lotissement, mise en valeur, construction et vente
Les conséquences fiscales et au niveau de l'AVS sont identiques à celles de la variante précédente.

> Dans les deux variantes précédentes, il n'est pas nécessaire que les héritiers exercent eux-mêmes une activité professionnelle dans le domaine. Pour le fisc, il suffit d'être maître d'œuvre et d'agir pour son propre compte pour être qualifié de professionnel de l'immobilier.

e) Lotissement et construction: la parcelle est conservée par les héritiers
Si les héritiers conservent la construction réalisée sous forme de hoirie ou de société simple (ce qui est fiscalement la même chose), chacun d'eux devra déclarer au fisc sa part à la valeur fiscale du bien au titre de la fortune, sous déduction de sa part aux dettes, et comme revenu sa part au bénéfice immobilier réalisé. L'AVS ne sera en général pas perçue. Elle le sera par contre si, par la suite, la part aux revenus du bien immobilier devient la source principale de revenus des héritiers pris individuellement.

Si, après la construction, un partage intervient entre les héritiers, son traitement fiscal correspondra à ce qui se ferait dans une hoirie. Par exemple, si quatre héritiers ont construit quatre maisons locatives dont ils prennent chacun possession une fois la construction terminée, chacun devra déclarer individuellement sa villa comme élément de la fortune et la valeur locative de la maison.

> Les exemples précédents concernant des lotissements ne représentent que des exemples. La réalité est infiniment plus complexe. Pour cette raison, chaque cas doit être soumis au fisc qui appréciera tous les éléments et décidera en général de concert avec les contribuables concernés.
>
> Il est donc utile, pour éviter des surprises désagréables, d'indiquer au fisc si les dispositions prises s'intègrent dans le cadre de l'administration de la fortune ou si elles doivent être considérées comme activité professionnelle.

f) Apport de la parcelle à une SA ou une SàRL
Si les héritiers font apport de la parcelle héritée à une SA ou une SàRL, celui-ci sera fait pour la valeur vénale de la parcelle. De ce fait, l'impôt sur les gains immobiliers sera calculé, tout comme, en général, les droits de mutation.

Il est judicieux de convenir de la valeur vénale avec le fisc pour éviter de mauvaises surprises. Car l'apport d'un bien dans une SA ou une SàRL peut déboucher sur les conséquences suivantes:
- il faut s'attendre à payer l'impôt sur les gains immobiliers sur l'augmentation de valeur de la parcelle depuis son achat ainsi que les droits de mutation; si les héritiers n'ont reçu aucune liquidité, cela peut entraîner des problèmes de trésorerie à régler éventuellement par un prêt hypothécaire sur la valeur du bien immobilier;
- la création de la SA/SàRL occasionnera des frais et des coûts récurrents pour la tenue de la comptabilité, la révision, le conseil fiscal, etc.;
- les profits retirés par la SA/SàRL sur la vente de logements seront soumis à la double imposition lors du versement des dividendes;
- le capital sera également doublement taxé, au niveau de l'impôt sur le capital de la SA/SàRL tout d'abord, puis ensuite au titre de l'impôt sur la fortune;
- une vente éventuelle ultérieure de la SA/SàRL entraînera la perception de l'impôt sur les gains immobiliers. Si les parts sociales détenues par les actionnaires individuels font partie de leur fortune commerciale (par exemple, dans le cas d'un héritier architecte ou entrepreneur qui a été engagé dans la construction), l'AVS et l'impôt fédéral direct seront encore perçus.

L. Une villa au bord de la Méditerranée: une aubaine pour le fisc!

Acheter une maison en France, aux Etats-Unis ou dans un pays du sud européen comporte souvent un caractère émotionnel. On veut en effet éviter de passer les mois d'hiver au froid. On cherche à fuir le quotidien et à oublier, pour quelques semaines, ses soucis professionnels en profitant du calme et de la chaleur du sud.

Ces arguments sont certes pertinents. Mais…

1. Un financement optimalisé

En général, il n'est pas nécessaire de contracter un crédit hypothécaire dans une banque étrangère locale. Par rapport à la Suisse, îlot en matière de taux d'intérêt, un crédit est accordé à des conditions bien moins avantageuses. Il n'est donc pas indispensable d'organiser à l'étranger le financement de sa résidence secondaire.

Par contre, on pourra avantageusement augmenter l'hypothèque conclue sur son logement principal si elle est déjà partiellement amortie, ou contracter un crédit lombard d'au maximum 20% à 30% de la valeur d'un portefeuille titres.

> Attention! Evitez d'utiliser des fonds dissimulés au fisc pour acheter une maison de vacances. Un résident doit en général déclarer à son canton de domicile ses immeubles à l'étranger. Par ailleurs, dans l'Union européenne, les autorités locales peuvent annoncer ces biens à la Suisse.

Déclarer en Suisse une résidence secondaire à l'étranger ne signifie pas qu'il faudra y payer des impôts ad hoc sur le revenu et la fortune. Mais cet élément sera pris en compte par le fisc cantonal. Il calculera la valeur locative et la valeur fiscale de l'immeuble à l'étranger pour l'inclure dans le calcul du taux global sur le revenu et la fortune.

En outre, l'achat d'une résidence à l'étranger est souvent lié à un emprunt hypothécaire, donc à des intérêts débiteurs supplémentaires. Il sera impossible de déduire totalement ces intérêts du revenu imposable car tous les intérêts débiteurs seront en général, dès l'achat du bien, répartis géographiquement entre la Suisse et l'étranger selon la localisation des actifs. Ainsi, si la résidence à l'étranger représente 10% de la valeur de la fortune imposable, la même proportion d'intérêts débiteurs sera attribuée à l'étranger et ne sera pas déductible en Suisse.

Une conséquence directe de ceci peut consister en une augmentation non négligeable de la charge fiscale. Car la répartition entre la part suisse et la part étrangère de la dette sera déterminée selon la situation géographique des actifs, ce qui peut entraîner une hausse de l'impôt sur la fortune. Le contribuable devra à cet effet déclarer ses biens immobiliers à l'étranger dans une rubrique spéciale de sa déclaration ou sous la rubrique «Observations».

Disposer d'un domicile fiscal à l'étranger peut cependant être intéressant pour des raisons liées au retrait du capital de sa caisse de pensions. Comme on l'a déjà vu (cf. chapitre 3, pages 79 ss), un impôt fédéral à la source d'au maximum 2,3% est alors prélevé ainsi qu'un impôt cantonal à la source au domicile fiscal cantonal de la fondation de prévoyance. Mais il est indispensable que le domicile fiscal à l'étranger ait été transféré avant le dernier jour de travail, jour où naissent aussi les droits à une rente ou au versement du capital de prévoyance. Il faut aussi qu'un certificat de domicile ait été délivré par les autorités communales étrangères. En Italie, par exemple, ceci prend de 30 à 40 jours.

2. Valeur locative et intérêts déductibles

Contrairement à la Suisse, la plupart des Etats européens n'imposent pas la valeur locative. Mais les intérêts hypothécaires ne sont alors pas déductibles. C'est le cas en France, en Allemagne, en Autriche et en Irlande. En Grande-Bretagne, seuls les intérêts débiteurs sur les 30.000 premières livres sterling du prêt hypothécaire sont déductibles. Aux Etats-Unis, les intérêts hypothécaires sont déductibles et aucune valeur locative n'est imposée. L'Espagne a un impôt atténué sur la valeur locative de 2% de la valeur cadastrale du bien immobilier en tant que revenu fictif. En Italie, enfin, un impôt de quelques centaines de francs est perçu sur chaque propriété.

3. Les impôts lors de l'achat

La plupart des Etats étrangers perçoivent un impôt sur l'achat immobilier qui est identique aux droits de mutation suisses. En Espagne, il est de 6% sur les immeubles d'habitation et de 15% sur les terrains non construits ou les nouvelles constructions. En Italie, il représente 10% du prix d'achat pour les non résidents et 3% pour les résidents. Si l'on veut ainsi résider à demeure dans ce pays, il sera donc préférable de conclure d'abord un contrat de location, d'obtenir une déclaration de domicile grâce à ce document et d'acheter une maison pour laquelle on ne paiera qu'un impôt de 3%. Au surplus, les frais de notaire et de registre foncier diffèrent selon les pays.

Il vaut aussi mieux se renseigner sur le pays où l'on veut s'installer pour savoir si l'acheteur doit acquitter l'impôt sur le gain immobilier réalisé par le vendeur, comme cela est le cas dans certains cantons en Suisse. Pour ne courir aucun risque supplémentaire, il faut encore se renseigner, avant l'achat, sur le traitement fiscal des gains immobiliers. En Espagne, par exemple, s'ajoute à l'impôt habituel sur les gains immobiliers un impôt local d'au maximum 30% sur l'augmentation de la valeur du bien depuis la dernière transaction.

4. Us et coutumes fiscaux

Presque tous les pays perçoivent un impôt foncier local. En Espagne, par exemple, il est de 0,4% à 1,7% sur la valeur cadastrale. En Italie, il est du même ordre de grandeur. Certains pays réclament un impôt sur la fortune calculé sur la valeur vénale du bien, sous déduction des dettes dans certains cas. La taxe sur la propriété (property tax) aux Etats-Unis peut représenter plusieurs pourcents de la valeur vénale. Elle est bien connue car elle permet de financer les écoles locales.

5. L'impôt sur les gains immobiliers

Cet impôt sera toujours prélevé dans le pays de situation de la résidence secondaire. En France, l'impôt sur les gains immobiliers de 33% n'est plus perçu après 15 ans de détention. Aux Etats-Unis, un impôt sur le bénéfice en capital de 15% est perçu.

Afin d'éviter de payer des impôts en cas de succession, les propriétés à l'étranger sont parfois détenues sous forme de sociétés immobilières. Il s'agit alors de se renseigner avant la vente des parts de ce type de société pour déterminer si un gain résultant de l'aliénation de parts de sociétés immobilières sera, comme en Suisse, imposé.

6. La fiscalité en cas de succession

Par rapport à la Suisse, les impôts sur les successions sont très élevés dans les pays voisins et en Allemagne. En Allemagne, ils représentent 35% de la valeur intrinsèque du bien et dans les autres pays jusqu'à 40% à 50% de sa valeur vénale. Le conjoint et les enfants bénéficient toutefois en général de franchises élevées.

Si le bien à l'étranger est détenu par une société offshore ou une SA de droit suisse, aucun impôt local sur les successions ne pourra être perçu. Mais il sera prélevé un impôt sur les successions dans tous les cas en Suisse, à tout le moins si tel est l'usage pour le canton concerné.

> Il est toujours judicieux d'examiner, avant un achat, qui devrait être le propriétaire d'une maison de vacances. Cela devra-t-il être le père ou les deux parents, les enfants, une société off-shore étrangère ou une SA de droit suisse? Une fondation ou un trust sont aussi envisageables. Dans ce cas, aucun impôt sur les successions ne sera en général perçu car, lors du décès de l'actionnaire principal, l'immeuble appartiendra à la société, à la fondation ou au trust.

M. Transférer son domicile à l'étranger

1. Le fisc face au changement de domicile

Un transfert de son domicile personnel principal à l'étranger au terme de son activité professionnelle ne devrait jamais avoir pour motif des avantages fiscaux prévisibles. Pour le fisc suisse, un déplacement du domicile à l'étranger ne sera accepté que s'il est effectif. Celui qui passera encore de longs mois chaque année dans sa villa familiale en Suisse, sera encore actif dans de nombreuses sociétés locales et paiera sa note de téléphone, ne pourra espérer prouver que le centre de ses intérêts s'est déplacé à l'étranger. Le changement de domicile fiscal ne sera pas accepté. Il devra continuer à payer ses impôts en Suisse.

2. Maintien d'un domicile fiscal en Suisse

Un principe veut qu'un immeuble, une société simple ou une participation à une société de personnes soient imposés à leur lieu de situation. Ceci implique que, même après un déplacement de domicile à l'étranger, les éléments de la fortune et du revenu qui en découlent sont imposés en Suisse.

La fortune immobilière et les revenus en découlant, sous déduction des frais d'entretien et des intérêts débiteurs de la dette, seront imposés en Suisse. Pour les sociétés simples et les participations à des sociétés en nom collectif, en commandite ou à des consortiums, la valeur fiscale de celles-ci et le revenu en découlant seront imposés. Le contribuable devra aussi acquitter l'AVS sur ces revenus. Mais les cotisations AVS seront déductibles des revenus imposables en Suisse.

Pour calculer le taux de l'impôt en Suisse, le revenu et la fortune étrangers sont pris en compte. Chaque année, la déclaration d'impôts déposée en Suisse devra faire état de tous les éléments de la fortune et des revenus. Le fisc suisse a cependant peu de possibilités de vérifier la véracité des déclarations d'un contribuable qui réside très peu de temps en Suisse et y est peu imposé.

Pour ne pas devoir révéler toute l'étendue de leur fortune et de leurs revenus, les contribuables dans cette situation refusent souvent de mentionner la fortune et les revenus non imposables en Suisse. Dans ce cas cependant, ils acceptent implicitement que le fisc suisse impose leur fortune et leurs revenus déclarés en Suisse au taux maximum. Une attitude que le fisc suisse peut difficilement contrer.

> Partir à l'étranger peut être intéressant pour celui qui doit absolument économiser des impôts en Suisse. Dans ce cas, il ne devra plus y posséder de biens immobiliers importants ou de parts dans des sociétés de personnes après son départ à l'étranger. Fiscalement, si une grande partie des revenus provient d'immeubles ou de participations dans des sociétés de personnes, partir habiter à l'étranger ne se justifiera pas avant de les avoir vendus.

3. L'impôt étranger sur les gains en capital

En Suisse, les gains en capital réalisés sur la fortune privée sont exonérés. La seule exception concerne les gains réalisés dans le cadre d'une activité exercée à titre professionnel. Dans les pays voisins, les règles sur la fiscalité des gains en capital sont très diverses. En Allemagne, par exemple, des actions auront dû être détenues pendant six mois au moins pour qu'un gain en capital soit exonéré d'impôt.

Aux Etats-Unis, les bénéfices sur titres sont imposés. D'ailleurs, si l'on envisage d'émigrer aux Etats-Unis, on doit savoir que les contribuables y sont imposés sur l'ensemble de la fortune et des revenus réalisés dans le monde entier, à moins que les Etats-Unis et le pays d'origine aient conclu une convention de double imposition.

Celui qui envisage de s'établir dans un pays où les gains privés en capitaux sont imposés devrait, avant de partir, vendre son portefeuille de titres en Suisse, où les bénéfices sont exonérés puis en racheter dans son nouveau pays de résidence. Dans ce cas en effet, seule la plus-value réalisée sur les titres depuis la prise de domicile à l'étranger serait imposable.

La plupart des pays étrangers, en particulier les Etats-Unis, ont des régimes fiscaux sur les successions et les donations très sévères. Toute la fortune mobilière, y compris les titres et les participations, sera concernée par cet impôt, à l'exception des immeubles encore détenus en Suisse. Ceux-ci resteront en effet imposés dans notre pays. Concernant l'impôt sur les successions, les conventions de double imposition existantes ne concernent pas ce type d'impôts.

4. Impôt anticipé et impôt à la source

Après avoir installé son domicile à l'étranger, le détenteur d'actions suisses, d'obligations et de placements fiduciaires qui ne les déclare pas perdra l'impôt anticipé de 35%. Si, au contraire, il les déclare dans son nouveau pays de domicile, il peut éventuellement profiter d'une convention de double imposition. Dans ce cas, soit les revenus suisses de ces titres seront déduits de l'impôt perçu dans le pays étranger de domicile, soit l'impôt anticipé suisse pourra être déduit de l'impôt sur le revenu dans le nouvel Etat.

La Suisse n'a cependant pas conclu de convention de double imposition avec tous les pays. En particulier, aucune n'existe avec des paradis fiscaux comme le Liechtenstein, Monaco, les Caraïbes, les Iles anglo-normandes et certains pays du tiers-monde. Si l'on prévoit de s'établir dans l'un de ces pays, il faudrait prévoir de vendre les titres de sa fortune mobilière soumis à l'impôt anticipé avant le départ dans son nouveau pays de domicile et de les échanger contre des papiers-valeur exonérés de retenues à la source à l'étranger.

Une autre solution pourrait consister à investir dans des titres étrangers prévoyant une retenue fiscale à la source. En cas de domicile en Suisse, les conventions de double imposition évitent parfois une double imposition sur les revenus de ces titres. Mais ce ne sera pas toujours le cas si le nouveau pays de domicile n'a pas conclu de convention de double imposition avec le pays d'origine.

Enfin, il faut savoir que des frais administratifs conséquents sont occasionnés par l'application des conventions de double imposition. Le plus simple est donc d'investir exclusivement dans des titres totalement exonérés d'impôt à la source.

5. La fiscalité des prestations des caisses de pensions

Voir à ce propos les explications données au chapitre 3, page 73 et ss.

Checklist

Une maison de vacances à l'étranger

Pour quelles raisons acheter une propriété à l'étranger?
- ☐ Parce qu'elle coûte bien moins cher par rapport à ce qu'il faudrait payer en Suisse pour un même objet.
- ☐ Parce que j'aime bien le pays et la région.
- ☐ Parce que je connais beaucoup de gens sympathiques à cet endroit.
- ☐ Parce que des amis suisses habitent aussi à cet endroit.

- ☐ Parce que je joue au golf et qu'il y a un parcours non loin de là.
- ☐ Parce que je peux ancrer mon yacht devant ma maison.
- ☐ Parce qu'un cadre supérieur comme moi doit disposer d'une maison de vacances à l'étranger.
- ☐ Parce que j'espère réaliser une belle plus-value sur cette maison.
- ☐ Parce que j'aime être au calme.
- ☐ Parce que je n'aime pas voyager.
- ☐ Parce que je pourrai bricoler dans cette maison.

Il y a aussi des raisons qui plaident contre un tel achat…
- ☐ Il faut revenir chaque année au même endroit en vacances sinon, on a mauvaise conscience.
- ☐ Une maison de vacances donne trop de travail
- ☐ Les artisans des pays méditerranéens sont parfois imprévisibles; ils peuvent facilement énerver celui qui est habitué à la ponctualité et à une certaine précision dans le travail.
- ☐ Dans les pays méditerranéens, un étranger paiera souvent tout beaucoup plus cher qu'un autochtone.
- ☐ Les vacances dans cette maison n'en seront pas vraiment car les premiers jours sont toujours réservés au nettoyage et aux réparations.
- ☐ Une maison de vacances à l'étranger coûte cher, tant en terme de financement que d'apport de fonds propres; louer serait bien meilleur marché.

Quelles sont les questions d'ordre fiscal à se poser avant tout achat?
- ☐ A l'achat, quels sont les impôts, les frais de notaire, de registre foncier et les autres dépenses à payer?
- ☐ Quels sont les impôts et les divers frais à payer chaque année?
- ☐ Quels sont les impôts de succession à régler par les enfants?
- ☐ Faut-il acheter directement au nom des enfants ou par le biais d'une société?
- ☐ Quels sont les impôts et les taxes en cas de vente?
- ☐ Quelle part de l'hypothèque et des intérêts débiteurs puis-je déduire de l'impôt sur la fortune et des revenus en Suisse du fait de la répartition fiscale?
- ☐ La valeur locative sur le bien immobilier à l'étranger aura-t-elle un impact sur la progression du taux d'impôt en Suisse, même si l'Etat étranger ne taxe pas la valeur locative?
- ☐ Quel est l'impact de l'achat du bien immobilier à l'étranger sur la charge fiscale totale en Suisse et à l'étranger?

Partie III

Impôts et planification patrimoniale en pratique

1. Fiscalité et planification patrimoniale des cadres dirigeants

A. Les revenus imposables

1. Les composantes du revenu du travail

Les revenus de l'activité salariée comprennent toutes les prestations qu'une personne salariée encaisse pour son activité dans le cadre de son contrat de travail. Un salaire proportionnellement trop élevé et des prestations supplémentaires fondées sur un rapport de travail sont également des revenus. Il ne s'agit pas d'une donation, tant que la prestation est censée compenser le travail et qu'elle n'est pas accordée pour des motifs purement personnels.

La donation que le propriétaire d'une entreprise fait à son ancien directeur ou à divers cadres dirigeants après la vente de la firme est aussi considérée comme revenu d'un travail. Si cette donation devait intervenir longtemps après la vente, elle serait quand même considérée par le fisc comme un revenu car, dans un tel cas, elle aurait été évidemment faite sur la base des prestations effectuées dans le contexte des rapports de travail.

On parle aussi de revenus du travail pour les prestations qui n'ont pas de lien immédiat avec une activité. Ce sera, par exemple, le cas d'indemnités que reçoit un professeur spécialisé dans une école de commerce.

Le pur remboursement de frais ne constitue pas un dédommagement pour une activité. De ce fait, il ne s'agit pas d'un revenu imposable. Dans ce cas et en règle générale, l'employeur rembourse ce que son employé a déjà payé de sa poche. Cela ne vaut pas seulement pour les frais effectifs mais aussi pour le remboursement des frais kilométriques effectués en faveur de l'employeur avec la voiture privée de l'employé.

Le remboursement des frais peut aussi être forfaitaire. Parfois, ces forfaits dépassent le montant effectif des frais. Dans ce cas et proportionnellement au surplus, il s'agit de revenus imposables. Il existe autant de traitement fiscal de ces forfaits qu'il en existe de formes différentes.

2. Les prestations en espèces

Normalement, la rémunération d'un employé est entièrement faite en espèces. Ce revenu sera toujours imposable. Outre le salaire et la rémunération de base pour l'activité salariée, le revenu comprend aussi les dédommagements pour des prestations exceptionnelles (commissions sur le chiffre d'affaires, paiement des heures supplémentaires, travail de nuit, travail pendant les jours fériés ou travail en équipe, suppléments pour allocations familiales, pour enfants, prime de risque ou pour le lieu de travail).

Les prestations en espèces comprennent aussi toutes les prestations à bien plaire en faveur des employés (gratifications, tantièmes, participations aux bénéfices, primes de fidélité, primes de jubilé, gratifications d'ancienneté, primes au mérite, etc.).

Aux prestations en liquide de l'employeur s'ajoutent celles de tiers, comme les ristournes des fournisseurs, les prébendes et les pourboires en tous genres, qui constituent aussi des revenus imposables. En pratique, ces revenus plus ou moins extraordinaires sont difficilement décelables. Mais il faut savoir qu'accepter ce genre de prestations de tierces personnes, qu'elles soient illégales ou non, peut avoir des conséquences fiscales, pénales et civiles. Elles peuvent en effet être considérées comme des tentatives de fraude fiscale. Les pénalités qui les accompagnent peuvent donc largement surpasser les montants encaissés.

3. Les prestations en nature

Il s'agit des prestations que l'employeur verse sous la forme de biens réels ou de valeurs financières. Il s'agit, par exemple, du logement, de la nourriture ou de repas à prix de faveur, de loyers préférentiels, de l'utilisation de la voiture professionnelle à des fins privées, du paiement de voyages privés, de l'utilisation de téléphones portables, de la distribution de produits gratuits par l'employeur, de la distribution d'actions à un prix inférieur à leur valeur réelle, de la vente à un employé d'une voiture d'entreprise à un prix préférentiel, etc.

Pour certaines catégories de salariés, comme dans les secteurs de la restauration et de l'hôtellerie, les prestations en nature sous la forme de nourriture et/ou de logement gratuit constituent une partie du salaire. Elles sont déclarées avec le salaire et doivent donc être déterminées au moyen de normes forfaitaires. Celles-ci ont été calculées par l'Administration fédérale des contributions qui les publie dans des circulaires ad hoc, reprises et distribuées par les différents fiscs cantonaux.

4. Les actions et les options des salariés

Pour des détails sur la fiscalité des actions et des options distribuées au personnel des entreprises, le lecteur se reportera à la Circulaire n° 5 du 30 avril 1997 de l'Administration fédérale des contributions ainsi qu'aux explications détaillées données dans le chapitre 2, page 40 et ss.

5. Les prestations accessoires («fringe benefits»)

Le taux marginal d'impôt et l'imputation de l'AVS impliquent pour les revenus élevés une charge fiscale marginale totale qui peut s'élever à 50%. Cela peut avoir comme conséquence de démotiver les cadres dirigeants, les empêchant ainsi de réaliser des performances supplémentaires. Il est donc compréhensible que les employeurs et les employés cherchent sans cesse de nouveaux moyens pour, dans le cadre de leur rémunération globale, profiter de prestations peu ou pas du tout soumises à l'impôt et aux charges sociales.

a) Catalogue des prestations accessoires possibles
Diminution du coût de la vie:

- repas subventionnés à la cantine d'entreprise;
- remboursement forfaitaire pour repas pris à l'extérieur;
- rabais sur les produits et/ou services de l'entreprise;
- prêts à des taux privilégiés;
- réduction sur les achats auprès d'entreprises proches;
- billets gratuits pour des concerts, des manifestations sportives, etc.
- remboursement des frais de déménagement des nouveaux collaborateurs.

Utilisation privée des infrastructures de l'entreprise:

- utilisation privée de la voiture de fonction;
- mise à disposition d'une place de stationnement gratuite dans l'entreprise pour la voiture privée;
- mise à disposition d'un ordinateur et d'un téléphone portables;
- utilisation gratuite des installations sportives et de loisirs de l'entreprise;
- utilisation gratuite ou à bon marché des maisons de vacances de l'entreprise.

Remboursement de certains frais privés:

- frais d'affiliation à des clubs et autres sociétés;
- frais d'affiliation à des clubs sportifs;
- remboursement des cours de formation continue privée à caractère professionnel;
- contribution aux coûts d'une campagne électorale de l'employé;
- prise en charge occasionnelle des frais de transport de l'épouse pour les voyages professionnels des collaborateurs appelés à voyager fréquemment.

Remboursement de frais privés liés à l'activité professionnelle:

- contribution à la facture de téléphone privée;
- remboursement des frais de garage pour le véhicule de l'entreprise;
- indemnités pour le bureau privé;
- versement de frais forfaitaires;
- prise en charge des frais d'abonnements à des journaux spécialisés liés à l'activité professionnelle.

Amélioration de la prévoyance professionnelle:

- assurance LPP supérieure au minimum légal;
- introduction d'une assurance complémentaire pour les cadres dirigeants;

- participation de l'employeur pour plus de la moitié des cotisations aux caisses de pensions;
- versement direct de parts du bénéfice aux réserves libres de la caisse de pensions.

Prestations accessoires diverses:

- vacances supplémentaires;
- visite médicale gratuite annuelle (check-up);
- congé payé de formation;
- participation au capital de l'entreprise;
- financement d'une retraite anticipée avant 65 ans;
- mise à disposition de services de secrétariat pour les activités privées comme le service militaire, le service associatif, les mandats politiques, etc.
- taux d'intérêt de faveur sur les comptes de placement des employés.

b) La fiscalité des prestations accessoires

L'imposition des prestations accessoires s'effectue au cas par cas. Certes, des avantages peuvent être mis à disposition d'un collaborateur, mais ils peuvent aussi ne pas être utilisés par ce dernier et ne seront donc pas imposés. La plupart du temps, la question se pose lorsqu'il s'agit d'imposer le remboursement de frais qui ont un caractère purement privé. Ainsi, l'utilisation d'une voiture de fonction à des fins privées peut entraîner l'imposition des avantages que le collaborateur en retire.

De même, rembourser les frais de déplacement de l'épouse d'un collaborateur amené à voyager souvent dépend beaucoup des conditions entourant ces voyages. Si, en effet, l'employeur permet une à deux fois par année à un collaborateur d'être accompagné par son épouse, il sera difficile au fisc de justifier l'imposition de cette prestation accessoire.

Il en va ainsi de la prise en charge des cotisations à des clubs sportifs, de golf ou à des associations dans la mesure où leur fréquentation est souvent associée à des contacts professionnels dont les entreprises peuvent profiter. De même, participer à des programmes sportifs ou à des stages de formation peut aussi profiter à l'entreprise. Là aussi, une imposition des prestations accessoires peut difficilement se justifier.

A relever l'entrée en vigueur du nouveau certificat de salaire, prévue dès l'année 2007, lequel visera à imposer systématiquement de telles prestations, selon des modalités encore à préciser.

6. Les revenus de substitution

Toutes les prestations qui peuvent se substituer aux revenus professionnels constituent des revenus de substitution. Il s'agit des revenus accessoires, salariaux ou non, des pensions de retraite, des indemnités journalières, des indemnités en capital, etc.

B. Les frais généraux ou frais d'acquisition du revenu

Les frais généraux représentent les dépenses qui permettent de réaliser des revenus et/ou de les maintenir. Il faut distinguer entre frais généraux déductibles du revenu et ceux qui ne le sont pas. Ces derniers sont indépendants du fait qu'une personne réalise un revenu.

Pour faciliter la distinction, on peut traiter la question différemment. Les dépenses nécessaires pour répondre aux besoins essentiels de la vie (habiter, manger, se vêtir) obligent chacun à disposer d'un revenu. Les frais liés à ces obligations sont des frais d'entretien non déductibles. Si la distinction est difficile à faire, il faut garder à l'esprit que les frais généraux représentent seulement les dépenses liées à l'acquisition du revenu qui sont chiffrables. Toutes les autres dépenses constituent des frais d'entretien.

Les salariés peuvent déduire leurs frais professionnels si ceux-ci ont un lien de causalité direct avec l'acquisition du revenu du travail. Cela signifie que toutes les dépenses qui peuvent être assumées par l'employeur ou une tierce personne ainsi que les dépenses privées liées au statut social du contribuable et celles qui sont nécessaires à l'entretien du contribuable et de sa famille ne sont pas déductibles.

Pour le détail des frais généraux déductibles, le lecteur pourra se reporter à la partie IV de cet ouvrage «La déclaration d'impôt», aux pages 320 et suivantes.

C. Optimisation fiscale

1. L'avantage de séjourner hors du domicile

La notion de séjour hors de son lieu de domicile se présente chaque fois que le lieu de domicile et le lieu de travail sont éloignés l'un de l'autre de façon telle que le contribuable ne peut rentrer que le week-end à son domicile fiscal privé. Le fisc considérera comme lieu de domicile privé l'endroit où le contribuable conservera le centre de ses intérêts. Les frais liés au séjour hors du domicile pendant la semaine comprennent le trajet entre le domicile privé et le séjour sur le lieu de travail, les coûts supplémentaires de logement et de repas.

Dans ce cas, il s'agit bien sûr de différencier entre l'endroit le plus avantageux pour faire taxer son revenu de celui qui ne l'est pas. Un exemple classique est celui du salarié qui garde son domicile dans le canton du Valais et travaille dans celui de Genève. Du fait de la grande distance entre les deux endroits, les frais de voyage pour le retour hebdomadaire au domicile privé sont importants. De plus, les impôts sur le revenu sont sensiblement inférieurs dans le canton du

Valais que dans celui de Genève. Mais il faut aussi savoir que, pour les hauts cadres dirigeants, le revenu imposable pourra être partagé entre le lieu de domicile et celui de travail.

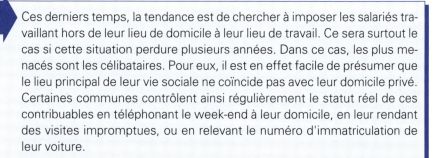

> Ces derniers temps, la tendance est de chercher à imposer les salariés travaillant hors de leur lieu de domicile à leur lieu de travail. Ce sera surtout le cas si cette situation perdure plusieurs années. Dans ce cas, les plus menacés sont les célibataires. Pour eux, il est en effet facile de présumer que le lieu principal de leur vie sociale ne coïncide pas avec leur domicile privé. Certaines communes contrôlent ainsi régulièrement le statut réel de ces contribuables en téléphonant le week-end à leur domicile, en leur rendant des visites impromptues, ou en relevant le numéro d'immatriculation de leur voiture.

2. Les prestations accessoires

Du fait de la charge fiscale marginale qui, selon les cantons et les communes, varie entre 30% et 50%, il peut être judicieux pour les cadres dirigeants de réclamer, lors des entretiens d'embauche, qu'une partie des dédommagements versés le soit sous forme de prestations accessoires. Fiscalement, il est difficile d'appréhender ces prestations qui sont, la plupart du temps, estimées en-dessous de leur valeur réelle. Mais, dans un futur relativement proche, les certificats de salaire devraient être si détaillés qu'il deviendra difficile de dissimuler ces prestations accessoires au fisc. Par ailleurs, dans ce cas, le risque de reprise fiscale sera plus important, car, en principe, toutes les prestations accessoires seront imposables.

3. Planifier fiscalement le changement ou la perte d'emploi

Avec l'introduction de l'harmonisation fiscale au niveau fédéral, la taxation intermédiaire en cas de changement ou de perte d'emploi a disparu. Désormais, l'impôt est calculé sur le revenu réalisé pendant une période de temps déterminée. De ce fait, une augmentation, une réduction ou encore une perte totale de revenu pendant une partie de l'année a un effet immédiat sur le calcul de l'impôt pour l'année en question.

Pourtant, avec le nouveau système, le calcul de l'impôt est reporté d'une année. De ce fait, le calcul provisoire de l'impôt et par conséquent des acomptes, se fait sur la base des données de l'année précédente. En cas de perte d'emploi pendant l'année fiscale en question, cela peut entraîner de réelles difficultés financières. Dès lors, de nombreuses administrations fiscales cantonales sont prêtes à adapter le calcul des acomptes d'impôt aux conditions effectives.

4. Les indemnités de départ

Lorsqu'un employé licencié touche des indemnités de départ de son ancien employeur, celles-ci seront ajoutées au revenu imposable. Mais, selon les cas, des taux privilégiés pourront être appliqués.

En ce qui concerne l'impôt fédéral direct, il faut déterminer si, en ce qui concerne les indemnités de départ, les prestations en capital de la prévoyance professionnelle doivent être imposées au sens de l'article 38 LIFD. Cela peut être le cas quand le contribuable a déjà 55 ans et, surtout, si une mise à la retraite anticipée a lieu en même temps que le licenciement. Pour des employés plus jeunes qui peuvent retrouver un emploi, un taux d'impôt privilégié est exclu dans ce cas. Si l'indemnité de départ est reconnue comme prestation de prévoyance par l'administration fiscale fédérale, cela a pour conséquence que cette indemnité est imposée, séparément du revenu, mais au même taux qu'une prestation en capital au titre de la prévoyance, c'est-à-dire au $1/5^e$ du taux normal mais au maximum à 2,3%.

Au niveau cantonal, les règles divergent. La plupart des cantons appliquent un taux privilégié aux indemnités de départ ayant un caractère de prévoyance. Mais contrairement aux prestations en capital du 2e pilier, l'impôt n'est pas perçu en tant que tel sur cette indemnité mais ajouté au reste des revenus. Il en résulte qu'en cas de revenus élevés et/ou de grandes indemnités de départ, l'avantage fiscal est minime, voire nul.

5. Le changement de lieu de domicile

En règle générale, depuis l'entrée en vigueur des règles de l'harmonisation fiscale au niveau fédéral le 1er janvier 2001, le lieu d'imposition d'un contribuable est celui de son domicile fiscal au 31 décembre. Selon que la charge fiscale d'un nouveau domicile est plus basse ou plus haute qu'auparavant, il peut être intéressant de déménager pendant une année ou de repousser l'échéance à l'année suivante. Pour plus de renseignements, le lecteur peut se reporter à la partie 4, pages 315 et ss.

6. La prévoyance, outil de planification fiscale

Ce qui vaut pour les employés vaut d'autant plus pour les cadres dirigeants qui ont en général un salaire nettement plus élevé que la moyenne. Les meilleures possibilités de planification fiscale se situent dans le cadre de la prévoyance professionnelle. On pourra alors se reporter utilement aux indications du chapitre 3, page 60 et suivantes.

7. Les possibilités générales de planification fiscale

Selon les cantons, le taux marginal d'impôt maximum est en général atteint avec un revenu imposable qui se situe déjà sous la barre des 200.000 francs. Pour ceux qui gagnent nettement plus, la question d'un domicile fiscal privilégié se posera plus fréquemment que pour d'autres contribuables.

Check list

Les déductions pour cadres dirigeants

Frais de déplacement

- ☐ Frais de transports publics pour le trajet domicile-lieu de travail si le trajet à pied est impossible; dans certaines circonstances, le coût du trajet en 1ère classe est déductible (raisons de santé, travail pendant le trajet).
- ☐ Frais d'un véhicule privé quand le trajet est impossible par les transports publics ou à pied en raison des conditions de transport et/ou de l'impossibilité de faire plusieurs fois la correspondance ou encore de l'inexistence de transports publics.
- ☐ Frais d'un véhicule privé pour les trajets au domicile pendant les repas de midi s'il n'existe aucune possibilité de manger sur le lieu de travail et si l'emploi d'un moyen de transport public est impossible en raison du manque de temps à disposition pendant la pause de midi.
- ☐ Frais d'un véhicule privé dans le cas de plusieurs activités professionnelles sur différents lieux de travail.

Frais supplémentaires pour les repas pris hors du domicile

La déductibilité de ces frais est possible en cas de nécessité professionnelle:
- ☐ Distance importante entre le lieu de travail et le domicile.
- ☐ Mauvaises correspondances entre le lieu de travail et de domicile.
- ☐ Pause de midi trop courte.
- ☐ Infirmité, invalidité.
- ☐ Horaires de travail atypiques (travail de nuit, travail en 3/8, travail irrégulier).
- ☐ Repas particulièrement onéreux en raison d'une surcharge physique de travail.

Frais de vêtements professionnels
Ces frais sont déductibles exceptionnellement ...
- ☐ s'ils ne sont pas compensés par l'utilisation des vêtements personnels;
- ☐ s'ils ne sont pas remboursés par l'employeur;
- ☐ si ces vêtements sont spéciaux et nécessaires à l'exercice de la profession;

- [ ] si ces vêtements ne sont pas inclus dans le forfait général pour frais de vêtements.

Outils et instruments de travail, littérature spécialisée

Ils sont déductibles...
- [ ] s'ils ne sont pas remboursés par l'employeur;
- [ ] s'ils ne sont pas déjà inclus dans un forfait;
- [ ] s'ils ont un lien direct avec l'exercice de la profession.

Formation continue

En règle générale, seuls les frais de formation continue sont déductibles.

Frais de voyage et de représentation

- [ ] En principe, seulement sur présentation des justificatifs et s'ils ne sont pas remboursés par l'employeur.
- [ ] Les frais à caractère privé ne sont pas déductibles.
- [ ] Dans le cas de forfaits, les exigences de justificatifs sont très différentes selon les cantons.

Bureau privé

Les frais d'un bureau privé utilisé dans un but professionnel sont déductibles aux conditions suivantes:
- [ ] usage principal et régulier dans un but professionnel;
- [ ] le bureau privé est utilisé pour une partie notable du travail professionnel;
- [ ] le bureau privé est installé essentiellement dans un but professionnel;
- [ ] la pièce n'est pratiquement pas disponible pour des buts privés;
- [ ] aucune pièce disponible sur le lieu de travail (par ex. collaborateur extérieur).

Pièces utilisées par les travailleurs séjournant la semaine hors du domicile privé

- [ ] Dans certains cantons, on admet une déduction pour les chambres louées sur le lieu de travail.
- [ ] Déduction en règle générale des frais de transport pour les allers-retours hebdomadaires.

2. Fiscalité et planification patrimoniale des dirigeants de PME

A. Généralités

1. Charges sociales et fiscales sur les PME

Ces dernières années, les charges fiscales et sociales des PME ont fortement augmenté, notamment en raison de l'introduction de la TVA. Celle-ci a aussi entraîné une forte augmentation de la charge administrative pour les petites et moyennes entreprises. Ces dernières doivent en effet présenter un décompte trimestriel pour la TVA et, par voie de conséquence, avoir une comptabilité adaptée à cette démarche.

Alors que dans le domaine des charges sociales, il y a peu de possibilités d'optimisation financière pour les PME, la situation est différente pour la charge fiscale. Il existe en effet de nombreuses possibilités de réduire, à court, moyen et long terme la charge fiscale des PME ainsi que celle de leurs propriétaires.

2. Les domaines d'optimisation fiscale

Les domaines dans lesquelles les charges fiscales des PME peuvent être réduites sont les suivants:

- choix de la bonne forme juridique;
- choix du bon emplacement de l'entreprise ainsi que du lieu de domicile de son propriétaire;
- choix du mode de financement;
- mesures de planification fiscale lors du bouclement annuel;
- politique de dividendes à long terme dans les sociétés familiales et les SàRL;
- prévoyance fiscalement optimale pour le chef d'entreprise;
- conception à long terme d'une succession fiscalement optimalisée.

3. Fiscalité et esprit d'entreprise: mise en perspective

Dans le seul but d'économiser des impôts, les aspects fiscaux sont souvent surestimés par rapport aux considérations relevant de l'esprit d'entreprise. Avant de prendre des mesures d'optimisation fiscale, il faudrait toujours réfléchir aux considérations touchant l'entreprise. Des mesures purement fiscales peuvent en effet avoir des conséquences négatives sur les bénéfices. Ainsi, la création à but purement fiscal d'une nouvelle entreprise peut augmenter les charges et entraîner des dépenses administratives supplémentaires du fait de nouvelles constructions juridiques, de frais de consultants, etc.

La meilleure façon d'opérer devrait être de réfléchir d'abord purement aux considérations propres à l'entreprise et, seulement ensuite, de penser aux aspects fiscaux. Ces derniers sont certes importants. Mais l'organisation et la gestion optimales de l'entreprise sont encore plus importantes tout comme l'est le respect de ses objectifs à long terme.

La surestimation des considérations fiscales est parfaitement illustrée par le fait que de nombreuses sociétés familiales évitent de distribuer des dividendes à leurs actionnaires. Bien sûr, on peut ainsi maintenir une pression fiscale basse sur les actionnaires pendant des années. Mais cette pression grandit alors sur l'entreprise parce que les bénéfices qu'elle engrange génèrent des revenus qui seront imposés en conséquence. De plus, en cas de vente de l'entreprise, la facture fiscale sera d'autant plus élevée que des bénéfices importants auront été accumulés.

Par ailleurs, la non distribution des dividendes a une importance fiscale en ce sens que la fortune de l'actionnaire familial n'est construite qu'au niveau de l'entreprise. Cela ne lui permet pas de bâtir une fortune privée. De ce fait, l'actionnaire met aussi en péril sa survie économique si l'entreprise a des problèmes et doit, par exemple, être mise en faillite. Pourtant, une stratégie à long terme de distribution de dividendes doit absolument être liée à une planification fiscale privée, patrimoniale et de prévoyance. C'est ainsi que l'on peut neutraliser l'impact fiscal des dividendes distribués et, le cas échéant, des salaires élevés.

B. La forme juridique fiscalement idéale

1. La fiscalité des différentes formes juridiques

Les PME sont en général créées sous la forme de raison individuelle, de sociétés en nom collectif, en commandite ou encore de société anonyme (SA) ou de société à responsabilité limitée (SàRL). Beaucoup de ces PME, dans le secteur du bâtiment en particulier, sont associées à des sociétés simples ou à des consortiums. On rencontre rarement des sociétés coopératives. Dans les SA, il faut distinguer entre celles qui ont un caractère personnel, familial ou qui sont cotées en bourse et dont le traitement fiscal diffère selon la forme juridique.

Le choix de la forme juridique d'une société survient rarement pour des motifs fiscaux. Certes, la charge fiscale et les charges sociales sont élevées au niveau de la confédération et dans la plupart des cantons, mais d'autres aspects sont aussi importants, comme l'image que donne l'entreprise à l'extérieur, la responsabilité du propriétaire, la vente de la société, son management, la participation des employés ou de tiers, etc.

D'un point de vue fiscal, la différence entre des sociétés de personnes ou de capital est essentielle. Dans le premier type d'entreprises, l'entrepreneur est sujet fiscal. Dans le second, c'est l'entreprise (la SA ou la SàRL) qui le sera.

a) Raisons individuelles et sociétés de personnes

La raison individuelle n'étant pas un sujet fiscal, elle n'est pas imposée en tant que telle. Le bénéfice de l'entreprise doit donc être déclaré par son propriétaire avec ses autres revenus. De plus, ce bénéfice est soumis à l'AVS au taux de 9,5%. Dans les sociétés en nom collectif ou en commandite, chaque partenaire devra déclarer sa part de bénéfice et de capital au titre de son revenu et de sa fortune. Les partenaires d'une société en nom collectif sont considérés comme indépendants et doivent donc s'acquitter de l'AVS sur leur part de bénéfice au taux de 9,5%. Les commanditaires par contre sont considérés comme salariés et l'AVS est calculée sur leur salaire.

Le propriétaire d'une raison individuelle devra déclarer le bénéfice de son entreprise au siège de l'entreprise et non à son domicile privé, si ces deux ne sont pas identiques. Un entrepreneur dont le domicile privé se situe, par exemple, dans le canton de Neuchâtel alors que celui de sa raison individuelle est à Fribourg devra déclarer le bénéfice de son entreprise dans ce dernier canton. Le reste de ses revenus, par exemple ceux de ses titres, seront déclarés à Neuchâtel.

Pour les sociétés en nom collectif, la situation est différente. Les partenaires de ce type de société devront déclarer un salaire raisonnable à leur lieu de domicile privé tandis que le reste de leur participation au bénéfice de l'entreprise sera déclaré au lieu du siège de l'entreprise. La participation au capital de l'entreprise sera aussi déclarée au siège de cette dernière alors que les prêts éventuels à l'entreprise le seront au domicile du partenaire.

Malgré tout, il est impossible de fixer une règle générale en Suisse pour déterminer la part du revenu d'une société en nom collectif ou en commandite qui doit être déclarée au domicile privé et ce qui doit l'être au siège de l'entreprise. Un principe de base veut cependant que plus le revenu est élevé, plus la part qui doit être déclarée au siège de l'entreprise le soit.

Les cantons de Suisse centrale (GL, LU, NW, OW, SZ, UR, ZG) ont conclu en 1999 un accord sur la répartition intercantonale des revenus des sociétés en nom collectif et en commandite (voir tableaux 15 et 16, page 181). D'ailleurs, d'autres cantons (AG, BL, BS, BE, LU et SO) ont conclu fin 1998 un accord identique.

Tableau 15: La répartition intercantonale des revenus des sociétés en nom collectif et en commandite pour la plupart des cantons alémaniques

Revenus (francs):	Part du revenu au domicile privé:
jusqu'à 29'999	100 %
dès 30'000	30'000
dès 40'000	36'000
dès 50'000	40'000
dès 80'000	60'000
dès 100'000	75'000
dès 150'000	90'000
dès 200'000	108'000
dès 300'000	126'000
dès 400'000	153'000
dès 500'000 et plus	180'000

Les cantons romands appliquent des tables qui leur sont propres. Nous donnons, ci-dessous, le tableau en vigueur pour le canton de Vaud. A relever que ce tableau donne la répartition par tranche entre la part attribuable au domicile privé et celle attribuable au siège. Ainsi, on additionnera les montants correspondant aux parts des diverses tranches pour obtenir la part attribuable à l'un ou l'autre for d'imposition.

Tableau 16: La répartition intercantonale des revenus des sociétés en nom collectif et en commandite applicable pour le canton de Vaud

Revenus (francs):	Part de la tranche de revenu imposable au domicile privé:
jusqu'à 30.000	100 %
de 30.001 à 250.000	75 %
de 250.001 à 500.000	50 %
de 500.001 à 1.220.000	25 %
dès 1.220.001	0 %

Ainsi, selon le modèle ci-dessus, un revenu de 300.000 sera imposé à hauteur de 220.000 au domicile privé de l'associé.

On fera bien de se renseigner sur la pratique en vigueur dans son canton de domicile et dans le canton du siège de son entreprise.

Sur le long terme, les raisons individuelles et les sociétés en nom collectif présentent un désavantage important. En cas de vente de la raison individuelle ou de départ d'un partenaire de la société en nom collectif, il faut savoir que la part au bénéfice de la vente sur la valeur comptable de l'entreprise sera imposée et soumise à l'AVS. Avec une telle perspective et en partant du principe que la charge fiscale et sociale est proche de 50%, il est évident qu'il faut transformer la société en SA ou SàRL pour éviter ces conséquences fiscales.

b) SA et SàRL

Dans le cas de ces deux formes juridiques, la société est en premier lieu imposée au lieu de son siège social. L'impôt frappe le bénéfice déclaré et les fonds propres. L'actionnaire de la SA, respectivement le partenaire de la SàRL, doit déclarer son salaire, les intérêts sur les prêts d'actionnaire et les dividendes éventuels. Ces derniers ayant déjà été imposés en tant que bénéfice au niveau de l'entreprise, il en résulte une double imposition proportionnelle au montant des dividendes versés. Dans bien des cas, cette double imposition n'est cependant pas très forte, surtout si la plus grande partie des bénéfices a été versée sous forme de salaires. Plus ces derniers seront élevés, plus le bénéfice sera diminué et moins l'impôt à payer par l'entreprise sera élevé. Pourtant, les salaires ne peuvent pas être aussi élevés que voulu. En principe, ils ne peuvent pas être plus hauts que ce que l'entreprise paierait à un tiers pour une prestation identique.

Prenons l'exemple de l'actionnaire unique d'une SA, qui en est le directeur et laquelle emploie trois collaborateurs. La SA réalise un bénéfice de 400.000 francs avant versement du salaire à cet actionnaire unique. Elle ne devrait théoriquement pas lui verser un salaire de 350.000 francs, ce qui a pour conséquence de laisser un bénéfice imposable de 50.000 francs seulement. Dans pareil cas, l'administration fiscale argumenterait que le salaire est trop élevé pour une entreprise de trois employés. Elle se baserait sur le salaire que verserait une entreprise concurrente, soit 200.000 francs et imposerait 150.000 francs, soit la différence entre le salaire versé et un salaire normal, au titre du bénéfice de l'entreprise, en sus des 50.000 francs déjà déclarés. Le bénéfice réel imposable serait alors de 200.000 francs mais l'actionnaire devra, de toute façon, déclarer un salaire de 350.000 francs. Il en résultera alors une double imposition sur un montant de 150.000 francs.

> Les charges sociales doivent être calculées sur les salaires mais pas sur les dividendes. Plus l'impôt sur le bénéfice d'une SA est bas, plus l'inconvénient de la double imposition diminue. Quant au montant de l'impôt sur le bénéfice, il faut aussi savoir que les impôts dus sont déductibles. Pour une entreprise située à Genève, le bénéfice avant impôts sera imposé au taux de 24,24 % (y compris l'impôt fédéral direct), c'est-à-dire à un taux nettement plus élevé que les charges sociales sur les salaires.

Savoir si et quand l'entreprise doit distribuer des dividendes est une question dont la réponse relève du seul actionnaire. Le montant et le moment où les dividendes sont payés peuvent donc constituer un motif d'optimisation fiscale. En cas d'acquisition d'une SA/SàRL, il faut prêter attention aux bénéfices accumulés et non distribués sous forme de dividendes. On reprend ainsi potentiellement une charge fiscale latente que l'on risque de devoir acquitter un jour. De même, si la contrepartie des bénéfices accumulés est représentée par des actifs liquides et non nécessaires à l'exploitation, il est possible que le fisc demande que l'impôt anticipé qui résulterait du versement de ces dividendes soit garanti sous forme de sûretés.

c) La charge fiscale lors de la création d'une société

La création d'une entreprise entraîne des coûts divers (taxes administratives, frais de consultant, etc.) et des frais d'ordre fiscal. Ce sera notamment le cas si des biens sont apportés à l'entreprise, comme des brevets ou des immeubles. Il faut cependant distinguer, en ce qui concerne l'impact fiscal prévisible, entre les raisons individuelles et les sociétés de personnes et les SA/SàRL.

Le tableau suivant montre la difficulté que représente une telle opération. En raison de la complexité de l'impact fiscal, notamment en cas d'apports en nature lors de la création d'une société, il faut absolument recourir aux services d'un conseiller fiscal spécialisé.

Tableau 17: Coûts lors de la création d'une société

	Raison individuelle/ société de personnes	SA/SàRL
Frais divers		
a) Taxe administrative	Inscription au RC	Inscription au RC, examen des statuts, actes officiels
b) Frais divers	Conseil juridique	Conseil juridique, frais bancaires, impression des titres
Apport en espèces		Taxe d'émission (1%) avec franchise de Fr. 250.000; év. imposition de l'agio
Apport en nature de la fortune privée		Taxe d'émission sur la valeur vénale; év. imposition de l'agio
a) Apport en valeurs mobilières	Aucun impôt	Pas d'impôt; év. transfert
b) Apport en valeurs immobilières	Impôt sur le gain immobilier	Bénéfice sur le gain immobilier sur la totalité de la plus-value Droits de mutation
Apport en nature de la fortune commerciale		Droit de timbre d'émission sur la valeur vénale; év. imposition de l'agio
a) Apport en valeurs mobilières	Impôt sur le bénéfice, resp. impôt sur le gain en capital	Impôt sur le bénéfice, resp. impôt sur le gain en capital
b) Apport en valeurs immobilières	Système dualiste: impôt sur le bénéfice, resp. impôt sur le gain en capital Système moniste: impôt sur le gain immobilier, impôt sur le bénéfice Droit de mutation	Système moniste: impôt sur le bénéfice, resp. impôt sur le gain en capital Système dualiste: impôt sur le gain immobilier, impôt sur le bénéfice Droit de mutation

Source: D'après Urs Monstein, Wahl der Rechtsform eines Unternehmens unter steuerlichen Gesichtspunkten, Verlag Paul Haupt, Bern 1994

d) La fiscalité de la vente d'une SA/SàRL

Un avantage fiscal évident de la forme juridique SA/SàRL est de pouvoir vendre ce type de société en étant exonéré. Si l'on fonde d'abord une raison individuelle ou en nom collectif, il faut la transformer au plus tard cinq ans avant la vente éventuelle en SA/SàRL pour que l'entreprise puisse être cédée sans impact fiscal.

La transformation est en général exonérée d'impôt pour autant que certaines conditions fiscales aient été respectées. En règle générale, il s'agit d'obtenir du fisc un préavis sur les éventuelles conséquences fiscales. Dans ce contexte, il est notamment très important d'obtenir du fisc la confirmation que, cinq ans après la transformation juridique, une vente exonérée d'impôt est possible.

Tableau 18: Choix d'une forme juridique sous l'angle fiscal

	Raison individuelle/société de personnes	SA/SàRL	
		Société	Actionnaire
Fondation			
Inscription au RC	Frais administratifs	Frais administratifs	
Libération du capital		Droit de timbre d'émission; év. impôt sur l'agio	
Apport d'immeubles	Impôt sur le gain immobilier; év. droits de mutation	Droits de mutation	Impôt sur le gain immobilier
Imposition périodique			
Bénéfice de l'entreprise	Charges sociales Impôt sur le revenu Ev. impôt sur les gains immobiliers	Impôt sur bénéfice Ev. impôt sur les gains immobiliers	
Distribution du bénéfice			Impôt sur le revenu
Salaires		Charges sociales	Charges sociales
Capital social	Impôt sur la fortune Impôt foncier	Impôt sur le capital Impôt foncier	
Valeur de participation			Impôt sur la fortune
Transmission à titre onéreux	Charges sociales Impôt sur le bénéfice sur les réserves latentes		Impôt sur les parts d'entreprise

gratuite	Impôt sur les successions et les donations pour les bénéficiaires		Impôt sur les successions et les donations pour les bénéficiaires
Liquidation	Charges sociales Impôt sur les bénéfices réalisés de liquidation	Impôt sur les bénéfices de liquidation	Impôt sur le revenu de l'excédent de liquidation
Transformation	Impôt sur le produit des réserves latentes dans le cas de la transformation des sociétés de personnes		

Source: D'après Urs Monstein, Wahl der Rechtsform eines Unternehmens unter steuerlichen Gesichtspunkten, Verlag Paul Haupt, Bern 1994

2. Avantages et inconvénients non fiscaux de la raison individuelle et des sociétés de personnes

a) L'image de l'entreprise

Dans bien des cas et du point de vue marketing, l'image d'une entreprise est meilleure si elle est exploitée sous forme d'une SA/SàRL plutôt qu'en raison individuelle ou en société en nom collectif. Sans doute est-ce dû à ce qu'une SA/SàRL dégage une image plus professionnelle. Dans la pratique, il n'y a cependant guère de différences. Beaucoup d'entreprises florissantes sont gérées sous la forme de raisons individuelles, de sociétés en nom collectif ou en commandite. De plus, ces formes juridiques présentent pour les fournisseurs et les banques créancières l'avantage que les entrepreneurs sont responsables sur leur fortune personnelle en plus de l'être sur la fortune de leur entreprise.

La création d'une SA/SàRL, ou encore la transformation d'une raison individuelle ou d'une société en nom collectif en SA/SàRL, sont à la mode. A l'évidence, un certain prestige est lié à cette forme juridique, même si cela ne peut pas être expliqué rationnellement. La SA a en outre tendance à supplanter la SàRL en terme de crédibilité. Ces dix dernières années, depuis la révision du droit des actions, la SàRL est ainsi devenue la forme juridique de M. Tout le Monde car elle exige un capital libéré minimum de 10.000 francs, soit bien moins que les 50.000 francs nécessaires pour créer une SA. De plus, une SàRL ne doit actuellement pas être contrôlée par une fiduciaire.

b) Responsabilité

Dans une SA/SàRL, la responsabilité de la société envers les fournisseurs et les créanciers est limitée à la fortune de l'entreprise. Si cette dernière est consommée, la société est mise en faillite et les créanciers en sont partiellement ou totalement pour leurs frais. Théoriquement, ils peuvent se retourner contre les membres du conseil d'administration s'il peut être prouvé que ceux-ci ont agi en violation de la loi. Mais cette preuve est rarement démontrée.

En comparaison, le propriétaire d'une société exploitée en raison individuelle est responsable sur l'entier de sa fortune et celle de son entreprise. La valeur de rachat des assurances-vie est exclue de cette responsabilité pour autant que les bénéficiaires soient le conjoint et les enfants de l'entrepreneur. Le même principe vaut pour les partenaires d'une société en nom collectif ou les associés commandités.

La responsabilité que supporte le propriétaire d'une raison individuelle ou d'une société de personnes représente un désavantage évident de cette forme juridique. Il ne faut donc la recommander que si les partenaires se vouent une confiance sans conditions et peuvent ainsi partir du principe qu'aucun d'entre eux n'engagera de procédures qui pourraient mettre en péril l'entreprise commune. Des clauses contractuelles confidentielles limitant la responsabilité ne remplissent en général pas leur but. En effet, elles n'empêchent pas les créanciers d'agir en responsabilité contre la société et ses responsables. Les partenaires qui ont quitté une société simple ou en nom collectif ne peuvent pas non plus se dégager de leur responsabilité pour les actes passés.

c) Forme juridique et succession commerciale

Les formes juridiques sont différemment adaptées aux règles de la succession commerciale. Dans ce cas, les modalités fiscales sont d'importance inégale. Si la succession envisagée doit se faire dans le cercle familial, une raison individuelle ou de personnes pourra représenter la forme juridique la mieux adaptée.

Si, par exemple, un père fait à son fils don avant héritage de sa raison individuelle, en règle générale, seul l'impôt sur la donation sera prélevé, pour les cantons concernés, de même éventuellement que les droits de mutation. Mais s'il vend son affaire à son fils pour une valeur excédant la valeur comptable de l'entreprise, le bénéfice réalisé devra être déclaré comme bénéfice et soumis à l'AVS. Cela vaut aussi pour une solution de type viager si la valeur de la prestation reçue par le père excède la valeur comptable de la firme au moment de la vente.

> Il faut faire attention au cas où la transmission d'une entreprise du père à son fils se fait à titre gracieux mais que le fils reprend en même temps les hypothèques grevant des immeubles. La reprise des hypothèques correspond dans ce cas à un prix de vente. Si ce dernier excède la valeur comptable des immeubles, la différence sera imposée au titre du bénéfice de liquidation et soumis à l'AVS.

Les sociétés en nom collectif et en commandite ne sont pas adaptées à une procédure de succession commerciale. Dans ce cas en effet, un partenaire sort tandis qu'un autre entre dans l'entreprise. Ce dernier doit, en règle générale, racheter sa part aux réserves latentes et au goodwill de l'entreprise. Si ce rachat dépasse la valeur comptable de la part du partenaire sur le départ, celui-ci devra déclarer le bénéfice réalisé comme revenu et y calculer l'AVS. Si par contre, la part d'une société en nom collectif détenue par un des partenaires revient après sa mort à son épouse, il n'y a en général aucune conséquence fiscale et pas de cotisation AVS.

Si la succession commerciale doit être réglée par la transmission de parts sociales aux cadres dirigeants, il faut penser à transformer à temps une raison individuelle ou une société de personnes en SA/SàRL. La transformation doit se faire au moins cinq ans avant la cession des parts sociales aux cadres dirigeants. En règle générale, le gain en capital réalisé au moment de la vente des actions d'une SA/SàRL à ses cadres est exonéré.

La participation de cadres dirigeants au capital d'une société en nom collectif ou en commandite donne lieu à divers problèmes. Si un des partenaires s'en sépare alors que son nom est associé à celui de l'entreprise, il faut changer de raison sociale. La vente des parts d'un des partenaires de l'entreprise à un autre membre ou à un nouveau venu à une valeur supérieure à la valeur comptable imposable sera imposée à hauteur du bénéfice réalisé et soumise à l'AVS. Ainsi, il est impossible de réaliser la plus-value latente de l'entreprise en étant exonéré. Par ailleurs, le nouveau partenaire doit savoir qu'il est immédiatement et entièrement responsable des obligations de l'entreprise sur sa fortune personnelle. Ce qui n'est pas forcément du goût de tout le monde.

d) Coûts de constitution et frais administratifs

A l'exception d'une taxe pour l'inscription au registre du commerce, la création d'une raison individuelle ou d'une société de personnes ne coûte rien. Par contre, la création d'une SA/SàRL nécessite des actes officiels et une inscription ad hoc au registre du commerce. Par ailleurs, un droit de timbre de 1% est perçu sur le capital de l'entreprise, respectivement sur la valeur vénale des apports en nature. Les premiers 250.000 francs sont francs d'impôt. Lors de la transformation d'une raison individuelle ou de personnes en une SA/SàRL, un droit de timbre de 1% est perçu sur la valeur d'apport de l'entreprise.

Contrairement à une raison individuelle ou à une société de personnes, une SA doit avoir un organe de révision externe. Cet organe de révision deviendra aussi nécessaire pour les SàRL à partir d'une certaine taille. Cet organe de révision est rémunéré. Les coûts de tenue de la comptabilité devraient normalement être les mêmes pour toutes les formes juridiques. Pour les SA et les SàRL cependant, les coûts de tenue d'une assemblée générale annuelle ainsi que les jetons versés aux administrateurs extérieurs s'ajoutent à ces frais. Dans les SA/SàRL, on peut certes activer les frais de création de la société, mais ils doivent être amortis en l'espace de cinq ans.

La SA est en résumé la forme juridique la plus onéreuse en terme de coûts de création et d'administration. La société simple est la moins coûteuse. En effet, contrairement aux autres formes juridiques de la société en nom collectif ou en commandite, il n'y a pas besoin dans son cas de faire appel à un conseiller externe en raison de la simplicité des conditions de participation.

> Pour la SàRL, et selon le droit encore en vigueur, la transmission des parts sociales ne peut se faire que dans le cadre d'un acte authentique de transmission par lequel la cession des parts sociales doit être réglée.

C. Une implantation fiscalement avantageuse

1. Choisir le siège social

Le choix de la localisation du siège social d'une entreprise doit être avant tout motivé par des considérations relevant purement de l'esprit d'entreprise. Une entreprise s'établit là où se trouvent ses clients potentiels, où elle peut trouver des employés, où du terrain est disponible, où il existe des sources d'approvisionnement, ou encore, là ou d'autres avantages comparatifs se font jour.

2. Considérations fiscales

C'est ensuite, dès que les considérations touchant à l'entreprise ont été analysées, que les considérations fiscales entrent en ligne de compte. Du point de vue fiscal, les sociétés de personnes devraient s'établir dans les cantons qui ont un régime fiscal favorable pour la taxation des revenus. Les SA/SàRL, par contre, devraient s'établir dans les cantons où la fiscalité pour ces formes juridiques est la meilleure.

Pour répondre à la question de savoir si une localisation d'entreprise est fiscalement optimale, il faut aussi savoir que la localisation du domicile privé de son propriétaire joue un rôle. C'est particulièrement important pour les propriétaires actionnaires car leurs salaires, les dividendes éventuels et les revenus d'intérêts qu'ils touchent de la SA/SàRL seront imposés à leur lieu de domicile privé.

Ainsi, si le siège social d'une entreprise n'est pas situé dans un lieu fiscalement privilégié, son actionnaire principal devrait au moins habiter dans un lieu qui l'est. Cette possibilité n'existe pas pour le propriétaire d'une raison individuelle car le bénéfice intégral de son entreprise devra être déclaré au siège social. Cela concerne particulièrement les professions libérales, comme les médecins, les ingénieurs et les consultants qui doivent déclarer l'intégralité de leurs bénéfices professionnels là où ils exercent leur activité.

Les propriétaires d'entreprises sans enfants devraient aussi penser à leur succession en termes fiscaux. En général, les personnes ou les couples sans enfants lèguent une grande partie de leur fortune à d'autres parents ou à des personnes proches. Dans tous les cantons, sauf dans celui de Schwyz, un impôt sur la succession jusqu'à 50 % est alors prélevé. Le taux de cet impôt dépend de la législation fiscale du canton du défunt. Les immeubles en sont cependant exclus: ils sont imposés là où ils sont construits. Ceci vaut aussi pour la fortune des raisons individuelles et pour les participations à des sociétés en nom collectif.

Etude de cas

Paul Muller est médecin dentiste à Genève mais réside dans le canton de Vaud car il pense pouvoir ainsi économiser des impôts. Il oublie qu'il devra déclarer la totalité des revenus de son cabinet à Genève, où la fiscalité est plus élevée. Seule la valeur locative de sa maison sur Vaud ainsi que sa fortune en titres de placement pourront être déclarées et imposées sur Vaud.

Stéphane Barbizon est dans la même situation. Il exploite à Genève une entreprise qui fabrique du matériel d'orthodontie sous la forme d'une société de personnes. Il habite lui aussi dans le canton de Vaud. Sa fiduciaire lui conseille de transformer sa société en SA et d'en restructurer le financement. Il en tire un salaire annuel de 250.000 francs qu'il déclare au fisc vaudois de même que 50.000 francs d'intérêts sur prêt d'actionnaire. Le reste du bénéfice de son entreprise, soit 100.000 francs, est déclaré à Genève comme bénéfice de la SA. Stéphane Barbizon a trouvé une bonne solution car son salaire et le bénéfice de sa société sont imposés de manière optimale.

3. Les différences cantonales

a) Personnes morales

Les données du tableau 19, page 190 sont données à titre indicatif. Elles se réfèrent à la capitale cantonale. Si une entreprise ou une raison individuelle veulent s'installer dans une localité précise, il s'agit d'établir un bilan fiscal prévisionnel sur la base des bénéfices estimés et des revenus ainsi que de la fortune du propriétaire et le compléter avec une comparaison entre les différents sites d'implantation possible. En règle générale, un expert-comptable ou fiscal sera le professionnel idéal pour un tel calcul. Il pourra aussi conseiller son client sur les particularités fiscales applicables aux différents cantons.

Tableau 19: Charge fiscale sur le bénéfice et le capital des SA/SàRL

Cantons	Fonds propres 100.000/bénéfice 50.000	Fonds propres 2.000.000/bénéfice 400.000	Fonds propres 2.000.000/bénéfice 1.000.000
Argovie	18.37	22.68	22.47
Appenzell AR	18.77	18.59	18.41
Appenzell AI	17.76	17.55	17.38
Berne	17.95	21.50	21.58
Bâle campagne	26.67	24.77	26.46
Bâle ville	25.60	26.36	25.60
Fribourg	20.89	23.32	22.45
Genève	24.86	25.76	24.85
Glaris	24.51	25.41	24.53
Grisons	18.11	23.47	25.70
Jura	22.85	23.72	22.84
Lucerne	19.77	20.69	19.77
Neuchâtel	22.89	24.12	22.96
Nidwald	17.55	17.99	17.56
Obwald	20.21	20.95	20.21
Schaffhouse	18.42	23.64	23.51
Schwyz	17.31	20.26	19.70
Soleure	18.15	23.44	23.73
Saint-Gall	19.24	21.78	23.81
Tessin	21.11	21.83	21.13
Thurgovie	19.07	21.25	22.15
Uri	24.40	25.31	24.40
Vaud	23.95	24.61	23.97
Valais	16.97	22.97	22.23
Zoug	13.11	15.77	16.17
Zurich	24.64	25.39	24.63

Source: AFC – La charge fiscale en 2004

Charge globale en % du bénéfice avant impôts de l'exercice, pour des sociétés sans participations domiciliées dans le chef-lieu de leur canton. Thurgovie, distribution moyenne supposée de 4.5% des fonds propres imposables, au maximum de 70% du bénéfice net. Genève, sans la taxe professionnelle communale.

b) Raisons individuelles et sociétés de personnes

Le bénéfice des raisons individuelles et des sociétés de personnes doit être déclaré et sera imposé au siège social selon le barème applicable aux personnes physiques. Dans le cas des sociétés de personnes, il sera imposé sous déduction d'un salaire raisonnable pour le propriétaire qui devra le déclarer à son lieu de domicile. Si le bénéfice de l'entreprise s'additionne aux revenus personnels du propriétaire de la raison individuelle ou la société de personnes, il sera alors imposé au barème ordinaire de l'impôt sur le revenu. Si le propriétaire de la raison individuelle ou la société de personnes n'habite pas au même endroit, une répartition intercantonale de l'impôt sera faite.

4. Résumé

Pour choisir où situer le siège d'une PME, on peut se baser sur les principes suivants:

a) Raison individuelle

L'intégralité du bénéfice devant être déclaré au siège de l'entreprise et si cela représente un sens pour celle-ci, il faudrait si possible choisir un lieu fiscalement privilégié. Le domicile fiscal privé du propriétaire n'est alors pas déterminant.

b) Société de personnes

Pour ces sociétés, qui dégagent des bénéfices plus importants, les propriétaires devraient choisir des domiciles fiscaux privés fiscalement privilégiés. Ils devront en effet déclarer la plus grande partie des bénéfices à leur domicile privé. Mais plus le bénéfice sera élevé, plus le choix du siège social deviendra important en terme de charge fiscale.

c) SA/SàRL

Aussi longtemps que le bénéfice peut être, totalement ou en grande partie, perçu sous forme de salaire, l'actionnaire a intérêt à choisir un domicile privé fiscalement privilégié. Dans ce cas, le lieu du siège social de l'entreprise n'a pas grande importance.

Mais si la SA/SàRL est très rentable, seule une partie du bénéfice pourra être déduite sous forme de salaire. Dans ce cas, le siège social et le domicile privé devront être choisis avec soin. Un domicile privé sélectionné soigneusement pour des raisons fiscales permet alors de distribuer des dividendes à de meilleures conditions fiscales. La même chose vaut pour l'imposition du bénéfice résultant d'une vente éventuelle de l'entreprise en tant que revenu de la fortune. Dans ce cas, la détermination de la charge fiscale au domicile de l'actionnaire sera d'une grande importance.

> Les allégements fiscaux sur les distributions de dividendes, actuellement en vigueur dans certains cantons (AI, GR, LU, NW, OW, SH et TG) ou planifiées pour 2007 (AG, AR, SG, SZ, UR et ZG) sont intéressants à mentionner. Sous certaines conditions propres à chacun de ces cantons, il peut être judicieux de repousser des distributions de dividendes jusqu'au moment où l'on y aura établi son domicile fiscal.

D. Optimiser le financement

1. Généralités

Une entreprise qui nécessite peu de fonds étrangers pour son activité n'a pas vraiment besoin de réfléchir à une forme juridique optimale quant aux possibilités de financement. Elle peut être créée tant comme raison individuelle, société de personnes, en nom collectif ou en commandite, ou encore sous la forme d'une SA/SàRL.

Mais les besoins en financement peuvent évoluer. La responsabilité illimitée du propriétaire quant aux engagements d'une raison individuelle représente, en règle générale, un argument intéressant pour obtenir des fonds étrangers supplémentaires. Ceci vaut d'ailleurs pour les partenaires d'une société en nom collectif et pour les associés d'une société en commandite. Au préalable, il faut cependant que les associés disposent d'une fortune privée suffisante. Mais ce financement facilité est un désavantage pour le ou les partenaires. En effet, en cas d'évolution défavorable des affaires de la société, leur fortune privée peut être touchée et l'existence matérielle de la famille de l'entrepreneur peut être menacée.

2. Fonds propres – fonds étrangers

Une PME devrait disposer d'assez de capital propre pour ne pas être dépendante de tiers, en particulier de financement bancaire. Les expériences de ces dernières années ont montré que la dépendance vis-à-vis de fonds étrangers bancaires a entraîné la faillite d'entreprises à de nombreuses occasions.

3. Les prêts d'actionnaires

Au lieu d'avoir un capital-actions élevé, on peut organiser ses fonds propres avec un prêt d'actionnaire en sus des exigences minimales d'un capital de 100.000 francs. Ce prêt peut être remboursé à l'actionnaire avec des ponctions annuelles sur le cash-flow dégagé. Les banques considèrent cependant les prêts d'actionnaires comme des fonds propres si l'actionnaire se déclare par écrit créancier de dernier rang. Cela signifie que le prêt des actionnaires ne peut être remboursé que lorsque toutes les autres obligations de l'entreprise auront été honorées. Dans ce cas, un prêt d'actionnaire est considéré comme faisant partie des fonds propres ordinaires de l'entreprise.

Les taux appliqués aux prêts d'actionnaires sont soumis à des prescriptions fiscales. L'administration fédérale des contributions publie régulièrement des circulaires où elle fixe les taux applicables. Un revenu d'intérêts, qui résulterait d'un taux supérieur au maximum fixé, serait considéré par le fisc comme un avantage caché. Ainsi, si le taux fiscal maximum toléré est de 4% et que l'actionnaire prélève sur son prêt un taux de 7%, l'avantage fiscalement caché correspond à la différence, soit 3%. De ce fait, le revenu d'intérêt généré au taux de 3% devra être déclaré comme bénéfice net de la SA/SàRL.

4. Le leasing, un avantage fiscal?

Un leasing peut être avantageux si l'entreprise utilise pour cela des fonds propres dont elle n'aurait autrement pas besoin ou si elle obtient ainsi un rendement plus élevé que ce que coûte le leasing. Dans de nombreux cas, cela peut expliquer que l'on conclue un contrat de leasing. Mais avant toute décision à ce propos, il faut calculer précisément le taux effectif de la dette ainsi générée. En effet, très souvent, le taux effectif est très élevé. D'un autre côté, cette charge d'intérêts peut être fiscalement totalement déduite, ce qui peut réduire jusqu'à 40% le coût effectif du leasing.

5. Fortune privée – fortune commerciale

a) Pourquoi faire la différence?

La différence entre la fortune privée et la fortune commerciale du propriétaire ou de l'associé d'une entreprise ne joue un rôle que dans le cas de raisons individuelles et de sociétés de personnes. Dans ces formes juridiques, il n'est en effet pas aisé de distinguer entre ce qui est privé et ce qui appartient à la fortune commerciale. Ainsi, comment peut-on classifier une maison qui sert à la fois à l'exploitation de la société d'un petit entrepreneur et qui est aussi son logement principal? Ou encore, les titres inscrits au bilan de l'entreprise font-ils partie de la fortune privée ou commerciale de son propriétaire? Et que dire du véhicule que l'associé d'une société en nom collectif utilise aussi bien pour son travail que pour son usage privé?

La question de la distinction entre fortune privée et fortune commerciale est importante car ces deux types de fortunes sont traités différemment par le fisc. La fortune commerciale peut être fiscalement amortie, contrairement à la fortune privée. Un gain éventuel retiré de la vente de la société doit être déclaré mais pas un bénéfice réalisé sur la fortune privée. Quand une société simple ou en nom collectif est remise, la fortune commerciale est transférée dans la fortune privée. Ceci a pour effet que la différence entre la valeur vénale et la valeur comptable sera déclarée au titre du revenu et que l'AVS sera aussi calculée.

b) Critères de classement

La pratique fiscale a permis de déterminer des critères permettant de séparer fortune commerciale et fortune privée. Le traitement comptable d'un actif est un indice qui permet cette répartition. Mettre en gage un élément de la fortune comme garantie pour des dettes commerciales constitue aussi un indice pour le classer comme faisant partie de la fortune commerciale. Il faut distinguer entre les raisons individuelles et les sociétés de personnes en ce qui concerne les éléments de la fortune qui font aussi bien partie de la fortune commerciale que de la fortune privée.

Pour une raison individuelle, on utilise essentiellement des critères économiques pour faire la distinction. Un élément de la fortune fait ainsi partie de la fortune commerciale si, par exemple, il est utilisé ou fabriqué dans un but commercial ou comme moyen utile à l'entreprise, s'il sert à ses activités ou, encore, s'il garantit une dette commerciale. L'appréciation fiscale est faite, en règle générale, selon des points de vue objectifs et la prise en compte de toutes les conditions s'appliquant au cas particulier.

Dans les sociétés de personnes, les conditions de propriété ne sont en général pas déterminantes. Des éléments de la fortune peuvent être intégrés dans la fortune commerciale d'une société en nom collectif tout en restant la propriété d'un des associés, aussi longtemps qu'ils sont utilisés pour son exploitation et/ou qu'ils sont surtout employés pour elle. On parlera de fortune privée d'un associé si les éléments qui la composent (des titres ou des immeubles, par exemple) n'ont aucun lien avec l'activité commerciale de l'entreprise.

Dans le cas d'éléments de la fortune à caractère mixte, par exemple dans le cas d'immeubles, l'appréciation fiscale se fait selon la règle de la prépondérance entre une utilisation à caractère privé et à caractère commercial. C'est surtout en vue d'un transfert possible de la fortune privée à la fortune commerciale, ou en sens inverse, qu'il est important que le choix de la forme juridique soit planifié à l'avance quant à l'utilisation privée ou commerciale des éléments de la fortune, et que les aspects fiscaux correspondants soient appréciés.

Par ailleurs, les sociétés de capitaux peuvent amortir dans leurs comptes les immeubles qui ne sont pas utilisés commercialement. Lors d'un prélèvement privé d'une raison individuelle ou d'une société en nom collectif, par contre, il est impossible de continuer à amortir le bien dès son prélèvement car les amortissements ne sont possibles que sur la fortune commerciale.

Etude de cas

Au rez-de-chaussée de sa maison avec trois appartements, René Brun exploite une société sanitaire. Les trois appartements sont loués et le revenu locatif est de 90.000 francs. La valeur locative des locaux utilisés pour son entreprise est de 70.000 francs. Le caractère d'utilisation privée est alors prédominant. La maison fait donc partie de la fortune privée. Ceci signifie qu'aucun amortissement ne peut être fait.

Dans une phase ultérieure, René Brun veut utiliser l'appartement du premier étage pour en faire des locaux administratifs. Les revenus locatifs de 30.000 francs ne seront plus encaissés et la valeur commerciale de l'utilisation de la maison va monter à 100.000 francs. Il y a alors un transfert de la fortune privée vers la fortune commerciale.

Dès lors, René Brun peut amortir la valeur totale de la maison et de ses équipements. A 65 ans, lorsqu'il cesse son exploitation parce qu'il n'a pas de successeur, la différence entre la valeur vénale de la maison et sa valeur comptable est déclarée comme revenu et soumise à l'AVS.

Dans une autre variante, on peut imaginer que l'entreprise a une forte croissance et que les locaux commerciaux, qui avaient envahi toute la maison, doivent être déménagés à un autre endroit, où ils sont loués. Il y a alors un prélèvement privé parce que la maison jusqu'ici utilisée de manière commerciale redevient privée. Ceci sera taxé par le fisc lorsque l'exploitation de l'entreprise cessera.

> Si René Brun exploitait son entreprise sous la forme d'une SàRL, le changement d'utilisation de la maison n'aurait aucune incidence fiscale lors de la cessation de l'activité. Les conséquences fiscales ne surviendraient qu'en cas de revente de la SàRL. L'avantage d'une société de capitaux à usage mixte des biens réside donc dans le fait qu'en cas de changement dans le caractère de leur utilisation, il n'y a aucune conséquence fiscale immédiate si le bien concerné ou la société est vendu en tant que tel. Du fait du report d'imposition, il peut y avoir un réel bénéfice quant aux intérêts dégagés.

E. L'optimisation fiscale dans les SA et les SàRL familiales

1. Comment adoucir la double imposition

Pour une PME, structurée en SA/SàRL, le principal problème fiscal vient de ce que le bénéfice, s'il est distribué, est presque toujours doublement imposé tant au niveau fédéral que dans pratiquement tous les cantons. En effet, il est d'une part imposé au titre du bénéfice de l'entreprise. Si ce bénéfice est ensuite distribué aux actionnaires sous la forme de dividendes, ceux-ci doivent être déclarés comme des revenus. Seuls quelques cantons, tous alémaniques (AI, OW, SH), accordent un rabais fiscal sur ce type de revenus.

Il en est de même lors de la liquidation d'une SA/SàRL. Tout ce que les actionnaires peuvent retirer de leurs précédents apports en capital comme bénéfice de liquidation, doit être déclaré comme revenu imposable. Si, lors de la liquidation de l'entreprise, certains biens de valeur sont transférés dans la fortune privée, cela doit être fait à leur valeur vénale. Par ailleurs, la réalisation des réserves latentes doit être déclarée comme produit au niveau de la SA/SàRL.

Pour réduire ou supprimer l'impact de la double imposition, il existe cependant certaines stratégies qui sont présentées ci-après.

Etude de cas

> Après 30 ans d'existence, une SA arrête ses activités et est liquidée. Les actifs qui restent consistent en des immeubles commerciaux, d'une valeur comptable de 800.000 francs et d'une valeur vénale de 2 millions de francs, et des titres comptabilisés pour 300.000 francs mais dont la valeur réelle en bourse est de 600.000 francs. En contrepartie de la valeur comptable de ces actifs (1,1 million), la société dispose d'un capital de 100.000 francs et de bénéfices accumulés de 1 million.

> Dans le cadre de la liquidation, les immeubles et les titres doivent d'abord être évalués à leur valeur vénale, soit 2 millions pour les immeubles et 600.000 francs pour les titres. Le bénéfice imposable qui en résulte est de 1,5 million. A un taux d'imposition de 25%, ceci correspond à un impôt de 375.000 francs pour l'entreprise.
>
> Après réévaluation, le bilan comporte désormais des actifs pour 2,6 millions, soit des immeubles pour 2 millions et des titres pour 600.000 francs. Au passif, il y a toujours le capital de 100.000 francs, un bénéfice reporté de 2,125 millions et une dette fiscale de 375.000 francs. En effet, au compte de pertes et profits, il a fallu porter le bénéfice de 1,5 million, sous déduction des impôts de 375.000 francs, soit un bénéfice après impôts de 1,125 million.
>
> Le bénéfice reporté est ensuite distribué à l'actionnaire sous forme d'un dividende de liquidation et doit être déclaré comme revenu de la fortune privée. A un taux d'imposition de 35%, cela représente un impôt sur le revenu de 743.750 francs.
>
> Au total, entre l'impôt sur le bénéfice de l'entreprise et l'impôt privé sur le revenu, la charge fiscale est de 1.118.750 francs. Pour y faire face, il faut donc vendre le portefeuille titres et prélever un supplément de 518.750 francs dans la fortune privée de l'actionnaire.

a) Optimiser ses traitements salariaux

Dans les SA/SàRL, les salaires et les charges sociales (AVS, AI, AC, LPP) sont déductibles fiscalement. D'un autre côté, le salaire net de l'actionnaire constitue pour ce dernier un revenu imposable. Tant que le bénéfice de l'entreprise peut être distribué sous forme de salaire, il n'est pas sujet à la double imposition. Finalement, seul le bénéfice qui reste dans l'entreprise sera soumis à cette double imposition au moment de sa distribution sous forme de dividende à l'actionnaire.

Il est donc dans l'intérêt de l'actionnaire collaborateur de percevoir le salaire le plus élevé possible. Ceci est cependant soumis à des limites. L'administration des contributions accepte qu'un actionnaire touche un salaire mais ce dernier ne devra pas être supérieur à celui qu'un tiers, c'est-à-dire quelqu'un qui n'est pas actionnaire de l'entreprise et n'y travaille pas, toucherait à compétences égales, en ayant les mêmes responsabilités et en remplissant les mêmes fonctions dirigeantes.

La question du salaire maximal possible dans ce contexte fait l'objet d'âpres discussions entre le fisc et les contribuables concernés. C'est à ces derniers de présenter des arguments pertinents pour justifier un salaire élevé. Pour évaluer le montant du salaire, le fisc prend en compte la taille de l'entreprise, son chiffre d'affaires, le bénéfice après distribution des salaires, le caractère national ou international de l'activité, le nombre de collaborateurs, la responsabilité d'entrepreneur, etc.

Pour une PME, un salaire sera considéré comme acceptable s'il est compris entre 250.000 et 300.000 francs. Mais un salaire de ce niveau ne sera accepté que si, après son versement, il reste encore un bénéfice imposable substantiel dans l'entreprise. La pratique fiscale diffère cependant grandement selon les cantons.

Dans la pratique, on observe cependant que l'actionnaire-collaborateur d'une entreprise fixe son salaire à un niveau assez bas pour ne pas payer trop d'impôts privés sur le revenu.

Ceci constitue à bien des égards une attitude fausse:
- plus le salaire est bas, plus le bénéfice d'entreprise sera élevé, ce qui peut entraîner une double imposition;
- plus le salaire est bas, plus le bénéfice reporté sera élevé et plus l'entreprise sera capitalisée; ceci rend difficile une vente ultérieure de l'entreprise à ses collaborateurs ou à des tiers, ceux-ci devant dégager plus de moyens financiers pour l'acquisition;
- les liquidités non nécessaires à l'exploitation qui sont ainsi accumulées seront, lors d'une vente éventuelle de l'entreprise, imposées chez le vendeur comme éléments de son revenu et de sa fortune dans le contexte d'une liquidation partielle indirecte;
- l'accumulation de bénéfices non distribués dans l'entreprise alourdit cette dernière en terme de capitalisation et rend difficile (ou empêche) pour l'actionnaire la création de sa fortune privée; en outre, la fortune de l'actionnaire restera ainsi toujours exposée au risque d'entreprise;
- plus les traitements salariaux qu'un actionnaire retire de son entreprise sont élevés, plus les possibilités de planification fiscale pour sa fortune privée le seront; il pourra ainsi effectuer des versements annuels supplémentaires à sa caisse de pensions ou à sa caisse de prévoyance pour les cadres pour racheter des années d'assurance manquantes; il pourra aussi effectuer des travaux déductibles de rénovation de ses immeubles ou investir sa fortune dans des placements défiscalisés; ces possibilités lui seront cependant interdites s'il ne touche de l'entreprise que le salaire nécessaire à couvrir son train de vie.

b) Frais forfaitaires

Les frais forfaitaires peuvent couvrir les frais professionnels de l'actionnaire salarié ou de l'associé d'une SàRL sans qu'il soit nécessaire de les justifier formellement. Il s'agit, par exemple, des frais de réception au domicile privé de l'actionnaire, des frais de petite restauration, de l'utilisation d'une voiture privée pour des trajets professionnels pour autant que ce genre de frais ne soit pas déjà remboursé, etc.

Le traitement des frais forfaitaires par l'administration fiscale varie selon les situations. En effet, les forfaits pour l'entreprise constituent des dépenses déductibles. En outre, ils ne sont pas imposables chez l'actionnaire. Ils sont donc, en règle générale, soigneusement examinés par le fisc. La plupart du temps, pour qu'ils soient acceptés, un règlement de frais devra être soumis à l'approbation préalable du fisc. Par ailleurs, l'introduction du nouveau certificat de salaire devrait fortement réglementer et limiter les possibilités actuellement offertes de réduire la double imposition.

c) Bonus

Pour une entreprise d'une certaine taille, il peut être intéressant de lier une partie de la rémunération du personnel commercial et de l'actionnaire-salarié, lui aussi concerné par la marche des affaires, au versement d'un bonus. Pour l'actionnaire, ceci a l'avantage de permettre, les années où les ventes ont été très bonnes, de toucher de confortables bonus qui représentent des dépenses nécessaires à l'activité de l'entreprise et donc fiscalement déductibles. Le même effet peut être atteint en intéressant l'actionnaire et les collaborateurs-clés au résultat de l'entreprise, ce dernier représentant la concrétisation de leurs prestations.

> Pour qu'un système de bonus soit accepté par le fisc, il doit s'agir d'un plan formalisé applicable à tous les collaborateurs. Le bonus doit aussi être calculé au moyen de critères objectifs comme le chiffre d'affaires, le résultat d'un service, le bénéfice de l'entreprise, le taux de marge, le résultat d'exploitation, etc.

d) Versements à sa fondation de prévoyance

L'actionnaire salarié ou l'associé d'une SàRL est soumis à l'AVS et doit donc être affilié à la caisse de prévoyance de son personnel. Il peut aussi être affilié à une caisse de prévoyance pour les cadres à laquelle les autres responsables de l'entreprise cotisent également. La création d'une caisse spéciale pour un actionnaire salarié sans intégrer les autres cadres dirigeants de l'entreprise n'est en général pas admise par le fisc sauf s'il existe des conditions spéciales.

Après avoir réalisé une bonne année, une SA/SàRL peut décider de distribuer une partie de son bénéfice annuel à la fondation de prévoyance de son personnel ou à la caisse de prévoyance de ses cadres supérieurs. Ceci peut être fait sous forme de versements aux réserves de contributions de l'employeur ou aux réserves libres de la caisse de prévoyance. Ces versements ne doivent cependant pas servir à lisser les bénéfices de façon trop apparente. Ainsi, il n'est pas permis de transférer dans son intégralité à la caisse de pensions le bénéfice résiduel après versement du salaire de l'actionnaire principal.

Quand les réserves de contributions de l'employeur sont ainsi alimentées, celles-ci peuvent être utilisées pendant les mauvaises années pour payer les contributions de l'employeur à la caisse de pensions. Les réserves libres de la caisse de prévoyance peuvent être utilisées, après décision du Conseil de fondation, pour alimenter les comptes d'épargne des collaborateurs. Pour ce faire, il faudra utiliser de préférence plusieurs critères de répartition objectifs tels que le montant des avoirs réels de la caisse de pensions, le nombre d'années de cotisation, l'âge, le salaire, etc.

Lorsque tous les salariés, et pas seulement l'actionnaire principal, profitent d'une répartition des réserves et que celle-ci est faite selon des critères objectifs, elle sera admissible fiscalement. Ceci vaut aussi lorsque, sur la base des critères utilisés, la majeure partie des réserves attribuées aboutit chez l'actionnaire principal parce que son salaire est le plus élevé, parce qu'il dispose des avoirs de prévoyance les plus grands et qu'il est, la plupart du temps, le plus ancien des cotisants.

e) Prendre en compte son/sa conjoint(e) et/ou son/sa partenaire

Lorsque l'épouse et/ou la partenaire de l'actionnaire principal travaille dans l'entreprise, il est nécessaire de lui verser un salaire conforme au marché. Là aussi, l'administration fiscale évaluera l'adéquation de cette rémunération. Si on peut, par exemple, prouver que la conjointe a un poste à responsabilités parce qu'elle dirige l'administration de l'entreprise, son salaire pourra alors être plus élevé que pour une simple salariée.

> Plus le salaire du conjoint travaillant dans l'entreprise sera élevé, plus les contributions à la caisse de pensions et, le cas échéant, à la caisse des cadres, seront hautes. Ceci entraînera également par la suite des prestations de prévoyance élevées.

L'inclusion du conjoint dans le plan de prévoyance représente une mesure importante pour réduire la double imposition des SA à caractère familial. Cette mesure protège par ailleurs l'actionnaire principal de prétentions futures éventuelles en cas de procédure de divorce si son ex-conjointe fait alors valoir que, pour son activité dans l'entreprise, elle n'aurait pas été rétribuée conformément au marché. Si cela s'avérait effectivement le cas, la jurisprudence actuelle prévoit que l'actionnaire principal verse la différence, majorée des intérêts courus, entre un salaire normal et le salaire réel perçu pour les années durant lesquelles son ex-épouse a travaillé dans l'entreprise.

f) Immeubles inclus dans la fortune privée

Détenir des immeubles dans son patrimoine privé au lieu de les détenir au travers d'une société de capitaux comporte des avantages et des inconvénients qu'il s'agit d'apprécier avant tout achat.

Sur le long terme, détenir un immeuble dans son chapitre privé coûtera dans la plupart des cas moins cher du point de vue fiscal que de le faire acheter par une société. Relevons à ce titre la problématique de la double imposition, qui frappera le rendement net de l'immeuble dans la société, puis imposera le versement des dividendes ou de l'excédent de liquidation chez l'actionnaire. Le propriétaire privé ne paiera, lui, l'impôt sur le revenu qu'une seule fois. Par ailleurs, l'administration fiscale ne permet la prise en compte du financement d'un immeuble par le propriétaire d'une société de capitaux que jusqu'à 70% ou 80% du bien. En outre, la plus-value réalisée lors de la cession d'un immeuble s'ajoutera au bénéfice d'une société de capitaux, donc subissant la double imposition, alors qu'un propriétaire privé ne paiera que l'impôt sur les gains immobiliers. Enfin, l'augmentation de la valeur du bien crée de grosses réserves latentes dans une société de capitaux, qui restreignent le cercle des acquéreurs potentiels.

Par contre, il est possible de pratiquer des amortissements sur un immeuble détenu dans une société, et de différer l'imposition du rendement jusqu'à la date de cession. La trésorerie ainsi dégagée permet un remboursement plus rapide de l'hypothèque ou la poursuite d'autres investissements.

Si un immeuble est effectivement utilisé dans le cadre de l'activité de l'entreprise, son propriétaire peut l'acheter à titre privé et le louer à l'entreprise. Pour réduire la double imposition, le loyer devrait être fixé si possible à un niveau élevé, mais sans pour autant dépasser les prix du marché. Dans ce cas en effet, la différence pourrait représenter une prestation cachée qui serait alors ajoutée au bénéfice de l'entreprise et imposée comme tel. De plus, une procédure pour évasion fiscale pourrait être ouverte. Cependant, le contrat de location peut prévoir une indexation du loyer et la prise en charge de la totalité des frais d'entretien par l'entreprise.

Si par la suite l'entreprise est vendue, son ancien propriétaire disposera de par le contrat de location de l'immeuble d'un revenu à caractère de prévoyance. Par ailleurs, la location d'un immeuble à sa propre SA/SàRL présente aussi l'avantage qu'une partie du bénéfice de l'entreprise pourra être déduite sous forme d'un loyer sans aucune charge sociale et, par conséquent, être imposé au seul titre du revenu chez le propriétaire.

> Une alternative intéressante à la location d'un immeuble consiste en l'octroi d'un droit de superficie à sa propre société. Pour cela, le propriétaire de l'entreprise achète une parcelle de terrain et donne à son entreprise le droit de construire un bâtiment destiné à ses activités. Dans ce cas, le droit de superficie devrait être assez élevé et indexé.
>
> Cette variante a l'avantage que le financement du bâtiment relève de la responsabilité de l'entreprise. Celle-ci peut ensuite amortir la construction une fois achevée parce qu'il ne s'agit pas de son immeuble mais du résultat de l'exercice d'un droit de superficie. Enfin, la rente du droit de superficie, qui est payée au détenteur de ce droit, n'est pas soumise aux charges sociales.

2. Eviter les prestations appréciables en argent

Un point de friction fiscal fréquent entre l'administration fiscale et les actionnaires d'une société familiale provient des prestations appréciables en argent, qui diminuent le bénéfice de l'entreprise mais génèrent, lorsqu'elles sont découvertes, des reprises fiscales importantes pour la société et pour l'actionnaire. Dans bien des cas, ceci s'ajoute à l'ouverture d'une procédure pour soustraction fiscale supposée. Un soupçon de soustraction fiscale naît lorsque la taxation pour la période fiscale considérée n'est pas encore faite et que les prestations cachées sont découvertes lors de la procédure d'imposition. Si elle est découverte par la suite, c'est-à-dire après l'entrée en force de la taxation, alors la soustraction sera consommée.

a) Ce que sont les prestations appréciables en argent

Il s'agit de l'octroi d'avantages financiers par l'entreprise à son actionnaire principal ou aux associés d'une SàRL qui n'auraient pas été accordés à des tiers non impliqués dans le capital de l'entreprise.

Il s'agit par exemple de:
- salaires exagérés;
- frais forfaitaires trop élevés;
- l'utilisation d'un véhicule d'entreprise à des fins privées sans que l'actionnaire n'ait à supporter une part des frais à titre privé;
- la location par l'entreprise d'un immeuble lui appartenant, à son actionnaire ou à une personne proche, à un loyer inférieur aux conditions du marché;
- l'octroi d'un prêt à l'actionnaire à des conditions qui n'auraient pas été accordées à un tiers (intérêts préférentiels, garanties spécifiques, modalités de remboursement, etc.);
- prestations réalisées par l'entreprise pour l'actionnaire sans contrepartie (par exemple, réalisation de constructions ou de travaux annexes sur un immeuble appartenant à l'actionnaire);
- prestations réalisées par l'entreprise pour satisfaire les besoins privés de l'actionnaire (personnel de maison dont le salaire est payé par l'entreprise, etc.);
- règlement de certains achats privés de l'actionnaire par la société (vin, huile de chauffage, etc.);
- financement par l'entreprise de passe-temps privés (avion privé, bateau, etc.).

b) Détermination fiscale des prestations appréciables en argent

Une prestation cachée est considérée par le fisc comme la distribution d'un dividende fictif. Cela signifie que cet avantage caché sera ajouté au bénéfice de l'entreprise et qu'il augmentera donc le revenu imposable de l'actionnaire. Si, par exemple, le fils de l'actionnaire paie pour la location d'un appartement appartenant à l'entreprise un loyer de 800 francs alors que le prix du marché serait normalement de 2000 francs, un montant de 14.400 francs par an sera ajouté au revenu de l'actionnaire tandis qu'un montant identique sera ajouté par année au bénéfice imposable de l'entreprise de l'exercice concerné.

Un salaire excessif qui ne serait pas payé à un tiers, ne sera pas traité autrement. Ce salaire sera imposé en plein comme revenu chez l'actionnaire. De plus, un montant correspondant à la part du salaire excessif sera rajouté au bénéfice imposable de l'entreprise.

Selon le canton, il faudra compter avec l'ouverture d'une procédure pénale pour soustraction fiscale. La fixation d'amendes ou de pénalités fiscales dépend du cas où l'actionnaire a essayé de dissimuler des faits ou s'ils étaient apparents pour le percepteur. Si quelqu'un touche un salaire excessif, il n'y a pas de dissimulation car le certificat de salaire en fait ouvertement état. Mais si, par exemple, un actionnaire impute les coûts de rénovation de sa collection de vieilles voitures à l'entreprise et les comptabilise comme frais de véhicules, il devra compter avec une procédure pénale. En effet, dans la comptabilité de l'entreprise, il n'est pas évident de voir immédiatement qu'il s'agit de frais privés concernant les voitures de l'actionnaire. De même, la livraison d'huile de chauffage par le fournisseur de l'entreprise au domicile privé de l'actionnaire sans qu'il y ait une facture spécifique de l'entreprise pour le remboursement constitue une dissimulation de faits qui entraîne une procédure pénale.

Si, dans les exemples ci-dessus, on se trouve également en présence de fausses écritures comptables, la jurisprudence du Tribunal fédéral part du principe qu'il s'agit de faux dans les titres et qu'il y a donc fraude fiscale, d'où une peine nettement plus élevée.

3. Politique de dividende à long terme

Si, en sus du salaire versé à l'actionnaire principal ou unique d'une SA/SàRL, une société réalise aussi un bénéfice, la question de la distribution ou de la thésaurisation de ce dernier se pose. Elle se posera d'autant plus si le bénéfice n'est pas indispensable aux besoins de croissance de l'entreprise. La plupart des propriétaires ou associés de PME hésitent à distribuer leurs bénéfices sous forme de dividendes car ils pensent, à raison, que cela correspond à une augmentation de leur facture fiscale privée. Cependant, accumuler les bénéfices dans son entreprise, s'ils ne sont pas utiles à sa croissance, comporte une série de désavantages.

Ainsi, cela entraîne la création d'une fortune propre à l'entreprise. Cette dernière sera toujours plus capitalisée et représentera une part croissante de la fortune totale de l'actionnaire. Ainsi, une part toujours plus grande de sa fortune sera exposée au risque d'entreprise. Par ailleurs, il est notoirement plus difficile de vendre facilement une entreprise surcapitalisée, avec une substance trop élevée et des charges fiscales latentes élevées qu'une entreprise «légère» qui a toujours distribué des dividendes à son/ses actionnaire(s).

Un aspect particulièrement négatif de cette problématique vient de ce que, si l'entreprise est vendue à ses collaborateurs ou à des tiers, les liquidités devront certainement être distribuées au préalable et déclarées par le vendeur au fisc comme revenu de sa fortune privée. Dans ce cas, une vente totalement défiscalisée sera impossible.

Se passer d'une distribution de dividendes et se limiter à verser un salaire à l'actionnaire juste suffisant pour assurer ses besoins quotidiens a aussi pour effet que ce dernier sera dans l'impossibilité de se constituer à long terme une prévoyance vieillesse en effectuant des rachats à sa caisse de pensions, en se bâtissant un portefeuille d'actions, en investissant dans des polices d'assurance défiscalisées à primes uniques et d'autres instruments de placement.

Sa prévoyance vieillesse sera alors principalement constituée de son entreprise, respectivement du produit de sa vente. Si la succession s'effectue dans le cercle familial, il n'y aura en général pas de paiement d'un prix de vente, ce qui peut mettre le père de famille, respectivement le fondateur de l'entreprise, dans une situation délicate.

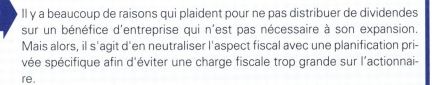

Il y a beaucoup de raisons qui plaident pour ne pas distribuer de dividendes sur un bénéfice d'entreprise qui n'est pas nécessaire à son expansion. Mais alors, il s'agit d'en neutraliser l'aspect fiscal avec une planification privée spécifique afin d'éviter une charge fiscale trop grande sur l'actionnaire.

4. Neutraliser la charge fiscale sur le revenu et les dividendes avec une planification

Les effets d'un salaire élevé et, éventuellement, de dividendes supplémentaires doivent être totalement ou partiellement neutralisés dans le cadre d'une planification patrimoniale, fiscale et de prévoyance. Cela signifie qu'il faut compenser un revenu élevé par des dépenses déductibles suffisantes pour que le revenu imposable reste le plus bas possible.

Ces dépenses déductibles comprennent:
- des contributions ordinaires élevées aux caisses de pensions: fiscalement parlant, environ 20% des revenus salariaux bruts peuvent être considérés comme des cotisations ordinaires aux caisses de pensions et aux caisses pour les cadres;
- des investissements dans des immeubles pour en maintenir la valeur: les frais de rénovation sont entièrement déductibles du moment qu'ils ne contribuent pas à augmenter la valeur d'un immeuble;
- des cotisations de rachat aux caisses de pensions pour les années manquantes ou pour améliorer les prestations: ce genre de versements doit être prévu dans les règlements des institutions de prévoyance; la création d'une caisse de pensions supplémentaire pour les cadres a pour effet que les versements

nécessaires pour les années manquantes peuvent être faits a posteriori; mais ces versements complémentaires sont limités;
- les intérêts débiteurs: il s'agit des intérêts hypothécaires, des intérêts débiteurs sur crédits lombard ou sur polices d'assurance et sur assurances de capitaux à prime unique partiellement financées par l'emprunt.
Les intérêts débiteurs sont déductibles à concurrence des revenus imposables de la fortune, y compris la valeur locative, majorés d'une franchise de 50.000 francs; dans ce cadre, les intérêts débiteurs sont entièrement déductibles, sauf si l'administration fiscale estime qu'il y a eu évasion fiscale en rapport avec le financement partiel par la dette de certains éléments de la fortune, comme des primes uniques ou des portefeuilles de titres. Dans ce cas, il faudra bien argumenter pour prouver que le financement par la dette n'a pas été fait seulement pour éviter des impôts, mais qu'il s'agissait aussi d'atteindre d'autres buts, comme par exemple la diversification de la fortune ou la création d'une prévoyance retraite conséquente, etc.

Depuis le 1er janvier 2003, tous les cantons appliquent le principe de la déclaration fiscale annuelle sur les revenus. Ceci signifie que les dividendes doivent être déclarés durant l'année où ils sont distribués et en même temps que les dépenses auxquelles ils sont liés. Si, par exemple, la rénovation d'un immeuble est planifiée pour 2007, on peut alors distribuer un dividende équivalent aux coûts de rénovation planifiés sur le bénéfice de l'année 2006 sans que ce versement entraîne une trop forte hausse de sa charge fiscale.

Les dividendes d'un même ordre de grandeur perçus chaque année peuvent être compensés par des rachats d'années de prévoyance ou par des intérêts débiteurs sur des crédits lombards, dans une certaine mesure.

Il faut veiller à ce que le dividende décidé par l'assemblée générale soit versé dans les derniers jours de l'année échue. Le remboursement de l'impôt anticipé ou l'imposition avec les revenus courus se fera alors dans les premiers mois de l'année suivante. En effet, la demande de remboursement de l'impôt anticipé peut être faite au plus tôt le 1er janvier de l'année qui suit la distribution du dividende.

Cela a pour effet que l'impôt anticipé de 35% dû à l'administration fédérale des contributions sur les dividendes versés ne reste pas trop longtemps sans rapporter d'intérêts. Mais la condition pour un remboursement rapide de cet impôt anticipé sera une déclaration à temps sur la nouvelle année des revenus de dividendes et des impôts anticipés versés. L'assemblée générale qui décide du paiement des dividendes peut également se dérouler tôt dans l'année si l'échéance des dividendes est fixée au dernier jour de l'exercice.

> Si le bénéficiaire des dividendes est une société de capitaux ou une coopérative qui détient au moins 20% du capital social de la société distributrice, l'impôt anticipé ne devra pas être versé à Berne car il suffit alors de l'annoncer à l'AFC au moyen du formulaire 106.

5. Prêts aux actionnaires

Les prêts aux actionnaires peuvent être intéressants si l'entreprise dispose de liquidités importantes dont elle n'a pas autrement besoin. Le taux que l'actionnaire doit alors payer à la société qui lui prête des fonds est fixé par l'administration fédérale des contributions. Il est publié dans des circulaires spéciales. En règle générale, ces taux sont assez bas et il peut être intéressant pour l'actionnaire de contracter ainsi un crédit auprès de son entreprise à de bonnes conditions.

Cependant, le fisc met des limites à cette pratique. Les prêts aux actionnaires doivent se situer dans les limites des réserves ouvertes prouvées et des bénéfices déclarés. Par ailleurs, le prêt doit porter intérêt et être amorti régulièrement. Un prêt ne peut pas être accordé si l'actionnaire n'offre pas toutes les garanties possibles: il doit être en permanence capable de rembourser ce prêt. En général, aucune caution n'est réclamée mais il peut être judicieux de le faire pour que le fisc ne soit pas amené à penser que ce prêt constitue une prestation accordée parce que l'emprunteur est aussi actionnaire de l'entreprise.

Si les prêts aux actionnaires durent longtemps, qu'ils ne sont pas amortis, que les intérêts sont reportés sur les prêts et qu'il y a des doutes quant à la solvabilité du débiteur actionnaire ou sur sa volonté de rembourser, alors les prêts peuvent être ajoutés au bénéfice de l'entreprise et imposés au titre des revenus de l'actionnaire. Avant d'en arriver à cette extrémité, l'AFC fixe un délai pour l'amortissement du prêt. Les prêts aux actionnaires ne sont donc en aucun cas un moyen de financement sans problèmes, mais ils peuvent être utilisés de manière créative en tant qu'outil de crédit.

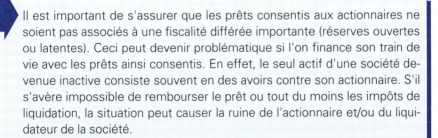
> Il est important de s'assurer que les prêts consentis aux actionnaires ne soient pas associés à une fiscalité différée importante (réserves ouvertes ou latentes). Ceci peut devenir problématique si l'on finance son train de vie avec les prêts ainsi consentis. En effet, le seul actif d'une société devenue inactive consiste souvent en des avoirs contre son actionnaire. S'il s'avère impossible de rembourser le prêt ou tout du moins les impôts de liquidation, la situation peut causer la ruine de l'actionnaire et/ou du liquidateur de la société.

6. Le plus fiscal d'une société holding

Si le propriétaire d'une SA/SàRL crée une société holding dont il détient le capital et qu'il y fait l'apport d'une SA/SàRL, cette filiale pourra distribuer des dividendes non imposables à la holding. Ainsi, les liquidités de l'entreprise non nécessaires à son développement pourront être versées à la holding maison-mère sous forme de dividendes sans qu'il y ait de conséquences fiscales négatives. La filiale restera alors normalement capitalisée pendant que les dividendes s'accumuleront dans la holding où ils pourront servir à l'achat d'autres participations ou être investis dans d'autres types de placements.

A l'exception des revenus des immeubles, les bénéfices des sociétés holding ne sont pas ou que peu imposés. Ainsi, les revenus des participations sont défiscalisés mais les autres revenus sont imposables. Si une société holding vend une participation, ceci peut être fait sans effet fiscal, sous certaines conditions.

L'apport d'une SA/SàRL à une société holding détenue par son actionnaire principal ne peut cependant pas se faire pour la valeur vénale de l'entreprise mais pour sa valeur nominale. Une SA dont le capital-actions est de 200.000 francs, avec une valeur vénale de deux millions, pourra seulement être apportée à une holding pour la valeur de 200.000 francs. En compensation, l'actionnaire recevra des actions de la holding, ou gardera une créance contre cette dernière, ou une combinaison des deux. Le droit de timbre devra être payé sur la valeur vénale du bien apporté compte tenu d'une franchise sur les premiers 250.000 francs.

La double imposition de la SA/SàRL n'est pas supprimée dans le cas d'une holding. Elle est seulement différée. Les bénéfices distribués par les filiales et accumulés dans la holding devront être déclarés comme revenus par l'actionnaire de la holding au moment de leur distribution sous forme de dividendes comme dans le cas d'une société d'exploitation.

 Il faut garder à l'esprit que l'emploi d'une société holding exclut la possibilité de réaliser un gain en capital non imposable sur la cession d'une société d'exploitation, sauf à envisager que les actions de la holding seront vendues.

7. Eviter l'amalgame entre SA/SàRL et société individuelle/société de personnes

En principe, les bénéfices de la fortune privée ne sont pas imposables par la confédération et les cantons. En règle générale, ceci comprend aussi les bénéfices sur la vente des actions ou des participations de sa propre SA/SàRL. Mais il est parfois difficile de déterminer si les parts sociales sont réellement incluses dans la fortune privée du vendeur. Si, du point de vue fiscal, on considère qu'une participation fait partie de la fortune commerciale, le bénéfice réalisé sur la vente ne constitue plus un gain en capital non imposable. Il sera alors soumis à l'impôt sur le revenu et à l'AVS.

Le propriétaire d'une SA/SàRL peut alors tomber sans le savoir dans un piège fiscal. Si un entrepreneur exploite une raison individuelle à côté de sa SA/SàRL, que ces deux entités sont proches en terme d'activité ou qu'elles entretiennent des liens commerciaux étroits par exemple, en tant que fournisseur et client, le fisc estimera que les parts sociales de la société de capitaux font partie de la fortune commerciale de l'entrepreneur (pour plus de détails, voir aussi page 193).

F. L'optimisation fiscale lors du bouclement annuel

Les entreprises ne restent en général pas les bras croisés face à l'augmentation constante de la charge fiscale. Les impôts à payer pèsent en effet sur leur rentabilité. Elles essaient donc de réduire leur pression fiscale. C'est même devenu un des devoirs les plus importants des entreprises suisses. Le bouclement annuel des comptes constitue, au moyen d'une planification structurelle fiscalement optimale, une possibilité de planification fiscale parmi les plus importantes. Dans le cadre d'une planification fiscale et dans la perspective de l'optimisation de la charge fiscale, l'aménagement d'un bouclement annuel dans les limites des possibilités du droit fiscal représente une tâche essentielle.

Il existe en effet différentes possibilités, toutes absolument légales, de travailler le résultat annuel pour diminuer la charge fiscale. Des solutions existent avec le choix des techniques d'amortissement ou la constitution de provisions pour charges. Les mesures de planification fiscales les plus importantes sont présentées ci-après.

1. Des amortissements fiscalement optimisés

Les amortissements permettent de diminuer la valeur des actifs portés au bilan. Ceci permet d'augmenter les charges de l'entreprise et de réduire le résultat imposable. En pratique, les taux d'amortissement autorisés pour chaque classe d'actifs sont fixés par l'administration fédérale des contributions.

On trouve les circulaires avec les taux applicables sur internet *(www.estv.admin.ch)*.

Tableau 20: Les taux d'amortissements les plus importants (sur la valeur résiduelle)

Bâtiments commerciaux, bureaux, banques, grands magasins, cinémas	
– sur les immeubles seuls	4%
– immeubles et terrains	3%
Fabriques, entrepôts et immeubles artisanaux (ateliers et silos)	
– sur les immeubles seuls	8%
– immeubles et terrains	7%
Entrepôts à hauts rayonnages et installations semblables	15%
Mobilier commercial, installations d'ateliers et d'entrepôts ayant un caractère mobilier	25%
Appareils et machines de production	30%
Véhicules	40%
Machines de bureau	40%
Matériel informatique (machines et logiciels)	40%
Outillage, instruments, palettes, etc.	45%

Certains actifs peuvent en outre faire l'objet de corrections de valeurs admises fiscalement, pour autant qu'elles soient bien étayées. Il peut s'agir de la prise en compte de corrections sur des actifs non amortissables, telles des créances, soit pour la solvabilité du débiteur ou pour les variations monétaires si elles sont libellées en monnaies étrangères. Pour ce dernier cas, cela ne sera possible que si la perte est effective, qu'elle n'est pas couverte par des produits financiers et qu'aucun élément libellé en monnaie étrangère pouvant être réévalué ne figure au passif du bilan.

2. L'évaluation des titres

En ce qui concerne les titres, il est fiscalement intéressant de les activer au plus bas de leur valeur d'achat ou de marché. Selon ce principe, les titres sont comptabilisés au plus à leur valeur d'achat. Si la valeur vénale devient inférieure à cette valeur d'achat, on pourra amortir la différence. Si, au contraire, le cours a progressé, la valeur d'achat restera inchangée au bilan. Ainsi, en cas de hausse des cours, on créera des réserves latentes qui ne seront réalisées qu'en cas de vente des titres concernés.

3. Les coûts de recherche et de développement

Les dépenses de recherche et de développement représentent soit des dépenses portées au compte de résultat, soit des valeurs immatérielles inscrites à l'actif du bilan. Elles sont alors «activées». Si elles sont traitées comme des dépenses, elles diminuent le résultat. Fiscalement parlant, il y a une marge de manœuvre intéressante dans ce cas entre l'activation de certaines dépenses de recherche et développement ou le fait de ne pas les activer. On peut jouer avec cette possibilité selon la situation bénéficiaire de l'entreprise. Tout en sachant que la règle de base veut que tout ce qui peut être activé selon le droit commercial doit aussi l'être pour le fisc.

4. Les coûts de fondation, d'augmentation de capital et d'organisation

Les coûts de création, d'augmentation de capital et d'organisation d'une entreprise peuvent être activés selon l'article 664 du Code des obligations s'ils sont le fait de la création, de l'agrandissement ou de la modification d'une entreprise. Ces frais peuvent être amortis en cinq ans.

5. Les provisions

On considère que les provisions couvrent des charges menaçantes dont le montant n'est pas encore connu précisément, telles que risques de pertes liés aux actifs circulants (essentiellement sur les débiteurs et les marchandises), et d'autres risques de pertes pouvant survenir durant l'exercice.

> Le principe de base veut que les besoins en provisions à créer doivent être justifiés commercialement. Les provisions sans aucune justification sont régulièrement reprises par le fisc.

6. La création de réserves de crise

Il s'agit de réserves ainsi dénommées car régies par une loi spécifique. Dans une certaine mesure, l'entreprise pourra déduire de son bénéfice imposable les versements qu'elle effectuera sur un compte bloqué. Lors de période conjoncturelle difficile, décrétée par le Conseil fédéral, l'entreprise pourra disposer de ces montants.

7. La création de réserves de contributions de l'employeur

Les réserves de contributions de l'employeur sont des versements préalables à bien plaire effectués pour couvrir les versements futurs dus au titre de la prévoyance du personnel. Ces réserves peuvent être utilisées pour assurer les contributions annuelles futures réglementaires à la caisse de prévoyance du personnel. Il n'y a aucune condition liée au montant et au moment auquel elles doivent être utilisées. La décision appartient au seul employeur.

Les versements aux réserves de contributions de l'employeur sont déductibles en tant que charge de l'exercice aussi bien au niveau fédéral que cantonal. Si elles servent à financer des charges de l'employeur, elles entraînent fiscalement des reports de bénéfices. En pratique, la totalité des réserves de contributions de prévoyance de l'employeur ne devra pas être supérieure à 3 ou 5 fois les contributions annuelles de l'employeur.

8. Versements extraordinaires à l'institution de prévoyance

Comme alternative aux versements aux réserves de contributions de l'employeur, on peut envisager des versements à bien plaire aux réserves libres de la caisse de prévoyance de l'entreprise. Ces versements sont également déductibles. Mais ils doivent être exclusivement consacrés à l'amélioration des conditions de prévoyance et non pas remplacer des cotisations annuelles de l'employeur. Au surplus, le lecteur se reportera au chapitre 3 sur la prévoyance professionnelle, page 60.

3. Préparer sa retraite anticipée

A. Les conséquences financières d'une retraite anticipée

En cas de retraite anticipée, les conséquences financières suivantes apparaissent:
- Le capital retraite épargné est moins élevé que si on avait cotisé jusqu'à l'âge de 65 ans pour les hommes, respectivement de 64 ans pour les femmes;
- on cotise moins longtemps à la prévoyance professionnelle (LPP);
- en cas de versement anticipé des rentes AVS et LPP, celles-ci seront versées plus longtemps: elles seront donc diminuées;
- il faut continuer à cotiser volontairement à l'AVS.

D'un strict point de vue financier, prendre une retraite anticipée représente un luxe coûteux. Ses coûts sont en général sous-estimés. De fait, les dernières années précédant une retraite normale provoquent une réelle différence quant à l'avoir de prévoyance de sa caisse de pensions. Ceci résulte non seulement des cotisations et des taux de bonification élevés pratiqués durant les années qui précèdent la retraite mais aussi de l'effet des intérêts composés appliqués sur une base financière toujours plus grande.

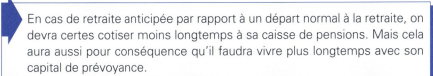

En cas de retraite anticipée par rapport à un départ normal à la retraite, on devra certes cotiser moins longtemps à sa caisse de pensions. Mais cela aura aussi pour conséquence qu'il faudra vivre plus longtemps avec son capital de prévoyance.

Pour pouvoir assumer une plus grande durée de prévoyance vieillesse avec un moindre capital, il faut soit diminuer de façon substantielle son train de vie, soit essayer de combler la lacune de revenus d'une autre manière. Par exemple, en utilisant les possibilités offertes par son pilier 3a ou son épargne privée.

L'exemple ci-dessous montre les conséquences pratiques d'une retraite anticipée selon l'âge à laquelle elle est prise. La situation de départ est la suivante: le couple Joyeux a un revenu salarial d'environ 150.000 francs par an; sur la base de l'examen de ses dépenses, il estime que, pendant la retraite, il dépensera environ 120.000 francs par année pour son train de vie. Selon le moment où le couple prend sa retraite anticipée, il aura besoin d'un capital plus ou moins grand pour la financer.

Un départ à la retraite anticipée à 60 ans nécessitera de faire face à un besoin en capital de prévoyance de 730.000 francs environ, en plus du capital de prévoyance normal de 600.000 francs qu'il faudra investir à 5%. Ce dont il faudrait disposer est donc supérieur à l'avoir de libre-passage. Ceci montre le coût qu'engendre un départ à la retraite anticipé de cinq ans. Chaque année de travail supplémentaire dans cette tranche d'âge permet en effet de couvrir plus rapidement la lacune de revenus. A 63 ans, par exemple, il ne faut plus que 405.200 francs au lieu des 730.000 francs qu'il fallait auparavant.

Cet exemple montre aussi que, même en cas de retraite normale à 65 ans, respectivement à 64 ans pour les femmes, le capital prévoyance accumulé dans les piliers de l'AVS et de la LPP ne suffit pas pour maintenir son train de vie. Pour que la prévoyance retraite soit complète, il faut donc réellement penser à l'épargne individuelle du 3e pilier.

Tableau 21: Le couple Joyeux veut partir en retraite anticipée

Base de calcul: salaire annuel de 150.000 francs, salaire assuré de 120.000 francs et coût du train de vie de 120.000 francs

	Retraite à 60 ans Variante 1	Retraite à 63 ans Variante 2	Retraite à 65 ans Variante 3
Age de l'homme	60	63	65
Age de la femme	59	62	64
Avoir de prévoyance LPP au moment de la retraite	600 000	742 000	847 000
AVS – rente maximale de couple [1]	0	34 000	37 000
Caisse de pensions – taux de conversion [2]	37 200	50 500	61 000
Total des revenus des rentes	37 200	84 500	98 000
Lacune annuelle de revenus pour les 120.000 francs	82 800	35 500	22 000
Capital nécessaire de 60 à 65 ans à 5% net	358 000	66 000	
Valeur nette du capital nécessaire de 65 à 80 ans à 5% net	372 000	334 000	230 000
Capital nécessaire total pour la retraite	**730 000**	**400 000**	**230 000**

[1] Paiement anticipé des rentes dans la variante 2, Homme 2 ans, Femme 2 ans
[2] Taux de conversion: voir page 219

1. Calcul de la lacune de revenus

Pour calculer sa lacune de revenus, le plus important est de déterminer son train de vie après la retraite. D'expérience, on sait qu'il monte plutôt dans les premières années de la retraite car c'est une époque où on s'offre en général de nombreux voyages onéreux. L'âge augmentant, ces dépenses ont tendance à diminuer.

Pour calculer sa lacune de revenus, il faut bien entendu tenir compte de toutes les sources de revenus, tels que ceux d'un travail à temps partiel, des rentes pont, des revenus du conjoint ou de l'épouse, des revenus de capital, etc. Du côté des dépenses, il faut savoir que celui qui ne travaille plus doit continuer à payer des cotisations AVS jusqu'à l'âge légal de la retraite et que ces cotisations dépendent de la fortune. Mais ces cotisations sont déductibles. Selon la progression fiscale, elles sont réduites dans les faits de 20% à 40%.

2. Comment financer la lacune de revenus

La lacune de revenus qui se fait jour entre le moment du départ en préretraite et celui du versement des rentes AVS et LPP peut être financée de divers moyens. Ce peut être par les revenus du placement de sa fortune (par exemple, les revenus des immeubles et des titres de placement), par le préfinancement des revenus de la retraite anticipée (par exemple, des rentes viagères), par des ponctions sur sa fortune au moyen de ventes successives de titres, ou encore par l'endettement, avec le relèvement périodique d'une dette hypothécaire pour financer son train de vie.

Tous les exemples et les cas présentés ci-après peuvent être combinés entre eux de telle manière que la charge fiscale soit maintenue le plus bas possible dès qu'on est en préretraite car, à ce moment, seul un revenu limité est disponible.

La retraite anticipée implique que la création de fortune dépende de revenus élevés et fixes, comme des revenus d'intérêts et de rentes vieillesse ou viagères. Dans cette phase, il faut limiter au strict minimum les investissements à caractère spéculatif, car le temps manquerait pour reconstituer la fortune en cas de pertes. Si les revenus de capitaux ne suffisent pas, on pourra ponctionner le capital, même si cela va à l'encontre du principe, faux à notre avis, qu'ont les Suisses de vouloir vivre sur les revenus d'intérêts sans toucher au capital.

Chaque fortune est en effet construite pendant la vie active par le biais de la non-consommation et de l'épargne forcée (LPP). De ce fait, à quoi sert-il de vouloir encore se serrer la ceinture si les revenus du capital sont insuffisants? Sauf bien sûr si on a l'ambition de laisser un héritage le plus grand possible à ses successeurs ou si on veut être le plus riche pensionnaire du cimetière... Du coup, il semble préférable de voyager en 1ère classe quand on est en préretraite plutôt que de laisser ses héritiers le faire...

Une étude de la Winterthur Assurances montre que les cadres dirigeants suisses à la retraite ont besoin de 70% de leur dernier salaire pour continuer à vivre sur le même pied qu'auparavant. Cette estimation peut bien sûr varier largement de part et d'autre de cette moyenne. Ainsi, si quelqu'un dispose avant sa préretraite d'un revenu annuel de 200.000 francs, il lui faudrait pour vivre sur le même standing après avoir quitté son travail, environ 140.000 francs provenant de différentes sources de revenus. A cela s'ajoute le coût du renchérissement qui est devenu heureusement très bas ces dernières années. Mais l'avenir n'étant pas prévisible, il vaut mieux arrondir les montants nécessaires pour combler une éventuelle lacune de revenus.

Pour cela, quelques solutions sont en général à disposition:
- utiliser sa fortune: emploi des liquidités, ventes périodiques de titres, dénonciation anticipée des assurances-vie, vente d'immeubles;
- prélever les avoirs du pilier 3a dès 60 ans, respectivement 59 ans;
- augmenter sa dette hypothécaire et faire un remboursement différé par des versements en capital à sa caisse de prévoyance, le versement du capital échu d'une assurance ou avec le capital du pilier 3a;
- amortir partiellement sa dette hypothécaire avec ses avoirs de prévoyance si l'immeuble sert d'habitation principale: ceci réduit la charge d'intérêts débiteurs et donc le train de vie (en cas de progression fiscale élevée, cette solution n'est pas préconisée);
- vendre des titres de placement ou augmenter son prêt hypothécaire pour acheter une police de rente viagère à échéance au moment du départ en préretraite;
- vendre des titres de placement ou augmenter sa dette hypothécaire et acheter une assurance de capitaux à prime unique arrivant à échéance à 65 ans; retraits anticipés entre le moment de la préretraite et celui du début des prestations AVS/LPP;
- faires des retraits anticipés sur une assurance de capitaux permettant le versement de prestations en cas de vie.

> Toutes ces solutions offrent divers avantages, dont des avantages fiscaux, ainsi que des désavantages. Il faut les examiner et les adapter aux cas particuliers en tenant compte des revenus et des conditions de fortune ainsi que des coûts du maintien de son train de vie après la préretraite. En pratique, leur combinaison amènera la solution idéale.

B. Comment financer la lacune de revenus de la préretraite

1. Achat d'obligations à coupons annuels

Les actions sont des titres à caractère spéculatif. Il faut, au moment de prendre sa préretraite, que leur part dans la fortune ait donc été réduite et que le produit de cette vente ait été investi en obligations. Pour garder une pression fiscale à bas niveau, il est préférable d'acheter des obligations ex-options à faible coupon, c'est-à-dire à bas taux d'intérêt. Dans ce cas, la différence entre le faible prix d'achat et le futur remboursement à un prix plus élevé constitue un gain en capital non imposable. Seul le faible coupon annuel est imposable.

Pour éviter si possible tout élément spéculatif, il faudrait choisir des obligations dont l'échéance est telle que, chaque année et jusqu'au début du versement des rentes AVS/LPP, un montant équivalent puisse en être retiré. Le revenu de ces obligations peut alors financer tout ou partie des coûts du maintien du train de vie. Par exemple, un dépôt en obligations ex option de 700.000 francs peut être structuré de telle manière qu'entre 58 et 65 ans, un montant de 100.000 francs soit remboursable annuellement. Des fluctuations de cours intermédiaires ne doivent pas inquiéter le préretraité car il percevra leur valeur nominale à l'échéance des obligations.

2. Augmentation de l'hypothèque et achat d'une rente temporaire

La plupart des entrepreneurs ou des cadres dirigeants possèdent un ou plusieurs biens immobiliers. Vers 50 ans, quand ils commencent à réfléchir à une préretraite, le montant de leur hypothèque en 1er rang se situe en général à un bas niveau. Des réserves existent donc pour financer leur lacune de revenus entre le moment de la préretraite et celui du versement des premières rentes AVS.

On peut, par exemple, augmenter l'hypothèque sur un immeuble et utiliser le montant dégagé pour acheter une rente limitée dans le temps. Le versement de cette rente est reporté au moment prévu pour la préretraite. Ainsi, à 48 ans, le versement de la rente serait reporté à l'âge de 58 ans et permettrait de combler la lacune de revenu entre 58 et 65 ans.

3. Achat d'une assurance de capitaux à prime unique et retraits anticipés

L'achat d'une assurance de capitaux à prime unique arrivant à échéance à 65 ans avec possibilité d'effectuer des retraits anticipés sur la prestation en cas de vie pour la période allant jusqu'à l'âge AVS constitue une variante fiscalement optimale pour financer la lacune de revenu entre le moment de la préretraite et l'âge de la retraite légale.

L'impact sur la fortune imposable dû à la prime unique versée est nul. De même, les retraits anticipés sur la prime unique pour financer son train de vie pendant la préretraite ne sont pas imposables car il s'agit d'un transfert d'éléments de la fortune. Mais il faudra payer un intérêt compensatoire, et déductible fiscalement, sur ces retraits.

Il faut cependant veiller à ce qu'en fonction de l'avantage fiscal de cette solution, le montant de ses intérêts débiteurs ne soient pas supérieurs au rendement servi sur les fonds investis en prime unique. Certaines administrations fiscales refusent de reconnaître la déductibilité des intérêts débiteurs si le rendement de la prime unique ne sert qu'à obtenir un avantage fiscal. Cela suppose que le rendement de la prime unique soit supérieur au taux du prêt sur la police.

La possibilité de souscrire plusieurs assurances de capitaux à échéances échelonnées constitue une alternative aux prêts sur police à répétition. Mais les échéances devraient être séparées d'au moins deux années. En effet, le fisc estime que souscrire de telles assurances de capitaux s'apparente à de l'évasion fiscale si elles sont séparées par une seule année et utilisés pour verser une rente. Cependant, cette interprétation est sujette à caution dans le cas de celui qui, par exemple, à 50 ans, souscrit trois assurances de capitaux avec des échéances à 60, 62 et 64 ans.

4. Retraits anticipés de la caisse de prévoyance pour l'accès à la propriété

Si le versement anticipé d'une rente LPP n'est pas prévu réglementairement, on peut penser à un versement anticipé de son capital de prévoyance pour rembourser partiellement un prêt hypothécaire sur son propre logement ou son habitation principale. Certes, un prélèvement anticipé de son capital prévoyance n'est pas à recommander pour des raisons fiscales. Mais en cas de préretraite, cela peut avoir du sens.

Les conséquences sur la charge fiscale sont en général minimes dans ce cas. En effet, le revenu imposable plus élevé que provoque la baisse de la charge des intérêts débiteurs après un amortissement partiel et la faible progression fiscale ne sont pas déterminants. Un retrait anticipé est envisageable dans un tel cas si, après la préretraite, on ne touche aucun ou que peu de revenus pour financer le maintien de son train de vie jusqu'au versement des rentes AVS/LPP.

Si cela n'est malgré tout pas le cas, l'augmentation marginale de l'impôt après la baisse de la charge hypothécaire sera à peine perceptible car le préretraité sera dans une zone de progression très faible de l'impôt sur le revenu. A cela s'ajoute le fait que, lors d'un retrait anticipé pour financer un logement, l'imposition sur les prestations LPP est diminuée. Si les prestations réduites sont ensuite servies comme rentes, celles-ci seront plus basses et donc le revenu imposable sera aussi plus bas.

Si le solde de l'avoir de prévoyance LPP est prélevé sous forme de capital, la progression fiscale sera complètement stoppée car le retrait anticipé et le retrait du solde seront en général imposés séparément, ce qui entraîne une imposition marginale nettement plus basse.

5. Retraits d'avoirs du pilier 3a

On peut retirer les avoirs de son pilier 3a au plus tôt 5 ans avant l'âge légal de la retraite. Si le départ en préretraite survient plus de 5 ans avant l'âge légal de la retraite AVS, on ne pourra seulement utiliser ces avoirs que pour réduire la charge hypothécaire sur son habitation principale. Les réflexions à faire dans ce cas sont les mêmes que pour un retrait des avoirs de prévoyance du 2e pilier. Le retrait des avoirs du pilier 3a est imposé. En raison de l'effet de la progression fiscale en cas de cumul, il est préférable de ne pas retirer les avoirs du pilier 3a des deux époux en même temps pour casser la progression fiscale.

6. Combinaison de prestations d'assurances

Si on veut partir en préretraite longtemps avant l'âge légal de la retraite, on peut utiliser sa capacité d'épargne pour conclure une police d'assurance de capitaux à prime annuelle défiscalisée. Si on ne veut pas avoir une protection d'assurance en cas de décès, on peut viser le même potentiel d'épargne avec un plan d'épargne en fonds de placement en sachant cependant que, dans ce cas, une partie au moins des revenus sera fiscalisée.

Etude de cas

M. Jean Blanc, 48 ans, envisage une retraite anticipée à l'âge de 60 ans. Il conclut une assurance-vie en cas de vie d'une durée de 12 ans avec des primes annuelles de 15.000 francs. Au moment de prendre sa préretraite à 60 ans, il touche un capital en cas de vie de 225.000 francs net d'impôts. Avec ce montant, il achète une rente à terme jusqu'à 65 ans de 50.000 francs par an. Ainsi, il a pu avec cette assurance de capitaux couvrir une grande partie de son train de vie annuel entre 60 et 65 ans. De même, au moment de sa préretraite à 60 ans, il pourra retirer ses avoirs de pilier 3a et ainsi financer une autre part de ses dépenses. Une alternative à une rente à durée déterminée pourrait être dans ce cas un plan d'épargne avec des fonds de placement.

C. Versements anticipés des rentes AVS et LPP

1. Généralités

Si l'on veut arrêter de travailler avant l'âge légal de la retraite, il faut s'attendre à toucher des rentes diminuées de sa caisse de pensions, y compris si on ne les perçoit qu'à l'âge de 65 ans, parce qu'on aura moins cotisé. Si l'on commence à toucher des rentes de 2e pilier dès que l'on est à la retraite anticipée, la réduction sera encore plus prononcée. C'est en effet dans leurs dernières années de travail que les cadres dirigeants et supérieurs touchent les plus fortes contributions sur leurs comptes de prévoyance car les salaires déterminants sont alors les plus élevés et les contributions en pourcentage des salaires déterminants sont par conséquent aussi les plus élevées. Selon le type et le règlement des caisses de pensions, devoir se passer de ces contributions peut entraîner des réductions massives de rentes.

2. Versement anticipé des rentes AVS

Actuellement, les hommes partent en retraite AVS à l'âge de 65 ans et les femmes, nées dès 1942, à l'âge de 64 ans. La 10e révision de l'AVS permet un retrait anticipé des rentes. Ceci entraîne cependant leur réduction. Un retrait anticipé d'une année correspond en fait à une réduction de la rente AVS d'environ 6,8% à vie. Un retrait anticipé de deux ans correspond à une réduction de la rente AVS de 13,6%. Le tableau suivant (page 218) montre en détail ce qui se passe au niveau des rentes AVS en cas de préretraite. Il faut cependant préciser que, pour les femmes, le retrait anticipé des rentes pour la génération de transition est lié à une réduction relativement faible de ces rentes.

Tableau 22: Age de retraite normale, retraite anticipée et diminution de la rente

Femmes		
Age de retraite normale	Retraite anticipée possible dès l'âge de	Diminution de la rente en pourcent
63 (années 1942, 43, 44, 45, 46, 47)	62	6,8%
64 (années 1942, 43, 44, 45, 46, 47)	63	3,4%
64 (dès l'année 1948)	62	13,6%
64 (dès l'année 1948)	63	6,8%

Hommes		
Age de retraite normale	Retraite anticipée possible dès l'âge de	Diminution de la rente en pourcent
65	63	13,6%
65	64	6,8%

Une fois les délais de transition expirés, la réduction de rente pour les femmes et les hommes sera de 6,8% par an.

3. Versement anticipé des rentes LPP et diminution des rentes

Dans la plupart des caisses de pensions, l'âge de départ en retraite est le même que celui de l'AVS. La plupart du temps, cependant, l'âge de départ des femmes n'est pas encore harmonisé avec celui de l'AVS. Chaque règlement de caisse de pensions peut cependant prévoir un départ anticipé en retraite car il n'existe aucune prescription légale, hormis le fait que la retraite anticipée n'est possible que dès l'âge de 58 ans. Le montant de la réduction de la rente dépend des règlements et de savoir s'il s'agit d'une caisse en régime de primauté de prestations ou de cotisations.

Dans le cas d'une caisse de pensions à primauté de cotisations, pour laquelle la rente est déterminée selon l'avoir de prévoyance épargné, le taux de conversion peut se déterminer en cas de retraite anticipée:

Tableau 23: Taux de conversion des rentes (caisses à primauté de cotisations)

Age de la retraite	Taux pour les hommes	Taux pour les femmes
58	5,883%	5,944%
59	6,000%	6,061%
60	6,107%	6,197%
61	6,234%	6,323%
62	6,371%	6,469%
63	6,507%	6,635%
64 a)	6,654%	6,800%
65 b)	6,800%	6,985%
66	6,976%	7,179%
67	7,171%	7,393%
68	7,376%	7,627%
69	7,590%	7,870%
70	7,834%	8,142%

a) âge légal de la retraite pour les femmes
b) âge légal de la retraite pour les hommes

Le taux de conversion sert à transformer un capital de prévoyance en rente pour la retraite. Pour un départ à la retraite à l'âge légal, il est désormais de 6,8% contre 7,2% par le passé. Cela signifie qu'un retraité touchera une rente annuelle égale à 6,8% de son avoir de prévoyance. Ainsi, pour un avoir de 100.000 francs, la rente sera de 6800 francs, soit 567 francs par mois. Ce taux variera donc si la rente est touchée plus tôt ou plus tard.

Le passage du taux de conversion de 7,2% à 6,8% doit s'opérer graduellement sur 10 ans. De plus, le refus par le peuple en 2004 de la 11e révision de l'AVS a conduit les caisses de pensions à adopter des mesures transitoires. Si l'on envisage de prendre une retraite anticipée avant 2015 et que l'on est né avant 1950, il sera judicieux de se renseigner auprès de sa caisse de pensions pour connaître le taux de conversion et les modalités applicables à son départ à la retraite.

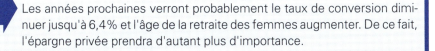

Les années prochaines verront probablement le taux de conversion diminuer jusqu'à 6,4% et l'âge de la retraite des femmes augmenter. De ce fait, l'épargne privée prendra d'autant plus d'importance.

Dans une caisse à primauté de prestations, où les rentes sont calculées sur la base des derniers salaires déterminants, les préretraités doivent compter avec une réduction de leurs rentes sauf si le règlement autorise un départ en préretraite sans réduction des rentes. En général, les caisses de pensions ont une grande marge de manœuvre pour fixer le montant des réductions de rentes dès que leurs prestations dépassent largement la partie obligatoire de la LPP.

Le droit à une rente pleine d'une caisse de pensions en cas de préretraite n'existe que dans des cas exceptionnels. La plupart des employeurs du service public et des grandes entreprises donnent à leurs assurés le droit de partir en préretraite à partir d'un certain âge. Dans des cas particuliers, les caisses de pensions versent alors une rente entière ou l'employeur comble la différence pour l'employé. Parfois aussi, la rente ne sera réduite que très partiellement. Il existe encore la possibilité que l'employé puisse racheter le droit à une rente entière, éventuellement avec le soutien de son employeur.

Quand un employé est licencié pour des raisons économiques, différentes variantes sont mises en œuvre dans le cadre de plans sociaux comme, par exemple, le paiement de rentes pont AVS jusqu'à l'âge légal de la retraite ou le versement de la rente entière de la caisse de pensions comme rente pont jusqu'au début du versement normal de la rente LPP, etc.

D. Retraite anticipée: ne pas oublier de cotiser à l'AVS

L'AVS et l'AI perçoivent des cotisations de tous ceux qui vivent et/ou travaillent en Suisse. Cette cotisation obligatoire cesse pour tous les assurés à la fin de leur mois anniversaire des 65 ans pour l'homme et des 63 ou 64 ans pour les femmes. Indépendamment du fait qu'on parte en retraite anticipée ou pas, il faudra donc verser les cotisations ordinaires jusqu'à l'âge légal de la retraite. Le montant à régler de cette façon peut être très délicat à calculer surtout si, malgré un départ en préretraite, la personne concernée ou son conjoint continue à travailler partiellement. Le montant de la cotisation AVS est alors calculé en fonction de la fortune et des rentes.

La fortune comprend les comptes bancaires, les titres de placement et les immeubles, mais aussi les éléments de fortune dont le préretraité a l'usufruit. Quant aux revenus de rentes, il s'agit typiquement des rentes pont d'une caisse de pensions et des prestations de rentes des assurances-accident ou maladie, etc. Les revenus de la fortune et les prestations AVS ou AI ne sont pas pris en compte. Les valeurs déclarées lors de l'année de cotisation sont déterminantes pour le calcul de la fortune et des revenus de rentes.

1. Calcul des cotisations s'il n'y a pas d'activité salariée

Le revenu des rentes est alors multiplié par un facteur 20. A ce montant de fortune fictif est ajouté celui de la fortune réelle. Pour les couples mariés, ce montant est divisé par deux. Sur la base du résultat obtenu, on peut calculer le montant de la cotisation AVS dû avec des tables de calcul de l'Office fédéral des assurances sociales.

2. Calcul des cotisations s'il y a une activité à temps partiel

Très souvent, pendant une préretraite, on continue à travailler sporadiquement. La personne travaillant à temps partiel, que ce soit le préretraité lui-même ou son conjoint, est reconnue comme telle si elle travaille moins de neuf mois par an ou moins de 50% d'un horaire de travail normal. Dans ce cas, on fait un calcul comparatif.

Pour cela, il faut d'abord déterminer quelle est la cotisation due par rapport au revenu du travail partiel (10,1% du salaire brut). Puis, on calcule quel devrait être le montant de la cotisation à payer s'il n'y avait pas de travail à temps partiel, selon la méthode décrite précédemment.

Ensuite, on fait un calcul comparatif: si la cotisation due sur le travail à temps partiel est supérieure à la moitié de celle qui serait due sans travail à temps partiel, alors la personne concernée sera considérée comme travaillant normalement et elle ne devra pas payer de cotisation supplémentaire. Dans ce cas, le conjoint aura également rempli son devoir de cotiser.

Dans le cas contraire, si le montant de cotisation due sur le travail à temps partiel est inférieur à la moitié de ce qui serait dû sans travail à temps partiel, le travailleur à temps partiel et son conjoint devront payer des cotisations AVS supplémentaires.

Etude de cas

Homme préretraité, marié; chaque conjoint sans activité; fortune imposable de 750.000 francs; rente pont de la caisse de pensions de 48.000 francs par an; revenus de la fortune de 30.000 francs par an:

1. Déclaration du revenu de rente:	48.000
2. Revenu de rente X 20:	960.000
3. 960.000 + fortune imposable:	1.710.000
4. 1.710.000 / 2 (couple marié):	855.000
5. Cotisation AVS selon barème sur 855.000:	1616

Chaque conjoint doit payer une cotisation annuelle AVS/AI (plus les frais administratifs) de 1616 francs.

Mêmes données de base que précédemment mais revenu d'un travail à temps partiel de l'épouse de 24.000 francs par an:

1. Cotisations AVS/AI sur le revenu à temps partiel
   (soit 10,1% de 24.000 francs)   2424
2. Cotisation due sans travail à temps partiel: 1616
3. Calcul comparatif:
   – 1616 : 2 = 808
   – 2424 est supérieur à 808

> L'épouse est considérée comme salariée et remplit son devoir de cotisation. Sa cotisation étant supérieure au montant de 780 francs, le devoir de cotisation de son mari est aussi considéré comme rempli.
>
> Si les montants de cotisation sur les revenus à temps partiel avaient été inférieurs à 808 francs, par exemple s'ils avaient été de 500 francs, l'épouse aurait dû encore payer 1116 francs et son mari 1616 francs (plus les frais administratifs).

E. Travail à temps partiel après la retraite anticipée

De nombreux préretraités souhaitent poursuivre une activité à temps partiel. D'un côté, il s'agit d'avoir encore un petit revenu et de contribuer au financement de sa préretraite. D'un autre côté, il s'agit de ne pas s'ennuyer.

Dans tous les cas, il est préférable de mener une telle activité sous la forme d'une raison individuelle. Cette forme est liée à une moindre charge administrative et elle peut être arrêtée relativement vite sans frais excessifs. Pour le choix de la forme légale la mieux adaptée à une telle situation, on se reportera à la partie III au chapitre 2, pages 179 et suivantes.

> ▶ Fiscalement, la reconnaissance d'une activité indépendante n'entraîne aucune difficulté particulière. Dès qu'il s'agit effectivement d'une activité organisée de façon à produire un revenu et non d'un passe-temps, les dépenses liées à l'acquisition du revenu peuvent être normalement déduites.

Contrairement à l'administration fiscale, celle de l'AVS a une pratique très restrictive. Pour que l'AVS reconnaisse une activité indépendante, il faut qu'au moins trois voire cinq clients commerciaux passent des commandes à l'indépendant. Si l'AVS ne reconnaît pas le statut d'indépendant, cela a pour conséquence que les cotisations AVS seront perçues sur les gains bruts générés par l'indépendant. Fiscalement, l'indépendant conservera cependant son statut.

4. Divorce et séparation

A. La fiscalité du couple marié

1. Calcul commun des revenus et de la fortune

La Confédération et tous les cantons imposent en commun les revenus et la fortune des époux vivant ensemble. Ce principe est indépendant du régime matrimonial. De ce fait, une idée souvent entendue en terme de planification, à savoir qu'on pourrait économiser des impôts en choisissant le régime de la séparation des biens est totalement erronée. L'imposition en commun des époux est valable jusqu'à la séparation légale ou au divorce prononcé par un juge. Depuis l'entrée en vigueur en 1987 du nouveau droit matrimonial, il est possible que les époux aient des lieux de domicile différents. Ceci a seulement pour effet que le revenu de chaque partenaire est imposé à son lieu de domicile et au taux du revenu imposable total. En cas de séparation effective, l'imposition des deux époux s'effectuera de façon séparée. Il appartiendra aux époux de faire la preuve de leur séparation.

L'imposition commune des époux entraîne une progression élevée de la charge fiscale chez ceux qui réalisent un double revenu. Ceci les désavantage par rapport aux concubins. L'application d'un barème fiscal spécifique pour les époux n'a pas pu jusqu'à présent éliminer ce désavantage.

> Depuis le 1er janvier 2001, plusieurs cantons ont introduit le système du splitting partiel ou total. Dans ces modèles, qui servent à fixer le tarif fiscal déterminant, on divise le revenu total commun par 2 (splitting total) ou par 1,9 ou 1,8 (splitting partiel). Comme auparavant, le revenu commun est imposable mais, du fait du splitting, à un taux nettement plus avantageux. Le splitting n'est pour l'heure pas appliqué au niveau fédéral.

2. Responsabilité fiscale

En principe, les deux époux sont solidairement responsables de la charge fiscale du couple. Ceci est valable pour les couples vivant légalement et effectivement ensemble. Si un des deux époux devient insolvable, l'autre devient responsable pour sa quote-part à l'ensemble de la charge fiscale. Cette quote-part est alors fixée sur la base d'une ordonnance spéciale. L'insolvabilité n'existe que s'il y a des pertes prouvées, que la faillite est prononcée ou qu'un concordat avec abandon d'actifs a été homologué.

B. Fiscalité des époux séparés

Les époux concernés doivent prouver leur séparation effective. En règle générale, ceci est possible sur la base d'un prononcé du jugement de divorce. Mais une séparation sur la base d'un consentement mutuel entraîne le même effet en terme d'imposition séparée.

> Un couple est considéré comme effectivement séparé si le ménage en commun n'existe plus et qu'il n'y a plus entre les époux de communauté de moyens pour assurer le logement et l'entretien du couple.

Depuis l'introduction du principe de la déclaration fiscale annuelle, il n'y a plus de taxation intermédiaire. Le principe en vigueur maintenant est que les mêmes conditions prévalent pour toute la période fiscale même si l'on se base sur celles qui existent à la fin de cette période. A Zurich, par contre, les couples mariés pendant l'année sont considérés comme séparés pour toute la période fiscale considérée. La plupart des cantons cependant appliquent le taux des couples mariés pour la période annuelle.

En cas de séparation judiciaire ou de fait ou de divorce, tous les cantons taxent les contribuables séparément pour toute l'année en question.

C. Fiscalité des prestations des époux légalement séparés

1. Principes généraux

La disparition effective ou légale de la communauté matrimoniale a des conséquences financières. Depuis l'entrée en vigueur du nouveau droit du divorce le 1er janvier 2000, certaines règles ont changé. Ainsi, la question de l'endettement ne joue plus de rôle dans la détermination du montant de la pension alimentaire.

En principe, le tribunal fixe une rente pour la pension alimentaire. Exceptionnellement, un dédommagement peut remplacer une rente. Au moment du calcul du montant de la pension alimentaire, le juge doit apprécier la part de la pension qui sera dévolue à l'épouse et celle qui le sera à chacun des enfants.

Fiscalement, il est déterminant de savoir si les prestations au titre de pension alimentaire seront versées sous forme de rente ou de capital et s'il s'agit d'une vraie pension alimentaire ou du droit à une part des biens matrimoniaux.

2. Séparation des biens matrimoniaux

Les prestations financières ayant un caractère de droit à une part des biens matrimoniaux représentent des revenus non imposables issus du régime matrimonial. Ceci a pour conséquence qu'elles ne sont pas déductibles chez le débiteur et qu'elles ne sont pas imposables chez le bénéficiaire. Il s'agit en fait d'un transfert fiscalement neutre de fortune. Ceci vaut du moins si le paiement a lieu sous la forme d'une prestation en capital.

3. Fiscalité des pensions alimentaires

Pour la Confédération et tous les cantons, les pensions alimentaires représentent des revenus imposables chez leur bénéficiaire. A l'opposé, celui qui les paie peut les déduire de son revenu.

Si la totalité de la pension alimentaire est versée, après le divorce, en une seule prestation en capital, le débiteur de la pension alimentaire ne peut pas la déduire de son revenu imposable tant en ce qui concerne la confédération que pour les cantons. Logiquement, le bénéficiaire ne devra pas déclarer le montant reçu comme revenu.

4. Versements d'une pension aux enfants majeurs

Lorsqu'un enfant devient majeur, il devient alors bénéficiaire de la pension alimentaire. Il ne deviendra cependant contribuable que pendant la période fiscale où il acquerra la majorité. A ce moment, le débiteur de la pension alimentaire ne pourra plus la déduire mais il pourra faire valoir une déduction forfaitaire pour personne à charge. Dans ce cas cependant, l'enfant n'aura pas à déclarer les montants reçus.

5. Autres prestations pour dommages et intérêts

Pour les prestations financières versées qui ont un caractère de droit à des prestations d'assurance ou de succession, les conséquences fiscales de ces paiements dépendront de savoir si les prestations sont effectuées sous forme de rente ou de versement en capital.

Si les versements sont faits sous forme de rentes, elles seront imposées chez les bénéficiaires au titre du revenu par la confédération et les cantons. Le débiteur pourra les déduire. Si les prestations sont faites au contraire par un versement en capital, elles seront fiscalement neutres. Le bénéficiaire ne devra pas déclarer le versement en capital comme revenu et le débiteur ne devra pas le déduire.

6. Autres prestations

Les prestations au titre d'autres devoirs de soutien ou d'entretien à caractère familial, comme par exemple les prestations à de la parenté en ligne directe ascendante ou descendante ainsi qu'aux frères et sœurs, ne sont pas déductibles. Elles ne sont pas à déclarer par les bénéficiaires.

D. Répartition des prestations de prévoyance

Hormis la répartition des biens matrimoniaux et la fixation d'une éventuelle pension alimentaire, le nouveau droit du divorce règle la question des prétentions quant aux droits réciproques sur la prévoyance professionnelle. Contrairement à la question du 3e pilier qui est réglée dans le cadre de la liquidation des biens matrimoniaux, les droits sur les prestations de prévoyance du 2e pilier doivent être réglés autrement.

Ainsi, chaque époux a droit à la moitié de l'avoir de libre-passage de l'autre époux accumulé pendant la durée du mariage. Lorsque chacun des époux a des prétentions spécifiques, c'est la différence qui sera partagée. Dans ce cas, il faut calculer le droit sur la base de la différence entre l'avoir de libre-passage au début du mariage et celui à la fin du mariage. Il est important alors de savoir que le droit sur l'avoir de libre-passage du conjoint est indépendant du régime matrimonial et donc de l'existence d'un éventuel régime de séparation de biens.

Si, chez l'un ou l'autre des conjoints, un cas de prévoyance est survenu avant le divorce, une réglementation spéciale existe car, dans ce cas, une compensation de la prévoyance dans le vrai sens du terme ne peut plus être faite. Il est alors prévu qu'un dédommagement approprié soit accordé à titre compensatoire. Ce dédommagement peut être fait sous forme d'un versement en capital ou sous forme de rente. Un droit à une compensation de prévoyance peut seulement être évité si, d'un autre côté, des prestations de prévoyance vieillesse ou invalidité sont garanties. Mais on peut s'opposer à ce droit s'il s'avère trop onéreux sur la base des conditions économiques des parties après le divorce.

Si l'un des conjoints doit, en raison du divorce, se séparer d'une partie de son avoir de prévoyance, son capital de prévoyance et donc sa rente vieillesse diminuent. La loi oblige l'institution de prévoyance à donner à l'assuré la possibilité de racheter les prestations de prévoyance qui ont été transférées. Ces rachats peuvent être déduits des revenus imposables. Cette déduction fiscale est garantie, même après la 1ère révision de la LPP.

Le droit à une prestation de libre-passage n'est pas payable en espèces. Le conjoint bénéficiaire peut l'exercer sous forme d'une prestation de libre-passage soumise aux mêmes prescriptions que lors du changement d'une caisse de pensions. Si l'un des ex-conjoints ne peut pas être assuré parce qu'il est indépendant, la prestation est versée sur un compte de libre-passage bloqué dans une banque ou une assurance. Si au moment du paiement de la prestation, l'ex-conjoint est affilié auprès d'une caisse de pensions, cette dernière devra être apportée à cette institution de prévoyance comme prestation de libre-passage. Ceci est obligatoire depuis le 1er janvier 2001 pour tous les assurés.

Dans le contexte d'un divorce, le règlement d'une prestation d'avoirs de prévoyance est soumis aux prescriptions légales, respectivement réglementaires, de la caisse de pensions de la personne concernée. Si le bénéficiaire n'exerce pas d'activité salariée, l'avoir peut être retiré au plus tôt cinq ans avant l'âge effectif AVS. S'il exerce une activité salariée, cet avoir peut être retiré dans le cadre des dispositions légales d'accession à la propriété, dans le cas de la prise d'une activité indépendante ou si le bénéficiaire quitte définitivement la Suisse. Sinon, ce sont les dispositions réglementaires qui prévalent, même s'il faut spécifier que la plupart des caisses de pensions ne prévoient encore actuellement qu'un retrait sous forme de rente.

E. Le bonus d'éducation AVS

Un bonus d'éducation est crédité sur le compte AVS des parents d'enfants mineurs. Il est crédité pour chaque année pendant laquelle une femme (ou un homme) s'occupe d'un mineur de moins de 16 ans. Ces bonus améliorent les prestations AVS/AI. Ces bonus ont été créés pour que les femmes (ou les hommes), sans activité salariée parce qu'ils s'occupent des enfants, n'aient pas de lacune de prévoyance sur leur compte AVS. De ce fait, les tâches éducatives sont mises à égalité avec le travail salarié.

Dans un couple, ce bonus d'éducation est divisé par deux pendant la durée de l'union conjugale de la même manière que les primes AVS du conjoint salarié sont réparties sur les deux partenaires.

Après le divorce, celui des deux conjoints à qui la garde des enfants a été accordée reçoit le bonus d'éducation annuel. Si un des ex-conjoints divorcés décède, les bonus d'éducation qu'il recevait sont alors crédités sur le compte AVS de l'ex-conjoint survivant. Il n'est pas nécessaire de s'annoncer pour que le bonus d'éducation soit crédité.

F. Fiscalité des biens immobiliers

Sur la base des dispositions de la Loi fédérale sur l'harmonisation des impôts adaptées au nouveau droit du divorce, les cantons doivent différer la perception de l'impôt sur les gains immobiliers lorsque des immeubles servent aux époux à compenser des prétentions relatives au partage de biens matrimoniaux ou à financer des charges de pensions alimentaires.

Ce report signifie que les facteurs pris en compte auparavant, comme le coût d'investissement, les dépenses créatrices de valeur ajoutée et la durée de propriété sont reportées de manière inchangée sur le nouveau propriétaire. Ce dernier reprend ainsi les dettes fiscales latentes sur le bien immobilier. Ainsi, dans le cas d'une vente ultérieure de l'immeuble, il devra assumer le paiement de l'impôt sur les gains immobiliers. En général, ces impôts latents sur les gains immobiliers sont inclus dans l'évaluation du bien.

Le traitement fiscal d'une transaction immobilière dans le cas du transfert de biens immobiliers lors d'un divorce diffère selon les cantons. Celui de Zurich, par exemple, n'en prélève pas, comme beaucoup d'autres cantons.

G. Droit de la succession

Selon le droit de la succession, la position du conjoint est aussi forte que celle des descendants. La succession est indépendante du régime matrimonial, y compris en cas de régime de séparation des biens. Le droit à un héritage cesse seulement en cas de divorce.

> En cas de séparation, même légale, le droit à l'héritage ne cesse pas. Si ce droit devait être suspendu en cas de séparation effective ou légale, ce serait à la condition qu'une convention de renonciation ait été légalement conclue.

Si le conjoint refuse de signer un tel contrat, il est recommandé de rédiger un testament olographe. Ceci n'est cependant possible que si, entre les conjoints, un pacte successoral n'a pas déjà été conclu. Pendant l'union conjugale, ce type de document ne peut être conclu que par consentement mutuel.

Le divorce rend caducs les testaments et les pactes successoraux en tant qu'ils concernent les époux. La règle compte une exception à savoir que si, dans un testament ou un pacte successoral, il est établi explicitement que le droit à hériter du conjoint subsiste même après un éventuel divorce. Pour qu'il n'y ait aucune ambiguïté, il est donc préférable que, dans un testament ou un pacte successoral, la règle à appliquer en cas de divorce soit établie clairement.

H. Déductions sociales

Avec l'harmonisation fiscale, on a introduit une règle unique selon laquelle les conditions en vigueur à la fin d'une période fiscale font foi quant aux prétentions sur les déductions sociales. Ce sont donc les conditions en vigueur au 31 décembre de l'année en cours qui font foi pour toute l'année même si, par exemple, le divorce a été prononcé au début du mois de décembre.

I. Planification fiscale

1. Paiements obligatoires et pensions alimentaires

Dans un divorce, les prétentions diffèrent toujours en ce qui concerne les biens matrimoniaux. Elles dépendent du régime choisi. En cas de séparation des biens, chaque conjoint reçoit l'entier de sa fortune car, dans ce régime, il n'y a pas de fortune commune. Au contraire, dans un régime de communauté des biens, il y a une seule fortune commune. Si rien d'autre n'a été conclu contractuellement, la dissolution du mariage par divorce se passe alors selon des règles établies pour la communauté des biens réduites aux acquêts.

Selon ces règles, chaque conjoint dispose dans un premier temps de ses propres biens. Ces derniers sont ceux qui ont été amenés lors du mariage et/ou ceux qui ont été acquis pendant le mariage par don ou par héritage. Puis, chaque conjoint doit donner à l'autre la moitié du solde positif des biens acquis pendant le mariage. S'il existe un solde négatif chez l'un des conjoints, on n'en tient pas compte. L'autre n'est en effet pas obligé d'imputer ce solde négatif à sa part. Fiscalement, les paiements sur les biens matrimoniaux ne sont pas imposés sur le revenu car il s'agit d'un transfert d'éléments de la fortune.

Hormis le règlement des prétentions sur les biens matrimoniaux, les frais de pension alimentaire sont en général réglés à l'ex-conjoint et/ou aux enfants jusqu'à leur majorité, respectivement jusqu'à la fin de leur scolarité obligatoire.

2. Versements réguliers ou prestation unique?

Souvent, les prétentions en matière de pension alimentaire du conjoint divorcé sont réglées par un versement unique au lieu de paiements réguliers. Pour lui (elle), cela a l'énorme avantage d'écarter le danger que les paiements réguliers cessent un jour comme cela est souvent le cas dans la réalité. Mais pour le débiteur, cela représente une énorme sortie en capital qui dépasse souvent ses capacités financières.

Fiscalement, un désavantage peut ne pas en être un. Certes, la prestation en capital ne peut pas être déduite des revenus. Mais pour le (la) bénéficiaire, elle ne devra pas être déclarée comme revenu. Pour le débiteur, une pension alimentaire versée régulièrement comporte l'avantage de pouvoir la déduire de ses revenus. Mais le bénéficiaire peut avoir avantage à réclamer un versement unique en capital au titre d'une pension alimentaire, même avec un rabais pour effet fiscal, car ce paiement ne sera pas imposable et évitera des soucis avec l'ex-conjoint si ce dernier ne verse pas régulièrement la pension.

3. Eviter les gains en capital imposables

En règle générale, les régimes matrimoniaux n'ont aucun impact fiscal direct car il s'agit de simples transferts de fortune déjà imposés. Des problèmes peuvent survenir si des biens comprenant des réserves latentes, notamment des éléments de la fortune commerciale, sont transférés de l'un à l'autre. On part en effet du principe qu'un bénéfice a été réalisé.

En conclusion, le traitement fiscal des différentes prestations est très différent dans le cas d'une séparation ou d'un divorce. Très souvent, la séparation ou le divorce à l'amiable ou réglé par un jugement ne fixe pas de modalités précises de paiement. Il faudrait donc préciser ces dernières.

Checklist

Séparation et divorce

- ☐ Les prétentions de votre conjoint sur la totalité des biens matrimoniaux sont-elles élevées?
- ☐ Avec quels éléments du patrimoine pourraient-elles être satisfaites?
- ☐ Des conséquences fiscales peuvent-elles en résulter du fait, par exemple, du transfert de biens immobiliers ou de biens de la fortune commerciale?
- ☐ Fiscalement, les prétentions de votre conjoint doivent-elles être considérées sous l'angle des biens matrimoniaux ou sous celui de pensions alimentaires à verser?
- ☐ Fiscalement, les prétentions de votre conjoint et/ou de vos enfants devraient-elles être satisfaites sous forme d'un versement unique en capital ou sous forme de versements périodiques (pension alimentaire)?
- ☐ Quel sera le montant à verser à votre partenaire au titre de la prévoyance (2e et 3e piliers)? Le solde suffira-t-il pour garantir votre propre prévoyance?

Questions supplémentaires en cas de divorce d'un entrepreneur

- ☐ Votre entreprise constitue-t-elle un bien propre ou un acquêt?
- ☐ Si elle a été acquise, quelle est sa valeur approximative?
- ☐ S'il s'agit d'un acquêt, disposez-vous d'assez d'éléments liquides de votre fortune en dehors des biens de votre entreprise pour dédommager votre conjoint?
- ☐ Votre épouse peut-elle faire valoir des prétentions salariales parce qu'elle n'a pas été payée, ou pas assez, pour son travail dans l'entreprise? (Cette question se pose pour toute la durée de son emploi)
- ☐ Au cas où d'autres éléments liquides de sa fortune ne sont pas disponibles pour un dédommagement, peut-on contracter un emprunt bancaire en offrant comme garantie des actifs de son entreprise, ou l'entreprise elle-même, pour dédommager son épouse?
- ☐ Peut-on éventuellement vendre une participation minoritaire de son entreprise pour dédommager son conjoint?
- ☐ Si la variante précédente s'avère impossible, le conjoint serait-il prêt à transformer ses prétentions partiellement ou totalement en prêt, contre une garantie formelle, portant sur un plan de paiement?
- ☐ Si la variante précédente s'avère aussi impossible, peut-on céder à son conjoint une partie de son entreprise? (Solution à éviter de préférence)
- ☐ Dans ce cas, peut-on émettre des bons de participation pour éviter l'émission d'actions donnant un droit de vote?

5. Fiscalité et planification patrimoniale dans le concubinat

A. Le désavantage fiscal des couples non mariés

Le concubinat constitue une façon de vivre largement reconnue par la société. Mais la loi est très en retard par rapport à la réalité. Des efforts sont faits au niveau fédéral pour reconnaître légalement le concubinat. Rien n'est pourtant vraiment décidé.

Les cantons de Genève et de Zurich ont créé une forme de contrat social par lequel l'Etat cantonal reconnaît le concubinage pour les couples de même sexe. Mais, fiscalement, ceci n'a d'effet qu'au niveau cantonal. Cela n'a donc aucune conséquence concrète dans des domaines comme l'AVS ou le droit de la succession, qui sont réglementés au niveau fédéral. Par ailleurs, les couples hétérosexuels sont exclus de ces arrangements.

Cette situation implique une conséquence importante, à savoir que le concubinage exclut que les partenaires soient héritiers l'un de l'autre. Celui qui veut assurer l'avenir de son (sa) partenaire par voie de testament ou même par simple donation rencontre en effet divers obstacles d'ordre successoral et fiscal.

Sauf à ne devoir remplir aucun devoir successoral, on ne peut disposer librement de l'héritage que l'on laisse. Dès qu'il y a un descendant direct ou une parenté, les prétentions sur les parts d'héritage deviennent protégées en grande partie par les règles applicables aux réserves héréditaires. Le montant de ces réserves dépend de la part à l'héritage auquel ont droit les héritiers légaux. De ce fait, le de cujus (le défunt) ne peut disposer librement que de la quotité disponible, c'est-à-dire la part de l'héritage qui n'est pas concernée par les réserves héréditaires.

La réserve héréditaire légale des descendants, dont les petits-enfants font partie à titre subsidiaire, équivaut aux trois-quarts de la masse successorale sous réserve qu'aucun conjoint ne soit aussi héritier. Les concubins qui ont leur propre descendance ne peuvent donc pas disposer de plus du quart restant de la masse successorale pour en faire profiter leur partenaire.

Sans descendance ni aucun conjoint héritier, ce sont les père et mère, respectivement les parents survivants, qui en profitent. Si les deux parents vivent encore, ils se partagent pour moitié la réserve héréditaire disponible. Si un seul des parents vit encore, celle-ci se réduit à un quart car les frères et sœurs du défunt n'ont aucun droit à la réserve légale.

> Les personnes concernées par une situation de concubinat devraient coucher sur testament de leur vivant tous leurs héritiers légaux en terme de réserves héréditaires légales et désigner leur partenaire comme étant le

> (la) seul(e) bénéficiaire de la totalité de la quotité disponible. C'est ainsi qu'on peut faire en sorte contractuellement que chaque partenaire soit l'héritier de l'autre.

La situation des personnes qui sont encore légalement unies mais qui vivent maritalement avec un(e) autre partenaire, est également difficile. Si aucun contrat de renonciation à l'héritage n'a été conclu avec leur ex-conjoint légal, ce dernier pourra réclamer sa réserve héréditaire légale. Dans ce cas, et selon la situation, cette réserve peut atteindre au moins un quart voire la moitié de la masse successorale.

Un autre aspect est souvent négligé. Quand rien n'est spécifié, le droit usuel sur les successions s'applique. Si les réserves héréditaires légales ne sont pas expressément attribuées aux héritiers légaux, la totalité de la masse successorale leur revient. Et le concubin survivant n'a plus rien.

2. Problématique fiscale

- **Avantage fiscal sur l'imposition du revenu et de la fortune?**
  Jusqu'à maintenant, deux contribuables déclarant des revenus séparés et vivant en concubinage profitaient d'un régime fiscal assez avantageux. Chacun était en effet imposé sur son revenu à un taux moins élevé que s'il y avait eu une déclaration commune des revenus. Ces dernières années, une imposition fiscale particulière a progressivement réduit les différences de traitement entre les couples mariés et les couples en concubinage.

  Avec l'introduction de la méthode du splitting dans plusieurs cantons, ces différences ont même parfois complètement disparu. La messe sera d'ailleurs complètement dite sur ce sujet avec l'introduction, proposée par le Conseil fédéral, des modèles d'imposition pour la famille. A l'avenir, il se peut même que les couples mariés avec double revenu soient, dans certains cantons, aussi bien, voire mieux, traités que les couples concubins dans la même situation.

- **Impôt élevé sur les successions et les donations**
  Selon le droit fiscal, avantager un concubin survivant crée un problème parce que, dans la majorité des cantons et quelle que soit la durée de la vie en commun, un partenaire n'est pas considéré fiscalement comme un parent. De ce fait, en cas d'héritage, les taux appliqués sur la fortune sont très élevés car s'appliquant aux successions et aux donations entre personnes sans liens de parenté. Selon les cantons et le montant de la masse successorale, ces taux peuvent dépasser 50%.

  Depuis 2001, trois cantons (NW, OW et ZG) font exception. Ils ne prélèvent aucun impôt en cas de concubinage avéré. Selon la pratique du Tribunal fédéral, un concubinage est avéré lorsqu'il a duré au moins cinq ans. Il est alors assimilé à un mariage légal. D'autres cantons, comme celui de Glaris, ont aussi décidé de ne plus taxer les transferts de fortune entre concubins au tarif le plus élevé.

Dans le canton de Schwyz, le concubinage n'est pas un problème. Traditionnellement, c'est le seul canton qui ne prélève aucun impôt sur les successions et les donations. A Lucerne, il n'y a pas non plus d'impôt sur les donations. Mais ce canton applique un impôt sur les transferts de fortune effectués dans les cinq ans avant une succession normale.

Les remarques précédentes sont évidemment aussi valables pour les concubins de même sexe dont les problèmes sont identiques à ceux des concubins hétérosexuels.

3. Désavantages en terme d'assurances sociales

Les concubins sont très désavantagés au niveau de la prévoyance professionnelle et des assurances sociales.

Ainsi, comme leur nom l'indique, les rentes de veuves sont versées aux veuves et non aux concubines survivantes. Quelques caisses de pensions prévoient cependant des rentes de soutien. Mais, légalement, leur versement doit avoir pour préalable que la partenaire concernée ait été substantiellement soutenue par l'assuré défunt. Une rente découlant de la prévoyance peut aussi être prévue pour des partenaires non mariés. Mais la durée de vie en commun doit respecter quelques conditions minimales. Il est donc vivement recommandé de demander au conseil de fondation de la caisse de pensions concernée de rédiger un certificat selon lequel le (la) partenaire XY sera cas échéant au bénéfice d'une telle rente. Ce certificat peut éventuellement être aussi émis par des caisses de pensions qui ne versent en principe que des rentes de veuves.

La conséquence pratique du non versement de la rente à un(e) concubin(e) implique que l'assuré doit, à son départ à la retraite, réclamer le versement de son avoir de prévoyance sous forme d'un capital et non d'une rente. Mieux encore: il lui faudrait le retirer suffisamment à temps pour profiter des dispositions légales encourageant l'accès à la propriété. Mais attention: ces retraits anticipés devront être restitués à la caisse de pensions en cas de décès de l'assuré s'il n'existe aucun héritier légal qui ait droit à une rente.

D'un autre côté, chaque partenaire peut avoir intérêt à toucher une rente AVS individuelle. Additionnées, ces rentes sont en effet 50% plus élevées que la rente de couple. Souvent, les couples concernés ne se marient donc pas car la partenaire, déjà veuve, touche une rente AVS de veuve à laquelle s'ajoute parfois une rente de veuve LPP.

Pour les concubins, les avantages éventuels peuvent aussi se transformer, en certaines circonstances et dès la retraite, en désavantages importants. Ce sera le cas si le partenaire décède prématurément. Alors que le mariage garantit le versement d'une rente de veuve AVS et LPP à la conjointe, la concubine par contre ne peut rien avoir si ce n'est une éventuelle rente de soutien.

D'autres désavantages peuvent survenir. Par exemple, si une femme vivant en concubinage quitte son emploi pour s'occuper du ménage commun. Sans revenu propre, elle ne cotise alors plus aux assurances sociales à moins de s'annoncer à la caisse de compensation AVS comme personne non active et de cotiser alors à titre volontaire. Mais dès que cette situation dépasse une année, une surprise désagréable arrive. En effet, la rente AVS est réduite pour chaque année sans cotisation AVS. Après cinq ans d'une telle situation, la perte en terme de rente comparée à une situation normale de cotisation dépasse 11%. Après 10 ans, le trou dépasse 22%; après 15 ans, il est supérieur à 34% et, après 20 ans sans cotisations, il dépasse 45%.

Cet effet peut être atténué si la partenaire touche un revenu fictif, pour les coûts et l'entretien du ménage commun, qu'elle assure auprès de l'AVS. Mais ces versements doivent pouvoir être prouvés sur une période d'au moins cinq ans. Dans une telle situation, il ne faut donc pas hésiter à s'annoncer auprès de la caisse de compensation compétente. Malheureusement, le compagnon de la personne dans cette situation ne peut pas déduire de ses revenus les versements en liquide et en nature qu'il fait à sa partenaire. Et, cette dernière doit les déclarer. Ainsi, les montants en cause sont imposés deux fois.

B. Quid du partenaire financièrement le plus faible?

1. Généralités

Hormis le traitement privilégié, par voie de testament ou par contrat, du partenaire survivant, il existe aussi une palette diversifiée de moyens pour pouvoir laisser de son vivant à son (sa) partenaire des éléments de sa fortune. Ce peut être par le biais de dons, de quasi-dons (une combinaison de dons et de prestations), ou de prestations à des conditions contractuelles créant un flux financier permanent de la fortune d'un partenaire à l'autre (par exemple, via un prêt sans intérêts, un dédommagement pour la tenue du ménage, un salaire versé par l'entreprise, etc.).

Il faut cependant prêter attention aux conséquences fiscales de ces prestations. Ainsi, tout ce qui ne repose pas sur le principe d'une contre-prestation du partenaire constitue un don. Le partenaire peut aussi être le bénéficiaire d'une assurance-vie portant sur des éléments de la fortune. Ce genre de contrat est en général peu ou pas pris en compte dans le cadre de la détermination de la réserve légale pour les descendants.

Si rien n'est fait, le (la) partenaire survivant(e) ne peut faire valoir aucune prétention, qu'il y ait ou non des héritiers légaux comme un ancien conjoint, des descendants ou des parents. Pour éviter une telle situation, un testament ou un pacte successoral représentent une porte de sortie.

> Si, hormis ce qui revient à ses héritiers légaux, on veut laisser à son partenaire une part importante d'héritage, il faut faire figurer dans son testament une clause selon laquelle les héritiers devront se contenter de la réserve héréditaire légale, le solde de l'héritage revenant formellement au concubin, respectivement à la concubine.
>
> Si les deux partenaires rédigent un testament avec une clause de traitement préférentiel réciproque, ceci ne constitue pas une garantie absolue pour chacun d'eux qu'il obtiendra quelque chose au moment du décès de l'autre. Aucune loi n'empêche un (une) partenaire de modifier ou d'annuler un testament déjà rédigé dans ce sens.
>
> Pour obtenir une garantie absolue, il faut donc conclure avec son (sa) partenaire un pacte successoral. Ce document constitue un acte authentique qui ne pourra être modifié que par consentement mutuel.

2. Achat d'assurances-vie

En concluant un contrat d'assurance risque décès, dont le (la) partenaire est le (la) bénéficiaire, ce (cette) dernier (ère) encaissera intégralement le capital promis. Ce type de contrat d'assurance ne fait en effet pas partie de la masse successorale. Mais de telles prestations devront être déclarées comme revenu par le (la) bénéficiaire, même si cela est fait à un taux réduit.

La valeur de rachat des assurances-vie mixtes, dont le (la) partenaire est désigné(e) comme bénéficiaire, est comprise dans le calcul de la réserve héréditaire des héritiers au moment du décès. La part en surplus, c'est-à-dire la différence entre le capital décès et la valeur de rachat, va au (à la) partenaire désigné(e) comme bénéficiaire. Pour lui (elle), les prestations des assurances-vie mixtes sont soumises à l'impôt sur le revenu. Cette condition est aussi valable pour les non-parents.

Selon les cantons, un impôt sur les successions sera aussi prélevé. Pour éviter la problématique successorale, il est recommandé de souscrire une assurance mixte avec prime annuelle. Avec ce produit, le (la) bénéficiaire désigné(e) sera le (la) preneur (preneuse) d'assurance tandis que la personne assurée sera le (la) partenaire dont les moyens financiers permettent aussi de payer les primes annuelles. Celles-ci resteront hors de portée du fisc dans la pratique. En effet, selon les cantons, elles sont soumises à l'impôt sur les donations.

Etude de cas

Corinne Blanc et Frédéric Noir ont divorcé de leur conjoint respectif il y a quelques années. Depuis, ils vivent maritalement ensemble. Frédéric Noir dispose d'une fortune confortable. Il se demande comment il pourrait en faire profiter sa partenaire en cas de décès. Chacun d'eux a des enfants d'un premier mariage. Frédéric Noir estime qu'il est plus proche de sa partenaire que de ses enfants, qui sont tous adultes et vivent confortablement.

Il conclut donc avec elle un pacte successoral avec une clause de traitement préférentiel maximum réciproque. Ceci suppose que les héritiers des deux partenaires toucheront leur réserve légale. Le pacte successoral ne doit être valable que pour la durée du concubinat. Par ailleurs, Frédéric Noir a conclu une assurance-vie mixte avec une prime unique de un million de francs dont la bénéficiaire est sa partenaire.

Quelques années plus tard, Frédéric Noir décède. La valeur de rachat de l'assurance-vie est incluse au jour du décès dans la réserve légale des héritiers.

Masse successorale	CHF
Papiers valeurs, immobilier, etc.	3 000 000
Valeur de rachat de l'assurance-vie au décès	1 200 000
Fortune de la masse successorale	4 200 000
Réserve des enfants ($^3/_4$)	3 150 000
Quotité disponible	**1 050 000**

Les enfants reçoivent les titres et l'immobilier. Corinne Blanc doit encore leur verser 150.000 francs pour que leur réserve légale soit alimentée. Sur le capital décès de l'assurance de 1,6 million de francs, il lui reste ainsi un montant de 1,45 million de francs.

Fiscalement, Corinne Blanc n'étant pas une parente du défunt, il lui faudra selon le canton s'acquitter d'un impôt successoral plus ou moins élevé. Si le couple concubin est géographiquement mobile, cela vaut le coup de réfléchir à déplacer son domicile dans un canton fiscalement plus souple. Dans ce cas, on pourrait conseiller tout particulièrement les cantons de Schwyz, Zoug, Nidwald et Obwald. Même celui de Glaris, auparavant particulièrement défa-

> vorable aux concubins avec un taux d'impôt sur les successions supérieur à 50%, peut être pris en ligne de compte. Depuis le 1er janvier 2001, ce taux a été ramené à 10%.

3. Dons de son vivant

Plus un élément de la fortune aura été donné tôt à un des deux partenaires, plus le différentiel représentant l'augmentation de valeur, qui ne sera pas soumise à l'impôt sur les successions, sera grand lors du décès du donateur. Si un don est consenti au moins cinq ans avant le décès, il ne pourra plus être réclamé par les héritiers. L'impôt sur les donations est calculé en principe sur la valeur vénale de l'élément donné. Des exceptions existent pour l'immobilier dans certains cantons qui appliquent une valeur plus basse.

C. Optimisation fiscale

1. Choix du domicile fiscal

Fiscalement, dans le cas de l'impôt sur les successions et donations, le dernier domicile du légateur, respectivement du donateur, est déterminant dans le cas de la fortune mobilière. Dans celui de la fortune immobilière, ce sera le lieu de situation des immeubles. Selon le droit fiscal du canton de domicile, on résout la question du montant de l'impôt successoral appliqué au concubin (voir le tableau page 300 pour les taux maximum applicables aux couples concubins). Le choix d'un domicile ad hoc peut ainsi fortement influencer le montant de l'impôt sur les successions ou sur les donations.

Au lieu d'un changement de domicile, on peut aussi investir sa fortune dans un bien immobilier sis dans un canton fiscalement privilégié. Un changement de domicile d'un canton à un autre peu avant une donation ou un héritage sera fiscalement reconnu pour autant qu'il s'agisse d'un déménagement effectif et non seulement d'un changement fictif. Ceci signifie que les centres d'intérêt des personnes concernées changent effectivement et pas seulement leur domicile civil. Par ailleurs, le nouveau domicile devra être pris depuis au moins un an, de préférence deux ans.

2. Prêts sans intérêts

Pour ne pas déclencher un impôt sur les donations, la vente d'un bien de sa fortune à son (sa) partenaire devrait être faite, avec ou sans conditions préférentielles, contre l'octroi d'un prêt. A compter du décès, ce prêt sera transformé en don. Ceci aura pour effet que l'impôt sur les successions ne devra être acquitté que sur le don à la date du décès. Si les conditions préférentielles du prêt sont telles qu'on peut estimer qu'il s'agit partiellement d'un don, l'administration fiscale pourra les soumettre à l'impôt sur les donations. Encore faut-il qu'elle arrive à apprécier le cas.

Avec un prêt sans intérêts à son (sa) partenaire, et sous déduction de celui-ci à la mort du donateur, on poursuit deux objectifs. D'une part, le (la) partenaire pourra acheter grâce à ce prêt un élément de fortune ayant un bon potentiel de croissance, par exemple, un immeuble, des titres ou une assurance-vie. Et, l'impôt dû sur les successions ne sera appliqué sur le prêt qu'au moment de la mort du donateur. D'autre part, le prêteur diminuera son revenu imposable comme le prêt aura été consenti sans intérêts.

> En plus d'un contrat de prêt, il faut recommander au prêteur de faire figurer dans son testament une clause spécifiant qu'au moment de son décès, le prêt soit transformé en don. En effet, il ne suffit pas que ceci soit spécifié dans le contrat de prêt. Il s'agit d'une disposition testamentaire qui doit être formalisée dans un testament (forme autographe) ou dans un pacte successoral (acte officiel).

Par la suite, les deux partenaires pourront convenir d'un amortissement annuel. Que cet amortissement ait effectivement lieu est une autre affaire. Dans tous les cas, on peut s'arranger de telle manière qu'au moment de la mort du prêteur, le prêt n'existe plus ou que seul un montant résiduel soit imposé au titre de l'impôt sur les donations.

Si un amortissement est prévu contractuellement et que le prêteur renonce à son règlement effectif, il faut être certain que la situation en terme de revenus du bénéficiaire lui aurait effectivement permis de rembourser le prêt. Si ce n'était pas le cas, l'administration fiscale pourrait remarquer ce fait et imposer le montant fictif de l'amortissement au titre des donations.

3. Salaire et autres prestations

Si le (la) partenaire travaille dans l'entreprise de son (sa) concubin(e), il faudrait pour des raisons financières, psychologiques et fiscales lui verser un salaire et, éventuellement, un complément non imposable pour frais forfaitaires. Jusqu'à 77.400 francs, un salaire de cette nature est raisonnable. Au-delà en effet, le bénéficiaire ne reçoit plus un revenu qui lui donnera droit à une rente AVS supplémentaire.

En payant un salaire, on peut casser la progression fiscale de l'imposition totale des concubins. Si ce salaire est payé par une SA, cette dernière verra son bénéfice diminuer et paiera moins d'impôts. Dans ce cas, verser un salaire signifie aussi que le (la) partenaire recevra des rentes AVS et/ou AI plus élevées. Le même raisonnement vaut pour la prévoyance professionnelle et une éventuelle assurance pour les cadres.

Si un salaire est versé, le (la) partenaire pourra aussi cotiser à un pilier 3a pour un montant annuel maximum de 6.192 francs (état 2006) déductible des revenus. Avec un salaire soumis à l'AVS, le (la) partenaire pourra toucher des prestations d'assurance invalidité et de prévoyance professionnelle.

Le versement d'un salaire par l'entreprise qui appartient à l'un des deux partenaires est fiscalement problématique si le bénéficiaire ne travaille pas pour celle-ci. Dans ce cas, ceci constitue un avantage indu pour le propriétaire de l'entreprise. En conséquence, le salaire ainsi payé sera rajouté au bénéfice de l'entreprise si l'administration fiscale découvre les faits. Les salaires ainsi versés seront aussi soumis à l'impôt sur les donations au taux applicable aux personnes non parentes. Il faut donc particulièrement faire attention à de telles constructions!

4. Sociétés de personnes

Si les relations personnelles sont sans problème et que le (la) partenaire travaille dans l'entreprise de son concubin, respectivement sa concubine, on peut adopter la forme juridique de la société en nom collectif ou en commandite. Ainsi, on obtient une brèche dans la progression fiscale de l'impôt sur le revenu du propriétaire de la société exploitée jusqu'ici en raison individuelle.

Par ailleurs, le partenaire entrant dans la société pourra aussi se constituer une fortune personnelle sans courir le risque, au décès de son (sa) partenaire, d'être confronté aux prétentions des héritiers à la réserve légale. Par-dessus tout, comme travailleur indépendant, il pourra verser à un pilier 3a des montants représentant jusqu'à 20% du revenu de son travail, mais au maximum de 30.960 francs par an (état 2006).

Comme variante au pilier 3a, les deux partenaires peuvent s'affilier volontairement à une institution de prévoyance professionnelle. Ils pourront alors verser au maximum 20% de leurs revenus respectifs comme primes de prévoyance déductibles fiscalement. De plus, ils pourront créer un petit pilier 3a pour chacun d'eux.

Franchir ce pas doit être mûrement réfléchi. Il faudra aussi formaliser les accords nécessaires pour régler la dissolution éventuelle de la société et les prétentions des partenaires qui retrouveront leur liberté. Les sentiments et les émotions ne s'inscrivent qu'exceptionnellement dans la durée!

5. Prise en charge des primes d'assurances-vie

Une méthode particulièrement intéressante pour permettre à son (sa) partenaire de se constituer une fortune personnelle consiste à conclure un contrat d'assurance-vie mixte avec versement de primes annuelles. Dans ce cas, le preneur d'assurance sera le partenaire financièrement le plus faible et la personne assurée sera celui ou celle qui est financièrement plus fort. Ce sera à ce dernier (cette dernière) d'assurer le paiement de la prime annuelle.

Grâce à cette assurance-vie, le (la) partenaire financièrement plus faible disposera d'un élément de fortune dont la valeur augmentera chaque année. Lors du versement à l'échéance contractuelle, la totalité du capital versé sera net d'impôts pour le bénéficiaire. En cas de versement pour cause de décès de la personne assurée, le montant sera directement versé au preneur d'assurance sans que les héritiers du défunt aient un quelconque droit dessus.

Théoriquement, l'administration fiscale pourrait considérer que le paiement des primes annuelles par le partenaire financièrement le plus fort équivaut à un don. Il faut donc veiller à ce que les primes soient adaptées au niveau de revenus du partenaire financièrement le plus faible.

Cette précaution permet par ailleurs de régler contractuellement le paiement ciblé des primes annuelles en prévoyant, par exemple, une clause selon laquelle les primes sont réglées par le (la) partenaire financièrement le plus fort pendant la durée du partenariat et celles qui resteraient à régler en cas de dissolution du concubinat devront l'être par le partenaire financièrement moins solide.

6. Transfert de biens immobiliers

En cas de transfert de biens immobiliers, l'impôt sur les successions et les donations sera soumis au droit fiscal du canton où ils sont situés et non à celui du canton de domicile du légataire, respectivement du de cujus.

Si un immeuble est sis dans le canton de Schwyz, par exemple, son transfert de propriété par donation ne sera pas imposé. En effet, ce canton ne perçoit aucun impôt sur les successions et les donations quel que soit le domicile du donateur. La même procédure vaut pour les autres cantons qui ont introduit le transfert non imposable entre concubins.

On peut aussi diminuer l'impôt sur les donations en cas de transfert entre vifs d'un bien immobilier en faisant inscrire au registre foncier un droit d'usufruit gratuit sur le bien donné en faveur du donateur. Fiscalement, ceci réduira la valeur brute taxable de la donation. Mais le calcul dépendra de l'âge du donateur. Au moment du don, plus la personne est jeune, plus la déduction sur le droit d'usufruit sera élevée.

Il faut bien sûr réfléchir attentivement au transfert d'un bien immobilier à son partenaire. En effet, hormis quelques exceptions, on ne pourra pas annuler un tel acte, sauf si cela a été expressément convenu par contrat. Si un bien immobilier est donné contre un droit d'usufruit, le donateur peut au moins l'utiliser pour le restant de sa vie, même s'il ne le possède pas, en cas de dissolution de l'union commune.

Si le bien immobilier donné fait partie de la fortune commerciale du donateur, on est en présence fiscalement d'un transfert d'un élément de la fortune commerciale vers la fortune privée du donateur. De ce fait, la différence entre la valeur vénale de l'immeuble et sa valeur comptable sera imposée chez le donateur au titre du revenu et soumise à l'AVS.

D. Achat d'immeubles par les concubins

1. Construction juridique

Les couples concubins ne sont pas liés par contrat de mariage. Pour acquérir des immeubles, ils doivent donc juridiquement s'organiser sous la forme d'une société. Idéalement, le bien immobilier acquis devrait être en copropriété, qu'il s'agisse d'une propriété par étage ou d'une villa familiale. Le taux de détention pourra être réparti entre les deux partenaires selon leur choix et selon la participation financière de chacun. La copropriété a pour avantage essentiel que chacun peut disposer seul de la part du bien qui lui revient. Par exemple, il peut l'hypothéquer. Une vente est aussi possible. En pratique, elle est difficile à faire en raison des conditions particulières de la copropriété. Et, selon l'article 646 ss du Code civil, l'autre copropriétaire a un droit de préemption légal.

2. Financement et fiscalité

Pour obtenir un financement bancaire, il faudra souvent présenter les déclarations fiscales des deux partenaires. En pratique, une banque réclamera un engagement solidaire. Dans ce cas, les deux partenaires ne seront pas seulement responsables pour leur part aux dettes et aux intérêts, mais aussi pour ceux de leur partenaire. Comme les deux partenaires seront propriétaires de l'immeuble, le capital de prévoyance des deux copropriétaires pourra être retiré pour pouvoir financer l'achat à condition qu'il ne s'agisse pas d'un bien utilisé comme résidence secondaire.

> Les intérêts débiteurs seront répartis sur les deux partenaires au prorata de leur taux de détention. De ce fait et pour des raisons purement fiscales, le taux de détention devrait être plus élevé pour celui (celle) qui a le plus de revenus. Ceci vaut en tout cas au regard de la loi actuelle et tant que les intérêts débiteurs seront plus élevés que la valeur locative fiscale calculée. A l'instar des intérêts débiteurs, la valeur locative sera d'ailleurs répartie au prorata du taux de détention.

La fiscalité peut surtout représenter un problème en cas de dissolution de l'union libre. Si l'un des deux partenaires reprend la part de propriété de l'autre, ceci sera fiscalement traité comme gain immobilier. A cela s'ajoutera le droit de mutation sur la transaction.

3. Garanties de droit successoral

Comme cela a déjà été précisé, les couples concubins n'ont aucun droit successoral réciproque. Dans ce cas, et sans autres précisions d'ordre successoral, la part à la copropriété du concubin décédé tombe dans la masse successorale légale. A savoir, en cas de défaut de descendance, en première ligne aux parents et, en seconde ligne, aux frères et sœurs.

En cas de copropriété et pour un couple concubin, il faut absolument prévoir de rédiger un testament ou de conclure un pacte successoral. Ainsi, la réserve héréditaire légale ira aux parents directs et le (la) concubin(e), en tant que seul(e) autre héritier (ère), recevra la part complète de copropriété. Si les deux parents du défunt vivent encore, la réserve héréditaire légale comprendra la moitié de la masse successorale. Les frères et sœurs n'ayant pas de droit sur la réserve légale, l'intégralité de cette masse successorale reviendra ensuite au (à la) partenaire au décès des deux parents. Si le concubinat est dissous, il ne faudra pas oublier de détruire le testament, respectivement d'annuler le pacte successoral.

L'amélioration de la condition successorale du partenaire survivant peut aussi être garantie par la création d'un droit d'usufruit sur le bien immobilier ou d'un droit d'habitation à titre gracieux.

4. Garanties contractuelles

Comme dans le cas d'un couple légal, un concubinat peut disparaître. S'il y a un bien immobilier commun, il faudrait alors avoir prévu les conditions du règlement du droit au produit de la vente pour chacun des partenaires, la reprise du mobilier, celle de l'entretien du bien, etc.

E. Contrat de concubinage

1. Généralités

Dans un ménage commun, les partenaires peuvent réduire leur charge fiscale sur le revenu et sur les impôts sur les successions et les donations. Toutes les solutions proposées comportent cependant une interdépendance financière poussée pour les deux partenaires.

> Les partenaires seraient avisés de régler par écrit les dispositions de planification fiscale entre eux, de préférence en les intégrant dans un contrat de concubinage.

Après des débuts poétiques, la réalité des relations en commun s'écrit souvent dans une prose différente. Le thème des relations financières réciproques est ainsi souvent un sujet de discussions, voire de querelles. Dans le cas précis de partenaires qui dirigent ensemble une entreprise, le danger existe que leur relation s'achève un jour parce que le stress de la gestion de l'entreprise n'est pas idéal pour la vie de couple. Dans cette perspective et dans l'intérêt des deux partenaires, il faudrait prendre des mesures d'ordre contractuel.

2. Eléments d'un contrat de concubinage

Un contrat de concubinage doit respecter les conditions particulières de chaque relation, lesquelles varient selon les personnes, les professions exercées et l'état des finances de chacun. La liste suivante, qui n'est pas exhaustive, fait état de points à inclure dans un contrat de concubinage:

- les droits et les devoirs de chaque partenaire;
- entretien des enfants communs;
- sécurité économique du partenaire;
- garde des enfants en cas de dissolution du concubinat;
- règlement financier en cas de dissolution du concubinat;
- entretien du (de la) partenaire, respectivement des enfants en cas de dissolution du concubinat;
- utilisation ou transfert de propriété de l'immeuble détenu en commun en cas de dissolution du concubinat.

Checklist
Les conditions du concubinage

Améliorer la situation économique de son partenaire en cas de succession

- ☐ Avez-vous, par testament ou par pacte successoral, ramené totalement ou partiellement les droits de vos héritiers légaux à leur réserve successorale et attribué la quotité disponible à votre concubin?
- ☐ Votre concubin(e) est-il informé(e) de vos dispositions testamentaires et en a-t-il (elle) une copie?
- ☐ Avez-vous étudié la possibilité de faire figurer votre concubin(e) comme bénéficiaire d'une assurance-vie?
- ☐ Existe-t-il des possibilités pour faire profiter votre concubin(e) d'une partie de vos revenus?
- ☐ Au cas où votre concubin(e) travaille dans votre entreprise, a-t-il (elle) un contrat de travail?
- ☐ Certains biens de votre fortune peuvent-ils déjà être donnés de votre vivant à votre concubin(e)?

Eviter ou diminuer la charge fiscale sur les revenus, les successions et les donations

- ☐ Un changement de domicile dans un autre canton, éventuellement même à l'étranger, s'impose-t-il au regard d'une charge fiscale élevée en cas de succession ou de donations?
- ☐ Serait-il fiscalement plus intéressant de donner de votre vivant à votre partenaire certains biens de votre fortune, par exemple des immeubles sis dans un canton où l'impôt sur les successions ou les donations est très bas pour les couples concubins?
- ☐ Faut-il conclure pour votre concubin(e) une assurance-vie à primes annuelles et payer les primes pour lui (elle)?
- ☐ Devriez-vous prendre votre concubin(e) comme partenaire dans votre entreprise?
- ☐ Quelles sont les possibilités d'équilibrer la progression fiscale des revenus entre vous et votre concubin(e) pour payer globalement moins d'impôts?

Amélioration de la prévoyance vieillesse du partenaire survivant

- ☐ Votre caisse de pensions, respectivement celle de votre concubin(e), prévoit-elle de verser des rentes de prévoyance au partenaire survivant d'une union libre?
- ☐ Si oui, vous êtes-vous annoncé (et votre concubin(e)) comme bénéficiaire des rentes?
- ☐ Si non, devriez-vous, comme votre partenaire, retirer votre avoir de prévoyance sous forme de capital? Dans ce cas, avez-vous annoncé cette décision à votre caisse de pensions (habituellement, au plus tard trois ans avant la retraite)?

6. La planification successorale

A. Généralités

1. Aspects personnels

Un des devoirs majeurs du propriétaire fondateur d'une entreprise est de prévoir la poursuite de son activité au-delà de son décès. On mesurera ses capacités d'entrepreneur notamment à sa capacité – ou à son impossibilité – de régler sa succession professionnelle. Dans l'histoire économique suisse, de nombreux exemples montrent que ce problème est difficile à résoudre et qu'une succession réussie demande parfois plusieurs essais. Pour certaines grandes entreprises, l'étalage public du défilé de nombreux successeurs désignés a été difficile à assumer.

2. Succession au sein de sa famille: oui ou non?

La plupart des entrepreneurs souhaitent que l'œuvre de leur vie, fruit d'un travail long et rigoureux, soit à un moment donné transféré à un ou à plusieurs de leurs enfants. Les entrepreneurs qui se sont mariés sur le tard doivent souvent constater qu'au moment de leur retrait prévu de la vie professionnelle et commerciale, les enfants qui ont été désignés pour leur succéder n'ont pas terminé leur formation personnelle et professionnelle. Pour ces derniers, reprendre la gestion de l'entreprise ne peut pas entrer en ligne de compte. Ce sera, par exemple, le cas d'un entrepreneur qui s'est marié à 40 ans et dont les enfants sont âgés de moins de 25 ans alors qu'il a atteint 65 ans. La plupart du temps, ces derniers manquent de formation et d'expérience professionnelle et ne sont pas encore capables de diriger une entreprise.

En fonction du temps qu'il reste jusqu'à la reprise prévue de l'entreprise, il faut donc prévoir des solutions alternatives. Parfois, quand le délai est trop court, le propriétaire fondateur de l'entreprise devra rester encore aux commandes pendant quelques années. Peut-être sa femme, si elle est plus jeune, pourra-t-elle, sous certaines conditions, diriger l'entreprise avec l'aide des cadres supérieurs si elle dispose des capacités nécessaires. Quand la période de transition est plus longue, il devient indispensable d'engager un responsable opérationnel qui dirigera l'entreprise jusqu'à l'arrivée du fils ou de la fille à la tête de la société.

> En cas de doute, la règle à suivre devrait être la suivante: «Mieux vaut une solution externe à la famille intéressante qu'une solution familiale qui sera sanctionnée tôt ou tard par un échec.»

B. Planification à long terme de la succession de son entreprise

1. Consolider la position économique du propriétaire de l'entreprise

Peu d'entrepreneurs réussissent à organiser leur prévoyance pour arriver à profiter de leur retraite sans avoir de revenus issus de leur entreprise ou du produit de sa vente. Dans la plupart des cas, l'entreprise qu'ils ont mis des années à bâtir représente un pilier essentiel de leur prévoyance vieillesse. De ce fait, il faut réfléchir à l'impact que la solution successorale choisie aura sur la prévoyance vieillesse du propriétaire fondateur.

De fait, c'est à la condition d'avoir suffisamment épargné de capital prévoyance hors de son entreprise qu'un entrepreneur pourra se payer le luxe d'une succession purement familiale sans être obligé de la vendre pour vivre du produit de cette opération. Un enfant pourra rarement payer le montant convenu pour reprendre l'entreprise de son père. En effet, il n'a pas encore pu épargner les montants financiers nécessaires. Ainsi, après son évaluation, une firme sera en général transmise à un membre de la famille sous forme d'une avance d'hoirie et/ou sous celle d'un prêt avec ou sans intérêts.

Pour plusieurs raisons, cette façon de faire n'est cependant pas la meilleure:
- vis-à-vis des autres héritiers (la mère, les frères et sœurs), le successeur devra répondre du don avant héritage de son père;
- céder une entreprise à l'un de ses enfants n'est pas judicieux: si l'entreprise fait faillite, il devra en assumer financièrement les conséquences vis-à-vis des autres héritiers; cela ne pourra être le cas que s'il a acheté l'entreprise ou qu'on ne la lui a que partiellement donnée; dans ce cas, le successeur pourra financer l'achat auprès d'une banque contre la remise de garanties, dont les actions de l'entreprise font souvent partie;
- en cas de vente ou de don partiel, le produit de la transaction ira au fondateur de l'entreprise qui pourra alors l'utiliser pour sa prévoyance.

> Lors d'une succession dans le cercle purement familial, il ne faut pas négliger l'avenir économique des parents qui se retirent de l'entreprise.

2. Planifier le changement de forme juridique

La succession à la tête d'une entreprise est pleine de pièges fiscaux. Selon la forme juridique de l'entreprise, les dangers diffèrent. Il vaut donc la peine de discuter avec un conseiller fiscal de sa succession le plus tôt possible pour pouvoir prendre rapidement les mesures nécessaires. Par exemple, si l'on veut transformer une société de personnes en SA/SàRL, il faut fiscalement attendre cinq ans avant que les actions, respectivement les parts d'une SàRL, puissent être vendues en franchise d'impôts.

Quand aucune solution familiale n'est possible, la transformation en SA/SàRL doit être entreprise assez tôt car les désavantages fiscaux de la vente d'une société exploitée en raison individuelle ou sous la forme d'une société de personnes n'apparaissent que lorsque la vente de la firme doit être réalisée de manière non planifiée lors de la mort de son propriétaire.

3. Politique ciblée de dividende

En principe, le produit de la vente des actions d'une SA, respectivement des parts d'une SàRL, constitue un gain en capital non imposé. Mais il y a d'importantes exceptions à ce principe. C'est le cas en ce qui concerne l'imposition des liquidités non nécessaires à l'exploitation ou d'autres actifs (par exemple, des maisons de vacances), lors de la vente d'une SA/SàRL à une personne morale. Le fisc part du principe que ces liquidités n'auraient pas été amassées si les bénéfices avaient été distribués. Comme cela n'a pas été fait, pour des raisons fiscales, les actifs liquides non nécessaires à l'activité de l'entreprise (y compris les prêts à l'ancien actionnaire principal), en particulier s'ils servent à payer une partie du prix de vente, seront alors imposés auprès du vendeur comme revenu de sa fortune car l'opération sera alors considérée comme une liquidation partielle indirecte.

Ce danger fiscal peut être évité en pratiquant une politique constante de distribution de salaires et de dividendes à long terme. On évitera ainsi de créer une fortune non nécessaire à l'activité de l'entreprise. Pour que la charge fiscale de l'actionnaire principal en matière de distribution de salaire et de dividende soit contenue dans des limites raisonnables, il faudra prévoir une planification fiscale de son chapitre privé. Les montants qu'il retire de son entreprise seront alors partiellement défiscalisés, par exemple au travers de versements à sa caisse de pensions, par le maintien de dettes privées, la rénovation d'immeubles, etc. ...

Plus la valeur substantielle d'une entreprise, et donc sa valeur vénale, est petite, plus la procédure successorale sera simple. La valeur substantielle d'une entreprise comprend tous les éléments de fortune de cette dernière, évalués à leur valeur vénale actuelle, sous déduction des dettes envers des tiers. Quand les bénéfices réalisés ne sont pas distribués, la valeur substantielle augmente constamment. Il devient alors difficile de trouver un acheteur parce qu'un prix élevé limite toujours le cercle des personnes intéressées à l'achat d'une entreprise.

Hormis le fait de distribuer en permanence les bénéfices, le fondateur d'une entreprise devrait aussi, si possible, ne pas lui faire d'apport d'immeubles, ou bien il devrait les faire acheter par elle. Les immeubles ont en effet tendance à prendre de la valeur à long terme, ce qui augmente automatiquement celle de l'entreprise. Des biens immobiliers sans rapport avec l'activité d'une entreprise, comme des maisons de vacances, des parcelles de terrain ou des maisons d'habitation ne devraient ainsi jamais être apportées à une SA/SàRL, sauf à être acquis par elle.

Quand une entreprise a besoin d'un immeuble pour sa production, il devrait être acheté par le propriétaire et loué à l'entreprise. On peut aussi prévoir d'octroyer un droit de superficie à l'entreprise sur une parcelle détenue dans son chapitre privé. La rente que verse l'entreprise sur le droit de superficie fera alors partie intégrante de la prévoyance du propriétaire fondateur. Elle pourra être versée nette de toute cotisation AVS ou d'autres prestations sociales mais être indexée à l'inflation. Ainsi, le propriétaire fondateur dispose d'un revenu de prévoyance indexé.

Ce qui vaut pour les biens immobiliers vaut aussi pour les participations qui ne sont pas nécessaires à l'exploitation. Elles devraient toujours être détenues dans la fortune privée de l'entrepreneur. De cette manière, on peut compter en cas de vente de l'entreprise sur un gain en capital non imposable alors que l'entreprise devrait payer des impôts sur le bénéfice et deviendrait ainsi plus difficile à vendre.

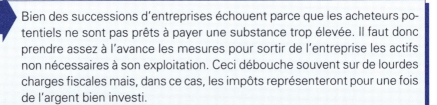

Bien des successions d'entreprises échouent parce que les acheteurs potentiels ne sont pas prêts à payer une substance trop élevée. Il faut donc prendre assez à l'avance les mesures pour sortir de l'entreprise les actifs non nécessaires à son exploitation. Ceci débouche souvent sur de lourdes charges fiscales mais, dans ce cas, les impôts représenteront pour une fois de l'argent bien investi.

C. Succession dans le cercle familial

1. Généralités

La plupart des entrepreneurs aimeraient transmettre leur affaire à un membre de leur famille pour un prix honnête, que ce soit par le biais d'une avance à valoir sur un futur héritage, par legs ou par vente. En tant qu'entrepreneur, ils sont conscients des risques d'une reprise, qui peuvent se traduire par une baisse de la valeur de l'entreprise.

Une évaluation professionnelle par un expert-comptable de la valeur d'une entreprise prend en compte les risques dans le calcul de la capacité bénéficiaire future. Ce calcul prend aussi en compte le risque encouru sur le capital investi, en capitalisant le bénéfice à un taux approprié.

Beaucoup d'entrepreneurs pensent qu'ils peuvent vendre ou léguer leur entreprise à un de leurs fils ou une de leurs filles pour la valeur de ses fonds propres ou sa valeur fiscale. Cette réflexion ne résiste généralement pas à l'analyse. La plupart du temps en effet, une évaluation aussi basse ne respecte pas les droits des héritiers légaux qui ne sont pas associés à l'entreprise. Ceci ouvre en fait la voie à des disputes successorales entre héritiers.

Il faut donc faire évaluer l'entreprise à céder par une société fiduciaire indépendante. Par ailleurs, tous les héritiers devront négocier pour déterminer à quelle valeur le successeur désigné à la tête de l'entreprise la reprendra effectivement. Le prix de vente définitif, respectivement celui de prise en compte, devra être accepté par tous les héritiers qui se partagent la réserve héréditaire, c'est-à-dire le (la) conjointe du propriétaire de l'entreprise et les frères et sœurs de son successeur. Ceci se fera par un accord écrit ou, de préférence, dans le cadre d'un pacte successoral liant tous les héritiers.

C'est ainsi que l'on pourra éviter des disputes futures entre héritiers. Le même pacte successoral permettra par ailleurs de régler la succession de la fortune du propriétaire de l'entreprise. Par exemple, on fixera les règles concernant les biens matrimoniaux revenant au conjoint survivant, les dispositions de transmission sur des éléments précis de la fortune, comment évaluer les biens immobiliers, les droits d'usage de valeurs précises de la fortune, etc.

Il est fréquent que la valeur réelle d'une entreprise soit si importante que, par rapport aux autres biens de la fortune de son propriétaire, une reprise à cette valeur représente une charge trop importante pour le successeur désigné si elle est combinée à l'obligation de satisfaire les droits successoraux des autres héritiers. Dès lors, la question se pose de savoir comment réduire cette charge.

Les possibilités suivantes peuvent être étudiées:
- les héritiers concluent un pacte successoral par lequel le successeur reprend l'entreprise à une valeur substantiellement inférieure à sa valeur réelle;
- les héritiers qui ne travaillent pas dans l'entreprise en reprennent des parts sociales (actions ou parts de SàRL); cette variante devrait cependant être évitée pour que le successeur et actionnaire majoritaire de l'entreprise n'ait pas le sentiment de devoir travailler toute sa vie pour le bénéfice de ses frères et sœurs; cette solution peut cependant être choisie dans des cas extrêmes et on peut alors trouver un établissement financier pour financer la reprise des parts sociales, pour autant que la charge financière de la dette soit supportable pour l'entreprise;
- l'entreprise accepte de continuer à verser un salaire au précédent propriétaire, éventuellement aussi à son (sa) conjoint(e), même s'il n'est plus actif dans l'entreprise; on peut aussi prévoir de verser au précédent propriétaire des honoraires d'administrateur relativement élevés, s'il continue à être administrateur, de préférence président, pour que cela soit fiscalement justifié; le versement de ce salaire et des honoraires sera soumis à l'AVS et à la LPP; dans la mesure où ces prestations seront versées pratiquement à bien plaire, sauf peut-être dans le cas d'honoraires versés pour un mandat d'administrateur, elles feront partie du prix d'achat de l'entreprise; à ce titre et à leur valeur au comptant, elles feront partie du calcul de la masse successorale.

2. Fiscalité de la succession au sein de la famille

a) Succession d'une entreprise par donation ou avance d'hoirie

Les avances d'hoirie représentent des versements faits du vivant du futur défunt à une personne, par exemple à l'un de ses descendants, dans la perspective qu'elle sera un jour désignée comme héritière. On peut alors dire qu'il y a «cession à compte d'un prochain héritage». On peut ainsi transmettre une entreprise à son enfant. Une avance d'hoirie ne peut être faite que si le bénéficiaire a droit à un héritage. Sinon, il s'agit d'une donation. Les avances d'hoirie sont en principe soumises à compensation selon l'article 626 du Code civil. Ceci signifie que le bénéficiaire doit indiquer cette avance lors du partage successoral sauf si elle a été expressément acceptée par les parties comme étant un cadeau non compensable.

Traitement fiscal
Une vraie avance d'hoirie est gratuite. Elle n'est donc pas soumise à l'impôt sur le bénéfice de liquidation. La Confédération et les cantons la considèrent comme un cadeau ou comme un transfert d'ordre successoral. Selon les cantons, un impôt sur les dons ou les successions est prélevé immédiatement ou après le décès du de cujus. La Confédération ne prélève aucun impôt.

Dans certains cas, les réserves latentes de l'entreprise ainsi cédée peuvent être imposées. Si par exemple la valeur vénale d'une entreprise est de 800.000 francs, alors que la valeur comptable de la fortune est de 600.000 francs, les réserves latentes seront de 200.000 francs. Dans ce cas, l'impôt sur les donations ou celui sur les successions sera calculé sur 800.000 francs, c'est-à-dire en incluant les réserves latentes.

Si le nouveau propriétaire de l'entreprise continue l'exploitation en se basant sur les valeurs comptables préalables et non sur les valeurs d'héritage, l'impôt sur le revenu ne tiendra pas compte des réserves latentes avant une vente ultérieure. Si le successeur fixe les valeurs comptables au même niveau que celui de la valeur d'héritage, il y aura immédiatement perception d'un impôt sur le bénéfice de liquidation.

Donation mixte
Si la vente d'une entreprise est conditionnée à des avantages, comme une rente viagère, des contributions d'entretien, des droits d'habitation ou encore des compensations salariales, le caractère de gratuité disparaît. Il est alors possible qu'il s'agisse d'une donation mixte dont les conséquences fiscales doivent être immédiatement analysées lors de la cession.

Compensation d'héritage/avance d'hoirie
Le vendeur peut conditionner la valeur de cession de l'avance d'hoirie, par exemple dans un testament hors contrat. Dans ce cas, le bénéficiaire ne devra

pas apporter le bien en compensation dans la procédure successorale mais seulement le prix de cession, respectivement le solde après déduction des dettes reprises.

Si les héritiers sont lésés par une évaluation de leur part à une valeur trop basse, ils peuvent s'opposer au prix de cession, et cela peut déboucher sur une réduction de la part d'héritage.

b) Succession d'une entreprise par héritage
Dans tous les transferts successoraux de fortune commerciale de sociétés simples ou de personnes ainsi que de participations à des personnes morales, des impôts sur la succession doivent être acquittés. Les tarifs selon les cantons sont très différents.

Recevoir un héritage ou une donation ne constitue pas un revenu et n'est pas soumis à l'impôt sur le revenu. La Confédération et la plupart des cantons traitent différemment les réserves non taxées qui sont transférées par le défunt au travers d'un héritage. L'imposition d'un bénéfice de liquidation est cependant suspendue si les héritiers ne réévaluent pas les réserves, c'est-à-dire s'ils maintiennent les actifs et les passifs à leur valeur comptable.

Impôt fédéral direct
La Confédération ne prélève pas d'impôt sur les successions. Dans ce cas, la question ne se pose que pour l'impôt sur le revenu. Fiscalement, le transfert de la fortune commerciale aux héritiers suite au décès ne représente cependant pas une vente. Aucun impôt sur le revenu n'est donc perçu, même si la valeur vénale des actifs commerciaux transférés dépasse substantiellement leur valeur comptable. Les héritiers ne doivent pas réévaluer la valeur comptable des biens à leur valeur vénale.

Les réserves latentes ne seront donc imposées que dans les cas suivants:
– si l'exploitation commerciale héritée est vendue ou transférée dans la fortune privée, par exemple au moyen d'un affermage; dans ce cas, les héritiers seront imposables, à concurrence de leur part, sur le bénéfice de liquidation réalisé et devront s'acquitter de l'AVS;
– si l'un des héritiers reprend l'exploitation au moment du partage, les autres seront imposables au titre du revenu pour toutes les plus-values réalisées sur les dédommagements obtenus, à concurrence de leur part; celui qui reprend l'activité pourra alors réévaluer les actifs à concurrence des réserves imposées et il gagnera de ce fait en substance amortissable.

Impôt cantonal
En général, on peut distinguer deux pratiques fiscales cantonales.

Dans certains cantons, l'affaire se règle quand on s'acquitte de l'impôt sur les successions. Il n'y a pas d'impôt sur le revenu même s'il existe de substantielles réserves latentes. Les héritiers peuvent porter à leur bilan d'entrée les actifs hérités pour leur valeur fiscale, même si celle-ci est sensiblement supérieure à la valeur comptable des réserves latentes concernées. Dès lors, des amortissements pourront être pratiqués sur la base de cette valeur fiscale.

Cette lacune fiscale est cependant en train d'être comblée. Il faut être vigilant au fait que, dans le cadre de la poursuite des activités de l'entreprise héritée pour une valeur fiscale successorale plus élevée, la différence entre cette dernière et la valeur comptable précédente est frappée au titre de l'impôt fédéral direct comme un bénéfice de réévaluation.

La plupart des cantons se conforment à la pratique de l'impôt fédéral direct. La valeur comptable de l'entreprise héritée peut être transférée de manière inchangée si on veut éviter l'imposition des réserves latentes. Si on veut quand même faire une réévaluation, l'impôt sur le revenu sera prélevé. Un partage successoral peut aussi entraîner une imposition s'il est assimilé à une cession. Sinon, l'imposition est repoussée jusqu'à ce que les héritiers vendent l'entreprise.

Responsabilité de la dette fiscale
Les héritiers reprennent fiscalement les droits et obligations du défunt. Ils doivent donc assumer les dettes fiscales existantes et toutes autres obligations fiscales, comme les déclarations fiscales, les renseignements, la présentation de pièces justificatives, etc. Ils doivent aussi assumer les réclamations, les recours et les plaintes.

Les héritiers sont solidairement responsables, en règle générale à concurrence de la moitié de leur part, pour les impôts dus par le défunt à la date de sa mort. Cela inclut les impôts non encore dus. Selon un arrêt de la Cour européenne, les héritiers ne doivent cependant pas assumer les amendes ou les amendes fiscales. Les héritiers qui habitent à l'étranger sont soumis aux mêmes règles de responsabilité.

Avant le partage de l'héritage, ils doivent s'acquitter des impôts. Dès qu'ils renoncent ou répudient la succession, ils ne doivent pas assumer les impôts. Les héritiers ne sont également pas responsables si une liquidation du fait d'une faillite est ordonnée.

Si la facture fiscale a déjà été établie pour l'année, elle est recalculée prorata temporis jusqu'à la date du décès et les montants payés en trop seront remboursés.

Dans le cas d'une transmission par héritage de participations à une SA ou à une SàRL, la question de l'évaluation de la société se pose. Dans ce cas, une notice publiée par la Conférence des directeurs cantonaux des finances et par l'Administration fédérale des contributions s'appliquera («Imposition des options de collaborateurs» chez *www.estv.admin.ch*).

c) Problèmes fiscaux des sociétés de personnes

Si une succession survient dans une société de personnes ou une raison individuelle, les réserves latentes sur la fortune commerciale seront en général réalisées ou transmises. Leur vente est imposée au titre du revenu et doit être déclarée à l'AVS.

En principe, une raison individuelle ou une société de personnes peut être transformée en une SA ou une SàRL sans conséquence fiscale. Selon la pratique actuelle, ceci peut se faire aux conditions suivantes:
- le but commercial doit être inchangé: l'identité économique de l'entreprise doit rester la même;
- les conditions de participation doivent rester pratiquement les mêmes: l'identité de l'entreprise doit être préservée;
- le transfert de l'intégralité de l'entreprise doit se faire à la valeur comptable qui a servi jusque-là de référence fiscale: les actifs ne doivent pas être réévalués;
- l'intégration ultérieure des réserves latentes doit être garantie à la même valeur fiscale.

Dès qu'il y a un transfert des actifs commerciaux vers la fortune privée, la différence entre leur valeur vénale et leur valeur comptable sera imposée au titre du revenu et il faudra déclarer ce dernier à l'AVS.

d) Avantages de la SA dans une succession commerciale

Dans une raison individuelle, la fortune commerciale tombe dans la masse successorale de l'entrepreneur. Dans une société de personnes, seule la part spécifique de l'entrepreneur à l'entreprise tombe dans sa masse successorale. Dès lors, les réserves latentes font aussi partie de l'héritage. Si les héritiers se séparent de l'entreprise, ceci peut entraîner sa liquidation partielle et conduira, pour les héritiers, à de lourdes charges fiscales et sociales.

Si par contre la société de personnes a été transformée à temps en SA, seules les actions feront partie de l'héritage au moment de la mort de l'actionnaire principal. L'entreprise elle-même ne sera pas concernée par le décès de l'actionnaire.

e) Maintien de la forme juridique de la société de personnes

Si on ne veut pas transformer une société de personnes en SA, les possibilités de planification fiscale se réduisent à celles applicables selon le contrat d'association relatives à la succession du propriétaire des parts.

S'il est prévu dans le contrat d'association que les héritiers du défunt propriétaire des parts n'aient aucun droit à devenir partenaires dans l'entreprise, ils devront être indemnisés. En règle générale, la part au capital du partenaire décédé leur est réservée, y compris les réserves latentes et les prêts éventuels à l'entreprise. La base de calcul pour les prétentions des héritiers est le bilan à la valeur vénale établi au moment du décès ou à une autre date si telle est la disposition contractuelle prévue.

Si les héritiers touchent un montant supérieur au compte de capital du défunt selon le dernier bilan établi, ils devront payer un impôt sur le bénéfice de liquidation et l'AVS. Par ailleurs, ils devront encore s'acquitter de l'impôt couru sur le bénéfice annuel. Selon le degré de parenté entre le défunt et les héritiers, et selon les cantons, un impôt sur les successions pourra être réclamé.

Il n'y a pas d'impôt sur le bénéfice de liquidation dans les rares cas où la communauté héréditaire devient entrepreneur à la place du défunt. En effet, la communauté héréditaire remplira alors tous les droits et obligations à la place du défunt.

Le dédommagement d'héritiers pris individuellement doit être fait quand ces derniers ne veulent pas être associés à l'entreprise ou si le défunt entrepreneur a spécifiquement indiqué qu'il voulait que seulement l'un d'eux soit son successeur. Ceci a pour conséquence que les autres héritiers doivent être dédommagés à compter de leurs prétentions sur la société de personnes.

Pour ce faire, les moyens peuvent avoir trois origines:
– la fortune privée du défunt;
– la fortune privée des héritiers restés à la tête de l'entreprise;
– la fortune de l'entreprise.

Selon la jurisprudence du Tribunal fédéral, si l'entreprise met à disposition les moyens pour dédommager les autres héritiers, les réserves latentes seront imposées. Cette situation fiscalement désagréable peut être évitée si le défunt a accumulé une fortune privée conséquente à côté de sa fortune commerciale. Les autres héritiers peuvent alors être dédommagés par des prélèvements sur cette fortune privée.

Etude de cas

Marcel Champod, patron de l'entreprise Champod, Erard & Cie décède le 15 janvier 2006. Sa fille Sandra, étudiante en médecine vétérinaire, ne souhaite pas devenir la nouvelle patronne de l'entreprise bien que cela soit prévu dans le contrat d'entreprise. Sur la base du bilan établi à la valeur vénale au 31 décembre 2005, la valeur de la participation de Marcel Champod est évaluée à 1,2 million de francs. Son compte de capital s'élève à 300.000 francs. Le bénéfice de liquidation est donc de 900.000 francs.

Il est alors convenu entre Sandra et l'entreprise que cette dernière lui règle immédiatement 500.000 francs en liquide. Les 700.000 francs restants lui seront versés à concurrence de 100.000 francs par an pendant sept ans. L'intérêt de 6% sur sa créance lui sera versé la huitième année.

Conséquence fiscale: le bénéfice de liquidation de 900.000 francs est imposé et il faut payer l'AVS. De plus, la huitième année, le revenu de l'intérêt com-

> posé sera imposé sur le revenu. De son côté, Champod, Erard & Cie peut réévaluer ses actifs de 900.000 francs.

Il est fréquent qu'une entreprise soit vendue contre le versement d'une rente viagère à vie pour le vendeur. Ceci se pratique aussi quand l'entreprise n'a pas assez de liquidités pour dédommager les héritiers qui se retirent. La solution des rentes devant être utilisée en dernière extrémité et s'il manque des liquidités, il faut distinguer entre les problèmes économiques et les problèmes fiscaux.

En ce qui concerne les problèmes économiques, ils concernent la garantie de la rente par l'acquéreur. En règle générale, sa conclusion auprès d'une compagnie d'assurances ne peut pas se faire parce que les fonds nécessaires auraient pu être utilisés pour l'achat de l'entreprise, respectivement pour le dédommagement des héritiers. La question se pose alors de savoir si l'acquéreur de l'entreprise, respectivement l'entreprise elle-même, peut offrir aux héritiers d'autres garanties comme une hypothèque ou des gages sur titres.

Du point de vue fiscal, le produit de la liquidation, respectivement de la vente, comprend la valeur de tous les paiements de rentes. Si cette valeur excède le compte de capital du vendeur, respectivement du défunt légataire, un impôt sur le bénéfice de liquidation est prélevé et l'AVS doit être payée. Les rentes sont imposées à hauteur de 40% auprès du bénéficiaire car il les a obtenues via le transfert des parts dans l'entreprise.

Au lieu d'une rente à vie, on peut convenir du versement d'une rente à terme. Dans ce cas, il s'agit d'une annuité constante composée du paiement de la dette sur le capital et de l'intérêt sur la dette résiduelle. Le bénéficiaire doit en déclarer la composante d'intérêt. Dans le cas des rentes à terme, un excédent éventuel de la valeur par rapport au compte de capital représente un bénéfice de liquidation imposable.

Checklist

Succession familiale dans une raison individuelle, respectivement une société de personnes

Principes de base pour régler la succession

- ☐ Quel descendant peut devenir entrepreneur?
- ☐ A quel moment se fera le transfert:
  – du vivant du fondateur?
  – à la mort du fondateur?
- ☐ Quelle est la nature juridique du transfert:

- une donation?
- une avance d'hoirie?
- une vente?
- une combinaison des deux?
- la reprise de l'exploitation par la communauté héréditaire?
☐ Mise en gérance:
- du vivant du défunt?
- à la mort du défunt?
☐ Liquidation:
- du vivant du défunt?
- à la mort du défunt?

Détermination de la valeur de l'entreprise

☐ Evaluation par une société fiduciaire.
☐ Propre évaluation.
☐ Pas d'évaluation; arrangement entre l'entrepreneur et ses héritiers.

Paiement du prix de transfert

☐ Au comptant.
☐ Via un prêt par le vendeur.
☐ Rente à terme.
☐ Rente à vie.
☐ Combinaison.

Considérations légales sur le transfert planifié

☐ Dans le cas d'une société de personnes, le contrat d'association permet-il le règlement de la succession comme prévu?
☐ Le contrat d'association doit-il être modifié ou étendu en perspective du règlement de la succession?
☐ Les héritiers doivent-ils être également traités?
☐ Des parts héréditaires ou des prétentions sur des biens matrimoniaux seront-elles lésées?
☐ Un contrat de mariage ou un pacte successoral sera-t-il lésé?
☐ En cas de transformation en SA/SàRL, faut-il convenir d'une convention liant les actionnaires minoritaires?

Conséquences fiscales du transfert planifié

☐ Des réserves latentes devront-elles être dissoutes?
☐ Y aura-t-il un impôt sur le bénéfice de liquidation et de quel ordre? Comment cet impôt sera-t-il financé?

- ☐ L'AVS sera-elle prélevée et si oui, quel sera son montant?
- ☐ Y aura-t-il des impôts sur les gains immobiliers et de quel montant?
- ☐ Y aura-t-il des droits de mutation et de quel montant?
- ☐ Un impôt sur les successions et les donations sera-t-il prélevé et de quel ordre? Qui le paiera: le donateur ou les bénéficiaires?
- ☐ Avant un règlement de la succession à la tête de l'entreprise, celle-ci doit-elle être transformée en SA ou en SàRL?
  – Les actifs et les passifs doivent-ils être repris?
  – Si non, les biens immobiliers doivent-ils être transférés dans la fortune privée?
  – Si non, d'autres valeurs de la fortune doivent-elles être transférées dans la fortune privée?
  – Quelles conséquences fiscales y aura-t-il, et quels impôts et quelles dépenses sociales, en cas de transfert dans la fortune privée?
  – Comment ces impôts et ces dépenses sociales peuvent-ils être financés?
  – Après la transformation en SA/SàRL, peut-on attendre cinq ans avant une revente?
  – Quelle est la charge fiscale commune pour l'entreprise et les actionnaires après la transformation en SA/SàRL?
  – Dans le cadre de cette transformation, des cadres supérieurs ou des membres de la famille peuvent-ils devenir actionnaires?
  – Quelle forme prendra la participation des membres de la famille (vente, donation, donation avant héritage, combinaison)?
- ☐ Quel est le revenu imposable et la fortune dont dispose l'entrepreneur qui se retire après son retrait?

Considérations financières sur le transfert planifié

- ☐ Hormis les impôts, quels sont les coûts qui seront créés par ce transfert?
- ☐ Y a-t-il suffisamment de liquidités disponibles pour régler les impôts dus?
- ☐ Au cas où le prix d'achat ne peut pas être payé au comptant, comment pourra-t-on garantir le reste à payer?
- ☐ Au cas où la vente se fait contre une rente, comment les versements de rente seront-ils garantis?
- ☐ En cas de vente, comment placer son produit avec une efficacité fiscale optimale?

Checklist

La succession familiale dans le cas de SA/SàRL

a) Possibilités de base pour régler sa succession

- ☐ Qui entre en ligne de compte pour la succession:
  - son conjoint?
  - ses enfants?
  - une combinaison entre sa conjointe et ses enfants?
  - une combinaison entre son conjoint, ses enfants et les cadres de l'entreprise?

Déroulement du transfert

- ☐ Toutes les actions maintenant.
- ☐ Toutes les actions à un moment donné.
- ☐ Toutes les actions au moment du décès de l'actionnaire majoritaire.
- ☐ Transfert échelonné.
- ☐ Au moment du transfert de la majorité des actions lors d'un transfert échelonné.

b) Transfert des actions à son épouse et/ou à ses enfants

Moyens de transfert des actions

- ☐ Donation.
- ☐ Avance d'hoirie.
- ☐ Vente.
- ☐ Combinaison des trois précédentes possibilités.

Valeur de transfert des actions en cas de donation ou d'avance d'hoirie

- ☐ L'évaluation retenue lèsera-t-elle des parts héréditaires?
- ☐ Si oui, quelles mesures peuvent être prises?
- ☐ Si non, peut-on faire le transfert pour la valeur déterminée?

Paiement du prix de vente

- ☐ Avec les moyens privés du successeur.
- ☐ Avec un prêt bancaire.
- ☐ Avec un prêt du vendeur.
- ☐ Contre une rente viagère.

Le dédommagement des membres de la famille inintéressés à l'entreprise grâce à sa fortune privée est-il possible?

- ☐ Si oui, le transfert peut être fait.
- ☐ Si non, quelle variante peut-elle entrer en ligne de compte?
    - Dispositions testamentaires limitant les prétentions des membres de la famille non intéressés aux parts héréditaires.
    - Contrat de mariage et pacte successoral avec des réserves d'héritage pour ceux qui ne sont pas intéressés.
    - Conclusion d'une assurance-vie avec un capital décès élevé.
    - Participation des autres membres de la famille au capital et pacte d'actionnaires.

c) Conséquences fiscales

Donation des actions ou transfert comme donation avant héritage

- ☐ Un impôt sur les donations sera-t-il prélevé?
- ☐ Quelle valeur fiscalement admissible sera donnée aux actions?
- ☐ L'impôt sur les successions et donations peut-il être reporté par la vente contre un prêt sans intérêts?

Vente contre une rente viagère

- ☐ Quelles sont les conséquences fiscales?
- ☐ Comment garantir la rente viagère?

7. Vendre son entreprise: mode d'emploi

A. Vente aux cadres: le Management Buy Out

Dans un Management Buy Out (MBO), une entreprise ou une partie d'entreprise est rachetée par ses cadres supérieurs. La plupart du temps, leurs fonds propres sont limités. Dès lors, d'autres investisseurs passifs sont souvent associés à un tel rachat. Son montant est, en règle générale, financé par un prêt. L'objectif est par conséquent d'arriver à financer l'intérêt débiteur du prêt avec le bénéfice opérationnel. La garantie de ce type de financement est très souvent assurée par les actifs de l'entreprise rachetée ou par le nantissement de ses actions.

B. MBO et fiscalité

Pour le vendeur, céder son entreprise à ses cadres supérieurs ne se différencie fiscalement pas fondamentalement d'une vente à un tiers. Il faut cependant prêter attention au problème d'une possible liquidation partielle indirecte. En effet, les cadres chercheront en général à utiliser les ressources financières de l'entreprise pour financer le rachat de cette dernière. Pour rendre le prix plus abordable, il sera souvent nécessaire, préalablement à la vente, de nettoyer le bilan de l'entreprise en distribuant des dividendes, respectivement en effectuant des prélèvements visant à réduire la substance non nécessaire à l'exploitation.

1. Le modèle de la holding des collaborateurs

Dans un MBO, les repreneurs doivent souvent financer la plus grande partie du prix d'achat par un emprunt bancaire. Parfois, le propriétaire est disposé à prêter une partie du prix d'achat. Mais, dans tous les cas, les prêteurs réclament le remboursement des fonds empruntés dans un délai maximum de 5 à 8 ans. Quand les actions sont reprises à titre privé par les cadres supérieurs partie prenante au MBO, les moyens financiers utilisés pour payer l'intérêt et l'amortissement du crédit bancaire doivent être prélevés dans l'entreprise sous forme de salaires ou de dividendes. Ils seront alors déclarés et imposés au titre du revenu.

Si les montants sont importants, la progression marginale atteindra vite 40%. La charge fiscale imposera des retraits importants sur l'entreprise sinon la durée de l'amortissement s'allongera. Dans ce cas, il peut être judicieux de créer une société holding dont le but est d'acheter les actions de l'entreprise. Ce type de société profite de privilèges fiscaux. Parce que la réduction pour participation est pratiquement franche d'impôts en ce qui concerne les dividendes, ceci peut réduire considérablement la durée de l'amortissement.

C. Vente de l'entreprise à des tiers

1. Avantages

Par rapport à une cession de son entreprise à ses cadres supérieurs, sa vente à des tiers permet de maximiser le prix de vente. C'est le cas lors d'une vente à un concurrent ou à une autre entreprise. On peut alors mettre les acheteurs en concurrence.

Il n'est pas rare alors d'atteindre un prix de vente qui dépasse la valeur réelle de l'entreprise. Il faudrait cependant éviter d'être payé en actions de la firme preneuse. En effet, les variations de cours en bourse peuvent être brutales. On court dès lors un risque énorme lorsqu'on détient pour plusieurs millions d'actions d'une même entreprise.

2. Conditions préalables

Nettoyer l'entreprise
Il sera souvent nécessaire de nettoyer son entreprise avant de la vendre à des tiers ou à ses cadres supérieurs. Pour cela, on relèvera les mesures suivantes:
- vendre des actifs commerciaux non nécessaires à l'exploitation ou les transférer dans la fortune privée de l'entrepreneur vendeur. Il s'agit, par exemple, de biens immobiliers utilisés à titre privé par l'entrepreneur ou non nécessaires à l'activité de l'entreprise, de participations à d'autres entreprises sans intérêt pour l'entreprise à vendre ou qui ne créent pas de synergies, de véhicules privés (automobiles, avions, bateaux, etc.);
- rembourser les dettes de l'actionnaire principal envers l'entreprise;
- régler le plus vite possible les litiges en cours;
- éliminer ou amortir rapidement certains passifs;
- éliminer les obligations sans rapport avec le but de l'entreprise (prestations de soutien, droit d'habitation à titre gracieux, etc.).

Distribution des liquidités non nécessaires à l'entreprise
Des liquidités importantes augmentent le prix d'achat et réduisent par conséquent le cercle des acheteurs potentiels intéressés. De plus, ces liquidités peuvent être imposées chez le vendeur comme revenu de sa fortune privée en cas de cession de son entreprise à une personne morale. Pour réduire des liquidités trop élevées, on peut rembourser les dettes envers l'actionnaire majoritaire, etc.

On peut aussi verser un dividende élevé unique. Ceci a pourtant des conséquences fiscales désagréables pour le bénéficiaire. Mais ces effets peuvent être réduits, voire éliminés, par une planification fiscale ad hoc.

S'entraîner à vendre l'entreprise
Cette idée consiste à laisser le moins d'arguments possibles aux repreneurs pour réduire le prix. On y réussit quand l'entreprise est au mieux de sa forme à l'in-

terne comme à l'externe. Mais ceci ne s'obtient pas à court terme. Pour y arriver, les efforts doivent être entrepris longtemps à l'avance.

Créer une autre structure de direction
Lors de la vente d'une entreprise, particulièrement quand elle est petite ou moyenne, l'attachement des collaborateurs, des clients, fournisseurs et autres partenaires à la personne du vendeur constitue un gros obstacle. Un acheteur craindra donc avec raison qu'une part importante de ces attaches ne se transfère pas sur le nouveau propriétaire. Dans ce cas, une bonne partie du goodwill développé depuis de nombreuses années par l'ancien propriétaire pourrait partir avec lui.

Une tâche essentielle du propriétaire de l'entreprise sera donc de préparer longtemps à l'avance son départ et sa succession et de réduire la dépendance à sa personne par une politique du personnel adéquate. Ainsi, il déléguera progressivement les tâches, les compétences et les responsabilités et les réduira dans une mesure acceptable pour son successeur. Dans ce contexte, la meilleure stratégie consiste à créer une autre structure de direction qui soit en position de diriger indépendamment, mais sous son entière responsabilité, la production, le marketing, la distribution, les ressources humaines et les finances.

3. La vente

Rechercher un acheteur
Hormis ses propres collaborateurs, les acheteurs potentiels d'une entreprise peuvent être:
- un entrepreneur individuel pour succéder à la tête de l'entreprise;
- plusieurs personnes tierces qui se regroupent pour reprendre la direction;
- une entreprise dont le ou les produits se situent avant ou après dans la chaîne de production de l'entreprise à céder; par exemple, un fournisseur de matières premières, un producteur de machines qui livre des moteurs ou une entreprise commerciale qui a assuré jusqu'ici la distribution des produits;
- un investisseur ou un groupe d'investisseurs qui cherche à faire un placement rentable; un investisseur passif achètera l'entreprise et en confiera la direction aux cadres alors qu'un investisseur actif s'engagera dans le management ou le délèguera à des cadres supérieurs; il y a beaucoup de variantes en pareil cas;
- une entreprise cotée en bourse qui veut se diversifier horizontalement dans un domaine qu'elle ne connaît pas encore; selon la stratégie et les capacités du personnel en place, l'encadrement de l'entreprise achetée sera préservé ou sera renforcé et complété par des représentants de la firme acheteuse.

La due diligence
Le vendeur doit s'attendre à ce que le repreneur passe son entreprise au scanner pour réduire le risque qu'il prend. Cet examen est en général fait par des spécialistes (experts-comptables, conseillers fiscaux, avocats). Le vendeur sera donc bien inspiré de mettre tous les dossiers sur la table, y compris ceux qui sont désa-

gréables. En effet, il sera tenu pour responsable des données fournies ainsi que des informations cachées, comme le stipuleront les conditions contractuelles.

S'il dissimule des faits ayant un effet direct sur le bilan et le compte de résultats, par exemple s'il n'évoque pas des provisions nécessaires mais pas encore comptabilisées pour des risques ou dommages existants ou vraisemblables, il s'expose, selon les circonstances, à des poursuites pénales pour faux dans les titres.

Malgré l'examen de l'entreprise, l'acheteur exigera des garanties étendues et des conditions contractuelles spéciales. Il voudra aussi que des précautions soient prises, par exemple au moyen d'une garantie portant sur une partie du prix d'achat jusqu'à ce que toutes les conditions de la vente soient remplies. Il pourra aussi réclamer une caution bancaire donnée par le vendeur.

Des garanties quant aux impôts latents
Quand une entreprise est rachetée par une SA/SàRL, cela peut avoir des conséquences fiscales désagréables pour le vendeur s'il détient l'entreprise dans son chapitre privé et si les acheteurs financent partiellement ou totalement leur opération par le biais de l'entreprise reprise. Ceci se réalise par une distribution du bénéfice au bilan ou par l'octroi d'un prêt aux acheteurs. Le vendeur sera redevable de l'impôt sur le revenu à concurrence du montant que l'entreprise rachetée aura versé aux acheteurs (voir aussi les paragraphes consacrés à la liquidation partielle indirecte, en pages 45 et 266).

Pour se prémunir contre ce risque, le vendeur doit prévoir des conditions spéciales dans le contrat de vente pour empêcher les acheteurs de se refinancer avec les moyens financiers de l'entreprise reprise. De plus, il faut engager la responsabilité des acheteurs au cas où un impôt sur le revenu devrait être payé par le vendeur. Cette responsabilité peut être adossée à des garanties bancaires.

> Nous recommandons de discuter avec les acheteurs du financement de l'achat et d'en soumettre les modalités au fisc pour éviter de courir le risque de devoir payer des impôts latents. La plupart de ceux qui vendent leur SA/SàRL ne sont pas conscients de la problématique fiscale. Pourtant, il n'y a aucun danger pour le vendeur si le financement de l'achat est fait en anticipant sur les bénéfices futurs.

Définir le rôle futur du vendeur
Si un rôle est prévu pour le vendeur, il faut en fixer les règles et conditions dans le contrat de vente ou dans un accord spécifique. On peut, par exemple, penser à garantir sa présence au conseil d'administration, comme président, mais sans implication dans les affaires opérationnelles. On peut aussi prévoir que le vendeur dirigera encore l'entreprise pendant un certain temps. Les conditions d'un mandat spécifique ou d'un emploi doivent être fixées en détail, tout particulièrement en ce qui concerne ses droits et obligations, ses compétences et ses res-

ponsabilités comme membre du conseil d'administration ou directeur, sa rémunération, les frais, la voiture de fonction et autres avantages, etc.

D'expérience, un contrat à court terme est préférable. Le vendeur doit pouvoir en permanence se retirer du conseil d'administration ou de la direction des affaires dans un délai raisonnable. Souvent, ses idées en matière de management seront très éloignées de celles de l'acheteur. Chaque partie doit donc pouvoir se séparer rapidement de l'autre.

Garantie du prix résiduel d'achat
En règle générale, l'acheteur va essayer de conserver une grande part du prix de vente jusqu'au terme de la période de garantie. Habituellement, la garantie calculée représente 5% à 10% du prix d'achat et est constituée d'actifs de l'entreprise, par exemple des créances contre les débiteurs. Les risques spécifiques et identifiés sont en règle générale mentionnés dans le contrat et rajoutés aux risques d'entreprise généraux.

Par ailleurs, l'acheteur essaiera souvent de convertir une partie du prix de vente en prêt du vendeur. Pour lui, cela présente deux avantages. D'une part, il aura ainsi besoin de moins de fonds propres ou de moins de financement de tiers; d'autre part, il pourra lier ce prêt au montant de ses prétentions de garantie au cas où le calcul de cette dernière n'est pas inclus dans le contrat. Très souvent, l'acheteur va aussi essayer de lier une partie du prix d'achat à l'évolution des bénéfices futurs pour réduire son risque.

Il faut déconseiller ces pratiques au vendeur. Si, après la vente, il ne conserve plus aucune tâche opérationnelle dans l'entreprise, il ne pourra plus en influencer le résultat. Or, le danger est réel que l'acheteur ne sache pas diriger l'affaire qu'il a acquise ou n'atteigne pas, pour diverses raisons, les résultats antérieurs. En effet, après l'achat, il doit d'abord apprendre à gérer l'entreprise. Le vendeur devrait donc dans tous les cas chercher à encaisser en espèces le prix de vente convenu contractuellement. Tout autre arrangement représente un grand risque pour lui.

> «Take the money and run», prendre l'argent et partir! Ceci n'est pas un mauvais conseil car l'attitude entrepreneuriale de l'acheteur n'est pas du tout prévisible. Il faut éviter de se trouver devant l'alternative qui consiste à convenir d'un prix de vente inférieur en cas de baisse de la marche des affaires, ou supérieur en cas de progression. Il vaut mieux retirer les marrons du feu immédiatement plutôt que courir après des chimères.

D. Eviter les pièges liés à la vente d'une entreprise

1. Généralités

En règle générale, un entrepreneur peut vendre les actions de sa SA ou les parts de sa SàRL sans payer d'impôts. Les gains privés en capitaux réalisés sur la vente de titres ne sont imposés ni par la confédération ni par les cantons. Un entrepreneur transforme sa raison individuelle en SA ou en SàRL dans le but d'agrandir son entreprise, de régler sa succession ou encore dans la perspective de la vendre cinq ans plus tard sans impact fiscal.

Ces dernières années, le principe d'une vente défiscalisée des actions incluses dans son chapitre privé a été de plus en plus réduit, voire sabordé, par l'Administration fiscale fédérale et par la pratique du Tribunal fédéral, dans certains cas précis.

Il s'agit avant tout, et en fonction de certaines circonstances, de l'apport d'une SA dans une société holding détenue en propre, ou par des héritiers, mais aussi de la vente de la SA à des tiers. Dans les deux cas, ceci peut entraîner l'imposition d'une partie des bénéfices théoriques sur participation pour des motifs fiscaux si certaines conditions ne sont pas respectées au moment de la vente.

2. Le transfert de propriété

Traitement fiscal
La Confédération et les cantons imposent le revenu du capital (dividendes et intérêts). Les gains en capital sur la fortune privée ne sont pas imposés. Un contribuable qui dirige une entreprise devrait toujours avoir à l'esprit de transformer le maximum possible de son bénéfice d'entreprise en un gain en capital non imposable et ne pas le réaliser sous la forme d'un revenu imposable. Dans ce contexte, la principale possibilité d'économie fiscale consiste à transformer sa raison individuelle ou une société de personnes en une SA/SàRL et d'en céder, après un délai de cinq ans, les actions, respectivement les parts sociales.

En principe, les prestations aux actionnaires qui ne concernent pas le remboursement du capital nominal de la société ou celui de prêt d'actionnaires sont imposables.

La théorie de la transposition développée par le fisc se base sur les faits suivants. Un contribuable apporte les actions qu'il détient de la X SA à la société holding Y SA, qui lui appartient également ou appartient à des proches, par exemple à ses héritiers. La valeur d'apport des actions correspond à la valeur vénale de la société X SA. En échange, l'entrepreneur obtient des actions de la société holding, voire une créance.

De cette manière, les réserves ouvertes et latentes de la société X SA sont transformées en capital remboursable et en prêts non imposables de la société holding, alors qu'elles devraient être déclarées et imposées comme produit de la fortune privée en cas de liquidation. Si la société holding était liquidée immédiatement après l'apport des actions, son actionnaire ne devrait payer aucun impôt car le remboursement du capital nominal et du prêt constitue un transfert de fortune non imposable sur le revenu.

La différence entre la valeur nominale des actions apportées et la valeur nominale des actions de la holding, y compris l'agio, sera imposée comme revenu de la fortune.

3. Liquidation partielle indirecte

Traitement fiscal
La théorie de la liquidation partielle indirecte, construite par l'Administration fédérale des contributions et reprise dans la pratique du Tribunal fédéral, est aussi appliquée dans le cas de ventes de participations à des tiers astreints à tenir une comptabilité. Une liquidation partielle indirecte est réalisée quand l'acheteur d'une entreprise utilise pour l'acheter les moyens financiers dégagés par la vente partielle ou totale des actifs de l'entreprise reprise.

Dans la pratique, cette liquidation partielle indirecte a été vivement critiquée. Selon la manière dont l'acheteur finance le prix de l'entreprise acquise, il y a ou non un revenu de la fortune imposable chez le vendeur. Dans le cas de la liquidation partielle indirecte, les considérations économiques ont malheureusement dégénéré en considérations fiscales qui rendent souvent des MBO difficiles, voire impossibles.

Le vendeur de droits de participation n'est pas imposable quand il cède les actions à un tiers, par exemple à un autre actionnaire, non astreint à tenir une comptabilité. La charge fiscale sur les réserves reste cependant un sujet réservé car l'acheteur des actions doit déclarer toutes les distributions de la société qui ne représentent pas un remboursement de parts de capital ou de prêts d'actionnaires garantis.

> La pratique de la liquidation partielle indirecte est contestée sur certains points. Elle demande donc des explications particulières, adaptées au cas précis, si dans le cas d'une cession de participation il est prévu ou non un gain en capital non imposable.

La théorie de la liquidation partielle indirecte implique des conséquences au niveau de l'impôt fédéral direct et de l'impôt anticipé. Au niveau de l'impôt fédéral direct, le vendeur court le risque que la part du prix de vente considérée comme étant des liquidités superflues issues d'une liquidation partielle indirecte soit soumise à l'impôt. En ce qui concerne l'impôt anticipé, l'acheteur suisse des actions d'une société suisse d'un vendeur étranger doit craindre que, malgré son domicile suisse, le remboursement de l'impôt anticipé sur la distribution des réserves de l'entreprise achetée soit refusé. Les cantons ont repris en grande partie la pratique de l'impôt fédéral direct.

Pour éviter des conséquences fiscales dommageables, le vendeur peut procéder de la manière suivante. Il doit recevoir la garantie de l'acheteur (la société holding) qu'elle fera tout pour éviter d'arriver à un état analogue à celui d'une liquidation partielle au sens fiscal. Si la société achetée ne versait jusqu'alors aucun dividende, elle doit initier une politique de versement de dividende limitée à environ cinq ans pour distribuer les bénéfices réalisés. Puis, un dividende extraordinaire pourra alors être distribué pour rembourser le prêt. Toutefois, une attention particulière sera apportée au cas où l'acquéreur n'est pas entièrement soumis aux impôts en Suisse.

E. Participation incluse dans la fortune commerciale du vendeur

Les gains en capital sur la fortune commerciale sont imposés. La participation d'une personne physique dans une SA/SàRL fait partie de sa fortune privée. Mais si le propriétaire d'une raison individuelle ou d'une société de personnes est aussi actionnaire, majoritaire ou minoritaire, d'une SA dont les activités sont proches ou étroitement liées à celles de la raison individuelle ou la société de personnes, et s'il y a aussi des liens commerciaux entre elles, la SA/SàRL sera en pratique incluse dans la fortune commerciale de la raison individuelle ou de la société de personnes. En cas de vente de la SA, il y aura donc un bénéfice commercial imposable à déclarer également à l'AVS.

Exemples:
- le propriétaire ou actionnaire d'un commerce automobile, qui a transféré l'atelier, la station service et la plomberie dans une SA séparée ne pourra pas vendre cette dernière sans impact fiscal car le lien économique et la dépendance entre les entités sont trop évidents;
- il peut y avoir fortune commerciale si le vendeur a utilisé la participation comme «base de crédit» pour sa raison individuelle ou sa société de personnes;
- il y a fortune commerciale lorsque le vendeur amortit la participation ou revendique la déduction de pertes sur participation.

F. Vente de sociétés immobilières

D'un point de vue fiscal, pour qu'une société soit considérée comme société immobilière (SI), il faut que:
- son but social soit l'acquisition, l'administration ou l'exploitation d'immeubles;
- son activité réelle ait un lien direct avec ce but;
- ses produits et son bénéfice proviennent essentiellement des immeubles;
- ses actifs soient essentiellement constitués de biens immobiliers ou de droits immobiliers.

Selon la pratique du Tribunal fédéral, une société d'exploitation n'est pas une société immobilière si les biens, même constitués à 90% d'immeubles, sont adossés à une activité de fabrication, de négoce ou d'exploitation commerciale.

Une SA peut être en partie société d'exploitation et en partie société immobilière. Ainsi, aussi longtemps qu'un hôtel constitué en SA poursuit son exploitation en plein centre ville, il s'agit d'une société d'exploitation. Mais si son acheteur veut stopper l'activité hôtelière, détruire le bâtiment hôtelier et le remplacer par un bâtiment destiné à loger une banque, cette société devient une SI. La valeur de la SA sera alors déterminée en premier lieu par celle du terrain et non plus par la valeur de l'hôtel.

La différence entre une société immobilière et une société d'exploitation quant au traitement fiscal des gains immobiliers varie de canton en canton. De ce fait, avant toute transaction, il faudrait obtenir une explication circonstanciée sur les conséquences fiscales possibles.

Quand la majorité du capital d'une SI change de mains, la transaction est imposable. Le produit de la transaction est imposé, à savoir l'accroissement de la valeur des immeubles de la société immobilière pendant la durée de détention de la SI. La cession d'une part minoritaire du capital d'une SI ne constitue pas en soi un transfert de biens immobiliers, sauf dans certains cantons. Mais si plusieurs actionnaires minoritaires, disposant ensemble de la majorité du capital, s'entendent pour céder leur participation, alors cette transaction économique sera imposable. Une personne physique peut éviter l'imposition du gain immobilier quand elle cède effectivement une société d'exploitation, ou qu'elle transforme une société inactive en une société d'exploitation dans la perspective de la vendre plus tard.

Mais si une personne physique agit régulièrement en tant que vendeur ou acheteur de SI et/ou d'immeubles, les fiscs fédéral et cantonaux considèreront le contribuable comme professionnel de l'immobilier. Le revenu qui en est tiré sera imposable et soumis à l'AVS.

G. Cession du cadre juridique

Lorsqu'on acquiert la majorité des actions d'une SA qui est économiquement mais pas juridiquement liquidée, il y a cession du cadre juridique. Celui qui cède les actions veut en effet éviter les coûts liés à une liquidation, en particulier l'impôt de liquidation. Pour sa part, l'acheteur veut éviter les coûts liés à la constitution d'une société. La vente équivaut donc à une évasion fiscale. Le produit de la vente de la société n'est donc pas considéré comme gain en capital non imposable mais comme une liquidation imposable suivie de la création d'une autre société. En fonction des conséquences fiscales, il faut vivement déconseiller à l'éventuel acheteur d'une société économiquement liquidée de faire cette opération, sauf à s'entourer de conseils professionnels.

H. Distributions cachées de bénéfices

Des prestations non valorisées, assimilées à des distributions de bénéfices, sont souvent convenues lors de la vente d'entreprises entre la SA cédée et le vendeur.

Exemples:
- le vendeur reprend la voiture d'entreprise qu'il utilisait à sa valeur comptable ou pour un prix symbolique;
- avant la vente de la SA, le vendeur reprend des biens immobiliers ou des participations à une valeur inférieure à celle du marché;
- le vendeur continue à recevoir un salaire de la SA sans effectuer de prestations;
- il peut aussi y avoir des distributions cachées de bénéfices si le vendeur reçoit de la SA des prestations à titre gracieux ou très peu onéreux.

Si le fisc constate une distribution cachée de bénéfices, la SA peut être frappée d'une réévaluation de son bénéfice imposable. S'y ajoute l'impôt anticipé de 35% qui doit être prélevé par la SA sur le bénéficiaire de cette distribution cachée de bénéfices. Pour son bénéficiaire, celle-ci est considérée comme un revenu supplémentaire issu de participations. Dans la mesure où, en général, celui-ci n'a pas déclaré les distributions cachées de bénéfices, cela entraîne une procédure en recouvrement d'impôts, voire dans les cas graves des poursuites pénales.

Quand on est en présence d'actifs sans réelle valeur de marché, il est judicieux de prendre contact avec le fisc avant leur retrait. D'expérience, le fisc donne toujours des conseils pour parvenir à une solution acceptable par tous. De plus, les accords concernant la valeur de cession devraient toujours être faits par écrit et contresignés par tous les acteurs.

I. Planification fiscale pour le vendeur

1. Restructuration

a) Transformation en SA/SàRL
La transformation d'une raison individuelle/société de personnes en SA/SàRL peut ne pas avoir de conséquences fiscales. Les réserves latentes disponibles ne seront alors pas imposées lors de la transformation à condition de respecter certaines conditions (cf. page 184).

Demeure réservée l'imposition de la plus-value sur les biens immobiliers transférés de même que le droit de timbre d'émission sur la valeur vénale des actifs.

Si, dans un délai de cinq ans, de gros changements surviennent dans la composition des participants au capital, par exemple par la vente de la majorité du capital à un tiers, les réserves latentes de l'entreprise qui existaient au moment du changement de raison sociale seront imposées. Celles correspondant à la cession d'une part minoritaire ne seront pas imposées. L'impôt fédéral direct sera perçu, de même que l'impôt sur le revenu au niveau cantonal. Le bénéfice de liquidation taxé sera aussi soumis à l'AVS.

Dans la plupart des cantons, cette franchise d'impôts ne s'appliquera pas à la constitution de sociétés immobilières.

Création d'une holding
Pour réaliser un apport fiscalement neutre d'une SA/SàRL à une société holding détenue par le même propriétaire, deux possibilités existent; soit:

- l'investisseur peut apporter la participation pour la valeur nominale des titres; il réalisera cependant fiscalement une perte s'il a acquis la participation à un prix plus élevé;
- la holding peut aussi choisir d'acheter les participations pour leur valeur vénale, mais elle devra alors inscrire à son bilan, dans un compte d'agio, la différence entre leur valeur nominale et leur valeur vénale.

Si un actionnaire dispose d'une participation minoritaire à une holding parallèlement à d'autres actionnaires proches, ils seront considérés comme disposant d'une part majoritaire. Ce sera le cas par exemple si une holding est contrôlée par plusieurs membres d'une même famille ou si l'on est en présence d'actionnaires minoritaires contrôlant une société d'exploitation faisant l'apport de cette dernière à une holding. En pareil cas, la plus-value générée par l'apport ne constituera pas un gain en capital non imposable.

La pratique fiscale en matière d'apport de participations à une société holding évolue constamment. De fait, de nombreux critères se font fréquemment jour pour qualifier ou non une opération de transposition et ainsi ne pas permettre d'effectuer l'opération en franchise d'impôt. Dans la pratique, on observe que le traitement de ces opérations s'effectue au cas par cas. Nous ne saurions donc donner de conseil absolu applicable dans tous les cas. Ainsi, nous recommandons fortement de s'entourer de conseils d'experts et de soumettre au préalable, cas échéant, le projet à l'administration fiscale.

L'emploi d'une holding est utile dans les cas suivants:
- du fait du privilège fiscal accordé aux holdings, le gain en capital résultant de la vente de participations est non imposable dans tous les cantons; ceci est aussi valable au niveau fédéral depuis le 1er janvier 1998. Concrètement, la cession de participations se traduit par des bénéfices en capital pratiquement non imposables sur des participations d'au moins 20% du capital ou représentant 2 millions de francs. Il faut pour cela que la participation ait été détenue pendant au moins un an. Mais, en raison d'une disposition d'ordre transitoire, des participations détenues avant le 1er janvier 1997 ne pourront être cédées sans impact fiscal que dès le 1er janvier 2007.

- lorsqu'un entrepreneur construisant un groupe d'entreprise a l'intention d'apporter ses entreprises d'exploitation à une holding, il ne subira aucune conséquence sur sa fortune privée du fait de cet apport; grâce aux bénéfices thésaurisés dans la holding, il pourra créer, financer ou acheter d'autres participations; il évitera ainsi, dès le départ, les problèmes fiscaux prévisibles qui découleraient de la théorie de la transposition; quand il voudra se retirer des affaires, il pourra céder la holding sans impact fiscal.
- si on est en présence de plusieurs sociétés d'exploitation, la structure en holding soulagera les problèmes de succession d'entreprise et le règlement de la succession de son propriétaire.

Une société holding bénéficie de privilèges fiscaux étendus. Mais elle ne protège l'actionnaire privé des conséquences fiscales sur son revenu que si les bénéfices ne lui sont pas distribués. Si en définitive, la holding ne peut pas être vendue dans son intégralité, mais que les participations doivent être cédées séparément, cette structure se révèlera être un désavantage fiscal évident, comme le montre le cas suivant.

Etude de cas

En 1980, Steve et Elvire John, domiciliés à Bâle et sans enfants, ont réuni, sur les conseils de leur fiduciaire, leur société immobilière et leur société d'exploitation dans une holding. Leurs deux sociétés florissantes leur versaient auparavant chaque année de confortables dividendes. Ils devaient donc s'acquitter de montants élevés en impôts. Ils voulaient changer cet état de fait grâce à une société holding. De fait, les distributions de dividendes ont pu ainsi se faire sans impact fiscal pour la société holding. Ils ont assuré leur train de vie en se versant des salaires et les moyens financiers qu'ils n'utilisaient pas étaient réinvestis en titres dans la holding.

En 1990, Steve ayant eu 60 ans, le couple s'est décidé à prendre sa retraite. Ils n'ont cependant pas pu trouver d'acquéreur pour la holding. Dans un premier temps, ils ont pu céder la société d'exploitation pour un bon prix. Deux ans plus tard, la société immobilière a été vendue. Le produit net de la vente, d'environ 5 millions, a été réinvesti principalement en actions. En 2000, alors que Steve avait atteint l'âge de 70 ans, le couple, pour la première fois, s'est soucié de la transmission de sa fortune. Sans descendance directe, leur filleul Mike s'est révélé être héritier unique. Le couple John a alors demandé à son conseiller quelle conséquence fiscale impliquerait la liquidation de la holding et quel héritage Mike pourrait escompter toucher.

En raison de l'accroissement de la valeur des actions, les actifs au bilan de la holding se montaient à environ 15 millions. La valeur des fonds propres était de 6 millions de francs et le capital-actions de un million. Les réserves latentes disponibles, devant être déclarées et imposées au titre de l'impôt fédéral direct, s'élevaient donc à 8 millions. Le privilège holding a pu être appliqué sur le rendement des titres au niveau cantonal. Le capital-actions peut être remboursé aux actionnaires sans impact fiscal. Ces derniers doivent cependant déclarer au titre du revenu un dividende de liquidation de 14 millions. Ce dividende n'est pas soumis à l'AVS.

Le calcul des impôts à payer suite à la liquidation envisagée a donné les résultats suivants:

Impôts de liquidation pour siège et domicile à Bâle Ville:
– Impôt fédéral sur le bénéfice   Fr.   627.000
– Impôt fédéral sur le revenu   Fr. 1.610.000
– Impôt cantonal et communal sur le revenu   Fr. 4.141.000
                      Impôts totaux   **Fr. 6.378.000**

Sur des actifs totaux de 15 millions, il resterait donc aux actionnaires, après déduction des impôts, environ 8,6 millions (57%). Si ce montant était légué au filleul Mike, un impôt sur la succession d'environ 54% serait encore prélevé, ce qui représenterait 4,7 millions. L'héritier Mike n'aurait donc plus que 3,9 millions de francs.

Ceci était trop pour les époux John qui ont transféré leur domicile à Sarnen, dans le canton d'Obwald. En même temps, même si cela n'était pas réellement nécessaire, ils y ont transféré le siège de la holding. En raison du privilège fiscal des holdings, il n'y a pas d'impôt sur la liquidation au niveau cantonal ni à Bâle Ville ni à Sarnen. En 2001, la holding a été effectivement liquidée. En raison du taux fiscal moins élevé à Obwald et parce que ce canton est un des trois seuls à privilégier fiscalement les distributions de dividendes, la facture fiscale pour la liquidation a changé.

Impôt de liquidation pour siège et domicile à Sarnen (OW):
– Impôt fédéral sur le bénéfice   Fr.   627.000
– Impôt fédéral sur le revenu   Fr. 1.610.000
– Impôt cantonal et communal sur le revenu   Fr. 1.283.000
                      Impôts totaux   **Fr. 3.520.000**

Le changement de domicile a permis de diviser pratiquement par deux l'impôt sur l'opération de liquidation. L'économie fiscale réalisée de 2,9 millions a permis de financer l'achat d'une villa confortable à Sarnen. L'avantage décisif de Sarnen réside cependant dans l'impôt sur la succession. Ce dernier, quand il s'agit de la fortune mobilière, est prélevé au domicile du légateur. Dans le cas d'héritages à des non-parents, il porte au maximum sur un taux de 20%. Du coup, il reste au filleul environ 9,2 millions de francs, soit 5,3 de plus qu'à Bâle-Ville. Du seul point de vue de la fiscalité de la succession, un changement

> de domicile dans le canton de Schwyz aurait été encore plus avantageux. Ce canton est en effet le seul en Suisse à ne prélever aucun impôt sur les successions et donations.

Ce cas montre que l'apport de participations à une holding doit être mûrement réfléchi. Une société holding peut en effet se révéler être une cage dorée quand, dans un contexte de transmission d'entreprise, ce ne sont pas les actions de la holding qui seront vendues mais celles des participations.

Si le couple John avait conservé ses participations dans sa fortune privée, il aurait au moins pu vendre la société d'exploitation sans impact fiscal. Et l'accroissement de valeur consécutif au produit de la vente des papiers valeur aurait été considéré comme gain en capital de la fortune privée non soumis à l'impôt.

2. Prêt de la SA à son actionnaire

Lorsque les réserves de l'entreprise sont supérieures au montant du prêt qu'elle a consenti au vendeur, le prêt devrait être remboursé avant la vente. Il faut aussi éviter de consentir des prêts au vendeur, peu avant la vente car dans ce cas la volonté de remboursement n'est pas prouvée. Dans tous les cas, il faut éviter d'intégrer les prêts de la SA à son actionnaire dans le prix de vente car on pourrait y voir une liquidation partielle. Pour le montant du prêt, cela entraînera chez le vendeur une imposition au titre du rendement de la fortune.

3. Financement du prix d'achat

Il faut absolument éviter de financer le prix d'achat par un prêt ou par la distribution des réserves de l'entreprise reprise. Du point de vue fiscal, il est préférable de financer les moyens nécessaires à l'achat par un prêt de tiers contracté par l'acheteur. Une qualification de liquidation partielle indirecte et ses conséquences fiscales ne sont cependant pas certaines dans tous les cas. La pratique montre qu'il y a toujours des possibilités à examiner attentivement et à discuter préalablement avec le fisc.

4. Transfert dans la fortune privée

Dans le cas d'une transformation de raison individuelle en SA, il peut être judicieux de transférer, par exemple, les biens immobiliers à usage privé de sa fortune commerciale dans sa fortune privée et de calculer l'impact fiscal de la plus-value au moment du transfert. Il est nécessaire de discuter avec l'autorité fiscale de la valeur des biens avant le transfert. Ceci est fiscalement intéressant pour les biens immobiliers à fort potentiel de hausse, et la note fiscale représente un moindre mal. Par-dessus tout, la constitution d'une fortune personnelle facilite la problématique successorale de l'actionnaire.

5. Distributions cachées de bénéfices

La distribution cachée de bénéfices consiste en des prestations que l'entreprise octroie à son actionnaire ou à des personnes proches qu'elle ne consentirait pas à des tiers. C'est le cas de l'actionnaire qui vend à son entreprise, pour 200.000 francs, une participation qui n'en vaut que 100.000, ou de la société qui met gracieusement un appartement à disposition de son actionnaire. Autre exemple: elle amortit complètement un prêt accordé à l'actionnaire. Ou encore: la société vend à l'actionnaire ou à un de ses parents un terrain pour 400.000 francs alors qu'il en vaut 600.000. Enfin, la société règle des droits de licence ou des honoraires de conseil exagérés à une personne proche.

Le vendeur devrait éviter, dans le contrat de cession des actions, de convenir d'avantages spécifiques (par exemple, la reprise de certains actifs à leur valeur comptable ou d'un véhicule d'entreprise à un prix symbolique) représentant une réelle distribution de bénéfices. De telles reprises sont en effet souvent incluses dans des clauses additionnelles entre le vendeur et l'acheteur. Souvent, on convient aussi d'un contrat de consultance entre la SA vendue et son ancien actionnaire principal, et on règle ainsi une partie du prix d'achat. Mais sans réelle prestation de conseil, le fisc peut, lorsqu'il le découvre, taxer ces prestations non justifiées.

Cette dernière solution est aussi à déconseiller à l'actionnaire vendeur, lequel devra déclarer les revenus alors que s'il refuse ce procédé, il pourra obtenir un prix par action vendue plus élevé et non soumis à l'impôt. Du point de vue de l'AVS, l'ancien actionnaire ne sera par ailleurs pas considéré comme travailleur indépendant et la SA devra également payer l'AVS sur les honoraires de conseil qui lui sont versés.

Il faut aussi rappeler ici que tous les contrats en lien avec la vente seront réclamés par l'administration fiscale et non seulement le contrat principal.

6. Scission de l'entreprise

Des entreprises devenues trop grandes doivent parfois, entre autres pour des motifs d'organisation, être divisées en unités séparées. Parfois, il faut associer d'autres personnes à une partie de l'entreprise (un nouvel actionnaire, des cadres supérieurs) pendant que le reste de cette dernière demeurera la propriété de l'entrepreneur ou de sa famille. Ces restructurations d'entreprises sont cependant fortement pénalisées par des conditions fiscales obtuses. La pratique fiscale n'est neutre qu'à des conditions extrêmement précises.

a) Partage de l'entreprise en au moins deux exploitations ou parties distinctes d'exploitation

La condition de la poursuite d'une exploitation méconnaît la réalité économique. Séparer une société de négoce ou de fabrication en une société d'exploitation et une société immobilière n'est généralement pas reconnu comme une division opérationnelle. Il en est de même de la transformation d'une société simple en une société d'exploitation et une société immobilière. Fiscalement, s'occuper de plusieurs immeubles représente de la gestion de fortune et non pas une exploitation. Cela ne le devient que lorsque qu'on crée une structure propre de services (location, administration) pour gérer un grand nombre d'immeubles.

b) Conditions de participations identiques
Les actionnaires devront être partenaires à parts égales dans chaque société résultant de la scission. Cette condition peut être aménagée dans certains cas précis.

c) Délai de cession
Aucun délai de blocage n'a été prévu dans la loi sur les fusions quant à l'aliénation des parts des sociétés, le comportement des porteurs de parts ne devant pas influencer l'imposition des sociétés au niveau du bénéfice.

Checklist
Vente d'une SA/SàRL

La cession d'une participation sera toujours imposée dans les cas suivants:

- ☐ Vente soi-même ou avec d'autres actionnaires d'une participation majoritaire dans une SI.
- ☐ Transposition.
- ☐ Vente dans les cinq ans d'une raison individuelle ou d'une société de personnes transformée en SA à sa valeur comptable.

Dans les cas suivants, la cession d'une participation à une personne morale ou à une personne physique astreinte à tenir une comptabilité, peut avoir un impact fiscal, surtout si la société vendue n'a pas distribué de dividendes:

- ☐ Quand l'acquéreur, après l'achat des actions, distribue un dividende extraordinaire pour financer le prix d'achat.
- ☐ Quand une partie du prix d'achat est financée par la société à acheter, par la mise en gage de certains actifs au bénéfice de l'acheteur, une personne proche ou une banque.
- ☐ Quand une entreprise est vendue et que peu après, elle est liquidée partiellement ou totalement.
- ☐ Quand la scission d'une entreprise conduit à une société d'exploitation et une société immobilière.

- ☐ Quand la détention d'une société issue d'une division d'entreprise change dans un délai de cinq ans.

Vente fiscalement favorisée d'une participation:

- ☐ Le mieux pour les deux parties est l'achat par une holding car cela permet une optimisation financière et offre des avantages fiscaux.

Dividendes de substance:

- ☐ Les dividendes de substance conduisant à un amortissement sur participations ne sont généralement pas admis fiscalement.
- ☐ Conséquences en terme de liquidation partielle auprès du vendeur.

Revente de la participation fiscalement optimalisée:

- ☐ Gain en capital défiscalisé: vente d'une SA ou d'une holding comprise dans sa fortune privée.
- ☐ Partiellement sans impact fiscal: vente d'une participation par holding (l'accumulation des bénéfices permet d'acquérir d'autres participations).

Contrat de consultance:

- ☐ Envisageable dans le cas d'une entreprise fortement dépendante de la personnalité du vendeur.
- ☐ Réduction possible du prix si un contrat de consultance est conclu en même temps.
- ☐ Fiscalement intéressant, car les honoraires de consultant seront à charge de l'entreprise, mais il faudra acquitter l'AVS.
- ☐ Inintéressant pour le vendeur qui devra payer l'impôt sur le revenu sur les honoraires de consultant et cotisera à l'AVS.

8. Léguer d'abord, mourir ensuite…

A. Régime matrimonial et règles de succession

1. Décès ab intestat

Chacun d'entre nous peut mourir subitement, naturellement ou par accident. Souvent, les proches de celui qui est ainsi surpris par la mort ne pensent pas à une telle éventualité et n'y sont pas préparés. Les règles générales légales relatives à la liquidation du régime matrimonial et à la succession s'appliquent dès lors qu'aucune disposition particulière n'a été prise du vivant de celui qui disparaît ainsi, et qu'il n'existe donc pas de testament.

2. Le régime matrimonial ordinaire

a) Généralités

Peu de couples se préoccupent de leur régime matrimonial. La plupart des Suisses vivent leur vie de couple sans même savoir qu'ils en ont un. C'est pourquoi la loi a prévu un régime matrimonial ordinaire, applicable à tous, indépendamment des connaissances juridiques de chacun.

Le législateur autorise le changement de régime matrimonial au moyen d'un contrat de mariage, ou le fait que les époux s'accordent sur un régime particulier dans les limites de la loi. Trois principaux régimes sont ainsi prévus: celui de la participation aux acquêts, de la communauté des biens et de la séparation des biens.

b) Le régime de la participation aux acquêts

C'est le régime légal ordinaire. Les époux qui n'ont pas conclu d'autre disposition vivent sous ce régime. Ce dernier s'applique aussi à ceux qui se sont mariés sous l'ancien droit du mariage en vigueur avant 1987. Près de 95% des couples mariés en Suisse sont concernés par ce régime.

Le régime de la participation aux acquêts prévoit que chacun des époux dispose librement de sa propre fortune. Pour souligner les liens qui unissent les époux dans le cadre du mariage, ce régime prévoit une participation commune à tout ce qui est acquis pendant la durée du mariage. En cas de divorce ou de décès d'un des conjoints, la répartition est faite paritairement entre eux sur la base des acquêts.

Dans ce régime, on distingue donc entre quatre blocs de fortunes. A savoir deux blocs pour chacun des époux, soit les biens propres et les acquêts.

3. Droit successoral légal

a) L'ordre des parentèles

La loi désigne le cercle des personnes pouvant hériter quand le défunt n'a pas laissé de disposition testamentaire. En Suisse, l'ordre des héritiers légaux est fondé sur la parenté de sang. C'est l'ordre des parentèles: seuls les parents par le sang, y compris le conjoint survivant et les éventuels enfants adoptés, disposent d'un droit à hériter.

Ceci signifie que les gendres et belles-filles, les parents par alliance et les concubins ne peuvent légalement prétendre à rien en cas de succession. Quant aux parents, le droit à hériter s'arrête à la troisième parentèle, c'est-à-dire au niveau des grands-parents.

Les parentèles représentent les descendants tels qu'illustrés dans le tableau ci-dessous. Lorsque le défunt (de cujus) n'a aucun héritier légal et qu'il n'a pas laissé de dispositions testamentaires, sa succession est dévolue au canton du dernier domicile connu ou à la commune désignée par ce canton.

Tableau 24: L'ordre des parentèles

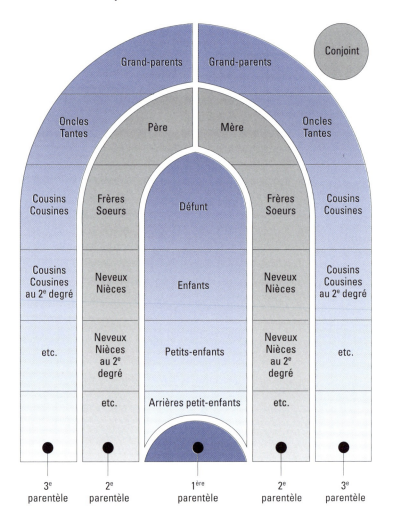

b) Les parts successorales

Les parts successorales varient selon les personnes entre lesquelles doit être partagé l'héritage, c'est-à-dire selon les personnes avec lesquelles l'héritier est mis en concurrence. Si, par exemple, le conjoint survivant doit partager l'héritage de son épouse avec la descendance de celle-ci, sa part légale successorale correspondra à la moitié de l'héritage. Si, par contre, il doit partager avec les parents de celle-ci au lieu d'enfants, sa part légale successorale sera plus élevée et correspondra aux trois quarts de l'héritage. S'il n'y a aucun héritier dans la parentèle, le conjoint survivant touchera tout l'héritage.

Pour calculer la masse successorale du défunt, on tient d'abord compte de sa fortune propre au moment du décès. On y ajoute ensuite la moitié des biens de la communauté réduite aux acquêts. De ce fait, la masse successorale est composée de:

> **Biens propres du défunt**
> + $1/2$ de ses acquêts pendant la durée du mariage (en cas de dettes, sous déduction du passif);
> + $1/2$ des acquêts du conjoint survivant (en cas de dettes, pas de reprise);
> + avances d'hoirie accordées aux héritiers;
> − les passifs de la succession.

Une fois la masse successorale calculée, on en fait autant des parts successorales en fonction des quotités et le partage successoral peut alors être effectué.

B. Dispositions particulières du régime matrimonial et successoral

1. La participation aux acquêts

Comme son nom l'indique, la participation aux acquêts concerne le partage des acquêts quand le mariage prend fin. Les acquêts sont le produit de ce qui a été acheté en commun ou de ce qui a été économisé pendant la durée du mariage. Les couples mariés peuvent modifier dans leur contrat de mariage le régime de la participation aux acquêts de la manière suivante:

a) Modification de la règle de répartition

Au lieu de la règle de répartition légale «moitié-moitié» du bénéfice de l'union conjugale, la proposition des époux peut être de céder la totalité au conjoint survivant. Ils peuvent aussi choisir une répartition selon la règle des $3/4$ et $1/4$. La modification de la répartition ne doit en aucun cas toucher la réserve légale des enfants non communs. Si le changement de la répartition concerne aussi un cas de divorce, cela doit être spécifié dans le contrat. De même, il peut être convenu qu'en cas de divorce, aucune part ne soit versée à l'autre conjoint.

b) Affectation des biens propres

Les éléments de fortune des acquêts, qui sont utilisés dans l'exercice d'une profession indépendante ou pour l'exploitation d'une société, peuvent être déclarés comme biens propres. Même si l'entreprise est exploitée en SA/SàRL, elle peut être exclue de la communauté des acquêts pour autant cependant que, bien qu'elle fasse légalement partie des acquêts de l'époux, elle soit dès lors comprise dans les biens propres de l'entrepreneur. Ainsi, en cas de divorce, la continuité de l'exploitation sera assurée.

c) Exclusion de la part de plus-value

L'article 206 du Code civil prévoit une disposition spéciale si l'un des époux a contribué, sans contrepartie correspondante, à l'acquisition, à l'amélioration ou à la conservation de biens de son conjoint qui se retrouvent avec une plus-value lors de la liquidation. Dans ce cas, si sa créance se détermine proportionnellement à sa contribution, elle se calculera sur la valeur actuelle des biens.

En cas de moins-value, il pourra réclamer le montant de ses investissements. Cette règle concernant la plus-value n'est pas impérative. On peut l'exclure par déclaration écrite si elle concerne un immeuble ou une entreprise en particulier. Si cette règle concerne plusieurs éléments de la fortune, il faut le stipuler dans le contrat de mariage.

2. La communauté des biens

En dérogation aux cas légaux ordinaires, le régime matrimonial peut être, si cela est convenu par contrat, la communauté des biens. La communauté ordinaire des biens prévoit que les biens et revenus actuels et futurs des époux sont mis en commun. Ils appartiennent indivisément aux deux époux. Ces biens comprennent ceux qui ont été apportés par chacun pendant le mariage, y compris les héritages et les dons. Au lieu du partage «moitié-moitié» prévu légalement, le contrat peut prévoir la répartition des biens totaux en commun au conjoint survivant. Le contrat peut aussi limiter la communauté à certains biens ou prévoir d'en éliminer certains de la fortune.

Si le conjoint survivant reçoit, conformément au contrat de mariage, tous les biens communs lors du décès de son époux, il doit veiller à préserver la quotité disponible légale pour les descendants, et même pour toute la descendance, au contraire de ce qui se fait dans la participation aux acquêts. En cas de décès d'un des conjoints, $^{13}/_{16}^e$ des biens communs reviennent à l'autre. Il reste donc une quotité disponible de $^{3}/_{16}^e$ des biens communs pour les descendants, sachant que, dans ce cas, les parents n'ont aucun droit.

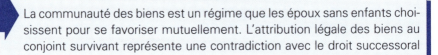

La communauté des biens est un régime que les époux sans enfants choisissent pour se favoriser mutuellement. L'attribution légale des biens au conjoint survivant représente une contradiction avec le droit successoral

> car les parents, auxquels une réserve successorale serait normalement accordée, n'en ont pas.

Si l'un des époux est déclaré en faillite, l'article 188 du Code civil prévoit qu'il y a séparation des biens. La part du conjoint en faillite aux biens communs fera partie de sa masse de faillite.

3. La séparation des biens

Juridiquement, le régime de la séparation des biens est le plus simple: les biens composant la fortune ne sont pas mélangés. Il n'y a pas non plus de participation, sous quelque forme que ce soit, à la fortune de l'autre conjoint. La séparation des deux époux n'a donc aucune incidence sur leurs relations en ce qui concerne leur fortune. Il faut une procédure juridique pour changer de régime matrimonial et arriver à celui de la séparation des biens. En cas de dissolution du mariage, chacun des époux reçoit sa propre fortune.

> Dans ce régime, la discussion ne porte pas sur les biens matrimoniaux. Mais on oublie trop souvent que, dans ce régime, les règles d'ordre successoral restent les mêmes. En cas de décès d'un des conjoints, le survivant recevra la moitié des biens qu'il devra partager avec des descendants, non en raison du régime matrimonial mais selon le droit de la succession.

4. Dispositions particulières pour la succession

a) Parts et réserves successorales
Les parts successorales changent en fonction des héritiers entre lesquels le partage doit être fait. Dans le cercle des héritiers, certains ne peuvent pas être exclus de la succession. Ce sont le conjoint survivant, les descendants directs et les parents pour autant qu'aucun descendant n'existe. La réserve successorale qui leur est attribuée représente la part légale de l'héritage mise à leur disposition. Cette part est toujours la même.

Cette réserve légale héréditaire représente une sécurité pour les héritiers. Elle ne doit être affectée d'aucune condition ni réserves. Un droit d'usufruit ou une clause de substitution d'héritage ne sont pas reconnus. La seule exception concerne une faveur pour le conjoint survivant selon l'article 473 du Code civil. Du fait de sa mort, le défunt peut donner au conjoint survivant l'usufruit sur toute la part d'héritage qui revient légalement aux enfants en commun et à ceux qui ne sont pas en commun mais ont été élevés pendant la durée du mariage.

b) Quotité disponible
Depuis l'entrée en vigueur du nouveau droit du mariage en 1987, la situation du conjoint survivant s'est améliorée. La quotité disponible a aussi été sensiblement

augmentée. Elle représente le montant de la succession dont le testateur peut librement disposer dans son testament. Elle correspond à la différence entre la succession et la totalité des parts réservataires des héritiers. Le tableau ci-dessous illustre quelle est la quotité disponible dans différents cas de figure.

Tableau 25: Le droit à la quotité disponible

Le défunt laisse	Part héréditaire	Dont part réservataire protégée	Part réservataire	Quotité disponible
– le conjoint	1/1	1/2	1/2 × 1/1 = 1/2	1/2
– des descendants	1/1	3/4	3/4 × 1/1 = 3/4	1/4
– des petits-enfants	1/1	3/4	3/4 × 1/1 = 3/4	1/4
– le conjoint	1/2	1/2	1/2 × 1/2 = 1/4	3/8
– des descendants	1/2	3/4	3/4 × 1/2 = 3/8	
– le conjoint	3/4	1/2	1/2 × 3/4 = 3/8	1/2
– les parents	1/4	1/2	1/2 × 1/4 = 1/8	
– le conjoint	3/4	1/2	1/2 × 3/4 = 3/8	9/16
– un parent	1/8	1/2	1/2 × 1/8 = 1/16	
– des frères et sœurs	1/8	–	–	
– le conjoint	3/4	1/2	1/2 × 3/4 = 3/8	5/8
– des frères et sœurs	1/4	–	–	
– les parents	1/1	1/2	1/2 × 1/1 = 1/2	1/2
– un parent	1/1	1/2	1/2 × 1/1 = 1/2	1/2
– un parent	1/2	1/2	1/2 × 1/2 = 1/4	3/4
– des frères et sœurs	1/2	–	–	
– des frères et sœurs	1/1	–	–	1/1
– les grands-parents ou leurs descendants	1/1	–	–	1/1

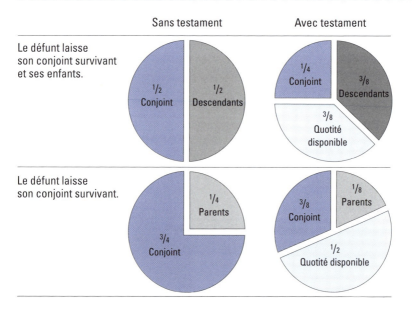

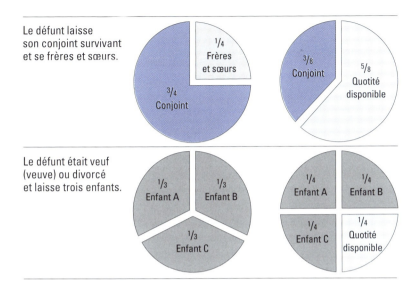

c) Exhérédation

Le droit aux parts réservataires est souvent confondu avec l'exhérédation. Ainsi, lorsque des héritiers doivent se contenter de leur part réservataire, on leur retire une part de leurs droits à un héritage. Mais cela ne signifie pas qu'ils sont déshérités au sens de la loi. Une exhérédation survient lorsqu'on refuse sa part réservataire à un héritier. Dans notre univers juridique très imprégné du vieux droit traditionnel germanique, le droit à hériter dans le cercle familial est en fait très protégé, contrairement au droit romain ou au droit anglo-saxon.

Une exhérédation n'est légalement autorisée que si un héritier a commis une infraction pénale grave contre le testateur ou une personne qui lui est proche ou encore, si les droits du testateur ou d'un de ses proches ont été gravement lésés par l'héritier concerné. L'exhérédation doit être explicitement mentionnée dans une disposition testamentaire spécifique (dernières volontés ou testament) ainsi que les motifs pour lesquels elle est décidée.

> Un cas peu connu concerne l'exhérédation partielle d'un héritier insolvable. S'il est prouvé qu'un des héritiers du testateur a une propension à vilipender son argent, le testateur peut lui retirer la moitié de sa réserve héréditaire pour pouvoir affecter le montant ainsi libéré au paiement de ses dettes (article 480 du Code civil).

5. Les formes des dernières volontés

Le testateur peut établir ses dernières volontés unilatéralement soit sous la forme d'un testament olographe, c'est-à-dire écrit à la main, soit sous celle d'un document officiel. Ces dernières volontés peuvent être révoquées en tout temps.

De plus, elles peuvent être concrétisées par un pacte successoral. Ce pacte successoral doit être fait par un testateur majeur et revêtir la forme authentique, c'est-à-dire être un acte notarié.

a) Le testament olographe

Le testament olographe doit être du début à la fin, y compris avec les indications de lieu et de date (mois, jour et année), rédigé et signé à la main. S'il ne répond pas à cette condition expresse, il est déclaré comme nul et non avenu en cas de plainte. Le lieu de la rédaction de ce document est celui où il est terminé. Ce détail a son importance pour la validité du testament olographe car il peut effectivement être rédigé en plusieurs endroits. De ce fait, le moment de sa rédaction est celui de la clôture du document. Les morceaux spécifiques du testament olographe ne doivent pas être datés.

Le testateur peut, pendant la rédaction de ce document, y apporter des corrections et des ajouts qui ne mettent pas en cause sa validité. Des extensions ultérieures ou des changements d'un testament olographe sont considérées comme autant de testaments qui doivent obéir aux mêmes règles, même si elles sont faites sur le document d'origine. En cas de rajouts, les dispositions ne doivent pas être contradictoires. En principe, ce sont en effet celles qui ont été rédigées en dernier qui priment sur les précédentes. Cependant, malgré cette règle, il est conseillé en cas de rédaction d'un nouveau testament olographe, de détruire l'ancien.

 Un testament olographe commun aux deux époux mais signé par un seul des deux conjoints est non valable pour le signataire.

b) Le testament notarié

Ce document est rédigé en la forme authentique, et en présence de deux témoins, par un officier d'état civil agréé par le canton. Cet officier d'état civil, respectivement ce notaire, ainsi que les témoins doivent être investis de leurs droits et ne pas avoir de liens directs familiaux avec le testateur. Ils ne doivent pas être bénéficiaires du testament.

c) Le pacte successoral

Un pacte successoral doit être reçu par acte authentique pour être valide. Il n'est cependant pas obligatoire qu'il soit rédigé dans le canton de domicile du testateur. Il peut être modifié ou révoqué par écrit en tout temps par l'ensemble des parties.

Le pacte successoral est un acte de droit entre le testateur et les autres parties prenantes. Par cet acte, le premier, dans la perspective de son décès, promet aux autres une prestation ou leur assure un droit. Contrairement aux dernières volontés, qui sont librement révocables, un pacte successoral engage formellement les parties et ne peut plus être modifié après le décès d'une des parties.

Un pacte successoral peut cependant, aux côtés de dispositions de nature contractuelle, contenir des dernières volontés qui sont, elles, révocables. Ces dispositions, qui ne sont pas l'objet du véritable pacte successoral, sont, par exemple, l'utilisation d'un exécuteur testamentaire, la création d'une fondation au moment du décès et l'exhérédation. Si de telles dispositions sont contenues dans le pacte successoral, elles peuvent être en tout temps révoquées ou changées par le biais d'un testament olographe ou notarié.

Le caractère contraignant d'un pacte successoral oblige le testateur à ne pas prendre de dispositions contraires en lien avec son décès. Des dispositions plus récentes, si elles ont un caractère testamentaire, peuvent être intégrées dans le pacte successoral aussi longtemps qu'elle n'en contredisent pas les termes. Le testateur peut cependant disposer librement de ses avoirs jusqu'à son décès car en soi, le pacte successoral ne l'oblige pas à léguer une fortune donnée à l'un ou l'autre de ses héritiers. Ainsi, le testateur peut modifier les biens d'une succession par le biais de donations. La même chose est valable dans le cas de dispositions testamentaires.

Un motif incitant à la conclusion d'un pacte successoral peut être de vouloir éviter des disputes ultérieures en raison des réserves héréditaires. Grâce à un pacte successoral, on peut ainsi régler contractuellement toutes les questions concernant la succession à la tête d'une entreprise entre l'entrepreneur et ses héritiers. En se déclarant d'accord avec un pacte successoral, les héritiers renoncent à toute possibilité de réclamation ultérieure. Du vivant et sous l'influence du testateur, il y a en général un meilleur climat pour se mettre d'accord. L'énorme avantage du pacte successoral est aussi que les accords sont totalement libres des diverses dispositions légales quand toutes les parties prenantes le sont aussi aux réserves héréditaires.

Dans ce sens, la solution idéale est d'inclure toutes ces personnes dans le pacte successoral. Il peut ainsi s'agir d'un contrat entre les parents et leur descendance complète. Une variante plus contraignante consiste en un pacte successoral englobant tous les descendants quand ceux-ci viennent de deux, voire de trois mariages. L'expérience montre alors qu'il est difficile de mettre tout le monde d'accord. C'est encore pourtant possible quand, simultanément à la conclusion du pacte successoral, on effectue des versements préalables conséquents permettant d'acheter l'accord de tous au pacte successoral.

> **Les cinq règles de base en matière successorale**
> 1. La filiation la plus proche exclut la plus éloignée.
> 2. Si un héritier est déjà décédé, sa part revient intégralement à sa descendance.
> 3. S'il n'y a pas de descendant, l'héritage revient pour moitié au côté paternel et au côté maternel.

> 4. Les grands-parents paternels et maternels héritent chacun pour moitié. Une des deux parties hérite de la totalité uniquement si de l'autre côté il n'y a aucune parenté.
> 5. Le conjoint survivant hérite toujours.

d) Le dépôt public
Selon l'art. 504 du Code civil, les cantons font en sorte que les officiers publics conservent l'original ou la copie des testaments qu'ils ont reçus, ou les remettent en dépôt à une autorité chargée de ce soin. Les parties elles-mêmes ne sont pas obligées de se préoccuper de conserver les actes écrits publics.

Il en va autrement pour le testament olographe. Celui-ci doit être conservé à domicile par les personnes concernées. Il existe donc un danger que le premier à avoir entre les mains le testament après le décès du testateur l'étudie attentivement et le fasse disparaître si, pour lui, il y a un intérêt quelconque à ce que seule la loi soit appliquée. Ainsi, si les descendants doivent se contenter de leur part réservataire et que la quotité disponible est attribuée à une institution de bonnes œuvres, ils peuvent être tentés de détruire le testament olographe. En l'absence de testament, la loi s'applique et les descendants seront les seuls héritiers s'il n'existe aucun conjoint survivant.

L'alinéa 2 de l'article 505 du Code civil stipule que «les cantons pourvoient à ce que l'acte, ouvert ou clos, puisse être remis à une autorité chargée d'en recevoir le dépôt». L'autorité en question est toujours celle du lieu de domicile. En cas de changement de domicile, le document doit être retiré de l'ancien domicile et déposé auprès du nouveau. De même, en cas de changement ou de nouvelle rédaction du testament, il est recommandé de remplacer le document déposé pour qu'aucune question ne survienne concernant sa validité.

C. Les dispositions en cas de décès

1. Les héritiers

Il y a deux sortes d'héritiers: ceux qui sont désignés automatiquement par la loi en l'absence d'autres dispositions et ceux qui sont désignés comme tels par le testateur. Chaque catégorie peut concerner les mêmes personnes lorsque le testateur accorde aux héritiers légaux une quotité supplémentaire. Les héritiers légaux et institués ont les mêmes droits et devoirs. Ainsi, un héritier institué est responsable solidairement des dettes. D'autre part, il est membre de la même communauté d'héritage.

2. Le legs

En vertu de la volonté du testateur, une personne peut devenir légataire en ce sens qu'elle peut alors recevoir des éléments déterminés d'une succession. Ces éléments peuvent être une chose spécifique (par exemple, un collier de perles), un droit (par exemple, un droit illimité d'habitation), les actions d'une société XY SA, un montant d'argent, une rente, etc. Le légataire peut aussi recevoir un objet qui ne se trouve pas dans la masse successorale.

Le legs préalable est un legs attribué de manière supplémentaire à une part d'héritage. Le legs est seulement pris en compte dans la procédure d'héritage en cours. Il complique la succession. Si le legs, par exemple un collier de perles, n'est plus disponible au moment du décès du testateur parce que ce dernier l'a donné à une autre personne, alors la disposition le concernant ne sera pas valable. Si le legs a trait à un montant d'argent, son bénéficiaire n'aura aucune garantie que la somme en question sera réellement disponible dans le cadre de la succession. Car les droits des héritiers créanciers ont naturellement priorité sur ceux du légataire.

Au contraire des héritiers légaux et institués, un légataire ne répond pas des dettes du testateur. Les héritiers sont responsables des dettes hypothécaires qui grèvent la maison léguée. D'un autre côté, le légataire ne fait pas partie de la communauté des héritiers. Il n'a aucun droit à participer aux règles de répartition ni à en être informé.

3. Règles de partage

Dans son testament, le testateur peut instituer des règles de partage qui imposent aux héritiers de se partager son héritage d'une certaine façon, par exemple en ce qui concerne un immeuble ou une collection de timbres. En cas de doute, une attribution testamentaire sera considérée comme prescription de partage et non comme un legs.

4. L'usufruit

Tant que le conjoint survivant doit être privilégié, la priorité va à l'usufruit surtout s'il y a des enfants en commun. Outre l'usufruit sur la totalité de la succession, la quotité disponible peut être également attribuée en propriété au conjoint survivant.

> En modifiant le 1er mars 2002 l'art. 473 du Code civil, le Parlement a mis fin à une dispute juridique qui durait depuis 1987. Désormais, un des conjoints peut, par disposition pour cause de mort, laisser au survivant l'usufruit de toute la part dévolue à leurs enfants communs. Et cet usufruit tient lieu du droit de succession attribué par la loi au conjoint survivant en concours avec ses descendants. Outre cet usufruit, la quotité disponible est d'un quart de la succession.

L'usufruit signifie que les biens pourront seulement être utilisés sans faire partie de la fortune de l'usufruitier. Un immeuble, par exemple, pourra être habité ou loué par l'usufruitier mais ce dernier ne pourra pas en disposer pour le vendre. L'entretien et les dépenses extraordinaires seront à la charge du nu-propriétaire. Par opposition au fermage, à la location ou au droit d'habitation, les intérêts hypothécaires, les impôts, les taxes et des frais comme les primes d'assurance ou l'entretien courant seront à charge de l'usufruitier. Fiscalement, l'usufruitier sera considéré comme propriétaire: il devra déclarer les produits de la fortune du bien en usufruit et leurs revenus.

5. L'exécuteur testamentaire

Une disposition importante du testateur peut être de désigner, dans son testament, un exécuteur testamentaire. Un héritier direct, un descendant ou le conjoint survivant, peuvent être désignés comme tel. Cela peut cependant causer un conflit d'intérêt qui influencera négativement le partage successoral. Si un conflit d'intérêt survient seulement par la suite, alors l'autorité compétente de surveillance peut désigner un autre exécuteur testamentaire.

6. Clauses de substitution

Dans un testament ou un pacte successoral, un remplaçant peut être désigné à la place d'un héritier. On dira qu'il s'agit de la substitution fidéicommissaire. Dans ce cas, le moment peut être fixé lorsque la transmission se fera de l'héritier institué à l'héritier appelé. Puisqu'il doit restituer la succession, cet héritier institué n'en est pas le propriétaire. Il doit la préserver et la faire fructifier. Sa position est en fait très proche de celle de l'usufruitier.

Mais le testateur peut améliorer la situation de l'héritier institué. Selon une formule en vigueur, il peut instituer une substitution sur le superflu. Fondamentalement, cela revient à donner un libre accès à la succession à l'héritier institué. Ce dernier ne peut pas en disposer lui-même dans le cadre de dévolution pour cause de mort. Il doit s'abstenir de dons et autres dispositions qui contournent celles du testateur.

Les possibilités de l'héritier institué ressemblent à peu près à celles du testateur dans le contexte du pacte successoral. Le testateur ne peut instituer qu'un seul héritier appelé. Celui-ci peut réclamer, pour la durée de la succession fidéicommissaire, des mesures de sécurité si le testateur n'a pas libéré l'héritier institué (grevé).

7. Représentation

Le testateur peut aussi désigner un représentant si l'héritier prévu fait défaut. Cet exécuteur testamentaire, à la différence de l'héritier institué, intervient seulement si l'autre héritier ne peut pas remplir son rôle, que ce soit pour une raison de décès préalable ou pour un refus d'héritage.

8. L'attribution maximale au conjoint survivant

a) L'attribution maximale

On parle d'attribution maximale quand les différentes possibilités légales d'attribution sont combinées pour qu'un héritier particulier soit le plus favorablement privilégié. En règle générale, l'attribution maximale permet d'attribuer à un héritier sa part héréditaire légale et la totalité de la quotité disponible. Ainsi, le conjoint survivant peut recevoir en pleine propriété une part de la succession de $5/8^e$.

Par exemple, en présence d'un conjoint survivant et d'un descendant, on peut lors de la succession d'une entreprise exclure le descendant des $3/4$ de la succession. On parle aussi d'attribution maximale quand toute la quotité disponible de $2/8^e$ est attribuée en pleine propriété au conjoint survivant et que le solde de $6/8^e$ lui est donné en usufruit. Souvent, le conjoint survivant pourra choisir entre une de ces deux possibilités d'attribution maximale. A notre avis, la variante qui permet de donner en pleine propriété $5/8^e$ de la succession doit être favorisée.

b. Option usufruit/pleine propriété

> A côté d'un droit d'héritage, le testateur peut aussi faire une attribution maximale au conjoint survivant en terme de biens matrimoniaux. Cette double attribution maximale permet au conjoint survivant de disposer dans les faits de la totalité de la fortune. Dans ce cas, les descendants n'y auront accès qu'après le décès du second conjoint.

Par contrat de mariage, on peut attribuer au conjoint survivant l'entier du bénéfice de l'union conjugale. Le testateur peut donner au conjoint survivant, en sus de sa part de $4/8^e$ à l'héritage, la quotité disponible de $1/8^e$ en pleine propriété ou, en usufruit, l'entier de la succession pour les enfants communs ou élevés en commun pendant le mariage ainsi que pour leur descendance. Si l'usufruitier n'est pas en même position de force qu'un propriétaire, le testateur peut aller encore plus loin. En plus de l'usufruit, il peut donner au conjoint survivant $2/8^e$ de l'héritage en pleine propriété. En cas de remariage, l'usufruit cesse sur la part de l'héritage qui aurait normalement dû revenir aux descendants.

D. De l'ouverture du testament au partage

Avant de se pencher sur les effets fiscaux des successions et des donations, il faut encore aborder succinctement ce qui se passe légalement après le décès du testateur.

1. Obligation de communiquer

Le testament, ou le pacte successoral, qui est découvert lors du décès doit être immédiatement remis à l'autorité compétente, même s'il paraît entaché de nullité. L'autorité compétente sera toujours l'instance administrative du dernier domicile du testateur.

2. Ouverture du testament et certificat d'héritier

Le testament – les testaments, s'il y en a plusieurs – doit être ouvert par l'autorité compétente dans le mois qui suit le décès. Les héritiers connus sont convoqués pour cette ouverture. Si un exécuteur testamentaire a été désigné, l'autorité compétente lui demande s'il est disposé à faire son devoir. De même, l'autorité compétente doit tirer rapidement au clair si elle peut laisser la succession aux héritiers légaux ou si, au sens de l'art. 554 du Code civil, elle doit instituer une administration d'office de la succession.

Si aucun exécuteur testamentaire n'est nommé, cela signifie que tous les héritiers sont connus et qu'il n'existe pas de conditions spéciales pour la succession. Dans ce cas, l'autorité compétente laisse les héritiers procéder eux-mêmes à la répartition de l'héritage. Certains cantons disposent d'un fonctionnaire spécialisé dans le partage successoral qui, soit s'en occupe lui-même, soit le surveille. A l'expiration du mois qui suit la communication aux intéressés, les héritiers peuvent réclamer de l'autorité une attestation de leur qualité d'héritier.

3. Action en nullité

Sur plainte, un testament ou un pacte successoral peut être déclaré nul par un juge. Cela peut se produire si, au moment où le testateur a pris ses dispositions, elles pouvaient être annulées sous certaines conditions. A savoir, si les dispositions ont été faites par une personne incapable de disposer au moment de l'acte, parce qu'elles ne sont pas l'expression de sa libre volonté ou parce qu'elles sont illicites ou contraires aux moeurs, soit par elles-mêmes, soit par les conditions dont elles sont grevées.

Tout héritier ou légataire intéressé peut intenter une action en nullité. Les dispositions entachées d'un vice de forme peuvent aussi être, sur plainte, déclarées nulles. La plainte en nullité se prescrit par une année dès que le plaignant a connaissance du bien-fondé de la nullité et, dans tous les cas, après une période de dix ans faisant suite à l'ouverture de la procédure.

> **Etude de cas**
>
> Le couple Julien et Marina Rosé apprennent du médecin de famille que Marina souffre d'un cancer incurable. Elle n'a plus que quelques mois à vivre. Sans aucune descendance et ses parents étant tous décédés, Marina aimerait faire une attribution maximale à son époux. Elle aimerait le désigner comme seul héritier. Julien rédige alors un testament olographe par lequel il désigne Marina comme sa seule héritière et réciproquement. Il le date et le signe correctement. Sa femme signe et date le même document.
>
> Quelques mois plus tard, au décès de Marina, Julien transmet le testament à l'autorité compétente. Hormis son mari, le premier héritier direct de Marina est son frère Robert. Lorsque le testament est ouvert, ce dernier intente une action en nullité. Il n'accepte pas la disposition de sa sœur par laquelle sa part héréditaire est attribuée à son beau-frère qu'il déteste.
>
> Pour le juge, la plainte représente un cas facile. Marina ayant seulement daté et signé le testament sans l'avoir d'un bout à l'autre elle-même rédigé, les formes de l'art. 505 du Code civil n'ont pas été respectées et le testament est annulé. En conséquence, les prescriptions légales s'appliquent à la succession: ³/₄ de la succession revient au conjoint survivant Julien et le quart restant au frère Robert.

4. Répudiation, bénéfice d'inventaire et liquidation officielle

Légalement, un héritage revient automatiquement aux héritiers. Si ces derniers n'en veulent pas, il faut donc effectuer une déclaration pour que la succession soit répudiée. Cette déclaration doit répondre à des critères sévères. La répudiation se fait par une déclaration écrite ou verbale à l'autorité compétente de l'héritier, sans condition ni réserve.

Le délai pour une répudiation est de trois mois. Pour les héritiers légaux, ce délai commence à courir au décès, respectivement quand ils en ont connaissance. Pour les héritiers institués, ce délai court dès le jour où ils ont été prévenus officiellement de la disposition faite en leur faveur. Si l'état d'insolvabilité du testateur est connu officiellement au moment de sa mort ou est de notoriété publique, il est à prévoir que sa succession sera répudiée. Sinon, l'héritage est transmis pour liquidation à l'Office des faillites, uniquement quand il a été répudié par tous les héritiers légaux.

En cas de doute, l'héritage est refusé. Si au moment de la liquidation, il reste un excédent après couverture de toutes les dettes, celui-ci est réparti entre tous les ayants droit comme si aucun refus n'avait eu lieu.

Au lieu de la répudiation, ont peut aussi réclamer un bénéfice d'inventaire. Cela permet de faire un inventaire exhaustif des actifs et des passifs du testateur. Les héritiers peuvent ensuite décider s'ils acceptent ou répudient la succession.

Une troisième possibilité consiste à réclamer la liquidation officielle de la succession. Dans ce cas, les héritiers ne sont pas tenus responsables pour les dettes de la succession. Si cette dernière présente un surendettement, la liquidation est faite par l'Office des faillites selon les règles du droit de la faillite.

> Les héritiers, qui acceptent sans réserves un héritage, sont solidairement et sans aucune limite responsables des dettes du testateur. Cela signifie que chacun d'eux est responsable des dettes. Une acceptation sans réserves d'un héritage doit donc être mûrement réfléchie. Car il n'est pas rare qu'après le décès du testateur on s'aperçoive qu'il a laissé des dettes qui étaient inconnues ou des engagements conditionnels. De ce fait, réclamer un bénéfice d'inventaire peut s'avérer prudent.

Il ne faut pas oublier que les créanciers des héritiers ont aussi certains droits. Un héritier surendetté ne peut pas essayer de contourner leurs prétentions en répudiant un héritage. Ces créanciers peuvent en effet attaquer la procédure de répudiation et réclamer une liquidation officielle. Ils peuvent aussi réclamer que les donations effectuées à un héritier durant les cinq années précédant le décès du testateur soient incluses dans l'héritage d'une succession insolvable.

5. L'action en pétition d'hérédité

Quiconque se croit en droit de faire valoir, comme héritier légal ou institué sur une succession ou sur des biens qui en dépendent, des droits préférables à ceux du possesseur peut introduire une action en pétition d'hérédité. Cette action se prescrit contre le possesseur de bonne foi par un an à compter du moment où le demandeur a eu connaissance de son droit préférable et de la possession du défendeur. Elle se prescrit, en tout cas, par dix ans qui courent dès le décès ou dès l'ouverture du testament.

6. L'obligation de rapporter

Les héritiers légaux sont tenus, l'un envers l'autre, au rapport de toutes les libéralités entre vifs reçues à titre d'avance d'hoirie. Sont assujettis au rapport, sauf si le défunt a expressément disposé du contraire, les constitutions de dot, frais d'établissement, abandons de biens, remises de dettes et autres avantages semblables faits en faveur de descendants.

7. Action en réduction

Les héritiers qui ne reçoivent pas le montant de leur réserve peuvent agir en réduction jusqu'à due concurrence contre les libéralités qui excèdent la quotité disponible.

8. Les effets légaux de l'héritage

Sauf en cas de répudiation, l'héritage revient légalement aux héritiers. Tant que le partage n'a pas eu lieu, les héritiers constituent une communauté au sens légal du terme. Selon la forme juridique de la société du testateur, ceci a des conséquences légales diverses. Par ailleurs, chaque héritier a toujours le droit de réclamer le partage successoral et ainsi la dissolution de la communauté d'héritiers. Les communautés d'héritiers ne devraient pas être prolongées sans raisons valables pendant des années. Si une société fait partie de l'héritage, il faudrait entreprendre les démarches nécessaires pour qu'elle puisse continuer à être gérée normalement.

9. Le partage de l'héritage

Quand les héritiers se sont entendus sur les règles de partage successoral, pacifiquement ou après de longues discussions, ils devraient consigner par écrit le résultat de leurs discussions dans un contrat de partage successoral.

Ce contrat devrait contenir au moins les points suivants:

– nom du testateur et date de son décès;
– inventaire de l'héritage;
– mention d'un éventuel contrat de mariage;
– mention des dispositions pour cause de mort;
– nom des héritiers légaux ou institués et mention de leur quotité d'héritage;
– calcul de la répartition;
– répartition entre les héritiers;
– déclaration sur la conclusion de la répartition;
– déclaration de reprise des dettes restant à produire;
– signature de tous les héritiers.

Au moment du calcul de la répartition, un point important peut survenir: la question de savoir à quelle valeur les actifs de la succession doivent être évalués individuellement. Si la répartition se fait dans un délai raisonnable après la mort du testateur, ceci se fait souvent à la valeur au moment de son décès ou à celle du dernier jour du mois suivant celui-ci. En principe, la valeur des actifs au moment du jour du partage est prise en compte, ce qui, dans le cas de titres dont la valeur évolue beaucoup, peut être d'une importance certaine.

E. Considérations fiscales

En matière d'optimisation fiscale sur des sujets familiaux et successoraux, il ne suffit pas de considérer seulement les aspects concernant la fiscalité sur les successions et les donations. Il faut aussi faire attention à ceux des impôts sur le revenu, et parfois, de l'impôt anticipé et de l'AVS.

Avant donc de se concentrer sur la problématique concrète de l'optimisation fiscale, il faut d'abord rapidement dresser le tableau des dispositions fiscales applicables.

1. Impôt sur les successions et les donations

a) Souveraineté fiscale

La compétence pour lever l'impôt sur les successions et donations est dévolue aux cantons. Seul le canton de Schwyz n'en fait pas usage. Celui de Lucerne ne prélève pas d'impôt sur les donations mais un impôt sur les successions si le donateur décède dans les cinq ans qui suivent la donation. De manière isolée, certains cantons (LU, FR, GR, VD) accordent aussi la souveraineté fiscale en la matière aux communes.

> Les règles de compétence intercantonales prévoient que le canton du dernier domicile du défunt, respectivement du donateur, peut percevoir l'impôt. En ce qui concerne les immeubles, le canton de situation du bien immobilier concerné est compétent.

b) Impôts sur les parts héréditaires

Dans la plupart des cantons, l'impôt est prélevé sur les parts héréditaires. Il s'agit de l'impôt qui touche la part de fortune transmise à chaque héritier ou légataire. L'impôt est calculé en fonction du montant des parts héréditaires individuelles et son montant dépend du degré de parenté. A l'exception des Grisons, de Soleure et de Schwyz, tous les cantons utilisent ce système.

c) Impôt sur la masse successorale

L'impôt sur la masse successorale est, au contraire, perçu sur l'ensemble de la succession avant son partage. Son montant dépend de celui de la masse successorale. Un échelonnement selon le degré de parenté n'est donc pas possible. Ce système est employé dans les Grisons au niveau cantonal et dans deux de ses 209 communes au lieu de l'impôt sur les parts héréditaires. Entre-temps cependant, ce canton a introduit une disposition selon laquelle les époux sont dispensés de l'impôt sur la masse successorale. Dans le canton de Soleure, cet impôt est utilisé de façon cumulée à l'impôt sur les parts héréditaires.

d) Impôt sur les donations

L'impôt sur les donations est identique à celui des successions dans pratiquement tous les cantons.

2. Le devoir fiscal

a) Généralités

Dans tous les cantons, le bénéficiaire d'un héritage ou d'une donation est assujetti à l'impôt. En matière d'impôt sur les successions, il s'agit des héritiers du défunt et des légataires. En ce qui concerne les donations, il s'agit des donataires. L'impôt sur les successions est dû en totalité et est perçu en une fois par prélèvement sur la masse successorale.

b) En cas de substitution fidéicommissaire

La substitution fidéicommissaire est une disposition pour cause de décès par laquelle le défunt désigne deux héritiers ou deux légataires successifs. Le premier, l'héritier institué (ou grevé), reçoit l'héritage immédiatement et le second (l'héritier appelé) à partir d'un moment prédéterminé.

Il s'agit donc de deux cas consécutifs de succession, pour la part héréditaire et pour le legs objet de la substitution. La propriété change donc deux fois de main. Normalement, l'impôt devrait alors être perçu deux fois: la première, lors de la dévolution de la fortune à l'héritier; la seconde, lors du transfert de la fortune à l'héritier appelé.

C'est ce qui se passe en fait dans la plupart des cantons. De plus et en règle générale, l'impôt est calculé selon le degré de parenté du bénéficiaire avec le défunt. Dans certains cantons, on se base aussi sur le degré de parenté entre l'héritier institué et l'héritier appelé.

D'autres cantons ne prélèvent cependant l'impôt qu'une seule fois, mais selon des modalités qui varient. En fait, c'est pratiquement toujours le taux le plus élevé selon le degré de parenté existant entre le défunt d'une part, et l'institué ou l'appelé d'autre part, qui est appliqué.

Tableau 26: Assujettissement en cas de substitution fidéicommissaire

Modes d'imposition	2x = l'institué et l'appelé doivent payer l'impôt, en général selon leur degré de parenté respectif avec le défunt 1x = l'impôt est dû par l'institué selon son degré de parenté avec le défunt, mais quand s'ouvrira la substitution, l'appelé devra lui rembourser les droits payés

Canton	Mode d'imposition	Remarques
ZH, BE, LU, UR, OW, NW, GL, ZG, BS, SH, AR, AI, SG, GR, VS, NE, GE	2x	
FR	1x	Si l'appelé est soumis à un droit plus élevé que l'institué, il doit payer la différence.
SO	2x	L'institué est imposé sur la valeur capitalisée du rendement de l'héritage pour autant que l'appelé ne soit pas désigné comme héritier seulement sur le reste. Si l'institué touche l'héritage à titre définitif, il est soumis à l'impôt sur les successions.
BL	2x	L'institué est imposé sur la valeur capitalisée du rendement de l'héritage pour autant que l'appelé ne soit pas désigné comme héritier seulement sur le reste. Si l'institué touche l'héritage à titre définitif, il est soumis à l'impôt sur les successions. Si l'appelé est soumis à un droit plus élevé que l'institué, il doit payer la différence.
AG	2x	Si le montant revenant à l'appelé est supérieur à celui qui avait été dévolu à l'institué, l'impôt que l'appelé doit acquitter sera calculé, pour cette part excédentaire, d'après son degré de parenté avec l'institué. Quant à l'impôt frappant le montant original de la dévolution, il est calculé en fonction du degré de parenté de l'appelé avec l'institué ou avec le défunt, selon ce qui lui est le plus favorable.

TG	2x	L'institué est imposé sur la valeur capitalisée du rendement de l'héritage pour autant que l'appelé ne soit pas désigné comme héritier seulement sur le reste.
TI	2x	L'impôt du (sans tenir compte de la substitution) par l'héritier institué est réduit à $1/3$. Si la substitution s'éteint, les $2/3$ restant sont redevables après coup. Si le défunt lui avait concédé le droit de disposer de tous les biens soumis à la substitution, l'institué doit cependant acquitter l'impôt en entier. Au moment du passage des biens à l'appelé, celui-ci doit l'impôt entier, calculé selon son degré de parenté avec le défunt.
VD	1x	Le montant net des biens dévolus à l'institué est frappé de l'impôt le plus élevé calculé selon le degré de parenté entre le défunt d'une part et l'institué ou l'appelé d'autre part. Si la substitution ne s'ouvre pas, il est, le cas échéant, restitué avec intérêts (à un taux fixé par la loi annuelle d'impôt) un montant correspondent à la différence entre l'impôt payé et l'impôt calculé selon le degré de parenté entre le défunt et l'institué.
JU	1x	L'institué peut déduire de la succession qu'il doit rendre à l'appelé l'impôt qu'il a acquitté auparavant pour sa propre personne, et cela également si l'appelé n'est personnellement assujetti à aucun impôt ou seulement à un impôt moindre que l'institué. Si l'appelé est au contraire soumis personnellement à un impôt plus élevé que l'institué, il est tenu d'acquitter la différence à l'entrée en possession de l'héritage.

c) En cas d'usufruit

Tous les cantons connaissent des prescriptions particulières sur l'imposition des biens grevés d'usufruit. En règle générale, l'usufruitier doit acquitter l'impôt, calculé d'après son degré de parenté avec le défunt ou le donateur, sur la valeur capitalisée de l'usufruit.

Le nu-propriétaire, de son côté, paie en général l'impôt sur la nue-propriété, déduction faite de la valeur capitalisée de l'usufruit, c'est-à-dire sur la différence entre le montant du capital grevé et la valeur capitalisée. Il y a cependant des exceptions.

Dans les cantons romands, les principales dispositions à ce sujet sont les suivantes:
– **Neuchâtel et Jura**: le nu-propriétaire doit l'impôt sur l'ensemble de la dévolution d'héritage ou de la donation, déduction faite de la valeur capitalisée de l'usufruit qui est imposée auprès de l'usufruitier;

- **Fribourg**: même disposition, mais si l'usufruitier est exonéré d'impôt, la valeur capitalisée de l'usufruit ne peut pas être déduite;
- **Valais**: même disposition, mais après extinction de l'usufruit, sa valeur capitalisée déduite est imposable auprès du nu-propriétaire;
- **Vaud**: même disposition, mais la déduction de l'usufruit n'est accordée que si sa constitution a donné lieu à une imposition;
- **Genève**: l'usufruitier paie l'impôt sur une fraction de la valeur des biens grevés d'usufruit, qui est fonction de son âge, le nu-propriétaire devant l'impôt sur le reste; mais lorsque le donateur se réserve l'usufruit, l'impôt est perçu auprès du donataire sur la valeur totale du bien donné.

d) Responsabilité en matière d'impôt sur les successions

Le débiteur de l'impôt est, par principe, l'héritier ou le légataire. S'il y a plusieurs héritiers, la question se pose de la responsabilité de l'impôt sur les successions. Ceci peut être réglé de manière différente selon les cantons. La plupart d'entre eux considèrent que les héritiers sont solidairement responsables à concurrence de leur part héréditaire.

Dans certains cantons, les héritiers ne sont pas seulement responsables des impôts dus solidairement mais aussi personnellement sur leurs biens. C'est le cas dans les cantons de Fribourg et de Vaud. A Genève, cette règle supporte une exception: si les héritiers doivent acquitter les droits d'impôts dus par des légataires particuliers ou d'autres bénéficiaires, ils peuvent recourir contre ces derniers, sauf si le testateur a mis ces droits à la charge de la succession.

En règle générale, les héritiers doivent aussi payer les impôts sur les legs, à charge pour eux de se les faire ensuite rembourser par les légataires. Dans certains cantons cependant, les légataires sont aussi responsables du paiement de l'impôt à concurrence de leur part.

e) Responsabilité en matière d'impôt sur les donations

C'est le donataire, c'est-à-dire le bénéficiaire du don, qui paie l'impôt. Cependant, une majorité de cantons (dont Vaud et Neuchâtel) prévoient que le donateur peut être aussi tenu solidairement responsable de l'impôt, parfois aussi de manière subsidiaire, comme à Genève.

Si une donation est faite à plusieurs personnes en commun, la responsabilité en matière d'impôts est réglée de manière différente selon les cantons. La plupart d'entre eux stipulent que les donataires sont solidairement responsables, à concurrence cependant du montant qui leur revient. C'est le cas dans tous les cantons romands sauf en Valais. Parfois, les donataires sont mêmes tenus responsables personnellement et solidairement sur tous leurs biens du paiement de l'impôt, comme en Valais.

3. Objet de l'impôt sur les successions et les donations

L'impôt sur les successions et les donations concerne toutes les transmissions de patrimoine aux héritiers légaux et aux héritiers et/ou aux légataires institués par testament ou par pacte successoral. Hormis ces cas évidents de transmission de patrimoine, il existe divers autres objets de dévolution qui sont considérés par le fisc comme prestations à titre gracieux.

C'est le cas, par exemple, des dons mixtes, c'est-à-dire de prestations en droit faites à titre gracieux mais à propos desquelles la relation entre prestation et contre-prestation est sujette à caution. Il en est ainsi lorsqu'on vend pour 600 000 francs un immeuble dont la valeur de marché est de 1 million. Le prix de vente est alors sans proportion avec la valeur de marché du bien immobilier et la différence est considérée comme une donation soumise à l'impôt.

L'impôt frappe aussi des prestations d'assurance-vie par lesquelles le bénéficiaire du paiement n'est pas le preneur de l'assurance. Cependant, depuis le 1er janvier 2001, les prestations d'assurance-vie pour risque décès sont couvertes par l'impôt sur le revenu au barème du pilier 3a. Dans ce cas, un impôt sur les successions et les donations ne peut pas être perçu en plus.

Les assurances-vie mixtes, avec valeur de rachat, ne sont pas soumises à l'impôt sur le revenu en cas de décès du preneur d'assurance, du moins selon la pratique actuelle. De ce fait, en cas de décès du preneur d'assurance, les prestations versées sont soumises selon les cantons à l'impôt sur les successions.

Les versements préalables à compte d'un futur héritage sont considérés comme des donations et, selon les cantons, soumises à l'impôt idoine.

4. Libération de l'impôt et déductions

Tous les cantons qui prélèvent un impôt sur les successions et les donations prévoient des exonérations sur l'objet ou la nature de l'héritage ou encore, sur la personne du bénéficiaire. Pour simplifier la rentabilité de la perception de l'impôt, les héritages de peu de valeur et les donations usuelles sont exonérés à concurrence d'un certain montant. Il en va ainsi de la dot et du ménage hérité.

a) Conjoint, descendance et ascendance

En cas de succession, respectivement de donations, en faveur des conjoints survivants, des descendants et des ascendants, les législations cantonales sont très différentes. Dans presque tous les cantons, le conjoint survivant et la descendance/ascendance directe sont totalement exonérés. Dans d'autres cas, il s'agit d'exonérations partielles ou de franchises d'impôt.

Tableau 27: Impositions cantonales concernant le conjoint survivant et les descendants pour une succession de 500.000 francs

	Impôt sur la masse successorale	Impôts sur les parts héréditaires		
		Conjoint	Descendants	Non apparentés
Argovie				21,8%
Appenzell AR				31,7%
Appenzell IR			1,4%	19,8%
Bâle campagne				40,6%
Bâle ville				31,4%
Berne				23,4%
Fribourg				50,0%
Genève				53,7%
Glaris				22,5%
Grisons (Coire)	3,9%		1,9%	29,1%
Jura		1,9%	1,9%	37,5%
Lucerne			1,9%	38,0%
Neuchâtel			2,7%	45,0%
Nidwald	–			15,0%
Obwald				20,0%
Schaffhouse				35,3%.
Schwyz				
Soleure	0,8%			30,0%
Saint-Gall				29,4%
Tessin				36,0%
Thurgovie				28,0%
Uri				30,0%
Vaud			5,8%	50,0%
Valais				25,0%
Zoug				14,2%
Zurich				28,1%

b) Institution de bienfaisance, d'utilité publique et pouvoirs publics

Les héritages et les donations aux pouvoirs publics sont totalement exonérés dans tous les cantons, indépendamment du choix du canton bénéficiaire. Mais les héritages et les donations faits à des institutions de bienfaisance ou d'utilité publique sont traités différemment. Les détails de ces traitements sont mentionnés dans les différentes législations cantonales.

F. Impôt sur le revenu, impôt anticipé et AVS

1. Impôt sur le revenu

a) Fortune privée et commerciale

Une question importante se pose dans le cas d'une planification à long terme des rapports familiaux et successoraux: celle de la façon de traiter fiscalement les transferts de fortune du chapitre privé vers le chapitre commercial et inversement. En règle générale, ces transferts ont une incidence fiscale s'il y a des réserves latentes sur les actifs concernés. Si ces actifs sont imposés, ils seront soumis à l'AVS au taux de 9,5%. Parfois, il est cependant difficile de déterminer ce qui est du domaine de la fortune privée et de celui de la fortune commerciale. Il est donc nécessaire de connaître les critères pour déterminer les limites entre les deux domaines (voir en particulier aux pages 193 et suivantes).

b) Bénéfice en capital, de liquidation et d'évaluation

L'imposition de ces bénéfices suppose que les réserves latentes aient été réalisées. Tant que ce n'est pas le cas, il n'y a pas d'impact fiscal (se reporter aussi aux pages 251 et suivantes).

2. Impôt anticipé

Dans les cas de succession, il faut distinguer entre les revenus réalisés encore du vivant du testateur et ceux qui l'ont été après son décès. Si le testateur répondait aux critères pour la récupération de l'impôt anticipé (domicile en Suisse, droit d'usage, déclaration correcte), ses héritiers peuvent, même s'ils sont domiciliés à l'étranger, en réclamer la restitution s'il avait été payé, du vivant du testateur, sur des revenus échus.

Si l'impôt anticipé sur des revenus de l'héritage doit être payé après la mort du testateur, mais avant la répartition de l'héritage, ses héritiers peuvent en réclamer la restitution à concurrence de leur quotité sur l'héritage et s'ils remplissent les conditions. Si l'un des héritiers est domicilié à l'étranger, il faudra vérifier que la Suisse a conclu une convention de double imposition avec son pays de résidence et si, sur cette base, on peut récupérer l'impôt anticipé totalement ou partiellement.

G. Une planification fiscale optimale

1. Stratégie fiscale de base

a) Définir les buts

Pour formuler les buts de la planification fiscale le plus tôt possible et de la meilleure façon, il faut étudier les intentions et les souhaits personnels concernant les éléments de fortune en matière de succession. Les conséquences de ces décisions doivent être analysées à la lumière notamment de facteurs humains, juridiques et fiscaux.

Ces intentions peuvent être, par exemple:
- la cession d'éléments particuliers de la fortune d'une société;
- le changement dans l'état des participants à des sociétés de personnes;
- la vente d'une entreprise;

- le transfert d'actifs commerciaux dans sa fortune privée (immeubles);
- l'abandon du devoir de tenir une comptabilité en raison de la cessation de son activité commerciale;
- l'affermage;
- une modification en faveur du conjoint;
- la succession à la tête de l'entreprise par une solution au sein de sa famille;
- le maintien de l'entreprise hors du cercle familial en cas de succession;
- la modification du régime matrimonial;
- le transfert entre vifs d'éléments de fortune;
- la désignation d'héritiers;
- l'institution d'un droit d'usage;
- la consolidation de la situation du concubin.

b) Conséquences fiscales de l'absence de régime matrimonial et successoral

En cas de succession, le but d'une stratégie d'optimisation sera d'avoir une ponction fiscale nulle, ou la plus faible possible, lors de la transmission de la fortune familiale des parents aux enfants ou entre des partenaires concubins. Il est alors essentiel de savoir si le conjoint survivant va être imposé ou non sur sa part à la fortune héritée.

Si, par exemple, le partenaire survivant et les descendants sont imposés sur leur part à la fortune transmise, cela signifie qu'une partie de la fortune familiale sera imposée deux fois lors du transfert successoral, la première lors du transfert à l'époux survivant et la seconde lors du transfert de ce dernier aux enfants.

Dans les cantons qui n'imposent pas les époux survivants et les descendants, les dispositions successorales et d'ordre matrimonial n'ont pas beaucoup de sens. On peut dès lors se consacrer, par exemple, à optimiser les règles de succession. Dans ces cantons, qui constituent aujourd'hui la majorité, le transfert défiscalisé de la fortune familiale à la prochaine génération est ainsi réalité.

2. Planification fiscale et régime matrimonial

En Suisse romande, seul le canton du Jura impose les successions entre les conjoints. Dans ce canton toutefois, une motion a été déposée, visant à l'exonération totale du conjoint survivant ainsi qu'à un allègement pour les successions en ligne directe. Son entrée en vigueur peut être escomptée pour le 1er janvier 2007. Dès lors et dans ce cas, il ne sera plus nécessaire d'avoir à privilégier fiscalement au maximum l'époux survivant au moyen du régime matrimonial comme par le passé dans les cantons qui connaissaient encore ce type d'impôt.

Etude de cas

M. Weber et Mme Siegfried vivent ensemble depuis 20 ans. A la mort de son père, M. Weber a reçu des biens immobiliers de valeur et souhaite en faire profiter sa partenaire au maximum. Il peut la désigner comme seule héritière puisque ses parents sont décédés. Pour les non-parents, l'impôt sur les successions dans leur canton de domicile (Bâle-Ville) est supérieur à 54%, comme cela est le cas dans la plupart des cantons. Le couple voudrait éviter de payer cet impôt.

Il lui reste pour cela les possibilités suivantes:
- changer de domicile et aller habiter à Schwyz, le seul canton qui ne connaisse pas d'impôt sur les successions et les donations;
- déménager dans les cantons de Nidwald, d'Obwald ou de Zoug, dans lesquels les couples concubins de plus de cinq ans bénéficient des mêmes conditions fiscales que les époux mariés.

Cependant, les deux partenaires ne veulent pas déménager de Bâle, où par ailleurs les immeubles sont situés et imposés. Ils décident de se marier. Ils ne comprennent pas pourquoi l'Etat les y contraint. Ils concluent un contrat de régime matrimonial sous la communauté des biens. Ils prévoient une clause selon laquelle, en cas de décès d'un des conjoints, l'autre recevra toute la fortune. Ainsi, aucun impôt sur les successions ne sera prélevé à Bâle.

a) Problématique liée au régime de la séparation des biens

Les époux qui pensent devoir faire face dans le futur à des difficultés financières peuvent choisir le régime de la séparation des biens. Le changement de régime matrimonial, de la participation aux acquêts à la séparation des biens exige de faire un état des biens matrimoniaux. Chacun des époux reçoit alors ses biens propres et la part des acquêts auxquels il a droit.

b) Eviter les prétentions résultant du droit matrimonial

Dans certaines circonstances, quand un entrepreneur veut instituer l'un ou l'autre de ses enfants comme héritier, il faut éviter contractuellement que le conjoint survivant puisse faire valoir des prétentions sur une part des droits matrimoniaux. L'héritage légué par l'époux prédécédé sera ainsi plus élevé, ce qui améliorera celui des descendants. Cependant, le conjoint survivant récupèrera une partie des droits qui lui avaient été enlevés si, dans le cadre de la succession, on lui réserve plus que sa part héréditaire légale. Il devra alors déclarer sa part supplémentaire d'héritage.

> Il faut éviter de ne pas adapter son régime matrimonial dans les quelques cantons qui imposent l'héritage perçu par le conjoint survivant. Les avantages fiscaux ne subsisteraient alors qu'en cas de renonciation successorale en faveur des descendants.

3. Transfert entre vifs et économie fiscale

a) Donations et avances d'hoirie

On peut transférer sa fortune de son vivant en y mettant les formes pour des raisons fiscales. En tant que futur héritier, le bénéficiaire de ce transfert doit cependant savoir que ce transfert représente une avance d'hoirie sur héritage futur. Cependant, si elle est convenablement planifiée, cette avance d'hoirie peut être réalisée en économisant des impôts.

Les donations entre vifs et les avances d'hoirie peuvent présenter des avantages fiscaux s'ils concernent des éléments de fortune dont le potentiel d'augmentation de valeur est élevé. Ce sera le cas, par exemple, d'immeubles avec un bon rapport, de portefeuilles d'actions, etc. Dans ce cas, l'augmentation future de valeur aura lieu chez celui qui aura profité de la donation et non chez le donateur. L'impôt sera prélevé sur la valeur de l'élément de fortune au moment de la donation. Le désavantage de cette formule réside cependant dans le fait que l'impôt sera prélevé immédiatement alors qu'en cas de succession, l'impôt ne sera dû qu'au moment du décès.

L'impôt sur les donations peut être réduit si le bien cédé est frappé d'un droit d'usufruit en faveur du donateur. La valeur du droit d'usufruit sera déduite de la valeur d'estimation du bien transféré. Selon l'âge du donateur, cela réduira fortement la base pour la perception de l'impôt. Plus celui-ci est jeune, plus la valeur de capitalisation de l'usufruit sera élevée et donc plus l'impôt sur la donation sera faible.

Le transfert entre vifs d'un élément de fortune a pour effet de diminuer cette dernière. En règle générale, elle en fait donc autant du revenu du donateur. Cela peut avoir des effets induits bienvenus en terme d'économies fiscales. Par exemple, lorsque le taux de progression marginale du donateur (le père, par exemple), est plus élevé que celui du donataire (le fils) qui peut être étudiant et ne pas être soumis à l'impôt sur le revenu.

> Pour éviter que l'impôt sur les donations soit immédiatement payé, on peut procéder de la manière suivante. L'élément de fortune concerné n'est pas donné mais transféré contre un prêt sans intérêts qui fera partie de la succession lors du décès du donateur. Dans ce cas, il ne s'agit pas d'une donation mais d'une vente, même si le prix d'achat prend la forme d'un prêt. Le revenu du vendeur diminue et celui de l'acheteur augmente, avec l'effet fiscal induit. Avec l'octroi de ce prêt, l'impôt sur les successions est repoussé jusqu'au décès du vendeur. Dans cette situation, si on constate qu'une révision de la loi sur les successions prévoyant une imposition plus forte des successions est imminente, on pourra toujours, avant son entrée en vigueur, procéder à une donation du montant équivalent à l'emprunt et s'acquitter de l'impôt sur les successions et donations selon le barème en vigueur.

b) Donations mixtes

Dans le cas d'une donation, le transfert de l'élément de la fortune intervient en principe sans aucune contre-prestation de la part du donataire. Quand on transfère un bien à titre onéreux mais selon des conditions spécifiques avantageuses, on parle alors d'une donation mixte.

Il ne suffit pourtant pas de fixer n'importe quel prix pour être en présence d'une donation. Il faut qu'il y ait une réelle inadéquation, notamment en terme de valeur. Dans le canton de Zurich, par exemple, il faut que la différence soit au moins de 25% de la valeur fiscale de la donation.

Si, par exemple, la différence de prix est supérieure à 25% dans le cas de la donation d'un immeuble, le transfert sera soumis à l'impôt sur les donations. Si elle est inférieure à 25%, cette donation est soumise au droit de mutation sur une base plus élevée. Dès lors, si au moins un quart de la valeur du bien est considérée comme donation, il s'agira d'une donation mixte. Dans la plupart des cas, il sera fiscalement plus intéressant de faire une donation mixte plutôt qu'une vente.

4. Renoncer à l'héritage

a) Renonciation provisoire

Il est courant de voir que les héritiers veulent se partager l'héritage autrement que ce qui a été prévu par le testateur. Si les héritiers se sont, par exemple, mis d'accord sur le fait que la totalité de la fortune du couple doit rester chez la mère, cela implique dans certains cantons des conséquences fiscales particulières. Certains cantons prélèvent en effet l'impôt sur le transfert de fortune tel que prévu légalement ou par testament. Si les enfants veulent librement faire profiter leur mère de leur part d'héritage, cela peut entraîner une double imposition. En effet, le fait de privilégier leur mère sera considéré fiscalement comme une donation avec pour conséquence le prélèvement de l'impôt sur les donations. Et, selon les cantons, au moment du décès de la mère, il y aura un nouveau prélèvement fiscal. Avant de prendre de telles dispositions, il est donc recommandé de se renseigner sur les pratiques fiscales cantonales.

b) Transmission directe des grands-parents aux petits-enfants

Celui qui veut transmettre directement un héritage à ses enfants peut prendre plusieurs voies fiscalement différentes. Si les parts d'héritage sont transférées à sa descendance, un impôt sur les successions sera prélevé dans certains cantons. Fiscalement, il sera donc préférable que l'héritier renonce à sa part. Ce seront ses enfants qui prendront sa place et qui toucheront directement l'héritage des grands-parents.

H. Optimisation fiscale des biens immobiliers

1. Transfert par donation et succession au conjoint et aux enfants

a) Généralités

Dans le cas de donations ou d'avances d'hoiries sur des biens immobiliers, le droit applicable est celui du canton de situation de l'immeuble, indépendamment du lieu de résidence du testateur, respectivement du donateur. Cela peut avoir des conséquences fiscales favorables ou défavorables. Pour profiter des avantages, respectivement éviter les désavantages fiscaux, il s'agira de planifier fiscalement les transferts immobiliers envisagés en privilégiant soit la voie successorale, soit celle du transfert entre vifs.

b) Moment de la donation

Un immeuble ne devrait être donné aux enfants, respectivement faire l'objet d'une avance d'hoirie, que si les propriétaires-donateurs sont protégés économiquement pour le reste de leur vie par le biais de leurs rentes de pension, par celui du rendement des titres de leur portefeuille ou du rendement d'autres biens immobiliers.

Du point de vue fiscal, il faut savoir que le transfert d'un bien immobilier doit intervenir le plus tôt possible dans les cantons qui imposent les successions et les donations aux enfants. En effet, en règle générale, la valeur du bien immobilier concerné augmente année après année en fonction de l'inflation et de la conjoncture.

Lors de la transmission de biens immobiliers aux enfants, la plupart des cantons ne prélèvent pas d'impôt sur les donations.

c) Impôts sur gains immobiliers et donations

L'impôt sur les gains immobiliers ne s'applique pas au transfert d'immeubles à titre gracieux aux enfants. Par contre, depuis 2001 et dans le cas d'opérations de vente entre parents et enfants, tous les cantons prélèvent un impôt sur les gains immobiliers. La plupart des cantons ne prélèvent pas de droits de mutation. Il faut cependant faire attention à ce que, dans le cas de la reprise d'une hypothèque, il s'agisse d'une donation mixte qui, selon la pratique cantonale, peut entraîner le calcul d'un impôt sur les gains immobiliers.

d) Transfert de dettes hypothécaires

En ce qui concerne l'impôt sur les donations, la compétence est réservée au canton où l'immeuble est situé et non au canton de domicile des parents. Pour réduire ou éviter l'impôt sur les donations dans le cas de la transmission d'un immeuble aux enfants, on peut leur transmettre aussi les hypothèques qui le grèvent. La base de calcul de l'impôt sur les donations est en effet la valeur fiscale de la donation, respectivement de l'héritage, sous déduction de la charge hypothécaire. Si celle-ci est identique à la valeur fiscale, il n'y aura pas de don aux yeux du fisc et l'impôt n'est pas dû. Par contre, en règle générale, il faudra s'acquitter d'un impôt élevé sur le gain immobilier.

e) Transfert avec droit d'habitation

Le transfert d'un immeuble habité par les parents à leurs enfants contre un droit d'habitation constitue un bon moyen d'éviter l'impôt sur les donations si le canton où le bien immobilier est situé impose ce genre de transfert des parents aux enfants. Le droit d'habitation doit profiter aux deux parents, c'est-à-dire aussi au conjoint survivant en cas de décès de l'autre. Ce droit d'habitation doit être inscrit au registre foncier.

L'avantage de réserver un droit d'habitation (en général, il s'agit de la valeur locative) réside, selon l'usage de l'administration cantonale concernée, dans le fait que ce droit capitalisé est déduit de la valeur fiscale de la donation. Le droit d'habitation est alors déclaré par les parents comme revenu au lieu de la valeur locative. Les enfants peuvent déduire de leurs déclarations les intérêts hypothécaires et les coûts forfaitaires ou réels liés à l'entretien du bien immobilier. Ils doivent également déclarer dans leur fortune la valeur fiscale de l'immeuble. Si la charge du droit d'habitation n'est pas comprise dans la valeur fiscale, les enfants peuvent déduire cette diminution de valeur de la valeur fiscale. Selon l'âge des parents au bénéfice du droit d'habitation (celui du plus jeune est déterminant), la déduction peut représenter un multiple de la valeur locative annuelle.

f) Transfert avec usufruit

Au contraire de la solution décrite dans le paragraphe précédent, celle qui consiste à transférer un immeuble contre l'aménagement d'un droit d'usufruit laisse les parents avec un statut fiscal de propriétaire. Le droit d'usufruit signifie en effet que tous les produits et toutes les dépenses sont au bénéfice, respectivement à la charge, de l'usufruitier. S'il s'agit, par exemple, d'une villa familiale ou d'un appartement en propriété, l'usufruit signifie un droit d'habitation à vie mais aussi que les frais hypothécaires et d'entretien devront être payés par les parents selon les cas.

Du point de vue fiscal, les parents doivent déclarer la valeur locative et le produit des loyers de l'immeuble et peuvent déduire de leurs revenus les charges hypothécaires et les dépenses d'entretien. Ils doivent aussi déclarer dans leur fortune la valeur fiscale de l'immeuble. Cet immeuble n'apparaît pas fiscalement dans la déclaration d'impôt des enfants qui en sont pourtant devenus les propriétaires. Fiscalement, rien n'est donc changé.

Le droit d'usufruit au bénéfice des propriétaires actuels représente une charge en terme de propriété pour les nouveaux propriétaires. Cette charge est en fait comprise dans le calcul de l'impôt sur les donations de la même façon que dans le cas d'un transfert avec droit d'habitation. Pour calculer l'assiette de l'impôt sur les donations, le droit d'usufruit capitalisé, augmenté des hypothèques éventuelles, est déduit de la valeur fiscale de la donation.

Selon l'âge des parents, la valeur capitalisée du droit d'usufruit et de l'hypothèque peut être égale ou plus élevée que la valeur fiscale de donation de l'immeuble.

Dans ce cas, il n'y aura pas d'impôt sur les donations. Mais, depuis le 1er janvier 2001, la transmission à titre onéreux d'immeubles entre parents et enfants est soumise dans tous les cantons à l'impôt sur les gains immobiliers.

g) Incidence sur le revenu et la fortune imposable

Lorsqu'on envisage une donation de biens immobiliers à ses enfants, il faut veiller aux effets induits sur les revenus imposables des parents et des enfants et déterminer la nouvelle charge fiscale de chacun. Souvent, du fait de leur bonne situation financière, les parents se trouvent fiscalement au niveau maximal d'imposition marginale. Les enfants, par contre, sont en train de construire leur base financière et sont dans un stade précoce de progression fiscale.

La transmission de biens immobiliers des parents aux enfants peut contribuer à équilibrer cette situation. Il s'ensuivra des économies fiscales pour la famille entière. Mais ceci suppose une analyse minutieuse de la situation fiscale respective des parents et des enfants et un aménagement ad hoc de la donation.

h) Ajournement de l'impôt sur les donations

Lorsqu'on veut transférer un bien immobilier de son vivant à ses enfants et ajourner l'impôt sur les donations, que connaissent certains cantons, jusqu'au moment du décès, il convient de privilégier la procédure suivante.

Le bien immobilier est vendu aux enfants. La différence entre le prix d'achat et la dette hypothécaire, y compris éventuellement le doit d'habitation ou l'usufruit, reste à charge des parents comme prêt sans intérêts. A la mort des parents, le prêt est annulé et soumis à l'impôt sur les successions. Mais il ne faut pas oublier que l'impôt sur les gains immobiliers peut être prélevé si le produit de la vente est supérieur à la valeur du bien.

Le report de l'impôt sur les donations représente un avantage en terme d'intérêt. En effet, si la valeur de l'immeuble augmente entre le moment de la donation et celui de l'imposition du prêt en cas de décès du vendeur, la différence ne sera soumise ni à l'impôt sur les donations ni à celui sur les successions.

2. Transfert par donation et succession à des parents éloignés ou à des personnes sans liens de parenté et à des concubins

Dans ce cas, le problème ne réside pas seulement dans le fait que les héritiers doivent s'acquitter d'un impôt sur les successions très élevé mais aussi qu'il faut financer cet impôt. Par exemple, si une entreprise est transmise au concubin, il devrait être très difficile pour ce dernier, selon les circonstances, de pouvoir régler un impôt sur la succession parfois supérieur à 50%. La même chose vaut pour les immeubles qui, lors de leur transmission, sont souvent hypothéqués, ou pour les collections de valeur.

Dans le cas de transfert à des personnes sans liens de parenté, il faut donc faire une planification successorale à long terme. Pour cela, le moyen le plus efficace consiste à transférer un bien immobilier et à coupler éventuellement cette opération avec un déplacement de domicile.

> En principe, pour éliminer complètement l'impôt sur les donations pour les personnes sans liens de parenté, il faut procéder de la manière suivante:
> Le donateur déménage dans le canton de Schwyz, qui ne prélève aucun impôt sur les successions et les donations, ou dans un autre canton qui ne prélève pas d'impôt sur les transferts de fortune au bénéfice des concubins (NW, OW et ZG). La transmission de la fortune mobilière (titres, participations, etc.) n'est pas imposée en cas de donation du vivant ou de désignation comme héritier du partenaire car, dans ce cas, c'est le canton de domicile qui compte.
> Mais comment éviter que les immeubles, qui ne sont pas situés dans un canton fiscalement favorable, ne soient pas imposés en cas de transmission de son vivant? Dans un premier temps, le propriétaire les vend à son partenaire. Attention: un prix de vente trop bas pour éviter l'impôt sur le gain immobilier serait fiscalement considéré comme une donation mixte et soumise, dans le canton de situation des immeubles, à l'impôt sur les donations. La vente doit être faite contre un prêt sans intérêts, à savoir que la différence entre le prix de vente et la dette hypothécaire, également transmise au partenaire, est considérée comme un prêt sans intérêts au vendeur.
> Puis, après une période d'au moins deux ans, le vendeur fait don à son partenaire du prêt sans intérêts. S'agissant d'un élément de la fortune mobilière, la donation n'est pas soumise à l'impôt dans le canton de domicile. Si la valeur vénale, qui devrait correspondre au prix de vente, est plus élevée que la valeur fiscale de l'immeuble, un impôt sur le gain immobilier de la transaction sera dû. On peut alors assortir la vente de l'immeuble à un droit d'usufruit au bénéfice du vendeur. Cet usufruit, respectivement sa capitalisation, réduit le prix de vente du bien immobilier et donc l'impôt sur le gain immobilier. Dans le cas d'une vente à des personnes sans liens de parenté, le droit de mutation sera perçu sur le prix de vente.

a) Propriétés sises à l'étranger

Dans ce cas, pour apprécier les conséquences fiscales de l'impôt sur les successions, il faut savoir si la Suisse a conclu des conventions de double imposition avec les Etats étrangers concernés. Un expert fiscal devrait analyser ces conventions pour apprécier si un impôt sur les successions devra être payé. De fait, dans le cas de propriétés immobilières à l'étranger, il peut s'agir de pays où l'impôt sur les successions est élevé (Grande-Bretagne, France, Espagne). Il peut alors être avantageux d'apporter l'immeuble concerné à une entité juridique. La valeur des parts, par exemple des actions, sera alors imposée selon le droit du canton de domicile du testateur. En règle générale, le fisc étranger n'a pas connaissance du fait qu'une transaction ou un héritage a eu lieu.

I. L'assurance-vie, une faveur successorale

1. L'assurance-vie à valeur de rachat

Les polices d'assurance-vie à valeur de rachat, avec primes uniques ou annuelles, sont comptabilisées dans la part héréditaire légale à leur valeur de rachat. La différence entre la part réservataire et le montant de remboursement peut être, par exemple, attribuée au partenaire concubin.

Etude de cas

Michel Keller a 60 ans. Divorcé, il a deux descendants. Sa concubine, Judith Brun, 10 ans plus jeune que lui, n'a pas de descendance. Le couple ne veut pas se marier pour diverses raisons. Mais chacun aimerait faire profiter son concubin respectif au maximum en cas de succession. Ils ont pour cela des moyens financiers non négligeables issus d'une affaire créée et exploitée en commun.

Début 1989, ils décident d'investir chacun 1,5 million dans une police d'assurance-vie à prime unique liée à des fonds de placement avec une clause bénéficiaire réciproque en cas de décès. La somme garantie totale en cas de décès s'élève à 2,2 millions de francs.

Michel Keller décède brusquement début 2006 sans laisser de testament. Sa concubine reçoit de l'assurance la somme convenue en cas de décès, soit 2,2 millions. Elle sait que les descendants de son partenaire décédé doivent en recevoir une partie. Au moment du décès, la valeur de rachat de la police d'assurance-vie est de 1,2 million en raison d'une baisse des marchés boursiers. Judith Brun peut cependant profiter de cette baisse en terme de succession. Car la part pour les descendants du défunt se calcule de la manière suivante:

Valeur de rachat de la police	Fr.	1.200.000
Autre valeur d'héritage	Fr.	1.000.000
Héritage total	Fr.	2.200.000
Part héréditaire des descendants (=$^3/_4$)	Fr.	1.650.000
Montant de compensation	Fr.	650.000

Judith Brun doit donc, sur les 2,2 millions reçus de l'assurance, reverser 650.000 francs aux descendants du défunt et ceci même si Michel Keller ne les avait pas désignés par testament. Mais grâce à la clause préférentielle de l'assurance, qui échappe aux héritiers légaux, il a quand même atteint son objectif. Toutefois, avec les autres valeurs d'héritage de 1 million de francs, les descendants ont une réserve héréditaire de 1,65 million de francs.

2. L'assurance décès risque pur

Cette police n'a pas de valeur de rachat et ne fait donc pas partie de la masse successorale. Si la conjointe est désignée comme bénéficiaire de la somme en cas de décès, on lui paie le montant sans qu'il soit versé à la masse successorale. Le montant de l'assurance lui serait même versé si le défunt ne laissait que des dettes dans sa masse successorale.

3. Conséquences fiscales

L'assurance-vie échue est soumise à l'impôt sur les successions si la personne assurée est aussi le preneur d'assurance. Aucun impôt sur les successions ne doit être payé lorsque le preneur d'assurance n'est pas la même personne que le bénéficiaire. De ce fait, on peut économiser des impôts sur les successions en cas de partenariat commercial ou de concubinage. Il faut cependant veiller à l'impôt sur les revenus qui est prélevé depuis le 1er janvier 2001 sur les montants en cas de décès.

Modèle de testament

Selon l'art. 505 du Code civil, le testament olographe doit être rédigé entièrement et personnellement à la main par le testateur, avec indication d'origine, daté et signé. Si possible, il faut éviter les ratures et les corrections. Tous les ajouts doivent être identifiés avec l'origine, la date et la signature. Dans ce cas, il faut éviter les contradictions avec le texte du testament principal. Si un nouveau testament est écrit, il remplace légalement l'ancien.
Des témoins ou un acte officiel notarié ne sont pas obligatoires. Mais s'il s'agit d'un texte long et complexe, il est recommandé de s'adresser à un notaire ou à une personne officiellement désignée par le canton pour rédiger un acte officiel de dernières volontés.

Si les époux ne veulent pas conclure de pacte successoral, le même objectif peut être atteint quand chacun rédige le même testament. Ce faisant, chaque conjoint conserve cependant le droit de changer son testament ou de l'annuler en tout temps.

Dans le cadre des quotités librement disponibles, le testateur peut disposer de sa fortune. Il peut associer ses dispositions à des conditions et à des servitudes qui ne doivent pas être immorales ou illégales. Si elles sont absurdes, elles seront déclarées nulles et non avenues par la loi.

Le testament olographe peut être conservé à domicile ou confié aux bons soins d'une autorité de surveillance administrative du lieu de domicile.

Exemple de testament

Mon testament

Je soussigné, Claude Exemple, né le 11 septembre 1922, domicilié à Lausanne, 11 rue de la Preuve, sain de corps et d'esprit, déclare régler comme suit mes dispositions de dernières volontés:

1. Ce testament remplace toutes les autres dispositions de dernières volontés et représente le seul testament aujourd'hui valable.
2. Je lègue à mon fils Bernard Exemple, né le 12 avril 1955, la part réservataire légale et à ma femme Bernadette, la quotité disponible de $3/8^e$ de mon héritage.
3. J'institue comme exécuteur testamentaire M. Pierre Laloi, notaire à Lausanne.

Fait à Lausanne, le 26 mars 2006

Claude Exemple

Checklist

Optimiser le droit matrimonial et successoral

Dispositions de droit matrimonial

- ☐ Sous quel régime matrimonial vit votre couple?
- ☐ Un contrat de mariage a-t-il été conclu?
- ☐ Savez-vous ce qui revient au conjoint survivant comme éléments de fortune ou sous forme de prestations d'assurance?
- ☐ Le conjoint survivant pourra-t-il rester financièrement indépendant sans être privilégié par contrat de mariage?
- ☐ Si non, le conjoint survivant devrait-il être désigné comme principal bénéficiaire par contrat de mariage?
- ☐ D'autres mesures pour garantir le train de vie du conjoint survivant doivent-elles être prises, par exemple par la création de couvertures d'assurances?
- ☐ Déterminer les conséquences fiscales de toutes les dispositions prises.
- ☐ Savez-vous quel est le montant des biens propres de chaque conjoint et quelle fortune a été bâtie pendant le mariage?

Dispositions de droit successoral

- ☐ Qui sont vos héritiers légaux et quelle est leur part réservataire?
- ☐ Savez-vous ce qui est légalement réservé à ces héritiers?

- ☐ La répartition légale de votre succession répond-elle à vos attentes?
- ☐ Avez-vous rédigé un testament, respectivement un pacte successoral? Ces documents sont-ils encore actuels en ce qui concerne notamment les dispositions et les attributions de biens de la fortune aux héritiers individuels?
- ☐ Vos descendants sont-ils d'un seul mariage ou existe-t-il d'autres descendants?
- ☐ Depuis l'établissement de votre testament ou de votre pacte successoral, y a-t-il eu des changements significatifs dans la composition de votre fortune ou dans votre situation en matière d'assurances?
- ☐ Avez-vous fait des donations entre vifs?
- ☐ Faut-il privilégier le conjoint survivant par testament ou par pacte successoral?
- ☐ Les héritiers pourront-ils se mettre d'accord entre eux sur la répartition de l'héritage ou faut-il de toute façon imposer des conditions de partage?
- ☐ Voulez-vous modifier la répartition de votre héritage et faire bénéficier vos petits-enfants, des filleuls ou des organisations caritatives?

Considérations fiscales

- ☐ Quels impôts devront être acquittés dans le cadre des dispositions prises au niveau du régime matrimonial et successoral?
- ☐ Votre canton de domicile impose-t-il les successions et les donations en cas de transfert au conjoint?
- ☐ Cet impôt est-il perçu en cas de transfert aux descendants?
- ☐ Le canton de situation des biens immobiliers prélève-t-il un impôt sur les successions et les donations en cas de transfert au conjoint, respectivement aux descendants?
- ☐ Comment les parts d'héritage pour les personnes non apparentées ou pour les autres parents sont-elles imposées?
- ☐ Les dispositions prises doivent-elles être modifiées au vu des impôts dus?
- ☐ Quelles sont les possibilités dans ce domaine?
- ☐ Des biens immobiliers doivent-ils être transférés de votre vivant avec un droit d'usufruit sans limites en votre faveur?
- ☐ Faut-il vendre vos immeubles à vos descendants de votre vivant contre un prêt sans intérêts?
- ☐ Faut-il apporter les immeubles sis à l'étranger dans une entité juridique en raison des impôts élevés sur la succession?
- ☐ Peut-on économiser des impôts en introduisant une substitution fidéicommissaire?
- ☐ La création d'un usufruit peut-elle entraîner des économies d'impôt?
- ☐ D'autres éléments de la fortune (titres) peuvent-ils être transférés de votre vivant à vos enfants pour que l'accroissement de leur valeur ne soit pas soumise à l'impôt sur les successions?

Partie IV

La déclaration d'impôt

1. Période fiscale et période d'imposition

A. Assujettissement annuel

1. Généralités

Introduite depuis le 1er janvier 2003 dans tous les cantons, la période d'assujettissement annuel signifie qu'il faut désormais faire une déclaration d'impôt chaque année au lieu de tous les deux ans comme la règle le voulait auparavant. A première vue, on peut penser que cela crée une montagne de papier. Mais cela a aussi ses avantages :
– le revenu imposé étant celui de la période fiscale courante, les possibilités économiques du contribuable peuvent être mieux prises en compte;
– il n'y a plus de taxation intermédiaire;
– les formulaires de déclaration sont devenus plus simples et plus transparents.

> Le nouveau système de la taxation annuelle concerne les revenus effectivement encaissés la même année. La période fiscale et la période de calcul sont identiques. Les impôts sur le revenu pour la période fiscale 2006, par exemple, dépendent des revenus effectivement réalisés en 2006. Cependant, la taxation selon ce système ne peut être faite qu'une fois l'année écoulée (pour la période fiscale 2006, seulement en 2007). Les impôts sur la fortune sont déterminés en fonction du patrimoine existant au 31 décembre de l'année considérée (par exemple, le 31 décembre 2006). La même chose est valable pour les conditions déterminant les déductions sociales.

2. Plus de taxation intermédiaire

La différence essentielle entre l'ancien système de taxation bisannuelle et le nouveau système vient de ce qu'il n'y a plus de taxation intermédiaire. Les motifs qui expliquaient cette taxation intermédiaire (à savoir, le mariage, la prise ou l'abandon d'une activité indépendante, le changement professionnel, les héritages et donations, etc.) n'existent plus. Dès lors, les possibilités de planification fiscale qui existaient en parallèle n'existent plus non plus.

3. Assujettissement inférieur à une année

Si la taxation intermédiaire n'existe plus, il est par contre toujours possible que l'assujettissement fiscal puisse commencer ou s'arrêter pendant le cours d'une année. On parle alors d'un assujettissement inférieur à une année. Ceci arrive quand un contribuable décède pendant l'année fiscale, déplace son domicile à l'étranger ou revient de l'étranger en Suisse. Dans ces cas, l'assujettissement n'est réalisé que sur une partie de l'année.

Si le devoir fiscal n'est effectif que pendant une partie de l'année, l'impôt ne sera calculé qu'à concurrence des revenus réalisés et des coûts assumés pendant cette période. Il faut donc calculer tous les forfaits et les déductions en fonction de la durée de la période considérée. Il en est de même pour les déductions sociales et les autres déductions calculées normalement sur une année.

Les revenus et frais périodiques sont convertis sur une période annuelle en fonction de la période d'assujettissement. L'impôt sur la fortune est dû à concurrence de la période d'assujettissement. La fortune est calculée selon son état à la fin de l'assujettissement, respectivement à la fin de l'année en cas d'arrivée du contribuable.

En cas de décès, l'assujettissement stoppe avec la mort du contribuable. Une déclaration commune des deux conjoints est faite jusqu'à la date du décès. Pour le reste de la période fiscale, le conjoint survivant doit faire une nouvelle déclaration. Les règles d'imposition sont alors celles d'un assujettissement inférieur à une année.

Pour la fortune, le décès n'empêche pas que la période fiscale est annuelle. Mais pour qu'il n'y ait pas une double imposition auprès du défunt et auprès de ses héritiers, l'impôt sur la fortune est prélevé en partie seulement et proportionnellement à la période courue jusqu'au décès.

B. Assujettissement en cas de changement de canton

Selon un accord entre les cantons, l'assujettissement à l'impôt est réalisé pour toute l'année fiscale dans le canton de domicile au 31 décembre.

Le contribuable qui déménage dans un canton fiscalement favorisé avant le 31 décembre peut profiter d'un meilleur tarif fiscal pour toute l'année. A contrario, il est préférable de repousser le déménagement dans un canton fiscalement moins favorable aux premiers jours du mois de janvier de l'année suivante pour ne pas devoir payer ses impôts à un tarif élevé pour l'année en cours. Cependant, pour que cela ne soit pas considéré comme un contournement de l'impôt, le domicile doit être effectivement changé et pas seulement déplacé. Par ailleurs, le changement de domicile doit être supérieur à une année, de préférence deux ans.

C. Imposition en cas de changement de commune

Si le changement de domicile a lieu dans les frontières cantonales, on parle de changement de domicile communal. Le profane pourrait penser que le même système de calcul qu'en cas de changement de domicile intercantonal est alors employé. Ce n'est malheureusement pas le cas et il existe donc différentes règles selon les cantons en ce qui concerne la planification fiscale.

Vingt cantons considèrent que la date du 31 décembre est déterminante pour le calcul de l'impôt. Quatre autres cantons (GL, NW, OW et ZH) ont choisi comme date clé de la taxation annuelle le 1er janvier. Et deux cantons, Fribourg et Neuchâtel, calculent l'impôt prorata temporis dans les deux communes de domicile, selon le système qui était en usage dans tous les cantons jusqu'en 2000.

2. Les déductions

Quand on n'est pas certain de savoir si une déduction doit être faite dans la déclaration des revenus, il faut consulter les «Instructions générales concernant la déclaration des personnes physiques», un formulaire joint à celui de la déclaration d'impôts. Si, après l'avoir consulté, on n'est toujours pas certain de la façon dont il faut calculer une déduction précise, le mieux est de consulter un fonctionnaire de l'administration cantonale des contributions. Un conseiller fiscal peut aussi être d'une certaine aide s'il connaît les us et coutumes du canton concerné.

A. Intérêts débiteurs

- En principe, tous les intérêts débiteurs sont déductibles sous réserve que les règles en la matière soient respectées et qu'il n'y ait pas d'évasion fiscale.
- Les intérêts sont aussi déductibles s'ils n'ont pas encore été comptabilisés mais dans ce cas au prorata de la période d'assujettissement.
- Les intérêts des contrats de leasing ne sont pas déductibles.
- Les intérêts de retard sont déductibles, quand les impôts ont été payés tardivement.
- Les intérêts dus par anticipation sont aussi déductibles, même s'ils concernent la prochaine période fiscale.
- Les commissions dues en cas de dénonciation anticipée d'une hypothèque sont déductibles, pour autant que les conditions de crédit soient prorogées.
- Les intérêts sur les paiements par annuité sont déductibles.
- Les intérêts capitalisés d'une dette hypothécaire sont déductibles.
- Les primes de risque sur les hypothèques à taux plafonnés sont déductibles.
- Les versements uniques sur les hypothèques à disagio sont déductibles.
- Dans environ la moitié des cantons, mais pas au niveau fédéral, les intérêts dus sur les crédits de construction sont déductibles; sur VD, NE et GE, ils sont considérés comme frais d'investissement et ne sont pas déductibles; dans le Jura ils sont déductibles jusqu'à l'habitabilité de l'immeuble, alors qu'en Valais ils sont déductibles.

B. Cotisations AVS, LPP et pilier 3a

- Toutes les cotisations AVS, y compris celles des personnes non actives, sont déductibles.
- Les cotisations courantes aux caisses de pensions sont totalement déductibles; les versements pour annuités manquantes, pour amélioration de prestations ainsi que les cotisations supplémentaires sont aussi déductibles pour autant qu'elles ne conduisent pas à une surassurance et qu'elles ne transgressent pas les normes fiscales en vigueur depuis le 1er janvier 2001.

- Les salariés affiliés à une caisse de pensions peuvent déduire des primes d'un maximum de 6192 francs par année (état 2006) pour leur pilier 3a.
- Les indépendants qui ne sont pas affiliés à une caisse de pensions peuvent déduire au maximum 20% de leurs revenus mais pas plus que 30.960 francs (état 2006).
- Les conjoints salariés peuvent aussi s'affilier à un pilier 3a et en déduire les cotisations.

C. Primes d'assurances

- Les primes d'assurance de capitaux et de maladie peuvent être déduites dans le cadre de forfaits cantonaux qui sont souvent combinés avec les déductions sur les intérêts d'épargne.
- Les primes d'assurance des bâtiments peuvent être déduites séparément en tant que partie intégrante des coûts immobiliers et pour autant que la déduction selon les coûts effectifs soit invoquée.

D. Dépenses d'entretien et pensions alimentaires

Les montants des pensions alimentaires versées au conjoint divorcé ou séparé et les contributions d'entretien des enfants sont déductibles au niveau fédéral et cantonal pour autant qu'ils soient payés régulièrement. Le bénéficiaire doit les déclarer comme revenu.

E. Paiements de rentes

Les rentes peuvent être déduites si elles ne représentent pas une prestation à caractère d'obligation selon le droit de la famille. Mais si celui qui verse une rente obtient une contre-prestation, il ne peut la déduire fiscalement que si le montant total de la rente payée dépasse celui de la contre-prestation.

F. Assurances maladie et accidents

Les frais de maladie, d'accident et d'invalidité du contribuable ou de la personne qu'il entretient peuvent être déduits s'ils ne sont pas couverts par les prestations des assurances. Certaines lois fiscales cantonales prévoient des forfaits à ce sujet. Par ailleurs, certains cantons prévoient des déductions sociales pour les coûts de maladie et d'invalidité sévère. En ce qui concerne les coûts de la maladie et de l'invalidité, y sont englobés également :
– les frais du personnel soignant et d'entretien pour les personnes nécessitant des soins;
– les lunettes sur ordonnance médicale;

- les appareils contre la surdité;
- les frais de nourriture spécifique occasionnés par le diabète;
- certains coûts de maladies et d'accidents professionnels pour autant qu'ils ne sont pas couverts par l'employeur et/ou une assurance;
- certains cantons permettent la déduction des frais dentaires;
- les déductions pour les personnes nécessitant des soins et pour les invalides sont réglées de manière différente selon les cantons;
- les coûts pour les taxis et les véhicules pour invalides;
- les coûts occasionnés pour l'équipement des travailleurs invalides externes pour autant que l'AI ne les couvre pas;
- les séjours à domicile.

G. Frais de déplacement

Les déductions suivantes sont autorisées:
- les frais de transports publics du domicile au lieu de travail quand le trajet ne peut pas être fait à pied; dans certaines circonstances (motifs médicaux, travail pendant le trajet), le trajet en 1ère classe est autorisé;
- les frais d'un véhicule privé quand l'utilisation des transports publics est impossible pour des raisons de mauvaises conditions de liaison et/ou s'il faut changer plusieurs fois de moyens de transport, qu'un transport public fait défaut ou que des conditions individuelles l'exigent (travail irrégulier des cadres dirigeants, retour tardif au domicile, etc.);
- les coûts d'un véhicule privé pour les trajets à domicile pendant la pause de midi quand il n'y a pas de possibilité de manger sur le lieu de travail et si l'usage d'un moyen de transport public laisse peu de temps disponible pour le repas;
- le coût d'un véhicule privé si on exerce différentes activités dans plusieurs lieux.

H. Séjour hors du domicile

Les contribuables qui séjournent pendant la semaine sur leur lieu de travail et rentrent régulièrement chez eux pour les week-ends peuvent déduire les frais occasionnés par ces séjours hors du domicile. Ces frais comprennent:
- les coûts supplémentaires occasionnés par ces séjours hors du domicile (selon forfaits);
- les dépenses habituelles pour louer une pièce ou un petit appartement;
- les frais pour le retour régulier à son domicile;
- les dépenses pour les trajets automobiles entre le lieu de séjour hors du domicile et le lieu de travail.

I. Dépenses d'entretien

Un besoin professionnel crée des possibilités de déduction dans certains cas. Les coûts occasionnés par la nécessité de prendre ses repas hors du domicile et pour le travail par équipe ou de nuit sont ainsi déductibles au niveau fédéral et dans la plupart des cantons. La déduction est la plupart du temps forfaitaire et suit l'occurrence du coût (par exemple, x francs par repas hors du domicile). Les coûts effectifs plus élevés ne sont pas déductibles. Cette déduction peut seulement être invoquée si les repas pris hors du domicile occasionnent effectivement des frais supplémentaires. C'est le cas:
- s'il y a une grande distance entre le domicile et le lieu de travail;
- si les conditions de transport sont mauvaises entre le lieu de travail et le domicile;
- si la pause de midi est trop courte sur le lieu de travail;
- lors d'infirmité et d'invalidité;
- si horaires de travail discontinus du fait de travail par équipes, de nuit, d'horaires supplémentaires irréguliers;
- si frais d'entretien particulièrement élevés en raison d'une surcharge physique pendant le travail.

J. Autres frais professionnels

La Confédération et la plupart des cantons autorisent des déductions forfaitaires pour d'autres frais professionnels qui ont un lien direct avec l'activité salariée.

Ces forfaits touchent les cas suivants:
- toutes les dépenses nécessaires pour l'exercice d'une profession (par exemple, l'équipement informatique en ordinateur et en logiciel, le téléphone portable, les frais d'une liaison internet, la littérature professionnelle, un bureau privé, les vêtements professionnels, etc.;
- si les coûts effectifs dépassent le forfait, ce qui est le cas pour pratiquement tous les chefs d'entreprises et les cadres dirigeants, le contribuable peut réclamer une déduction plus élevée pour autant qu'il puisse prouver ces coûts et établir un lien direct avec son activité professionnelle;
- les forfaits et la déduction des frais effectifs pour l'activité professionnelle sont possibles pour chaque salarié, y compris pour le conjoint salarié d'un travailleur indépendant; si le conjoint d'un contribuable travaille avec lui ou pour son entreprise, les déductions ne sont possibles que s'il existe un rapport de travail, c'est-à-dire si un salaire soumis à l'AVS est versé;
- les forfaits sont calculés sur une base annuelle et doivent donc être proportionnellement réduits si le contribuable ne travaille qu'une partie de l'année ou s'il exerce une profession à temps partiel;
- dans la plupart des cantons, les frais d'un bureau privé sont compris dans le forfait des autres frais professionnels; cependant, certains cantons autorisent une déduction totale ou partielle des frais effectifs (loyer prorata, chauffage, élect-

ricité, nettoyage) d'un bureau privé si le contribuable peut prouver qu'il utilise cet endroit d'abord pour son travail et qu'il n'a pas d'autres possibilités; dans certains cantons encore, une déduction spéciale supplémentaire au forfait est possible.

K. Frais pour activité accessoire salariée

Celui qui exerce une activité salariée accessoire ou occasionnelle génératrice de revenus peut, auprès de la Confédération et de presque tous les cantons, déduire les frais professionnels, les dépenses pour les trajets du lieu de travail au domicile et d'entretien.

En règle générale, les cantons prévoient une déduction forfaitaire. Celle-ci ne doit cependant pas dépasser le montant du revenu de l'activité accessoire. En pratique, on peut déduire les frais effectifs au lieu du forfait s'ils sont plus élevés et qu'on peut les prouver. Mais le cumul avec la déduction forfaitaire pour les autres frais professionnels et pour le même travail accessoire est interdit. Au titre des revenus accessoires, on peut compter les jetons de présence perçus en qualité de membre de conseils d'administration.

> Une activité qui n'est pas destinée à générer un revenu ne constitue pas une activité accessoire. Elle est considérée comme un passe-temps dont les coûts ne sont pas déductibles car considérés comme normaux.

L. Frais de perfectionnement et de formation

La Confédération et les cantons distinguent entre frais de formation et ceux de formation continue.

Pour cela, les règles suivantes sont appliquées:
- les coûts de la formation proprement dite (école, apprentissage, études) représentent, depuis 2001, des dépenses pour se préparer à un emploi, donc pour acquérir une sources de revenus aux yeux de la confédération et des cantons; dès lors, ils ne sont pas déductibles car il n'y a aucun lien entre la dépense et la source de revenus;
- les coûts occasionnés pour la formation professionnelle, comme les cours d'une haute école d'économie ou d'administration, ne sont pas déductibles pour la confédération et près de la moitié des cantons;
- par opposition, les frais de formation permanente au vrai sens du terme sont déductibles pour la confédération et les cantons: ils permettent de consolider ou de maintenir une position professionnelle et ont donc un lien direct avec l'obtention du revenu; à ce titre, on prend en compte les dépenses qui permettent de se perfectionner dans des domaines directement ou non liés avec la profession exercée (cours de langue, cours d'informatique, d'Internet, etc.);

pour qu'elles soient déductibles, ces dépenses doivent avoir un lien avec la profession exercée et ne pas servir ses intérêts personnels;
- les frais de reconversion sont déductibles pour l'impôt fédéral direct et tous les impôts cantonaux même s'ils ne servent pas à faciliter l'exercice de la profession mais à préparer l'entrée dans une nouvelle profession; un lien avec la profession exercée existe cependant car le contribuable qui effectue ces dépenses doit, selon les circonstances, se recycler professionnellement (fermeture de son entreprise ou restructuration économique); par ailleurs, les coûts de reconversion ne sont déductibles que si le contribuable encaisse le revenu d'une activité salariée la même année fiscale;
- les frais occasionnés par un recyclage professionnel (cours Excel ou Word) ne sont pas déductibles;
- les frais de déplacement pour se rendre au lieu de formation professionnelle et les frais d'entretien occasionnés sont en général déductibles;
- les coûts de cours de langues ne sont déductibles que s'ils sont exigés par l'employeur qui doit alors fournir un certificat prouvant cela.

M. Frais de déplacement et de représentation

1. Principes

Un aspect particulièrement pénible des relations entre le contribuable et l'administration fiscale concerne souvent la question de la déductibilité des frais de déplacement et de représentation. Au premier plan, se pose la question de la limite entre dépenses déductibles fiscalement et celles qui ne le sont pas. Les frais déductibles doivent être directement liés avec l'obtention du revenu et chiffrables. Toutes les autres dépenses constituent, de l'avis de l'administration fiscale fédérale, des dépenses liées à son train de vie.

Les salariés obtiennent en général de leur employeur une preuve pour ces frais de déplacement et de représentation. La déductibilité de ces frais pour l'employeur n'est pas remise en question car ce dernier ne les rembourserait pas s'ils n'étaient pas liés au travail exercé. Beaucoup de cadres supérieurs obtiennent cependant des forfaits mensuels supplémentaires. Ainsi, l'employeur couvre les petites et grandes dépenses qui ne pourraient sinon pas être prouvées pour des raisons pratiques. Il s'agit, par exemple, des frais pour les journaux, les boissons, les pourboires, les taxes de parking, les petits cadeaux pour les clients, l'accueil des clients à domicile, les taxes d'aéroport, les frais de transport public, les petits en-cas, etc.

Tant que ces forfaits ne dépassent pas une certaine proportion du salaire imposable, par exemple 5%, il ne devrait pas y avoir de discussion. Mais si ces forfaits représentent une proportion non négligeable du revenu total des cadres dirigeants, par exemple 10% et plus, ou si ces forfaits sont consentis par des SA à caractère familial au bénéfice d'actionnaires membres de la famille, ils sont dans la plupart des cas ajoutés totalement ou partiellement aux revenus imposables.

Si le fisc met en cause ces forfaits, on peut alors agir autrement:
- l'employeur peut attester par écrit que ces forfaits n'ont pas un caractère salarial mais servent à couvrir des petites dépenses non prouvables; cette attestation devrait être complétée par le fait que ce forfait est accordé à tous les cadres supérieurs sur une même base de calcul;
- une attestation du contribuable selon laquelle ces forfaits sont pratique courante dans son secteur d'activité peut également être utile;
- pour les employeurs et leurs cadres supérieurs, inviter des clients ou des partenaires d'affaires à domicile est souvent une source de frais importants; il est alors conseillé d'établir une liste de ces frais pour l'achat de nourriture et de boissons, la date de l'invitation et les noms des participants; ce type de facture permet de prouver efficacement que les forfaits sont préférables fiscalement; pour autant, il faut bien sûr que ces frais ne soient pas remboursés par l'employeur.

Certains cantons appliquent des règles précises et transparentes en matière de déductibilité des forfaits pour les frais de déplacement et de représentation. Certains connaissent aussi des règlements spéciaux pour certaines catégories professionnelles comme les agents d'assurance. Pour plus de détails, on peut se reporter aux notices d'informations générales.

2. Règlement de frais

Dans certains cantons, les règlements de frais doivent être approuvés par l'autorité fiscale. L'introduction possible du nouveau certificat de salaire devrait éclairer précisément les nouvelles pratiques cantonales.

N. Coût d'un bureau privé

Il existe peu de cas connus pour lesquels les coûts d'un bureau privé dans l'appartement d'un cadre dirigeant ont pu être totalement déduits du revenu. L'administration fiscale impose des exigences très élevées pour prouver ce besoin professionnel. La plupart du temps, seuls les cadres dirigeants peuvent déduire ce type de frais s'ils peuvent prouver qu'ils y accomplissent un réel travail. Ce peut être du travail de planification pour l'entreprise à long terme, la création de concepts et de stratégies : en tout cas, des tâches ne pouvant pas être réalisées efficacement dans l'entreprise où les cadres dirigeants sont constamment dérangés.

De même, les cadres dirigeants et les entrepreneurs, qui travaillent régulièrement 70 ou 80 heures par semaine, ont de bonnes chances de pouvoir déduire les frais d'un bureau privé. Ils peuvent en effet prouver qu'ils travaillent aussi le soir et les week-ends chez eux plutôt que de passer leur temps libre dans leur entreprise. En tout état de cause, obtenir cette déduction représente une question de crédibilité. Les coûts d'une pièce de son appartement privé utilisée comme bureau peuvent en général être déduits aux conditions suivantes:
- une utilisation régulière et prédominante de cette pièce pour des raisons professionnelles;

– une partie importante du travail professionnel effectué dans la pièce concernée;
– pièce aménagée pour des activités professionnelles;
– non utilisation de la pièce pour des raisons privées;
– pas de pièce disponible sur le lieu de travail (travailleur externe, etc.).

Dans beaucoup de cantons, les frais d'une pièce de son appartement utilisée comme bureau professionnel sont déjà inclus dans le forfait des dépenses professionnelles.

O. Dépenses d'intérêt général

Pour déduire des dépenses à caractère d'intérêt général, il faut veiller aux aspects suivants:
– le bénéficiaire doit être une personne morale avec siège en Suisse exonérée d'impôts en raison des buts de pure utilité publique qu'elle poursuit;
– pour que ces dépenses soient déductibles, certains cantons exigent aussi que la fondation concernée soit enregistrée dans un registre cantonal;
– il existe en Suisse des institutions et fondations à caractère national pour lesquelles les donations sont déductibles fiscalement dans tous les cantons (Croix Rouge, Ligue contre le cancer, WWF, Chaîne du Bonheur, etc.);
– la plupart des cantons limitent ces donations à un pourcentage précis du revenu imposable ou à un montant chiffré;
– beaucoup de cantons réclament que le versement atteigne un montant minimum (par exemple, 100 francs) pour qu'on puisse le faire valoir dans sa déclaration;
– en règle générale, les versements à d'autres institutions cantonales, communales ou parapubliques (par exemple, bibliothèques) sont aussi déductibles.

Chaque versement doit pouvoir être prouvé par un reçu (bulletin de versement acquitté ou attestation de l'institution) qu'il faut joindre à la déclaration.

P. Soutien à des personnes nécessiteuses

La Confédération et beaucoup de cantons autorisent la déduction des prestations de soutien à des personnes proches, comme une mère infirme ou un enfant handicapé. La question peut aussi se poser dans le cas du partenaire concubin non salarié. Dans beaucoup de cantons, pour que la déduction soit possible, il faut que les personnes nécessiteuses soient réellement prises en charge, c'est-à-dire que plus de la moitié de leurs frais d'entretien le soient. Ceci vaut en particulier pour le soutien apporté au concubin. Parfois, il faut aussi que la relation de partenariat dure depuis plusieurs années. En règle générale, les bénéficiaires ne doivent pas déclarer les prestations de soutien comme revenu. La Confédération et tous les cantons ont fixé des montants maximaux pour ces déductions.

Q. Cotisations et dons à des partis politiques

Aucune déduction ne peut être faite à ce titre au niveau de l'impôt fédéral direct. Dans les cantons, la pratique diffère énormément. Le contribuable intéressé devra étudier la décision du 5 février 2001 de la deuxième Commission zurichoise de recours en matière d'impôts. Selon cette décision, les partis politiques ne sont pas des institutions dont les buts sont de pure utilité publique. Pour cette raison, la déduction des cotisations ou des versements à des partis est impossible parce qu'ils ne sont donc pas catalogués comme tels. Mais cette décision, appliquée jusqu'ici seulement à Zurich, n'a pas été reprise de façon identique par d'autres cantons.

R. Déductions pour second revenu

La déduction des frais au titre d'un revenu salarié pour le conjoint est autorisée par la Confédération et les cantons en sus des déductions pour les coûts d'acquisition du salaire principal. Cette déduction diffère cependant beaucoup d'un canton à l'autre, que ce soit sous la forme d'un forfait en proportion du revenu du conjoint, sur la base du revenu des deux conjoints, sur celui du plus faible des deux revenus ou sous la forme d'un montant forfaitaire.

S. Frais de personnel domestique ou de garde des enfants

Jusqu'il y a peu, ces frais faisaient encore partie des coûts relatifs au maintien du train de vie et n'étaient pas déductibles. Entre-temps, plusieurs cantons ont autorisé la déduction d'un forfait ou des frais effectifs, à condition que les frais puissent être prouvés. Cela signifie que si une aide ménagère est employée «au noir», c'est-à-dire sans déclaration à l'AVS, cette preuve ne peut pas être faite, sans compter le fait qu'on est alors redevable pénalement à l'AVS. La Confédération n'accepte pas cette déduction.

T. Déductions pour rentiers AVS et contribuables inaptes au travail

Certains cantons autorisent des déductions, affectées d'un montant maximal, sur les revenus pour ces catégories de contribuables. Les conditions pour ces déductions sont exposées dans les instructions générales accompagnant la déclaration d'impôts.

U. Coûts de la gestion de fortune

A chaque déclaration d'impôts, la question revient de savoir quels coûts peuvent être déduits du revenu imposable en relation avec l'administration du portefeuille titres d'une personne privée. Les cantons ont une pratique très différente. Dans certains d'entre eux, c'est le régime du forfait qui prévaut. Selon les cantons, ces forfaits représentent entre 0,5 et 3‰ de la valeur fiscale des titres et avoirs déclarés.

Si les frais de gestion du portefeuille titres sont plus élevés que le forfait cantonal ou s'il n'existe pas de forfait, les frais effectifs peuvent être déclarés.

> En règle générale, les frais qui sont en relation avec l'optimisation de la gestion des titres ne sont pas déductibles; il s'agit, par exemple, de ceux générés par la gestion de fortune par les banques et les gestionnaires de fortune.

Les frais suivants sont déductibles:
- les frais de dépôt;
- les frais liés à la location d'un coffre;
- les frais occasionnés par le remboursement des coupons et des obligations;
- les taxes sur la livraison des titres;
- les taxes pour l'établissement d'une déclaration fiscale sur les titres de fortune ainsi que les frais occasionnés par le remboursement des impôts étrangers à la source;
- les frais de tenue de compte;
- les commissions pour les placements fiduciaires, dans certains cantons seulement;
- les frais d'avocats et de justice concernant les réclamations sur les intérêts, les parts bénéficiaires, les avoirs et les participations.

Les frais suivants ne sont pas déductibles:
- les honoraires pour la gestion de fortune dans le cadre de mandats donnés à des banques ou à des gestionnaires professionnels;
- les droits d'émission;
- le droit de timbre suisse;
- les courtages sur l'achat et la vente de titres;
- les frais occasionnés par des conseillers fiscaux;
- les impôts à la source étrangers non remboursables;
- les frais pour l'achat de livres spécialisés;
- les frais de cours et de séminaires sur le placement de capitaux;
- les coûts d'abonnement à des lettres financières;
- les frais pour assister aux assemblées générales;
- les taxes de téléphone et d'Internet, les frais de port et de matériel de bureau, les coûts informatiques.

V. Entretien, administration et rénovation d'immeubles

Voir à ce sujet les explications détaillées en page 120 et suivantes.

W. Déduction pour sous-utilisation

Voir à ce sujet les explications détaillées en page 131.

3. Pour éviter les questions

Pour éviter les questions de l'administration fiscale cantonale, il faut joindre à la déclaration d'impôts tous les documents et toutes les explications nécessaires qui peuvent justifier vos informations sur des points particuliers. La tâche du taxateur en est ainsi facilitée et sa propension, le cas échéant, à poser des questions ou à réclamer des explications et des documents supplémentaires en est diminuée.

En procédant de la sorte, le contribuable peut obtenir que des déductions effectives mais problématiques (déductions pour un bureau dans son appartement privé ou pour un ordinateur, par exemple) aient plus de chances d'être acceptées. Si aucun justificatif n'est joint à la déclaration, ces déductions seront en général refusées sans aucun commentaire et rajoutées au revenu imposable.

4. Du droit de réclamation

Dès réception de l'avis de taxation définitif, il faut immédiatement le contrôler en détail. Tous les cantons accordent un droit de réclamation de 30 jours aux contribuables qui ne sont pas d'accord. Ce délai court plus rapidement qu'on ne le croit. Si la chose est compliquée et qu'il faut recourir aux services d'un conseiller fiscal, il est instamment conseillé de ne pas en chercher un deux jours avant l'expiration du délai, voire comme cela arrive souvent, après celle-ci. Car après l'expiration du délai, la taxation définitive entre en force et ne peut plus être contestée par voie de droit. Il ne reste alors que la possibilité de réclamer une révision. Mais cette dernière n'est possible qu'exceptionnellement et seulement si de nouveaux faits sont effectivement survenus qui n'étaient pas connus avant.

Dans bien des cas, il est recommandé de faire réclamation à titre préventif quand on n'est pas d'accord avec l'avis de taxation. Une telle démarche ne coûte pas cher et peut être retirée en tout temps. Elle empêche cependant que l'avis de taxation entre en force et donne la possibilité d'avoir un entretien avec le taxateur pour trouver une solution au problème. La plupart des réclamations sont réglées par voie de conciliation, c'est-à-dire que chaque partie trouve un terrain d'entente avec l'autre en faisant des concessions.

> Faire réclamation sur l'avis de taxation n'est pas une chose compliquée. Il suffit d'écrire un courrier valant réclamation au taxateur concerné, de faire une proposition sur ce qui doit être changé dans l'avis de taxation et de motiver la réclamation. On joindra une copie de l'avis. La réclamation doit être faite au plus tard le dernier jour du délai par courrier recommandé. Ce délai court dès le jour où le contribuable a reçu son avis de taxation.

Partie V

Renseignements pratiques

1. Documentation de l'Administration fédérale des contributions

Sur son site *www.estv.admin.ch,* l'Administration fédérale des contributions met à disposition du citoyen une documentation exhaustive sur sa pratique en matière fiscale, ainsi que sur celle des cantons. Cette documentation a certes souvent un caractère légal assez aride pour le profane. Mais elle lui permet de se faire une idée précise et relativement actuelle sur la pratique de l'AFC. Les documents et publications peuvent en général être téléchargés dans les trois langues nationales sous format pdf et souvent à choix en version abrégée ou complète. Le site permet aussi d'accéder à un vaste choix de circulaires, elles aussi téléchargeables sous format pdf.

2. Circulaires de la Conférence suisse des impôts

La Conférence suisse des impôts regroupe toutes les administrations fiscales cantonales ainsi que celle de la confédération. Créée en 1919, elle leur offre un forum de discussion sur les questions touchant à la fiscalité (droit et pratique) ainsi que le moyen de pouvoir prendre des décisions communes en la matière. La Conférence suisse des impôts publie également des Circulaires qui sont utilisées et appliquées par tous les cantons. Leur liste est disponible sur le site *www.steuerkonferenz.ch* et on peut les télécharger dans sa langue sous format pdf.

3. Circulaires et matériel d'information des administrations fiscales cantonales

Toutes les administrations fiscales cantonales disposent aujourd'hui d'un accès internet (voir leur liste ci-dessous). Ces sites offrent une intéressante possibilité de se renseigner sur les pratiques fiscales cantonales et, surtout, pour les citoyens des cantons concernés, de pouvoir aller directement se renseigner à la source, poser des questions utiles, voire remplir les déclarations d'impôt en ligne (ou presque).

	Adresse	Tél./Fax/site internet	Responsable
AG	Kantonales Steueramt Telli-Hochhaus 5004 Aarau	062 835 25 30 062 835 25 39 *www.steuern.ag.ch*	Dave Siegrist, Vorsteher
AI	Kantonale Steuerverwaltung Appenzell Innerrhoden Marktgasse 2 9050 Appenzell	071 788 94 01 071 788 94 19 *www.steuern.ai.ch*	Jakob Signer, Leiter
AR	Kantonale Steuerverwaltung Ausserrhoden Gutenberg-Zentrum 9102 Herisau	071 353 62 90 071 353 63 11 *www.ar.ch*	Reto Müller, Vorsteher

BE	Intendance des impôts du canton de Berne Münstergasse 3 3011 Berne	0848 844 411 031 633 40 10 www.sv.fin.be.ch	Bruno Knüsel, Steuerverwalter
BL	Kantonale Steuerverwaltung Rheinstrasse 33 4410 Liestal	061 925 51 20 061 925 69 94 www.baselland.ch	Peter B. Nefzger, Vorsteher
BS	Kantonale Steuerverwaltung Gebäude Storchen, Fischmarkt 10 4001 Basel	061 267 81 81 061 267 96 25 www.steuer.bs.ch	Stephan Stauber, Steuerverwalter
FR	Service cantonal des contributions Rue Joseph-Piller 13 1701 Freiburg	026 305 32 76 026 305 32 77 www.fr.ch/scc/	Raphael Chassot, Administrateur
GE	Administration fiscale cantonale Rue du Stand 26 1211 Genève 3	022 327 70 00 022 327 55 97 www.geneve.ch/df/	Stéphane Tanner, Directeur général
GL	Kantonale Steuerverwaltung Hauptstrasse 11–17 8750 Glaris	055 646 61 50 055 646 61 98 www.gl.ch	Alex Treachi, Vorsteher
GR	Kantonale Steuerverwaltung Steinbruchstrasse 18 7001 Chur	081 257 33 32 081 257 21 55 www.stv.gr.ch	Urs Hartmann, Vorsteher
JU	Service cantonal des contributions Rue de la Justice 2 2800 Delémont	032 420 55 30 032 420 55 31 www.jura.ch	Pierre-Arnauld Fueg, Chef de service
LU	Kantonale Steuerverwaltung Buobenmatt 1 6002 Luzern	041 228 56 43 041 228 66 37 www.steuernluzern.ch	Marcel Schwerzmann Leiter
NE	Service des contributions Rue du Docteur-Coullery 5 2301 La-Chaux-de-Fonds	032 889 64 20 032 889 60 85 www.ne.ch	Hubert Gigon, Administrateur
NW	Kantonales Steueramt Bahnhofplatz 3 6371 Stans	041 618 71 27 041 618 71 39 www.nidwalden.ch	Peter Schmid, Vorsteher
OW	Kantonale Steuerverwaltung St. Antonistrasse 4 6061 Sarnen	041 666 62 94 041 666 63 13 www.obwalden.ch	Branko Balaban, Vorsteher
SG	Kantonales Steueramt Davidstrasse 41 9001 St. Gallen	071 229 41 21 071 229 41 02 www.steuern.sg.ch	Rainer Zigerlig, Amtsleiter
SH	Kantonale Steuerverwaltung VGM Mühlentalstrasse 105 8200 Schaffhausen	052 632 72 40 052 632 72 98 www.sh.ch	Alfred Streule, Vorsteher
SO	Kantonales Steueramt Werkhofstrasse 29c 4509 Solothurn	032 627 87 87 032 627 87 00 www.so.ch/	Erwin Widmer, Chef

SZ	Kantonale Steuerverwaltung Bahnhofstrasse 15 6431 Schwyz	041 819 23 45 041 819 23 49 *www.kantonschwyz.ch*	Markus Beeler, Vorsteher
TG	Kantonale Steuerverwaltung Schlossmühlestrasse 15 8510 Frauenfeld	052 724 14 02 052 724 14 00 *www.tg.ch/steuern/*	Jakob Rütsche Vorsteher
TI	Divisione delle contribuzioni Viale S. Franscini 6 6501 Bellinzona	091 814 39 58 091 814 44 88 *www.ti.ch/DFE/DC*	Stefano Pelli, Direttore
UR	Amt für Steuern Haus Winterberg 6460 Altdorf	041 875 22 44 041 875 21 40 *www.ur.ch*	Fortunat von Planta, Vorsteher
VD	Administration cantonale des impôts Route de Berne 46 1014 Lausanne	021 316 00 00 021 316 21 40 *www.aci.vd.ch*	Philippe Maillard, Chef
VS	Service cantonale des contributions Avenue de la Gare 35 Bâtiment Planta 577 1951 Sion	027 606 24 50 027 606 24 53 *www.vs.ch/impots*	Gilbert Salamin, Chef
ZG	Kantonale Steuerverwaltung Bahnhofstrasse 26 6301 Zug	041 728 26 11 041 728 26 95 *www.zug.ch/tax*	G. Jud, Leiter
ZH	Kantonales Steueramt Bändliweg 21 8090 Zürich	043 259 40 50 043 259 51 64 *www.steueramt.zh.ch*	Andreas M. Simmen, Chef

Source: sites internet des cantons

4. AVS: Circulaires et formulaires

L'AVS et l'AI représentent deux domaines particulièrement complexes qui peuvent dérouter tout autant le spécialiste que le profane. Ces deux administrations offrent cependant un accès à leurs documentation et circulaires de base par le biais de leur site *(www.avs-ai.ch)*. On peut non seulement y consulter la documentation, mais aussi télécharger les principaux formulaires à remplir et poser des questions.

5. TVA

Pour obtenir de l'information sur la TVA, on peut passer par deux sites internet: celui de l'administration fiscale des contributions *(www.estv.admin.ch)*, qui offre un site en français dédié à cet impôt, et celui du centre de compétences pour la TVA *(www.mwst.com)* qui est exploité, en allemand seulement, par la Chambre fiduciaire. A noter que pour celui ou celle qui voudrait créer une entreprise, une visite s'impose dans la mesure où la limite inférieure d'affiliation se situe à un chiffre d'affaires annuel de 75.000 francs.

6. Bibliographie

En Suisse, la quasi-totalité de la bibliographie disponible en matière fiscale est rédigée en langue allemande. Pour celui ou celle qui souhaite cependant cultiver ses connaissances de ce domaine dans la langue de Voltaire, on peut conseiller les ouvrages suivants qui décrivent le paysage fiscal suisse ainsi que diverses facettes de son environnement notamment financier.

- BOURQUIN Gérald-Charles, Le principe de sincérité du bilan, Georg 1976
- Conférences des fonctionnaires fiscaux d'Etat – Commission LPP, Prévoyance professionnelle et impôts – cas d'application, Ed. Cosmos
- DUC Jean-Louis, Les assurances sociales en Suisse, 1995
- FAVRE Pascal, Protection et Transmission des PME de famille, Fiduciaire Michel Favre SA 1996
- GUTKNECHT/PLATZER/SCHAUWECKER/SCHRANZ, Le chef d'entreprise face au nouveau droit matrimonial et successoral, Ed. Cosmos SA, Berne 1987
- HELBLING Carl, Les institutions de prévoyance et la LPP, Haupt, Berne 1991
- HOESLI Martin/THION Bernard, Immobilier et gestion de patrimoine, Economica 1994
- KAMBER Arthur, Entreprise et succession, 1992
- LAMBELET Michel, Droit comptable, polycopié Université de Genève 1986
- LOOSLI Pierre-Alain, L'entreprise en raison individuelle, Ed. Prost 1991
- MARTY-SCHMID Helen, La situation patrimoniale des concubins à la fin de l'union libre, Librairie Droz, Genève 1986
- MASMEJAN-FEY Lydia, L'imposition des couples mariés et des concubins, Payot, Lausanne 1992
- MASSHARDT H. & GENDRE H., Commentaire IDN – Impôt pour la défense nationale, Payot, Lausanne 1980
- RIVIER Jean-Marc, Droit fiscal suisse – L'imposition du revenu et de la fortune, Ed. Ides et Calendes, Neuchâtel 1980
- RIVIER Jean-Marc, La fiscalité de l'entreprise, 1994
- RUSCONI Caroline, L'imposition de la valeur locative, Sofirom 1988
- RYSER Walter/ROLLI Bernard, Précis de droit fiscal Suisse, Staempfli 1994
- YERSIN Danielle, L'imposition du couple et de la famille, Ed. Cosmos SA, Berne 1984

7. Tableaux et checklist

	page
Tableau 1 – Effets des mesures fiscales et de prévoyance	18
Tableau 2 – Charge fiscale pour un revenu brut annuel de 200.000 francs	21
Tableau 3 – Déductions sociales pour un revenu brut de 200.000 francs	22
Tableau 4 – Fiscalité sur la fortune en 2004 pour un couple de religion réformée	24
Tableau 5 – Comparaison des rendements de différents types de placement avant et après impôts	26
Tableau 6 – La pyramide de la prévoyance	27
Tableau 7 – Le devoir fiscal du porteur de parts de fonds de placement domiciliés en Suisse	51
Tableau 8 – Montants limites supérieures LPP et montants pilier 3a	67
Tableau 9 – L'imposition du versement du capital de prévoyance du 2e pilier selon les cantons	75
Tableau 10 – Taux d'imposition à la source des rentes	80
Tableau 11 – Imposition sur la fortune du capital de rente viagère	83
Tableau 12 – Exemple de calcul relatif à la nouvelle pratique en matière d'intérêts débiteurs	133
Tableau 13 – Mode d'imposition des gains immobiliers	141
Tableau 14 – L'imposition de l'aliénation	152
Tableau 15 – La répartition inter-cantonale des revenus des sociétés en nom collectif et en commandite pour la plupart des cantons alémaniques	181
Tableau 16 – La répartition inter-cantonale des revenus des sociétés en nom collectif et en commandite applicable pour le canton de Vaud	181
Tableau 17 – Coûts lors de la création d'une société	183
Tableau 18 – Choix d'une forme juridique sous l'angle fiscal	184
Tableau 19 – Charge fiscale sur le bénéfice et le capital des SA/SàRL	190

Tableau 20 – Les taux d'amortissements les plus importants	208
Tableau 21 – Le couple Joyeux veut partir en retraite anticipée	212
Tableau 22 – Age de retraite normale, retraite anticipée et diminution	218
Tableau 23 – Taux de conversion des rentes	219
Tableau 24 – L'ordre des parentèles	278
Tableau 25 – Le droit à la quotité disponible	282
Tableau 26 – Assujettissement en cas de substitution fidéicommissaire	296
Tableau 27 – Impositions cantonales concernant le conjoint survivant et les descendants pour une succession de 500.000 francs	300

Checklist

1 – La planification fiscale des titres	59
2 – Achat – Location	108
3 – Comment choisir le lieu de sa propriété	112
4 – Acheter une résidence secondaire	139
5 – La fiscalité des gains immobiliers	150
6 – Une maison de vacances à l'étranger	164
7 – Les déductions pour cadres dirigeants	176
8 – Séparation et divorce	230
9 – Les conditions du concubinage	243
10 – Succession familiale dans une raison individuelle, respectivement une société de personnes	255
11 – La succession familiale dans le cas de la SA/SàRL	258
12 – Vente d'une SA/SàRL	275
13 – Optimiser le droit matrimonial successoral	312

8. Index

A

Ab intestat, 277
Acquêts, 92, 228, 277, 279
Acquisition,
– de biens immobiliers
   (concubinage), 241
Action, 11, 39
– de collaborateur, 170
– au porteur, 39
– nominative, 39
– gratuite, 47
Action en nullité, 290
Action en pétition d'hérédité, 292
Action en réduction, 292
Activité
– à temps partiel, 220
– à temps partiel après
   la préretraite, 222
– accessoire, 324
– indépendante, 222
Agio, 37
– de remboursement, 37
Aliénation, 143, 144
– de droit privé, 144
– de droit public, 144
Amortissement,
– d'un prêt hypothécaire, 134
– indirect, 92, 117
– indirect et pilier 3a, 92, 117
– de l'immobilier commercial, 128, 154
Amortissement ou augmentation
   des hypothèques, 132, 134
Apport de parcelle, 158
Assujettissement, 317
– à l'impôt, 317
– inférieur à une année, 317
– et changement de canton, 318
– en cas de décès, 318
Assurance
– accidents, 321
– de cadres, 61
– de capitaux à prime unique, 100, 215
– décès, 94, 98, 311

– liée à un fonds de placement, 89, 97
– liée à un indice, 97
– maladie, 321
– mixte, 94, 99
– rente différée, 101
– rente immédiate, 101
– rente viagère, 94, 100, 104
– rente viagère avec restitution, 101
– rente viagère sans restitution, 101
– rente viagère sur deux têtes, 101
– risque pur, 95, 98, 104
– vie, 89, 94, 235, 239, 310
– vie à prime annuelle, 235, 310
– vie avec valeur de rachat, 299, 310
Attribution
– au conjoint survivant, 289
Avance d'hoirie, 116, 250, 304, 306
AVS, 15, 85, 157, 217, 220, 227, 300, 320, 328, 335

B

Bénéfice
– de liquidation, 15, 254, 301
– d'inventaire, 291
Biens matrimoniaux, 224
Bon de jouissance, 47
Bonus, 198
Bonus d'éducation, 227
Bouclement annuel, 207
Bureau au domicile privé, 326

C

Caisse de pension
– avec primauté de
   cotisations, 65
– avec primauté des prestations, 65
Cantons romands
– Fribourg, 180, 319
– Genève, 5, 46, 83, 147, 173, 189, 231, 298
– Jura, 142, 302
– Neuchâtel, 142, 180, 298, 319
– Valais, 147, 173, 298
Cercle des personnes bénéficiaires, 70, 93

Certificat de salaire, 172, 174
Certificat d'héritier, 290
Cession du cadre juridique, 268
Changement de domicile, 175, 319
Changement d'emploi, 174
Charge
– grevant les immeubles, 121
– fiscale, 6
– fiscale des PME, 178
– marginale d'impôt, 19
Charges sociales, 16
Charges sociales des PME, 178, 196
Clause bénéficiaire, 95
Clause de substitution, 288
Club d'investissement, 53
Commerce de titres réalisé de manière professionnelle, 41, 57, 157
Compte
– de libre passage, 72
Concubin, 81, 85, 231
– fiscalité, 232
– assurances sociales, 233
– contrats liant les concubins, 242
– donation entre vifs, 231, 242
– prévoyance professionnelle, 70
Cotisation,
– à la prévoyance professionnelle, 64, 320
– AVS/AI/APG/AC/CNA, 220, 320
– à des partis politiques, 328
Coupon d'intérêts, 35
Coût
– de constitution, 187
– de création d'une SA/SàRl, 183
– de la gestion de fortune, 328
Crédit
– hypothécaire, 9
– lombard, 11

D

De cujus, 278
Décès, 277, 286
Déclaration d'impôt, 315
Déduction
– frais d'entretien, 123, 176, 323
– immobilier, 120, 149

– intérêts débiteurs, 132
– pour second revenu, 328
Dépense
– déductible (immeuble), 120
– d'entretien (immeuble), 120, 329
– d'intérêt général, 327
Dernières volontés, 283
Dette hypothécaire, 105
Dette successorale, 252
Diminution des rentes, 219
Distribution
– de bénéfices cachés, 269, 274
– de dividendes, 202
Diversification, 11
Dividende, 13, 39, 46, 182, 202, 203, 247
Divorce, 73, 92, 223
– répartition des prestations de prévoyance, 226
– fiscalité des biens immobiliers, 227
Domicile, 109, 136
– à l'étranger, 78, 162
– fiscal principal, 162
Donation, 237, 250, 304, 306
– d'un immeuble grevé d'une hypothèque (résidence secondaire), 138
– entre vifs, 237
Don, 328
Double imposition économique, 15, 155, 182, 195
Droit de superficie, 126, 128, 155, 200
Droit de timbre, 45
Droit d'habitation, 126
Droits de mutation, 152, 161
Droit préférentiel de souscription, 47
Due diligence, 262

E

Economies d'impôts, 26
Entreprise, 246, 260, 261
Epargne logement, 105
Evasion fiscale, 38, 43, 66
Exhérédation, 283
Exécuteur testamentaire, 288

F
Fiscalité de l'épargne, 4
Fondations, 56
Fonds de placement, 13, 48, 96
– de capitalisation, 50
– de distribution, 49
– étranger, 50
– immobilier, 50
Fonds propres, 9, 108, 113, 117, 119, 192
Fortune, 41, 193
– immobilière, 25
– imposable, 20
Fortune commerciale, 41, 193, 267, 300
– immobilière, 141
Fortune privée, 273, 300
– immobilière, 141, 142
Frais
– d'entretien, 121, 123
– d'acquisition du revenu, 173
– d'administration (immeuble), 125
– d'entretien, 121, 123
– de bureau privé, 326
– de déplacements, 322, 325
– de formation, 324
– de garde, 328
– de rénovation, 122
– de représentation, 325
– financiers, 127
– effectifs sur les biens immobiliers, 126
– forfaitaires, 197
– généraux, 173
– liés à la PPE, 125
– liés à l'usufruit, 126
– professionnels déductibles, 323
– professionnels des personnes salariés, 323
Fusion d'entreprises, 4, 45

G
Gage (mise en), 90, 116
Gain
– de change, 40
– immobilier, 140, 141, 142, 147, 163
– mobilier, 40
Gain en capital, 27, 36, 40, 163

H
Harmonisation fiscale, 22, 23, 110
Héritage, 137, 251
Héritier, 286
Hoirie, 157, 250
Holding, 206, 260, 270
Horizon (de placement), 39
Hypothèques, 117, 118, 215

I
Immeubles (achat ou vente), 106, 109
Immobilier attribué à la fortune commerciale, 141
Immobilier attribué à la fortune privée, 142, 199
Immobilier
– financement par le biais de la prévoyance individuelle liée (pilier 3a), 113
– financement par le biais de la prévoyance professionnelle (pilier 2a), 114
Imposition
– à la source, 76, 78
– du capital de prévoyance, 73
– des fonds de placement, 49
– des prestations accessoires, 172
– des revenus obligataires, 37
Impôt
– à la source, 46, 164
– anticipé, 37, 46, 51, 58, 164, 301
– foncier, 25
– immeuble, 110
– latents, 263
– sur la fortune, 14, 23
– sur la fortune immobilière, 25
– sur la masse successorale, 294
– sur le bénéfice immobilier, 110, 161
– sur les donations, 136, 237, 240, 294, 298, 299, 304, 306
– sur les gains immobiliers, 110, 140, 161, 306
– sur les parts héréditaires, 294
– sur le revenu, 14
– sur les successions (immeuble), 110, 136, 161
– sur les successions, 294, 298, 299

Indemnité de départ, 175
Inflation, 12
Intérêts
– débiteurs, 127, 133, 204, 320
– hypothécaires, 127
– liés au crédit de construction, 127
Invalide et chômeur, 85

L

Lacune
– de revenus, 8, 212, 213
– de prévoyance, 7
Leasing, 192
Leg, 116, 137, 287
Légataire, 287
Libération (de l'impôt), 299
Liquidation
– partielle directe, 44
– partielle indirecte lors de la vente d'actions, 45, 266
– d'une SA/SàRl, 195
– officielle, 291
Liquidités, 33, 261
Location, 106, 200
Locaux (sous-utilisation), 131
Loi sur les fusions, 4
Lotissement, 157, 158
LPP, 64, 66, 114, 217, 218, 320

M

Management Buy Out (MBO), 260
Manteau d'actions, 45
Masse successorale, 279

N

Nantissement, 40

O

Obligation, 35, 214
– à coupon zéro de type discount, 38
– à coupon zéro de type intérêt global, 38
– de caisse, 11, 37
– ex-options, 59
– IUP, 38
– ordinaire, 35, 214
Obligation de communiquer, 290

Obligation de rapporter, 292
Off shore (société de gestion de fortune), 55
Opération en chaîne, 144
Options gratuites, 47
Or, 34
Ouverture (de testament), 289, 290

P

Pacte successoral, 93, 236, 249, 284
Paiement
– des prestations, 71
– obligatoire, 228
– des rentes, 321
Parentèle, 277
Part
– héréditaire, 282
– légale, 279
– réservataire, 282
– successorale, 279, 281
Partage (de l'entreprise), 274
Partage successoral, 289, 293
Participation
– aux acquêts, 279
– aux bénéfices, 97
Pension
– alimentaire des enfants, 225, 321
– alimentaire, 225, 228, 321
Perte
– de gain, 9
– d'emploi, 174
– compensation des pertes, 149
Pilier 1er, voir AVS
Pilier 2a, voir LPP
Pilier 3a, 73, 74, 80, 86, 89, 92, 93, 113, 216, 320
– acquisition ou construction d'un logement, 113
– amortissement d'un prêt hypothécaire, 113
– retrait anticipé, 113
Placements alternatifs, 28
Plan de prévoyance, 362
Plan d'épargne, 10, 88, 116
Planification
– fiscale, 6, 12, 77, 175, 301

– patrimoniale, 67
– personnalisée, 6
– successorale, 245, 302
PME (dirigeants de), 178
PPE (immeuble), 107
Pratique Dumont, 110, 122
Prestation
– accessoire, 170, 171, 174
– d'assurance, 97, 216
– de prévoyance, 226
– en espèces, 169
– en nature, 170
– en argent, 201
Prêt
– d'actionnaires, 192
– aux actionnaires, 205, 273
– hypothécaire, 113
– sans intérêt, 237
Prévoyance professionnelle, 3, 60,
Prime
– annuelle, 99, 102, 103
– d'assurance, 239, 321
– unique (assurances), 100, 102, 103
Prix
– de revient immobilier, 148
– d'achat, 264, 273
Produit financier dérivé, 52
Propriété
– immobilière, 107, 114
Provision, 209

Q
Quotité disponible, 281

R
Rachat
– d'années d'assurance, 65, 90
– par la société de ses propres actions, 44
– des rentes viagères, 83
Raison individuelle, 185, 190
Rapport de travail, 119
Réclamation, 330
Réduction
– des rentes AI et AVS, 16
Régime matrimonial, 277, 302

– absence de..., 302
– communauté des biens, 280
– participation aux acquêts, 277
– séparation des biens, 281, 303
Remboursement et obligation de
   remboursement (pilier 2a), 115
Renonciation à l'héritage, 305
Rénovation, 121, 122
Rente, 80
– à terme, 102, 255
– AVS, 8
– prévoyance professionnelle, 80
– temporaire, 102, 215
– viagère, 82, 100, 104, 255
– viagère avec restitution, 101
– viagère sans restitution, 101
– viagère sur deux têtes, 101
Répartition intercantonale des revenus
   de sociétés, 180, 181
Repudiation, 291
Réserve
– de contribution, 67, 209
– de crise, 209
– latente, 43, 45, 251
– libre de la prévoyance pour le personnel, 68
– successorale, 281
Résidence secondaire, 135, 139, 159
– donation, 138
– donation d'un immeuble grevé
   d'une hypothèque, 138
– à l'étranger, 159
Retrait anticipé
– destiné à la propriété d'un logement,
   92, 113, 216
– pilier 2a, 114
– pilier 3a, 91, 113, 216
Retrait échelonné, 77
Retraite anticipée, 3, 9, 211, 220
Revenu
– du travail, 169
– de substitution, 172

S
SA (société anonyme), 15, 179, 182,
   195, 253

SARL, 15, 178, 182, 195
Séjour (hors du domicile), 173, 322
Séparation, 223
– des biens, 281
SI (société immobilière), 46
SICAV, 48, 50, 51
Siège de l'entreprise, 188, 191
Société anonyme (cf SA)
Société de personnes, 15, 146, 178, 180, 190, 239, 253
Société en nom collectif (cf société de personnes)
Splitting, 223
Stock options, 52
Substitution fidéicommissaire, 288, 295
Succession, 245, 248, 277
– commerciale, 186, 253
– familiale, 250, 255, 258
– divorce, 228
– enfants, 248
– époux, 248

T
Taux
– de conversion, 3, 219
– de bonification, 3
– de rendement, 3
Testament, 284, 311
Transfert
– avec droit d'habitation, 307
– avec usufruit, 307
– de biens immobiliers, 240
– de dette hypothécaire, 306
– de domicile à l'étranger, 162
– de la fortune commerciale à la fortune privée (et vice versa), 145
– d'entreprise, 265
– de propriété, 143, 265
Transmission indirecte, 305
Transposition, 45, 265
Travail à temps partiel, 220
Trusts, 57

U
Usufruit, 287, 289, 297

– distinction entre droit d'habitation et usufruit, 126
– transfert avec usufruit, 337

V
Valeur
– locative, 105
– locative des biens sis à l'étranger, 160
Vente
– de participations dans des sociétés immobilières, 145, 267
– d'une SA/SàRl, 184
– de l'entreprise aux collaborateurs, 260, 197
– de l'entreprise à des tiers, 261
Versement
– anticipé du 2ème pilier, 78, 218
– de rentes, 71, 217
– au pilier 3a, 86
– au fonds de pension, 198, 210